高等职业技术教育"十三五"规划教材——安全技术类

GAODENG ZHIYE JISHU JIAOYU SHISANWU GUIHUA JIAOCAI ANQUAN JISHU LEI

安全生产法律法规教程

主　编　○　郭晓晓　　陈　晨
副主编　○　李子彬　　张丽珍

西南交通大学出版社
·成都·

```
图书在版编目（CIP）数据

安全生产法律法规教程 / 郭晓晓，陈晨主编. —成
都：西南交通大学出版社，2017.8（2022.1 重印）
 高等职业技术教育"十三五"规划教材. 安全技术类
 ISBN 978-7-5643-5195-3

Ⅰ. ①安… Ⅱ. ①郭… ②陈… Ⅲ. ①安全生产法－
中国－高等职业教育－教材 Ⅳ. ①D922.54

中国版本图书馆 CIP 数据核字（2017）第 211483 号
```

高等职业技术教育"十三五"规划教材——安全技术类

安全生产法律法规教程

主编　郭晓晓　陈　晨

责任编辑	赵玉婷
封面设计	何东琳设计工作室
出版发行	西南交通大学出版社 （四川省成都市二环路北一段 111 号 西南交通大学创新大厦 21 楼）
邮政编码	610031
发行部电话	028-87600564
官网	http://www.xnjdcbs.com
印刷	成都中永印务有限责任公司
成品尺寸	185 mm×260 mm
印张	18.75
字数	453 千
版次	2017 年 8 月第 1 版
印次	2022 年 1 月第 5 次
定价	45.00 元
书号	ISBN 978-7-5643-5195-3

课件咨询电话：028-81435775
图书如有印装质量问题　本社负责退换
版权所有　盗版必究　举报电话：028-87600562

Preface / 前言

安全生产是关系人民群众生命财产安全的大事，是经济社会协调健康发展的标志，是党和政府对人民利益高度负责的要求。党中央、国务院历来高度重视安全生产工作，党的十八大以来做出一系列重大决策部署，推动全国安全生产工作取得积极进展。

在我国现代化建设过程中，安全生产法规以法律形式，协调人与人之间、人与自然之间的关系，维护生产的正常秩序，为劳动者提供安全、健康的劳动条件和工作环境，为生产经营提供可行、可靠的生产技术和条件，产生间接生产力作用，促进国家现代化建设顺利进行。

为了有力地推动安全技术管理专业人才培养，加强教材建设是一项基础性工作。本书编写组从针对性、实用性和可操作性出发，立足职业教育的发展，以最新的法律法规为依据，最大程度予以阐释说明，力求联系实际案例，增加学习的趣味性，通过练习题提升学习的效果。因此本书不仅可作为教材使用，也可作为专业技术人员参加注册安全工程师职业资格考试复习之用。

本书的主要特点：一、注重安全生产法治思维的培养，从监管者到生产工作者都有相应权利和义务，应明白职责所在；二、突出安全生产案例的后果严重性，用事实教育大家，安全无小事，法律是底线、红线；三、强化了知识掌握情况的检验；四、兼顾了专业知识的补充，增加了本书的广度。

本书由重庆安全技术职业学院承担编写。第一章、第四章、第八章由郭晓晓编写，第二章、第三章由张丽珍编写，第五章、第六章由李子彬编写，第七章由陈晨编写。全书由郭晓晓统稿。

在本书编写过程中，编者参考和引用了许多专家、学者的研究成果和宝贵资料，听取了不少读者的意见和建议，在此表示衷心感谢！

由于本书涉及的知识面广泛，加之编者水平有限，书中难免存在疏漏之处，敬请批评指正，以便持续改进。

编 者
2017 年 6 月

Contents / 目 录

第一章 安全生产法律体系 ········ 001
- 学习目标 ········ 001
- 第一节 法的概念、特征、分类和基本内容 ········ 001
  - 知识储备 ········ 001
  - 能力提升 ········ 006
- 第二节 安全生产立法的必要性及其重要意义 ········ 007
- 第三节 安全生产法律体系的基本框架 ········ 011
  - 知识储备 ········ 011
  - 能力提升 ········ 017

第二章 中华人民共和国安全生产法 ········ 018
- 学习目标 ········ 018
- 第一节 安全生产法立法基本知识 ········ 018
  - 知识储备 ········ 019
  - 能力提升 ········ 020
  - 课外拓展 ········ 021
- 第二节 生产经营单位的安全生产保障 ········ 021
  - 知识储备 ········ 021
  - 能力提升 ········ 034
  - 总结提高 ········ 035
  - 课外拓展 ········ 036
- 第二节 从业人员的安全生产权利义务 ········ 036
  - 知识储备 ········ 036
  - 能力提升 ········ 039
  - 总结提高 ········ 039
  - 课外拓展 ········ 039
- 第四节 安全生产的监督管理 ········ 040
  - 知识储备 ········ 040

  能力提升 ··· 044
  总结提高 ··· 044
  课外拓展 ··· 044
 第五节 生产安全事故的应急救援与调查处理 ·· 045
  知识储备 ··· 045
  能力提升 ··· 047
  总结提高 ··· 047
  课外拓展 ··· 047

第三章 建筑安全法律法规 ·· 049
 学习目标 ·· 049
 第一节 认识建筑行业安全法律法规 ·· 049
  知识储备 ··· 049
  能力提升 ··· 051
  课外拓展 ··· 052
 第二节 建设单位的安全责任 ··· 052
  知识储备 ··· 052
  能力提升 ··· 056
  总结提高 ··· 057
  课外拓展 ··· 057
 第三节 勘察、设计、工程监理及其他有关单位的安全责任 ···································· 057
  知识储备 ··· 057
  能力提升 ··· 063
  总结提高 ··· 063
  课外拓展 ··· 064
 第四节 施工单位的安全责任 ··· 064
  知识储备 ··· 064
  能力提升 ··· 077
  总结提高 ··· 079
  课外拓展 ··· 079
 第五节 监督管理 ··· 080
  知识储备 ··· 080
  能力提升 ··· 083
  总结提高 ··· 084
  课外拓展 ··· 084

第六节　生产安全事故的应急救援和调查处理 085
知识储备 085
能力提升 086
总结提高 087
课外拓展 087

第四章　危险化学品安全法律法规 088
学习目标 088
第一节　认识危险化学品安全法律法规 088
知识储备 088
能力提升 094
总结提高 094
课外拓展 095
第二节　危险化学品生产、储存安全 095
知识储备 095
能力提升 108
总结提高 109
课外拓展 112
第三节　危险化学品使用安全 112
知识储备 112
能力提升 115
总结提高 116
课外拓展 117
第四节　危险化学品经营安全 117
知识储备 117
能力提升 123
总结提高 125
课外拓展 127
第五节　危险化学品运输安全 127
知识储备 127
能力提升 140
总结提高 140
课外拓展 141
第六节　危险化学品登记与事故应急救援 141
知识储备 141

能力提升 …………………………………………………………………… 146
　　总结提高 …………………………………………………………………… 146
　　课外拓展 …………………………………………………………………… 147
　第七节　法律责任 …………………………………………………………… 147
　　知识储备 …………………………………………………………………… 147
　　能力提升 …………………………………………………………………… 156
　　总结提高 …………………………………………………………………… 157
　　课外拓展 …………………………………………………………………… 160

第五章　特种设备安全法律法规 ………………………………………………… 161
　学习目标 ……………………………………………………………………… 161
　第一节　认识特种设备安全法律法规 ……………………………………… 161
　　知识储备 …………………………………………………………………… 161
　　能力提升 …………………………………………………………………… 163
　　课外拓展 …………………………………………………………………… 164
　第二节　特种设备的生产 …………………………………………………… 165
　　知识储备 …………………………………………………………………… 165
　　能力提升 …………………………………………………………………… 172
　　总结提高 …………………………………………………………………… 172
　　课外拓展 …………………………………………………………………… 173
　第三节　特种设备的使用 …………………………………………………… 173
　　知识储备 …………………………………………………………………… 174
　　能力提升 …………………………………………………………………… 183
　　总结提高 …………………………………………………………………… 184
　　课外拓展 …………………………………………………………………… 184
　第四节　检验检测 …………………………………………………………… 184
　　知识储备 …………………………………………………………………… 185
　　能力提升 …………………………………………………………………… 190
　　总结提高 …………………………………………………………………… 192
　　课外拓展 …………………………………………………………………… 192
　第五节　监督检查 …………………………………………………………… 193
　　知识储备 …………………………………………………………………… 193
　　能力提升 …………………………………………………………………… 199
　　总结提高 …………………………………………………………………… 200
　　课外拓展 …………………………………………………………………… 200

第六节　事故预防和调查处理 ································· 201
　　知识储备 ·· 201
　　能力提升 ·· 207
　　总结提高 ·· 209
　　课外拓展 ·· 210

第六章　矿山安全法律法规 ·· 212
　学习目标 ·· 212
　第一节　认识矿山安全法律法规 ································· 212
　　知识储备 ·· 212
　　能力提升 ·· 215
　　课外拓展 ·· 215
　第二节　矿山建设的安全保障 ···································· 216
　　知识储备 ·· 216
　　能力提升 ·· 218
　　总结提高 ·· 225
　　课外拓展 ·· 225
　第三节　矿山开采的安全保障 ···································· 226
　　知识储备 ·· 226
　　能力提升 ·· 228
　　总结提高 ·· 230
　　课外拓展 ·· 230
　第四节　矿山企业的安全管理 ···································· 231
　　知识储备 ·· 231
　　能力提升 ·· 235
　　总结提高 ·· 237
　　课外拓展 ·· 238
　第五节　矿山企业的监督管理 ···································· 238
　　知识储备 ·· 239
　　能力提升 ·· 240
　　总结提高 ·· 240
　　课外拓展 ·· 241
　第六节　矿山事故处理 ··· 242
　　知识储备 ·· 242
　　能力提升 ·· 243

总结提高 ………………………………………………………………………… 245
　　课外拓展 ………………………………………………………………………… 246

第七章　职业病防治与职业卫生法律法规 ……………………………………… 247
　学习目标 …………………………………………………………………………… 247
　第一节　概　述 …………………………………………………………………… 247
　　知识储备 ………………………………………………………………………… 247
　　能力提升 ………………………………………………………………………… 252
　　总结提高 ………………………………………………………………………… 253
　第二节　职业病防治法 …………………………………………………………… 253
　　知识储备 ………………………………………………………………………… 253
　　能力提升 ………………………………………………………………………… 265
　　总结提高 ………………………………………………………………………… 265
　　课外拓展 ………………………………………………………………………… 265
　第三节　职业病危害事故调查处理 ……………………………………………… 265
　　知识储备 ………………………………………………………………………… 265
　　能力提升 ………………………………………………………………………… 268
　　总结提高 ………………………………………………………………………… 268

第八章　事故报告、调查与处理 ………………………………………………… 269
　学习目标 …………………………………………………………………………… 269
　第一节　概　述 …………………………………………………………………… 269
　　知识储备 ………………………………………………………………………… 269
　　能力提升 ………………………………………………………………………… 274
　　总结提高 ………………………………………………………………………… 274
　　课外拓展 ………………………………………………………………………… 275
　第二节　事故报告 ………………………………………………………………… 275
　　知识储备 ………………………………………………………………………… 275
　　能力提升 ………………………………………………………………………… 278
　　总结提高 ………………………………………………………………………… 279
　　课外拓展 ………………………………………………………………………… 279
　第三节　事故调查、处理 ………………………………………………………… 279
　　知识储备 ………………………………………………………………………… 279
　　能力提升 ………………………………………………………………………… 281
　　总结提高 ………………………………………………………………………… 282

课外拓展 ··· 282
　第四节　法律责任 ··· 283
　　知识储备 ··· 283
　　能力提升 ··· 285
　　总结提高 ··· 286
　　课外拓展 ··· 286

参考文献 ·· 287

第一章　安全生产法律体系

> **学习目标**
>
> 知识目标：了解安全生产立法的意义、安全生产执法的原则；了解安全生产立法的必要性。熟悉我国安全生产法律体系的基本框架。
>
> 能力目标：会运用法律手段分析问题。
>
> 情感价值目标：树立法律意识和思想，树立安全意识和思想，树立责任意识和思想。

第一节　法的概念、特征、分类和基本内容

知识储备

一、法的概念、特征和分类

1. 法的概念

法是体现统治阶级意志的由国家制定或认可并以国家强制力保障实施的规范体系。

法的概念有广义和狭义之分。广义的法是指国家按照统治阶级的利益和意志制定或者认可，并由国家强制力保障其实施的行为规范的总和。狭义的法律，是指具体的法律规范，包括宪法、法律、行政法规、地方性法规、行政规章、判例、习惯法等各种成文法和不成文法。我国社会主义法的形式以成文法为主。法属于上层建筑，决定于经济基础并为经济基础服务。法的目的在于维护有利于统治阶级的社会关系和社会秩序。法是阶级社会特有的现象，它随着阶级、阶级斗争的产生、发展而产生和发展，并将随着阶级、阶级斗争的消灭而自行消亡。

2. 法律规范

规范一般可以分为技术规范和社会规范两大类。一般来说，调整人们行为的社会规范，有道德规范、宗教规范、纪律规范和法律规范。法律规范是社会规范的一种。法律规范是国家机关制定或认可，并由国家强制力（即军队、警察、法庭、监狱等）保障实施的，以规定当事人权利和义务为内容的，具有普遍约束力的一种行为规范（社会规范），它反映由一定的物质生活条件所决定的统治阶级的意志。

技术规范是指规定人们支配和使用自然力、劳动工具、劳动对象的行为规则。在现代科学技术发展极为先进和极端复杂的情况下，没有技术规范就不可能进行生产，违反技术规范就可能造成严重的后果。如导致各种生产安全事故和灾害事故。因此，国家往往把遵守技术规范规定为法律义务，从而成为法律规范，并确定违反技术规范的法律责任，技术规范则成为法律规范所规定的义务的具体内容。

法律规范与其他社会规范有明显的区别：

（1）法律规范是国家制定或者认可的，其适用和遵守要依靠国家强制力的保障。其他社会规范既不由国家制定，也不依靠国家强制力保障。

（2）在一定的国家中，只能有统治阶级的法律规范。其他的社会规范则不同，在同一个阶级社会中，可以有不同阶级的规范，如既有统治阶级的道德，又有被统治阶级的道德。

（3）除习惯法外，法律规范一般具有特定的形式，由国家机关用正式文件（如法律命令等）规定出来，成为具体的制度。其他社会规范则不一定采用正式文件的形式。

（4）法律规范是一般行为规则。它所针对的不是个别的、特定的事或者人，而是适用于大量同类的事或者人；不是只适用一次就完结，而是多次适用的一般规则。

法律规范由假定、处理和制裁 3 个要素构成。假定是适用规范的必要条件，即实施某种行为可以适用法律规范；处理是行为规范本身的基本要求，即以权利和义务的形式规定人们应当作什么，不能做什么。制裁是法律规范中规定主体违反法律规定时应当承担何种法律责任、接受何种国家强制措施的部分，如损害赔偿、行政处罚、经济制裁、判处刑罚。假定、处理和制裁三要素密切联系、缺一不可。否则就不能构成法律规范。

3. 法的特征与本质

（1）法是体现统治阶级意志的社会规范。其体现的是统治阶级的整体意志，而不是个别统治者的意志，或统治者个人意志的简单相加；不是统治阶级意志的全部，而仅仅是上升为国家意志的那部分意志。

（2）法是由国家强制力保障实施的社会规范。法律规范区别于道德规范、宗教规范、纪律规范等其他社会规范的首要之处在于，它是由国家制定或认可的并由国家强制力保障实施的社会规范体系。

（3）法是受社会物质生活条件决定的社会规范。物质资料的生产方式是决定社会面貌、性质和发展的根本原因，也是决定法律本质、内容和发展方向的根本因素。

4. 法的效力

（1）关于人的效力，大体有 3 种情况。一是以国籍为主，属人原则；二是以地域为主，属地原则；三是属人原则与属地原则相结合。

（2）关于地域的效力，大体有 3 种情况。一是在全国范围内生效，二是在局部地区有效，三是在国外有一定效力。

（3）关于时间的效力，主要有 3 种情况。一是自法律公布之日起开始生效，二是法律另行规定生效时间，三是公布后到达一定期限时生效。

5. 法的分类

法的分类有不同标准，按照不同标准法被划分为不同的类别。

（1）成文法和不成文法。

这是按照法创立和表现的形式所作的分类。成文法是有权制定法律规范的国家机关依照法定程序所制定的规范性文件。如宪法、法律、行政法规、地方性法规等；不成文法是指未经国家制定，但经国家认可和赋予法律效力的行为规则，如习惯法、判例、法理等。我国社会主义法属于成文法范畴。

（2）宪法、法律、行政法规、地方性法规和行政规章。

这是按照法律地位和法律效率的层次所作的划分。

宪法。宪法是国家的根本大法，被称为"母法""最高法"，具有最高的法律地位和法律效力。我国宪法草案是由宪法修改委员会提请全国人民代表大会审议通过的。

法律。广义的法律与法同义。狭义的法律特指由享有立法权的国家机关依照一定的立法程序制定和颁布的规范性文件。在我国，只有全国人民代表大会及其常务委员会才有权制定和修订法律。法律的地位仅次于宪法，高于行政法规、地方性法规、自治法规和行政规章。

行政法规。行政法规是国家行政机关制定的规范性文件的总称。狭义的行政法规专指最高国家行政机关即国务院制定的规范性文件。行政法规的名称通常为条例、规定、办法、决定等。行政法规的地位次于宪法和法律，但高于地方性法规、行政规章。

地方性法规。地方性法规是指地方国家权力机关依照法定职权和程序制定和颁布的、施行于本行政区域的规范性文件。其地位低于宪法、法律、行政法规，但高于地方政府规章。地方性法规由省、自治区、直辖市的人民代表大会及其常务委员会，在不同宪法、法律、行政法规相抵触的前提下制定，报全国人大常委会和国务院备案。省、自治区的人民政府所在地的市、经济特区所在地的市和经国务院批准的较大的市的人民代表大会及其常务委员会根据本市的具体情况和实际需要，在不同宪法、法律、行政法规和本省、自治区的地方性法规相抵触的前提下可以制定地方性法规，报所在的省、自治区的人民代表大会常务委员会批准后施行。

行政规章。行政规章是指国家行政机关依照行政职权所制定、发布的针对某一类事故、行为或者某一类人员的行政管理的规范性文件。行政规章又可分为部门规章和地方政府规章两种。部门规章是指国务院的部、委员会和直属机构依照法律、行政法规或者国务院的授权制定的在全国范围内实施行政管理的规范性文件。地方政府规章是指有地方性法规制定权的地方人民政府依照法律、行政法规、地方性法规或者本级人民代表大会或其常务委员会授权制定的在本行政区域实施行政管理的规范性文件。

（3）实体法和程序。

这是按内容的不同分类。实体法是以规定和确认权利和义务、职权和责任为主要内容的法律，如宪法、行政法、民法、商法、刑法等。而程序法是规定以保证权利和职权得以实现或行使、义务和责任得以履行的有关程序为主要内容的法律，如行政诉讼法、行政程序法、民事诉讼法、刑事诉讼法、立法程序法等。简言之，实体法就是规定犯罪分子犯了什么罪、有什么依据、该如何判决的法律，而程序法就是规定某个法律如何执行、执行过程中应该遵照什么顺序、有哪些程序、怎么走才算合法，它不涉及对具体违法犯罪的判定，只关注执行程序是否正确。实体法和程序法也被称为主法和助法。

（4）宪法性法律和普通法律。

这是按照法律的内容和效力强弱所作的分类。宪法是具有最高地位和效力的法律文件。普通法律是指有立法权的机关按照立法程序制定和颁布的规范性法律文件，通常规定某种社会关系或者社会关系某一方面的行为规则，其效力仅次于宪法。普通法律又可分为基本法律（全国人民代表大会制定和通过）和基本法律以外的法律（全国人民代表大会常务委员会制定和通过）。

（5）特殊法和一般法（普通法）。

这是按照法律效力范围所作的分类。从空间效力看，适用于特定地区的法律为特殊法，适用于全国的法律为一般法。从时间效力看，适用于非常时期的法律（如紧急戒严法、战争时期实施的法律等）为特殊法，适用于平常时期的法律为一般法。从对人的效力看，适用于特定公民的法律（如兵役法）为特殊法，适用于全国公民的法律为一般法。特殊法与一般法的关系在于在特殊情况下一般可优先适用特殊法。

二、社会主义法的基本内容

为了有效地保障社会主义民主和加强社会主义法治，中共十一届三中全会提出，必须做到"有法可依，有法必依，执法必严，违法必究"。这是对社会主义法治基本内容的精辟概括，其核心是依法办事。

1. 有法可依

所谓"有法可依"，是指要制定反映以工人阶级为领导的广大人民的共同意志和利益的、确认和保护有利于社会主义事业的社会关系和社会秩序的法律、法令、条例、决议、命令和地方性法规等。这样才能使得社会主义社会中重要的和基本的社会关系，具有法律化、制度化的性质，也才能在事关国家和社会共同利益的重大问题上，形成工人阶级为领导的广大人民的共同意志，并将其上升为国家意志，取得全体公民一体遵守的法律效力，以便使人们在这些领域有章可循。有法可依是确立和实现社会主义法制的前提。

2. 有法必依

所谓"有法必依"，即普遍守法的原则，这是社会主义法制的可靠基础。普遍守法就是指一切国家机关、公职人员、社会团体及全体公民都必须守法。要做到这一点，首先要在人们心目中树立法律，特别是宪法至尊至上的地位，一切组织和个人都必须在国家宪法和法律的范围内活动，一切组织和个人都不能有超越法律之外的特权。其次要求国家机关、公职人员和公民在从事工作和活动的时候一定要以宪法和法律作为自己的准则。因为，如果允许把法律撇在一边，即使有再完备的法律，也只能是一纸空文。

3. 执法必严

所谓"执法必严"，是针对执法机关和执法人员讲的。这是社会主义法制实现的重要条件。执法必严，首先要求社会主义国家的一切行政机关和检察、审判机关的行为，必须有法律上的根据，不得超出法律规定的范围。执法必严，不是指办案中运用法律一律要从严，运用法律从严或从宽，只能根据案件的具体情况和法律的具体规定确定。执法必严的主要含义是指要维护法律的极大权威，宽、严都要有法律的根据。其次，执法必严还指上下级之间、主管部门和下属单位之间要相互尊重已被规定的权限划分或者权利义务的界限，既要防止和反对在执法和护法的活动中可能出现的专横和对权力与职位的滥用，也要防止和反对主观主义、命令主义、官僚主义，纠正权力过于集中现象造成的不良后果。再次，执法必严还指要严格保护广大公民的合法权益不受侵犯，一切执法机关和公职人员都必须严格尊重公民的权利，都必须在国家法律允许的限度内行使自己的职权，不允许滥用职权损害公民的权利和合法利益。

4. 违法必究

所谓"违法必究",是指在社会主义国家里的任何人,不管地位多高、功劳多大都没有违法、犯法的特权;任何人的违法犯罪行为都应被及时揭露,依法承担应有的法律责任。这是社会主义法制的有力保障。如果对违法犯罪分子不能及时地、准确地依法予以制裁,社会主义法制就会遭到干扰和破坏。要做到违法必究,就必须大力加强人民法院、人民检察院和公安机关的建设,切实搞好三机关的分工负责、相互合作、相互制约。同时还要求各级人民代表机关、群众团体、社会舆论、广大人民群众和党的各级组织对司法机关实施经常的、有效的监督。

三、社会主义法律体系

中国的法律体系大体由在宪法统领下的宪法及宪法相关法、民商法、行政法、经济法、社会法、刑法、诉讼与非诉讼程序法等七个部分构成,包括法律、行政法规、地方性法规三个层次。

1. 宪法及宪法相关法

宪法是国家的根本大法。宪法相关法是与宪法配套、直接保障宪法实施的宪法性法律规范的总和,包括《中华人民共和国全国人民代表大会组织法》[①]《中华人民共和国民族区域自治法》《中华人民共和国香港特别行政区基本法》《中华人民共和国澳门特别行政区基本法》《中华人民共和国立法法》《中华人民共和国全国人民代表大会和地方各级人民代表大会选举法》《中华人民共和国全国人民代表大会和地方各级人民代表大会代表法》《中华人民共和国国旗法》《中华人民共和国国徽法》等。

2. 民法商法

我国目前尚无一部较完整的民法典,而是以《民法通则》为基本法律,辅之以其他单行民事法律,包括《中华人民共和国物权法》《中华人民共和国合同法》《中华人民共和国担保法》《中华人民共和国拍卖法》《中华人民共和国商标法》《中华人民共和国专利法》《中华人民共和国著作权法》《中华人民共和国婚姻法》《中华人民共和国继承法》《中华人民共和国收养法》等。目前我国商法主要有《中华人民共和国公司法》《中华人民共和国保险法》《中华人民共和国票据法》《中华人民共和国证券法》等。

3. 行政法

一般行政法是指有关行政主体、行政行为、行政程序、行政责任等一般规定的法律法规,如《中华人民共和国公务员法》《中华人民共和国行政处罚法》《中华人民共和国行政复议法》。特别行政法是指适用于各专门行政职能部门管理活动的法律法规,包括国防、外交、人事、民政、公安、国家安全、民族、宗教、侨务、教育、科学技术、文化、体育、医药卫生、城市建设、环境保护等行政管理方面的法律法规。

---

① 为简洁行文,下文中使用的法律名称除第一次出现外,统一为简称,省略"中华人民共和国"字样。

4. 经济法

经济法包含两个方面的内容：

（1）创造平等竞争环境、维护市场秩序方面的法律。我国现已制定《中华人民共和国反不正当竞争法》《中华人民共和国消费者权益保护法》《中华人民共和国产品质量法》《中华人民共和国广告法》等。

（2）国家宏观调控和经济管理方面的法律。我国现已制定《中华人民共和国预算法》《中华人民共和国审计法》《中华人民共和国会计法》《中华人民共和国中国人民银行法》《中华人民共和国价格法》《中华人民共和国税收征收管理法》《中华人民共和国个人所得税法》《中华人民共和国城市房地产管理法》《中华人民共和国土地管理法》等。

5. 社会法

我国现已制定的社会法包括：《中华人民共和国劳动法》《中华人民共和国劳动合同法》《中华人民共和国工会法》《中华人民共和国未成年人保护法》《中华人民共和国老年人权益保障法》《中华人民共和国妇女权益保障法》《中华人民共和国残疾人保障法》《中华人民共和国矿山安全法》《中华人民共和国红十字会法》《中华人民共和国公益事业捐赠法》等。

6. 刑法

我国的刑法相关法律规定包括 1997 年 3 月 14 日修订后的《中华人民共和国刑法》和此后的刑法修正案以及全国人民代表大会常务委员会制定的有关惩治犯罪的决定等。

7. 诉讼与非诉讼程序法

我国现已制定的诉讼与非诉讼程序相关法律规定主要有《中华人民共和国刑事诉讼法》《中华人民共和国民事诉讼法》《中华人民共和国行政诉讼法》《中华人民共和国海事诉讼特别程序法》《中华人民共和国仲裁法》等。

能力提升

1. 体现统治阶级意志的由国家制定或认可的并由国家强制力保障实施的社会规范是（　　）。

    A. 道德规范　　　B. 宗教规范　　　C. 法律规范　　　D. 纪律规范

2. 规范大体可分为技术性规范和社会规范两大类。法律规范和道德规范都是（　　）中的一种。

    A. 执业规范　　　B. 社会规范　　　C. 职业规范　　　D. 技术性规范

3. 安全生产行政法规一般专指国务院制定的有关安全生产的规范性文件，下列关于其法律地位和效力的说法正确的是（　　）。

    A. 安全生产行政法规低于行政规章、国家强制性标准。
    B. 安全生产行政法规高于安全生产法、低于宪法。
    C. 安全生产行政法规低于宪法和安全生产法
    D. 安全生产行政法规与国家安全监督总局令效力一致。

4. 下列关于法的效力的说法中，正确的是（　　）。

A. 《安全生产法》作为安全生产领域的综合性立法，法律效力高于其他专门法律

B. 安全生产行政法规的法律效力低于有关安全生产法律

C. 地方性法规和地方性政府规章具有同等法律效力

D. 部门规章的法律效力高于地方性法规。

5. 请简述法律和道德的异同点。

第二节　安全生产立法的必要性及其重要意义

一、安全生产立法

1. 安全生产的含义

安全生产是指通过人—机—环境三者的和谐运作，使社会生产活动中危及劳动者生命安全和身体健康的各种事故风险和伤害因素，始终处于有效控制的状态。安全生产工作，则是为了达到安全生产目标，在党和政府的组织领导下所进行的系统性管理的活动，由源头管理、过程控制、应急救援和事故查处 4 个部分构成。安全生产工作的内容主要包括生产经营单位自身的安全防范，政府及其有关部门实施市场准入（行政许可）、监管监察、应急救援和事故查处，社会中介组织和其他组织的安全服务、科研教育和宣传培训等。从事安全生产工作的社会主体包括企业责任主体、中介服务主体、政府监管主体和从事安全生产的从业人员。

2. 安全生产立法的含义

安全生产立法有两层含义，一是泛指国家立法机关和行政机关依照法定职权和法定程序制定、修订有关安全生产方面的法律、法规、规章的活动；二是专指国家制定的现行有效的安全生产法律、行政法规、地方性法规和部门规章、地方政府规章等安全生产规范性文件。安全生产立法在实践中通常特指后者。

二、加强安全生产立法的必要性

近年来，生产安全事故频繁，死伤众多，不仅影响了经济发展和社会稳定，而且损害了党、政府和我国改革开放的形象。我国安全生产水平较低的原因是多方面、深层次的，安全生产法制不健全是其主要原因之一，突出表现在：

1. 安全生产法律意识淡薄

改革开放特别是近 10 年来，安全生产不再是局部的、个别的问题，而是社会经济发展和文明程度的重要标志。能否保证生产经营活动的安全，是关系到人民群众生命和财产安全的基本权益、关系到经济快速发展和社会稳定、关系到我们党和政府是否贯彻"三个代表"重要思想、科学发展观的重大政治问题、经济问题和社会问题。从总体上看，公民在生产经营活动中的自我保护和安全生产的意识比较淡薄，一些生产经营单位特别是非国有企业负责人依法安全生产经营的意识也很淡薄。这些单位的负责人或者不懂法律，或者明知故犯，没有依法为从业人员提供必要的安全生产条件和劳动安全保护，使从业人员在十分恶劣和危险的条件下作业，以至发生事故，造成大量人身伤亡。有些地方政府领导人和私营企业老板只要

经济效益，片面地追求利润最大化，忽视甚至放弃安全生产，没有意识到这是一种严重侵犯人权的违法行为，没有意识到它所产生的法律后果。总之，安全生产还没有成为所有地方政府和生产经营单位的自觉行动，没有从安全生产是法定的义务和责任的高度引起足够的认识和重视。

2. 安全生产出现了新情况、新问题，亟待依法规范

随着我国社会主义市场经济体制的建立，大量非国有生产经营单位的比重增加。在我国社会生产力总体水平比较低下的条件下，部分非国有生产经营单位存在着生产安全条件差、安全技术装备陈旧落后、安全投入少、企业负责人和从业人员安全素质低、安全管理混乱、不安全因素和事故隐患多的严重问题。而国家现行的有关安全生产的法律、法规基本是针对国有大型生产经营单位制定的，对大量非国有生产经营的安全生产几乎没有明确的、可操作的法律规范，这必然造成法律调整的"空白"和监督管理的"缺位"，以致非国有生产经营单位事故多发、死伤惨重。因此，必须适应安全生产的新形势，制定规范生产经营单位尤其是非国有生产经营单位安全生产的法律。

3. 综合性的安全生产立法滞后

虽然国家制定了几十部安全生产方面的单行法律、行政法规，但是这些现行立法多数是在计划经济体制及其向社会主义市场经济体制转轨时期出台的，已经不能完全适应安全生产工作的需要。在《安全生产法》出台之前，国家关于安全生产的基本方针、基本制度没有依法确立，涉及国家安全生产监管体制、各级政府和有关部门的监督管理职责、生产经营单位的安全保障、生产经营单位负责人的安全职责、从业人员的安全生产权利义务、事故应急救援和调查处理、安全生产违法行为的法律责任等重大问题，缺乏基本的法律规范。

4. 政府机构改革和职能转变后，没有依法确立综合监管与专项监管相结合的安全生产监管体制，尚未建立健全依法监管的长效机制

为适应社会主义市场经济体制关于实行政企分开的要求，自1998年以来，国家先后撤销了原有的十几个工业主管部门，同时也保留了铁道、交通、民航、建筑等有关主管部门。政府部门已经不直接管理或者基本不直接管理企业的生产经营活动。与此同时，我国安全生产监管体制几经改革，建立了由安全生产综合监督管理部门与其他有关部门相结合的、综合监督管理与专项监督管理相结合的安全生产监督管理体制。安全生产的监督管理工作主要是运用法律手段，辅以必要的经济手段和行政手段，依法加大监管力度，查处安全生产违法行为。因此必须通过制定综合性的安全生产法律，将各级人民政府和各有关部门的安全生产职权、职责和监督管理措施法律化、制度化。但由于相关立法滞后，有的地方人民政府没有建立健全安全生产综合监督管理机构。已经设立的地方，又存在着综合监管部门与专项监管部门的法定职责和相互关系不明确的问题，在工作中产生了职责交叉、互相扯皮的矛盾，影响了安全生产监督管理工作的整体性、协调性，出现了安全生产监督管理工作的脱节和漏洞。

5. 缺乏强有力的安全生产执法手段

现行有关安全生产的法律、行政法规对安全生产违法行为及其法律责任的规定不够完整，有的对安全生产违法行为界定不清楚或者不准确，有的只有要求没有责任，有的虽有罚则但力度不够。其对近年来突出的安全生产违法行为特别是非国有企业的安全生产违法行为，没

有设定明确的法律责任。由于没有综合性的《安全生产法》，各级安全生产综合监管部门的法律地位、主要职责和执法手段无法可依，难以依法履行职责和实施行政执法。

目前我国正处于一个新的历史发展时期。在新形势下安全生产工作面临许多新情况、新问题、新特点，对安全生产监督管理工作也提出了新要求。加强安全生产法制建设，充分运用法律手段加强监督管理，是从根本上改变我国安全生产状况的主要措施之一。这是贯彻依法治国基本方略的客观要求，也是建设社会主义法治国家的必然选择。加强安全生产法治建设的首要问题是有法可依，因此制定一部综合性的《安全生产法》势在必行。

三、安全生产立法的重要意义

以《安全生产法》的颁布实施为标志，我国安全生产立法进入了全面发展的新阶段。《安全生产法》的出台，对全面加强我国安全生产法制建设，激发全社会对公民生命权的珍视和保护，提高全民族的安全法律意识，规范生产经营单位的安全生产，强化安全生产监督管理，遏制重大、特大事故，促进经济发展和保持社会稳定都具有重大的现实意义，必将产生深远的历史影响。

1.《安全生产法》的贯彻实施，有利于全面加强我国安全生产法律体系建设

《安全生产法》是我国第一部全面规范安全生产的专门法律，是我国安全生产法律体系中的基本法律，是各类生产经营单位及其从业人员实现安全生产所必须遵循的行为准则，是各级人民政府及其有关部门进行监督管理和行政执法的法律依据，是制裁各种安全生产违法犯罪行为的有力武器。《安全生产法》的出台，结束了我国没有安全生产基本法律的历史。《安全生产法》确立的基本法律制度，不仅对有关安全生产的单行法律、行政法规普遍适用，同时也对其作出了重要的、必要的补充完善，从而形成了母法与子法、普通法与特别法、专门法与相关法有机结合的中国安全生产法律体系的框架，为安全生产法制建设奠定了法律基础。

2.《安全生产法》的贯彻实施，有利于保障人民群众生命和财产安全

重视和保护人的生命权，是制定《安全生产法》的根本出发点和落脚点。各种不安全因素和事故，是威胁从业人员和公众生命的大敌。人既是各类生产经营活动的主体，又是安全生产事故的受害者或责任者。只有充分重视和发挥人在生产经营活动中的主观能动性，最大限度地提高从业人员的安全素质，才能把不安全因素和事故隐患降到最低限度，预防和减少人身伤亡。这是社会进步与法制进步的客观要求。《安全生产法》体现了以人为本的理念，在赋予各种法律主体必要权利的同时设定其应尽的义务。这就要求各级政府特别是各类生产经营单位的领导人和负责人，必须以对人民群众高度负责的态度，重视人的价值，关注安全，关爱生命；要通过法律的贯彻实施，把生产安全事故和人身伤亡降到最低限度。

3.《安全生产法》的贯彻实施，有利于依法规范生产经营单位的安全生产工作

针对近年来发生的重大、特大事故，法律把生产经营单位的安全生产列为重中之重，对其生产经营所必须具备的安全生产条件、主要负责人的安全生产职责、特种作业人员的资质、安全投入、安全建设工程和安全设施、安全管理机构和管理人员配置、生产经营现场的安全管理、从业人员的人身保障等安全生产保障措施和安全生产违法行为应负的法律责任等做出了严格、明确的规定。这对促进生产经营单位尤其是非国有生产经营单位提高从业人员安全

素质、建立健全安全生产责任制、严格规章制度、改善安全技术装备、加强现场管理、消除事故隐患和减少事故、提高企业管理水平，都有重要意义。

4.《安全生产法》的贯彻实施，有利于各级人民政府加强对安全生产工作的领导

各级人民政府及其领导人担负着发展经济、保一方平安的繁重任务和义不容辞的政治责任。《安全生产法》明确规定各级人民政府应当加强对安全生产工作的领导，支持、督促各有关部门依法履行安全生产监督管理职责；应当采取多种形式，加强对安全生产法律、法规和安全生产知识的宣传，提高职工群众的安全生产意识；要求县级以上地方各级人民政府对安全生产监督管理中存在的重大问题及时予以协调、解决。这就依法确定了各级人民政府在安全生产工作中的地位、任务和责任。只有各级人民政府特别是地方人民政府真正把安全生产当作重要工作来抓，处理好安全生产与稳定发展的关系，加强领导，采取有力措施，才能够遏制重大、特大事故，确保社会稳定，促进地方经济发展。

5.《安全生产法》的贯彻实施，有利于安全生产监管部门和有关部门依法行政，加强监督管理

各级安全生产监督管理部门和有关部门是具体实施安全生产监督管理工作的职能部门。为了理顺关系，明确职责，《安全生产法》规定各级安全生产监督管理部门依照本法对安全生产工作实施综合监督管理，其他有关部门依照本法和其他有关法律、行政法规规定的职责范围，对有关的安全生产工作实施监督管理。这就依法界定了综合监督管理与专项监督管理的关系，有利于综合监管部门与专项监管部门依法各司其职、相互协同、齐抓共管，做好安全生产监督管理工作。为了发挥城镇基层社区组织和舆论对安全生产工作的监督作用，协助政府和安全生产监管部门查处安全违法行为，《安全生产法》专门规定了居民委员会、村民委员会和新闻媒体对安全生产进行监督的权利和义务，从而把各级人民政府及其安全生产监管部门的监督范围扩大到全社会，延伸到城镇街道和农村，形成全社会共同参与监督安全生产工作的格局。

6.《安全生产法》的贯彻实施，有利于提高从业人员的安全素质

通过大量的事故分析来看，从业人员安全素质的高低，直接关系到能否实现安全生产。安全生产，既是从业人员神圣的权利又是义不容辞的义务。针对大批从业人员安全素质偏低的问题，《安全生产法》在赋予从业人员安全生产权利的同时，还明确规定了他们必须履行的遵章守规、服从管理、接受培训、提高安全技能，及时发现、处理和报告事故隐患和不安全因素等法定义务及其法律责任。只有从业人员切实履行这些法定义务，逐步提高自身的安全素质，提高安全生产技能，才能及时有效地避免和消除大量的事故隐患，掌握安全生产的主动权。

7.《安全生产法》的贯彻实施，有利于增强全体公民的安全法律意识

关注安全，人人有责。实现安全生产，必须通过宣传教育、培训、监管和执法等活动，增强全体公民的安全法律意识。《安全生产法》赋予公民在安全生产方面的参与权、知情权、避险权、检控权、求偿权和诉讼权，其目的不仅在于维护他们的合法权益，还在于促使他们在各项生产经营活动中重视安全、保证安全，自觉遵守安全生产法律、法规，养成自我保护、关心他人和保障安全的意识，协助政府和有关部门查堵不安全漏洞，同安全生产违法行为作斗争，使关心、支持、参与安全生产工作成为每个公民的自觉行动。

8.《安全生产法》的贯彻实施,有利于制裁各种安全违法行为

对安全生产违法行为打击不力,是导致生产安全事故多发的原因之一。法律的基本功能之一就是对违反法律规范的违法行为实施制裁,保证社会的正常秩序。《安全生产法》针对近年来出现的主要安全生产违法行为,设定了严厉的法律责任,其范围之广、力度之大是空前的。各级安全生产监督管理部门要坚持有法必依、执法必严、违法必究的法制原则,秉公执法,严惩那些安全生产违法犯罪分子,形成一个强大的法制氛围,促进安全生产。

第三节　安全生产法律体系的基本框架

 知识储备

一、安全生产法律体系的概念

安全生产法律体系,是指我国全部现行的、不同的安全生产法律规范形成的有机联系的统一整体。

二、安全生产法律体系的特征

具有中国特色的安全生产法律体系正在构建之中,这个体系具有3个特点。

1. 法律规范的调整对象和阶级意志具有统一性

加强安全生产监督管理,保障人民生命财产安全,预防和减少生产安全事故,促进经济发展,是党和国家各级人民政府的根本宗旨。国家所有的安全生产立法,体现了工人阶级领导下的最广大的人民群众的最根本利益,都要围绕"三个代表"重要思想和科学发展观,围绕执政为民这一根本宗旨,围绕基本人权的保护这个基本点而制定。安全生产法律规范是为巩固社会主义经济基础和上层建筑服务的,它是工人阶级乃至国家意志的反映,是由人民民主专政的政权性质所决定的。生产经营活动中所发生的各种社会关系,需要通过一系列的法律规范加以调整。不论安全生产法律规范有何种内容和形式,它们所调整的安全生产领域的社会关系,都要统一服从和服务于社会主义的生产关系、阶级关系,紧密围绕着"三个代表"重要思想、执政为民和基本人权保护而进行。

2. 法律规范的内容和形式具有多样性

安全生产贯穿于生产经营活动的各个行业、领域,各种社会关系非常复杂。这就需要针对不同生产经营单位的不同特点,针对各种突出的安全生产问题,制定各种内容不同、形式不同的安全生产法律规范,调整各级人民政府、各类生产经营单位、公民相互之间在安全生产领域中产生的社会关系。这个特点就决定了安全生产立法的内容和形式又是各不相同的,它们所反映和解决的问题是不同的。

3. 法律规范的相互关系具有系统性

安全生产法律体系是由母系统与若干个子系统共同组成的。从具体法律规范上看,它是单个的;从法律体系上看,各个法律规范又是母系统不可分割的组成部分。安全生产法律规

范的层级、内容和形式虽然有所不同，但是它们之间存在着相互依存、相互联系、相互衔接、相互协调的辩证统一关系。

三、安全生产法律体系的基本框架

安全生产法律体系究竟如何构建，这个体系中包括哪些安全生产立法，尚在研究和探索之中。我们可以从上位法与下位法、普通法与特殊法、综合性法与单行法等 3 个方面来认识并构建我国安全生产法律体系的基本框架。

（一）从法的不同层级上，可以分为上位法与下位法

法的层级不同，其法律地位和效力也不同。上位法是指法律地位、法律效力高于其他相关法的立法。下位法相对于上位法而言，是指法律地位、法律效力低于相关上位法的立法。不同的安全生产立法对同一类或者同一个安全生产行为做出不同法律规定的，以上位法的规定为准，适用上位法的规定。上位法没有规定的，可以适用下位法。下位法的数量一般多于上位法。

1. 法律

法律是安全生产法律体系中的上位法，居于整个体系的最高层级，其法律地位和效力高于行政法规、地方性法规、部门规章、地方政府规章等下位法。国家现行的有关安全生产的专门法律有《安全生产法》《消防法》《道路交通安全法》《海上交通安全法》《矿山安全法》；与安全生产相关的法律主要有《劳动法》《职业病防治法》《工会法》《矿产资源法》、《铁路法》《公路法》《民用航空法》《港口法》《建筑法》《煤炭法》和《电力法》等。

2. 法规

安全生产法规分为行政法规和地方性法规。

（1）行政法规。安全生产行政法规的法律地位和法律效力低于有关安全生产的法律，高于地方性安全生产法规、地方政府安全生产规章等下位法。

（2）地方性法规。地方性安全生产法规的法律地位和法律效力低于有关安全生产的法律、行政法规，高于地方政府安全生产规章。经济特区安全生产法规和民族自治地方安全生产法规的法律地位和法律效力与地方性安全生产法规相同。

3. 规章

安全生产行政规章分为部门规章和地方政府规章。

（1）部门规章。国务院有关部门依照安全生产法律、行政法规的规定或者国务院的授权制定发布的安全生产规章的法律地位和法律效力低于法律、行政法规，高于地方政府规章。

（2）地方政府规章。地方政府安全生产规章是最低层级的安全生产立法，其法律地位和法律效力低于其他上位法，不得与上位法相抵触。

4. 法定安全生产标准

虽然目前我国没有技术法规的正式用语且未将其纳入法律体系的范畴，但是国家制定的许多安全生产立法却将安全生产标准作为生产经营单位必须执行的技术规范而载入法律，安全生产标准法律化是我国安全生产立法的重要趋势。安全生产标准一旦成为法律规定必须执行的技术规范，它就具有了法律上的地位和效力。执行安全生产标准是生产经营单位的法定

义务，违反法定安全生产标准的要求，同样要承担法律责任。因此，将法定安全生产标准纳入安全生产法律体系范畴来认识，有助于构建完善的安全生产法律体系。

法定安全生产标准分为国家标准和行业标准，两者对生产经营单位的安全生产具有同样的约束力。法定安全生产标准主要是指强制性安全生产标准。

（1）国家标准。安全生产国家标准是指国家标准化行政主管部门依照《标准化法》制定的在全国范围内适用的安全生产技术规范。

（2）行业标准。安全生产行业标准是指国务院有关部门和直属机构依照《标准化法》制定的在安全生产领域内适用的安全生产技术规范。行业安全生产标准对同一安全生产事项的技术要求，可以高于国家安全生产标准但不得与其相抵触。

（二）从同一层级的法的效力上，可以分为普通法与特殊法

我国的安全生产立法是多年来针对不同的安全生产问题而制定的，相关法律规范对一些安全生产问题的规定有所差别。有的侧重解决一般的安全生产问题，有的侧重或者专门解决某一领域的特殊的安全生产问题。因此，在安全生产法律体系同一层级的安全生产立法中，安全生产法律规范有普通法与特殊法之分，两者相辅相成、缺一不可。这两类法律规范的调整对象和适用范围各有侧重。普通法适用于安全生产领域中普遍存在的基本问题、共性问题的法律规范，它们不解决某一领域存在的特殊性、专业性的法律问题；特殊法适用于某些安全生产领域独立存在的特殊性、专业性问题的法律规范，它们往往比普通法更专业、更具体、更有可操作性。如《安全生产法》是安全生产领域的普通法，它所确定的安全生产基本方针原则和基本法律制度普遍适用于生产经营活动的各个领域。但对于消防安全和道路交通安全、铁路交通安全、水上交通安全和民用航空安全领域存在的特殊问题，其他有关专门法律另有规定的，则应适用《消防法》《道路交通安全法》等特殊法。据此，在同一层级的安全生产立法对同一类问题的法律适用上，应当适用特殊法优于普通法的原则。

（三）从法的内容上，可以分为综合性法与单行法

安全生产问题错综复杂，相关法律规范的内容也十分丰富。从安全生产立法所确定的适用范围和具体法律规范看，可以将我国安全生产立法分为综合性法与单行法。综合性法不受法律规范层级的限制，而是将各个层级的综合性法律规范作为整体来看待，适用于安全生产的主要领域或者某一领域的主要方面。单行法的内容只涉及某一领域或者某一方面的安全生产问题。

在一定条件下，综合性法与单行法的区分是相对的、可分的。《安全生产法》属于安全生产领域的综合性法律，其内容涵盖了安全生产领域的主要方面和基本问题。与其相对，《矿山安全法》是单独适用于矿山开采安全生产的单行法律。但就矿山开采安全生产的整体而言，《矿山安全法》又是综合性法，各个矿种开采安全生产的立法则是矿山安全立法的单行法。如《煤炭法》既是煤炭工业的综合性法，又是安全生产和矿山安全的单行法。再如《煤矿安全监察条例》既是煤矿安全监察的综合性法，又是《安全生产法》和《矿山安全法》的单行法和配套法。

三、安全生产法在安全生产法律体系中的地位

2002年6月29日由九届全国人大常委会第二十八次会议审议通过并于2002年11月1日

施行的《中华人民共和国安全生产法》，是在党中央领导下制定的一部"生命法"，它的颁布实施，是我国安全生产法制建设的重要里程碑。

针对社会主义市场经济体制下安全生产工作中出现的新问题、新特点，为适应新形势下安全生产监督管理的需要，《安全生产法》以"三个代表"和"安全责任重于泰山"的重要思想以及以人为本的理念为指导，与时俱进，以加强安全生产监督管理，防止和减少生产安全事故，保障人民群众生命和财产安全，促进经济发展为宗旨，以规范生产经营单位的安全生产为重点，以确认从业人员安全生产基本权利和义务为基础，以强化安全生产监督执法为手段，立足于事故预防，确立了安全生产的 7 项基本法律制度，制定了当前急需的安全生产法律规范，明确了安全生产法律责任。《安全生产法》是我国第一部安全生产基本法律，是各类生产经营单位及其从业人员实现安全生产所必须遵循的行为准则，是各级人民政府和各有关部门进行监督管理和行政执法的法律依据，是制裁各种安全生产违法犯罪行为的法律武器。全面、准确和深刻地认识《安全生产法》的法律性质及其法律地位，非常重要。要科学地对《安全生产法》进行定性和定位，必须从全方位、多角度去把握。

（一）《安全生产法》的立法背景

法律是上层建筑的重要组成部分。社会主义的经济基础决定了社会主义法律的本质。《安全生产法》的制定，是由我国现阶段的生产力发展水平和安全生产水平决定的。改革开放以来，在党中央、国务院和各级地方党委和人民政府的领导下，我国的安全生产状况逐步好转。但近年来，安全生产状况很不稳定，重大、特大事故连续发生。为了加强安全生产监督管理，遏制事故，减少人民生命安全和财产损失，保证社会主义现代化建设的顺利进行，党中央、国务院坚持安全第一的方针，先后采取了安全生产专项整治，特别是加强法制等一系列重大举措，为实现安全生产的稳定好转奠定了外部条件。在党中央提出依法治国，建设社会主义法治国家的基本方略以后，安全生产法制建设被提到前所未有的重要位置上，安全生产法制建设的进程不断加快。《安全生产法》正是在这种背景下制定的。

（二）《安全生产法》的调整对象

从《安全生产法》的调整对象看，它是一部调整安全生产方面社会关系的专门法律。法律的调整对象是指法律所调整的社会关系，经法律调整后所产生的权利和义务关系就是法律关系。安全生产法律关系是指各行各业的公民、法人和社会组织相互之间，在从事生产经营和监督管理的活动中所发生的安全生产方面的权利和义务关系。安全生产法律关系错综复杂，其中基本的社会关系有下列 5 种：

（1）各级人民政府及其安全生产综合监督管理部门、有关安全生产专项监督管理部门及其安全生产监督检查人员，在履行法定职权时与生产经营单位、有关社会组织和从业人员之间所发生的监督管理关系。这是一种自上而下的基于国家行政管理活动所发生的纵向的行政管理关系。

（2）各级安全生产监督管理部门与其他有关部门之间的综合监督管理与专项监督管理的协调、指导和监督关系。这是各级人民政府所属的平行的各有关安全生产监督管理部门之间，依照法定职权和本级人民政府的授权，在安全生产监督管理工作中各司其职、相互配合时所发生的横向的协同关系。综合监督管理部门主要负责拟定综合性安全生产法律、法规、规章、政策和规划，协调解决重大安全生产问题，调查处理重大、特大生产安全事故，查处安全生产违法行为，指导、监督有关部门的专项安全生产监督管理工作。

（3）生产经营单位内部管理者与从业人员的安全生产管理关系。一个生产经营单位要依法进行安全生产，必然要建立内部安全生产管理体系。这是生产经营单位的主要负责人、分管负责人、安全管理机构负责人、内设机构负责人和作业单位负责人与从业人员之间以及从业人员之间存在的安全管理关系。这种微观管理关系也是《安全生产法》的调整对象。

（4）生产经营单位之间及其与社会组织、公民之间的安全生产方面的权利义务关系。生产经营活动的对象是为社会公众服务的，生产经营单位的生产经营活动是否安全，事关相关单位和从业人员以及不特定的公民的人身安全和财产安全。譬如：剧场、商厦、饭店、博物馆等生产经营单位，承包、租赁场所的安全条件是否符合法律规定，直接涉及从业人员、居民、顾客和观众的人身安全。《安全生产法》对此进行必要的调整，规范生产经营单位的行为，明确各自的权利义务，有利于建立正常、可靠的安全生产秩序，为社会创造一个安定、祥和的环境。

（5）涉外安全生产管理关系。目前我国的中外合资、中外合作和外商独资等"三资"企业数量很多，遍及许多行业。随着我国加入世纪贸易组织，对"三资"企业的安全管理日益与国际接轨，"三资"企业也必须严格依照我国法律进行生产经营活动，保证安全生产。因此，《安全生产法》同样适用于"三资"企业。

（三）《安全生产法》的基本原则

学习实施《安全生产法》，应当掌握贯穿于全部立法过程和法律条文的指导思想和思路，这就是《安全生产法》的 5 项基本原则。只有这样，才能透彻了解立法的背景和指导思想，把握法律条文的内涵，融会贯通，学以致用。多年来，究竟按照什么思路去体现党和国家关于安全生产工作的大政方针，按照什么思路去构建法律的基本制度，这是立法过程中争论较多也急需确定的重大原则问题。《安全生产法》的基本原则是贯穿于立法和法律实施中的指导思想和基本思路，是统率 7 项基本法律制度的总纲。它高度概括了党和国家重视安全生产的一贯方针政策，总结了多年来安全生产工作的经验教训，抓住了当前安全生产工作的薄弱环节和突出矛盾，提供了规范生产经营活动安全的法律武器。

1. 人身安全第一的原则

以人为本是科学发展观的核心，"国家尊重和保障人权"已经载入我国宪法。我们社会主义国家的本质是人民当家做主，人民的利益高于一切。我们的每一项工作，都是为人民服务。而作为人民群众的主要组成部分的大批从业人员，他们从事着各种生产经营活动，往往面临着各种危险因素、事故隐患。一旦发生生产安全事故，从业人员的生命和健康将受到直接的损害。近两年来，全国每年因事故死亡的从业人员多达十几万人，严重损害了人民群众的生命安全，带来了大量的社会问题。随着社会经济发展和民主法制的进步，人的社会地位尤其是人的生命权受到前所未有的重视和保障。安全生产最根本最重要的就是保障从业人员的人身安全，保障他们的生命权不受侵犯。按照这个原则，《安全生产法》第一条就将保障人民群众生命财产安全作为立法宗旨，并且在第三章专门对从业人员在生产经营活动中的人身安全方面所享有的权利做出了明确的规定。针对一些私营业主草营人命的问题，法律第一次赋予从业人员依法享有工伤社会保险和获得民事赔偿的权利，充分体现了国家对尊重和保护从业人员生命和财产权利的高度重视。《安全生产法》的许多条文都是围绕着从业人员的人身安全规定的，要求生产经营单位必须围绕着保障从业人员的人身安全这个核心抓好安全管理工作。

2. 预防为主的原则

"安全第一，预防为主"是党和国家的一贯方针。但是目前各级政府和负有安全生产监管职责的部门牵扯精力最多、工作量最大的，往往是对生产安全事故的调查处理。如果从安全管理和监督的过程来说，管理和监督可以分为事前、事中和事后三部分。

事前管理是指生产经营单位的安全管理工作必须重点抓好生产经营单位申办、筹办和建设过程中的安全条件论证、安全设施"三同时"等工作，在正式投入生产经营之前就符合法定条件或者要求，把可能发生的事故隐患消灭在建设阶段。事中管理是指在生产经营全过程中的安全管理，其环节最多、过程最长，需要每时每处都保证安全，因此生产经营单位必须建章立制，加强管理，保证安全。事后管理是指发生事故后的抢救和善后处理工作。《安全生产法》对此作出了具体的规定。为了检查督促生产经营单位的安全预防工作，法律同时要求政府及其负有安全生产监管职责的部门把监督工作的重点前移，放在事前监管和事中监管上，重在预防性、主动性的监督。为此，法律明确规定负有安全生产监管职责的部门要对生产经营单位的安全生产条件，安全设施的设计、验收和使用，生产经营单位主要负责人和特种作业人员的资格，安全机构及其人员，安全培训，安全规章制度，特种设备，重大危险源监控，危险物品和危险作业，作业现场安全管理等加强监管，由被动监管转向主动预防，将事故隐患消灭在萌芽状态，防止和减少重大、特大事故的发生。

3. 权责一致的原则

当前重大事故不断发生的一个重要原因，是一些拥有安全事项行政审批许可及安全监管权力的有关政府部门及其工作人员只要权力，不要责任，出了事故，推卸责任。这种有权无责、权责分离现象的蔓延，必然导致某些政府部门及其工作人员玩忽职守、徇私枉法，对该审批的安全事项不依法审批，不该批准的安全事项违法批准，应当监督管理的不负责任。其结果是一旦出了事故，负责行政审批发证和监督管理的部门和人员想方设法置身法外，不承担任何责任。要从根本上解决这个问题，必须按照权责一致的原则依法建立权责追究制度，明确和加重地方各级人民政府的安全生产责任，使其在拥有职权的同时承担相应的职责，权力越大，责任越重。为了加强安全生产的监督管理，《安全生产法》强化了各级人民政府和负有安全生产监管职责的部门的负责人和工作人员的相关职权和手段，同时也对其违法行政所应负的法律责任及约束监督机制作出了明确规定。

4. 社会监督、综合治理的原则

安全生产涉及社会各个方面和千家万户，仅靠负责安全生产监督管理职责的部门是难以实现的，还必须调动社会的力量进行监督，并发挥各有关部门的职能作用，齐抓共管，综合治理。要依靠群众、企业职工、工会等社会组织、新闻舆论的大力协助和监督，实行群防群治。要提高全社会的安全意识，才能形成全社会关注安全、关爱生命的社会氛围和机制。《安全生产法》主要是通过建立社区基层组织和公民对安全生产的举报制度和加强舆论监督来强化社会监督的力度，将安全生产的视角和触角延伸到社会的各个领域、各个方面和各个地方，以协助政府和部门加强监管。各级安全生产监督管理部门在依法履行职责的同时，还应当在政府的统一领导下，依靠公安、监察、交通、工商、建筑、质监等有关部门的力量，加强沟通、密切配合、联合执法。只有加强社会监督，实现综合治理，才能从根本上扭转安全意识淡薄、安全隐患多、事故多发的状况，把事故降下来，实现安全生产的稳定好转。

5. 依法从重处罚的原则

安全生产形势严峻、重大责任事故时有发生的另一个原因，是现行相关立法的处罚力度过轻，不足以震慑和惩治各种安全生产违法者和造成重大生产安全事故的责任者。随着社会主义市场经济的发展，非公有制经济成分逐渐增加。据统计，全国每年各类生产安全事故的60%~80%发生在非公有制生产经营单位。一些私营生产经营单位的老板，只求效益不顾安全，出了事故便逃之夭夭，把大量的遗留问题推给政府和社会。过去的安全生产立法主要是针对国有企业制定的，对非公有制企业的安全生产缺乏明确的、严格的法律规范，对违法者存在着法律责任的缺失和处罚偏轻的问题。这也是少数私营业主敢于以身试法的原因之一。对违法者的仁慈，就是对人民的犯罪。所以，对那些严重违反安全生产法律、法规的违法者，必须追究其法律责任，依法从重处罚。《安全生产法》设定了安全生产违法应当承担的行政责任和刑事责任，设定了11种行政处罚，有11条规定构成犯罪的要依法追究其刑事责任，还破例设定了民事责任，其法律责任形式之全、处罚种类之多、处罚之严厉都是前所未有的。这充分反映了国家对严重的安全生产违法者和造成重大、特大生产安全事故的责任者依法课以重典的指导思想。

能力提升

请根据我国安全生产法律体系的基本框架，划分以下法律法规的层级：

《安全生产法》《消防法》《劳动法》《职业病防治法》《危险化学品安全管理条例》《建设工程安全生产管理条例》《工伤保险条例》《国务院关于调整工业产品生产许可证管理目录和试行简化审批程序的决定》《重庆市港口条例》《重庆市城乡规划条例》《特种作业人员安全技术培训考核管理办法》《重庆市电梯安全管理办法》。

层级		法规名称
法律		
行政法规		
地方性法规		
行政规章	部门规章	
	地方政府规章	

第二章　中华人民共和国安全生产法

> **学习目标**
>
> 知识目标：了解安全生产法立法背景和意义；理解我国当前监督管理体制和生产经营单位安全生产条件；掌握生产经营单位的安全生产保障措施、从业人员的权利和义务。
>
> 能力目标：能依据法律条款进行事故案例分析，并在此基础上提出建议措施。
>
> 情感价值目标：树立法律意识和自我保护意识，知法懂法。

以《安全生产法》的颁布实施为标志，我国安全生产立法进入了全面发展的新阶段。尤其是《安全生产法》的出台，对全面加强我国安全生产法制建设，激发全社会对公民生命权的珍视和保护，提高全民族的安全法律意识，规范生产经营单位的安全生产，强化安全生产监督管理，遏制重大、特大事故，促进经济发展和保持社会稳定都具有重大的现实意义，必将产生深远的历史影响。

（1）《安全生产法》的贯彻实施，有利于全面加强我国安全生产法律法规体系建设；

（2）《安全生产法》的贯彻实施，有利于保障人民群众生命和财产安全；

（3）《安全生产法》的贯彻实施，有利于依法规范生产经营单位的安全生产工作；

（5）《安全生产法》的贯彻实施，有利于各级人民政府加强对安全生产工作的领导；

（5）《安全生产法》的贯彻实施，有利于安全生产监管部门和有关部门依法行政，加强监督管理；

（6）《安全生产法》的贯彻实施，有利于提高从业人员的安全素质；

（7）《安全生产法》的贯彻实施，有利于增强全体公民的安全法律意识；

（8）《安全生产法》的贯彻实施，有利于制裁各种安全违法行为。

第一节　安全生产法立法基本知识

为了加强安全生产工作，防止和减少生产安全事故，保障人民群众生命和财产安全，促进经济社会持续健康发展，《中华人民共和国安全生产法》由中华人民共和国第九届全国人民代表大会常务委员会第二十八次会议于2002年6月29日通过公布，自2002年11月1日起施行。2014年8月31日第十二届全国人民代表大会常务委员会第十次会议通过《全国人民代表大会常务委员会关于修改〈中华人民共和国安全生产法〉的决定》，自2014年12月1日起施行。

知识储备

在中华人民共和国领域内从事生产经营活动的单位（以下统称生产经营单位）的安全生产，适用本法；有关法律、行政法规对消防安全和道路交通安全、铁路交通安全、水上交通安全、民用航空安全以及核与辐射安全、特种设备安全另有规定的，适用其规定。

【释义】这里讲的"生产经营活动"，既包括资源的开采活动，各种产品的加工制作活动，也包括各类工程建设和商业、娱乐业及其他服务业的经营活动。公共场所集会活动的安全问题等，不属本法调整范围。

生产经营单位的主要负责人对本单位的安全生产工作全面负责。

【释义】本条规定了生产经营单位主要负责人的主体责任。生产经营单位的主要负责人，对公司制的企业而言，是指有限责任公司、股份有限公司的董事长和经理（总经理、首席执行官或其他实际履行经理职责的企业负责人）；对非公司制的企业而言，是指企业的厂长、经理、矿长等企业行政"一把手"。

工会依法对安全生产工作进行监督。

生产经营单位的工会依法组织职工参加本单位安全生产工作的民主管理和民主监督，维护职工在安全生产方面的合法权益。生产经营单位制定或者修改有关安全生产的规章制度，应当听取工会的意见。

【释义】工会的基本职责是维护劳动者的合法权益，因此对生产经营单位事关劳动者生命安全的安全生产工作有权进行监督。工会的监督主要表现在以下几个方面：一是有权对建设项目的"三同时"进行监督；二是对生产经营单位违反安全生产法律、法规，侵犯从业人员合法权益的行为进行纠正；三是发现生产经营单位违章指挥、强令冒险作业或发现事故隐患时，有权提出解决建议；三是有权依法参加事故调查，向有关部门提出处理意见。

国务院和县级以上地方各级人民政府应当根据国民经济和社会发展规划制定安全生产规划，并组织实施。安全生产规划应当与城乡规划相衔接。

国务院和县级以上地方各级人民政府应当加强对安全生产工作的领导，支持、督促各有关部门依法履行安全生产监督管理职责，建立健全安全生产工作协调机制，及时协调、解决安全生产监督管理中存在的重大问题。

乡、镇人民政府以及街道办事处、开发区管理机构等地方人民政府的派出机关应当按照职责，加强对本行政区域内生产经营单位安全生产状况的监督检查，协助上级人民政府有关部门依法履行安全生产监督管理职责。

【释义】安全生产规划是各级人民政府制定的比较全面长远的安全生产发展规划，是对未来整体性、长期性、基本性问题的思考和考量，是未来整套行动的方案，具有综合性、系统性、时间性、系统性等特点。

加强对安全生产的监督管理，是各级政府应尽的职责。各级政府应依法履行对本地区安全生产工作的领导责任，落实地方政府安全生产行政首长负责制和领导班子成员安全生产"一岗双责"制，健全安全生产监管监察体制。

明确乡镇政府及街道办事处、开发区管理机构等政府派出机关在安全生产方面的职责，是进一步强化安全生产工作的要求。

国务院安全生产监督管理部门依照本法,对全国安全生产工作实施综合监督管理;县级以上地方各级人民政府安全生产监督管理部门依照本法,对本行政区域内安全生产工作实施综合监督管理。

国务院有关部门依照本法和其他有关法律、行政法规的规定,在各自的职责范围内对有关行业、领域的安全生产工作实施监督管理;县级以上地方各级人民政府有关部门依照本法和其他有关法律、法规的规定,在各自的职责范围内对有关行业、领域的安全生产工作实施监督管理。

安全生产监督管理部门和对有关行业、领域的安全生产工作实施监督管理的部门,统称负有安全生产监督管理职责的部门。

【释义】科学的安全生产监督管理制度必须有科学的监督管理体制加以保证,必须有高效的监督管理机构付诸实施。否则,再好的制度也难以贯彻落实。《安全生产法》正是基于这一考虑,明确规定了安全生产工作监督管理体制。

国务院有关部门应当按照保障安全生产的要求,依法及时制定有关的国家标准或者行业标准,并根据科技进步和经济发展适时修订。

生产经营单位必须执行依法制定的保障安全生产的国家标准或者行业标准。

【释义】目前,国务院有关部门已经制定了一系列保障安全生产的国家标准和行业标准,包括矿山安全、危险化学品、民用爆炸物品、烟花爆竹、建筑安全、消防安全等多个领域,基本涵盖了生产作业、作业场所、施工工艺方法、安全设施设备、安全防护用品等方面的安全要求和技术规范。随着科技进步和经济发展,保障安全生产所需要的技术要求会不断提高。为了适应实际情况的变化,使安全技术标准始终处于先进状态,为安全生产提供最大限度的保障,国务院有关主管部门不仅要及时制定相应的国家标准或者行业标准,还应当根据科技进步和经济发展的实际需要,对有关标准及时进行修订、完善。

各级人民政府及其有关部门应当采取多种形式,加强对有关安全生产的法律、法规和安全生产知识的宣传,增强全社会的安全生产意识。

【释义】各级人民政府对安全生产宣传必须从思想上高度重视,组织上切实保证,财力上大力支持。要根据本地区实际情况,采取多种形式特别是人民群众喜闻乐见、通俗易懂的形式,利用电视、互联网、报纸、广播等多种手段,坚持贴近实际、贴近生活,结合开展"安全生产月""安全生产万里行"等活动,普及安全生产法律法规和安全生产知识,深入开展安全文化建设,使安全发展理念深入人心,在全社会营造有利于安全生产工作的良好环境和氛围。

能力提升

1. 《安全生产法》由中华人民共和国第九届全国人民代表大会常务委员会第二十八次会议于 2002 年 6 月 29 日通过公布,自（　　）起施行。

  A. 2002 年 7 月 1 日 B. 2002 年 10 月 1 日

  C. 2002 年 11 月 1 日 D. 2002 年 12 月 1 日

2. 2014 年 8 月 31 日第十二届全国人民代表大会常务委员会第十次会议通过《全国人民

代表大会常务委员会关于修改〈中华人民共和国安全生产法〉的决定》，自（　　）起施行。
　　　　A. 2014年8月31日　　　　B. 2014年9月1日
　　　　C. 2014年11月1日　　　　D. 2014年12月1日
　　3.《安全生产法》总则第一条：为了加强安全生产工作，防止和减少生产安全事故，保障人民群众生命和财产安全，（　　）经济社会持续健康发展，制定本法。
　　　　A. 保障　　　　B. 实现　　　　C. 促进　　　　D. 坚持
　　4. 安全生产工作（　　）生产经营单位的主体责任
　　　　A. 实行和强化　　B. 强化和落实　　C. 坚持和强化　　D. 强化和坚持

课外拓展

1.《安全生产法》立法的目的是什么？
2. 我国《安全生产法》的十二字方针是什么？

第二节　生产经营单位的安全生产保障

知识储备

　　生产经营单位应当具备本法和有关法律、行政法规和国家标准或者行业标准规定的安全生产条件；不具备安全生产条件的，不得从事生产经营活动。
　　【释义】本条规定中所称的"安全生产条件"，是指生产经营单位的各个系统、各生产经营环境、所有的设备和设施以及与生产相适应的管理组织、制度和技术措施等，能够满足保障安全的需要，在正常情况下不会导致人员的伤亡或者财产损失。
　　生产经营单位的主要负责人对本单位安全生产工作负有下列职责：
　　（一）建立、健全本单位安全生产责任制；
　　（二）组织制定本单位安全生产规章制度和操作规程；
　　（三）组织制定并实施本单位安全生产教育和培训计划；
　　（四）保证本单位安全生产投入的有效实施；
　　（五）督促、检查本单位的安全生产工作，及时消除生产安全事故隐患；
　　（六）组织制定并实施本单位的生产安全事故应急救援预案；
　　（七）及时、如实报告生产安全事故。
　　【释义】生产经营单位的主要负责人对本单位安全生产工作全面负责。落实这一规定，还需要进一步明确生产经营单位主要负责人对本单位安全生产工作所负的具体职责。因此，本条规定了生产经营单位主要负责人七个方面的职责。
　　【例题】
　　（1）某公司董事长由上一级单位总经理张某兼任，张某长期在外地，不负责该公司日常工作。该公司总经理安某在国外脱产学习，期间日常工作由常务副总经理徐某负责，分管安全生产工作的副总经理姚某协助其工作。根据《安全生产法》有关规定，此期间对该公司的安全生产工作全面负责的人是（　　）。

（2）矿山企业必须建立健全安全生产责任制，（　　）对本企业的安全生产工作负责。
　　A. 安全员　　　B. 工程师　　　C. 矿长　　　D. 矿山公司经理

（3）生产经营单位的主要负责人，对本单位的安全生产工作（　　）负责。
　　A. 主要　　　B. 全部　　　C. 全面

（4）叶某为某国有矿山的主要负责人。下列关于叶某在安全生产方面的职责的表述，不正确的是（　　）。
　　A. 组织制定本单位的安全生产规章制度
　　B. 组织制定本单位的事故应急救援预案
　　C. 亲自为职工讲授安全生产培训课程
　　D. 保证本单位安全生产投入的有效实施

（5）（　　）不是生产经营单位主要负责人对本单位安全生产工作应负的职责。
　　A. 组织制定本单位安全生产规章制度和操作规程
　　B. 对新改扩建项目进行劳动安全卫生预评价
　　C. 保证本单位安全生产投入的有效实施
　　D. 及时、如实报告生产安全事故

关于生产经营单位主要负责人的理解有很多种。有的认为是公司法定代表人，这是大多数人的观点。有的认为董事长比较合适，董事长是生产经营单位的主要投资人，有关生产经营单位的发展规划、重大投资项目等重大的决策都由董事长来决定。有的认为总经理更合适，虽然董事长是主要投资人，但可能一个人兼很多公司的董事长。现实生活中，就有这样一个人，他是80多家公司的董事长，根本顾不过来，公司的主要工作由总经理负责，这在沿海经济发达地区很普遍。另外，许多外国的老板在内地开设很多工厂，通过雇佣内地总经理来管理工厂，很显然把主要负责人的职责落实到董事长身上不合适。有的认为总裁合适，这主要是指大型集团公司，随着市场经济的发展，公司相互合并，大量集团公司成立。有的认为首席执行官合适，这主要是指上市公司、外资公司等。有的认为指合伙人，这主要是指合伙制公司。有的认为是指个体投资人，这主要地指个体经济而言。总之，主要负责人的形式很多，在法律上统称为主要负责人。因此，只能依据生产经营单位的性质，以及本单位的实际情况来具体确定主要负责人。一般而言，对生产经营单位负全面责任、有生产经营决策权的这个人，就是主要负责人。

生产经营单位的安全生产责任制应当明确各岗位的责任人员、责任范围和考核标准等内容。生产经营单位应当建立相应的机制，加强对安全生产责任制落实情况的监督考核，保证安全生产责任制的落实。

【释义】安全生产责任制应当做到"三定"，即定岗位、定人员、定安全责任。根据岗位的实际情况，确定相应的人员，明确岗位职责和相应的安全生产职责，实行"一岗双责"。

生产经营单位应当具备的安全生产条件所必需的资金投入，由生产经营单位的决策机构、主要负责人或者个人经营的投资人予以保证，并对由于安全生产所必需的资金投入不足导致的后果承担责任。有关生产经营单位应当按照规定提取和使用安全生产费用，专门用于改善安全生产条

件。安全生产费用在成本中据实列支。安全生产费用提取、使用和监督管理的具体办法由国务院财政部门会同国务院安全生产监督管理部门征求国务院有关部门意见后制定

【释义】生产经营单位从事生产经营活动必须具备《安全生产法》和有关法律、行政法规和国家标准或者行业标准规定的安全生产条件。生产经营单位要达到这一要求，必须要有一定的资金保证，用于安全设施的建设、安全设备的购置、为从业人员配备劳动防护用品、对安全设备进行检测、维护、保养等。

【案例】张某与王某合伙投资建设一旅行用皮包生产厂，但资金不足。因当时市场上该品种皮包的销路很好，为抓住商机，尽快获取经济利益，二人经商议后，决定砍掉计划用于购买通风设备的资金，先投产再说。结果生产过程中，因生产车间通风不好，苯的含量严重超标，发生严重苯中毒事故。

事故原因分析：皮包在生产过程中需要使用含剧毒化学品苯的黏合剂，苯易挥发，因此使用这种黏合剂要求生产车间必须有良好的通风设备，这是保证从业人员生命健康安全必须具备的条件。本案中，皮包厂投资人张某和王某为了获取一时的经济利益，置职工的生命健康于不顾，砍掉用于购买通风设备的资金，致使从业人员因生产车间通风不好，苯含量严重超标，发生严重苯中毒。作为投资人，张某和王某应当承担法律责任。

阅读案例，回答以下问题：
（1）在这起事故中，谁是主要负责人？
（2）他们应该履行什么职责？

矿山、金属冶炼、建筑施工、道路运输单位和危险物品的生产、经营、储存单位，应当设置安全生产管理机构或者配备专职安全生产管理人员。

前款规定以外的其他生产经营单位，从业人员超过一百人的，应当设置安全生产管理机构或者配备专职安全生产管理人员；从业人员在一百人以下的，应当配备专职或者兼职的安全生产管理人员。

【释义】这里讲的"安全生产管理机构"，是指生产经营单位内部设立的专门负责安全生产管理事务的独立部门；"专职安全生产管理人员"，是指在生产经营单位中专门负责安全生产管理，不再兼任其他工作的人员。其他生产经营单位，从业人员在100人以上的，应当设置安全生产管理机构或者配备专职安全生产管理人员。从业人员超过100人的生产经营单位是规模比较大的生产经营单位，大多是人员密集的作业场所。

【案例】某建筑工程公司因效益不好，公司领导决定进行改革，减负增效。经研究将公司安全部撤销，安全管理人员8人中，4人下岗，4人转岗，原安全部承担的工作转由工会中的两人负责。由于公司领导撤销安全部门，整个公司的安全工作仅仅由两名负责工会工作的人兼任，致使该公司上下对安全生产工作普遍不重视，安全生产管理混乱，经常发生人员伤亡事故。

生产经营单位的安全生产管理机构以及安全生产管理人员履行下列职责：
（一）组织或者参与拟订本单位安全生产规章制度、操作规程和生产安全事故应急救援预案；
（二）组织或者参与本单位安全生产教育和培训，如实记录安全生产教育和培训情况；
（三）督促落实本单位重大危险源的安全管理措施；
（四）组织或者参与本单位应急救援演练；

（五）检查本单位的安全生产状况，及时排查生产安全事故隐患，提出改进安全生产管理的建议；

（六）制止和纠正违章指挥、强令冒险作业、违反操作规程的行为；

（七）督促落实本单位安全生产整改措施。

【释义】本条是对于单位主要负责人七项职责的说明。

生产经营单位的安全生产管理机构以及安全生产管理人员应当恪尽职守，依法履行职责。

生产经营单位作出涉及安全生产的经营决策，应当听取安全生产管理机构以及安全生产管理人员的意见。

生产经营单位不得因安全生产管理人员依法履行职责而降低其工资、福利等待遇或者解除与其订立的劳动合同。

危险物品的生产、储存单位以及矿山、金属冶炼单位的安全生产管理人员的任免，应当告知主管的负有安全生产监督管理职责的部门。

【释义】生产经营单位的安全生产管理机构以及安全生产管理人员应当恪尽职守，依法履行职责，这项规定是对安全生产管理机构以及安全生产管理人员履行职责的总体要求。

【案例】某煤矿发生特大瓦斯爆炸事故，造成84人死亡，68人受伤，直接经济损失千万。事故的大致经过是：事故发生的当天，该煤矿某采区回风巷电缆被挤坏，接地掉闸，停风停电，经三次处理仍未解决问题，致使采区无法送风，瓦斯浓度超限。同时，负责处理的电工，是未经专业考核培训的原采掘工转岗，处理电缆接地时装煤机防爆接线盒未盖，操作线裸露，铜线搭接。发现瓦斯超限，人员撤出时未把控制装煤机的开关置于断电位置，风机停转时未把风电闭锁开关和风机开关打到停电位置，在上述情况下，该采区换班时有关人员未向下一班作好情况交接说明，向有关领导汇报后也未及时采取排放瓦斯和处理漏电问题。下一班人上岗后违章送电，形成短路，产生火花，引起瓦斯燃烧爆炸，扬起煤尘，后又发生煤尘传导爆炸。

评析：这是一起特大安全生产责任事故，事故的发生不是偶然的，是该矿山主要负责人只重经济效益，严重不负责任，长期忽视安全生产的必然结果。

首先，该矿安全生产管理混乱，安全生产管理机构不健全，安全管理人员数量不足，安全生产岗位责任制不落实，不能发挥作用，违章指挥、违规操作问题严重。如，这次事故从发生瓦斯超限到爆炸经过了两个多小时，如果安全生产管理机构和人员健全，岗位责任制明确，能够严格按照有关规定及时排除隐患，就可以避免事故发生，而实际情况恰恰相反，最终导致事故发生。

其次，该矿安全生产投入严重不足，安全欠账多、安全设备不全，管理方面也存在严重问题，一些重要的科学监测手段和预防措施没有得到采用。比如，该矿安全技措工程只完成了计划的4%，到货的16台瓦斯自动检测报警断电仪和28台电扇遥控装置因种种原因长期没有安装使用，4台瓦斯遥测仪只安装了1台，且没有投入使用，采掘机电设备管理也较差，完好率只有5%，这些因素都成为导致事故发生的原因。

再次，对从业人员特别是特种作业人员的培训制度不健全，该矿以工代干和新录用的职工较多，上岗时又未经专门的培训，特别是一部分采掘工未经专业培训考核取得特种作业人员操作资格，就转为电工上岗，成为导致事故发生的直接原因。

该案中，生产经营单位的主要负责人不履行法律规定的职责，忽视安全生产工作，应承担相应的法律责任。

生产经营单位的主要负责人和安全生产管理人员必须具备与本单位所从事的生产经营活动相应的安全生产知识和管理能力。

危险物品的生产、经营、储存单位以及矿山、金属冶炼、建筑施工、道路运输单位的主要负责人和安全生产管理人员，应当由主管的负有安全生产监督管理职责的部门对其安全生产知识和管理能力考核合格。考核不得收费。

危险物品的生产、储存单位以及矿山、金属冶炼单位应当有注册安全工程师从事安全生产管理工作。鼓励其他生产经营单位聘用注册安全工程师从事安全生产管理工作。注册安全工程师按专业分类管理，具体办法由国务院人力资源和社会保障部门、国务院安全生产监督管理部门会同国务院有关部门制定。

【释义】本条首先明确了对生产经营单位主要负责人和安全生产管理人员在知识和能力方面的要求：必须具备与本单位所从事的生产经营活动相应的安全生产知识和管理能力。这是一项原则性要求，如何确定"相应的安全生产知识和管理能力"，既要考虑单位的生产经营范围、规模，还要考虑单位的性质、危险程度等因素。

由于危险物品的生产、经营、储存单位以及矿山、建筑施工单位专业性强、危险性大，属于事故多发的领域，对这类生产经营单位的主要负责人和安全生产管理人员的安全生产知识和管理能力应当有更高的要求。需要说明的是，本条规定的注册安全工程师性质上属于职业水平评价类资格，不属于行政许可。取得注册安全工程师资格证明其具备了从事安全生产管理工作所需要的相关知识，但并不是其从事某项工作的必要条件。

生产经营单位应当对从业人员进行安全生产教育和培训，保证从业人员具备必要的安全生产知识，熟悉有关的安全生产规章制度和安全操作规程，掌握本岗位的安全操作技能，了解事故应急处理措施，知悉自身在安全生产方面的权利和义务。未经安全生产教育和培训合格的从业人员，不得上岗作业。

生产经营单位使用被派遣劳动者的，应当将被派遣劳动者纳入本单位从业人员统一管理，对被派遣劳动者进行岗位安全操作规程和安全操作技能的教育和培训。劳务派遣单位应当对被派遣劳动者进行必要的安全生产教育和培训。

生产经营单位接收中等职业学校、高等学校学生实习的，应当对实习学生进行相应的安全生产教育和培训，提供必要的劳动防护用品。学校应当协助生产经营单位对实习学生进行安全生产教育和培训。

生产经营单位应当建立安全生产教育和培训档案，如实记录安全生产教育和培训的时间、内容、参加人员以及考核结果等情况。

【释义】本条是关于生产经营单位应当对从业人员、实习学生进行安全生产教育和培训的规定。

【案例】某火炮厂发生爆炸事故，造成39人死亡，49人受伤。事故基本情况是：该火炮厂是村办集体企业，由村民陈某任厂长，实行承包经营，实际上是由陈某与村民杨某合伙生产经营。后因经营亏损，陈某向杨某提出不再合伙经营，杨某同意，并提出修改合同，在合同上明确杨某也是承包人。于是，二人找到村领导，村领导明确表态，对杨某要求经营火炮厂的要求给予否定，理由是杨某没有这方面的技术和职称，不能让其办分厂。

但陈、杨二人私下商定以一个厂的名义，分成两组各自独立生产经营，自负盈亏，并在未经任何部门、任何人检查验收的情况下，将厂房分为两部分，进行生产。由于厂房分割后，空间狭小，厂房内切引、插引等危险工序与封底、封面、编序等一般工序混于同一厂棚内。当时，农忙季节已过，来厂要求干活的村民很多，陈、杨二人将主要精力放在对外业务上，陈将厂内工作安排事宜交由其妻主管，杨则将工作安排事宜交由其女负责。

这二人都是一般农家妇女，未经过专门培训学习。开始二人还简单地给新来工人强调一下火炮安全生产的一般常识，然后安排上岗，后来连简单的要求都不强调就安排工人上岗。事故发生当天，切引工龙某在工作台上垫上木板，用菜刀将引线切成小把，供插引工领去插引。因当时来做工的人较多，切好的引线不够用，龙某就用另一工人切过油蜡纸的菜刀和垫板，肩上搭着引线，在工棚内插引区来回走动，随意切引线，当龙某在工棚南段东端切引线时，发生燃烧，引起待插引火炮发生爆炸，导致事故。

根据案情，试分析如下问题：

（1）试分析建筑施工单位违法《安全生产法》的具体行为。

（2）请对如何改进提出建议。

生产经营单位的特种作业人员必须按照国家有关规定经专门的安全作业培训，取得相应资格，方可上岗作业。

特种作业人员的范围由国务院安全生产监督管理部门会同国务院有关部门确定。

【释义】本条规定的生产经营单位的特种作业人员，是指其作业的场所、操作的设备、操作内容具有较大的危险性，容易发生伤亡事故，或者容易对操作者本人、他人以及周围设施的安全造成重大危害的作业人员。如电工、焊工、起重机械操作工（含电梯工）、生产经营单位内机动车辆驾驶人员、登高架设作业人员、锅炉作业人员（含水处理人员）、压力容器操作人员、制冷作业人员、爆破作业人员、矿山通风作业人员（含瓦斯检验人员）、矿山排水作业人员等。本条规定特种作业人员必须经过专门安全作业培训，取得相应资格，才能上岗作业。

【案例】某工艺制品厂发生特大火灾事故，烧死84人，伤40多人。事故经过情况是：该工艺制品厂厂房是一栋三层钢筋混凝土建筑物，一楼是裁床车间兼仓库，库房由木板和铁栅栏间隔而成，库内堆放海绵等可燃物高达两米，通过库房顶部并伸出库房，搭在铁栅栏上的电线没有套管绝缘，总电闸的保险丝改用两根钢丝代替。二楼是手缝和包装车间及办公事，厕所改作厨房，放有两瓶液化气。三楼是车衣车间。

该厂实行封闭式管理，两个楼梯中，东边一个用铁栅栏隔开，与厂房不相通，西边的楼梯平台上堆放了杂物；楼下四个大门有两个被封死，一个被铁栅栏隔在车间之外，职工上下班只能从西南方向的大门出入，并要通过一条用铁栅栏围成的只有0.8米宽的狭窄通道打卡，全部窗户安装了铁栅栏加铁丝网。

起火原因是电线短路引燃仓库的可燃物所致。起火初期，火势不大，部分职工试图拧开消防栓和使用灭火器扑救，但因不懂操作未能见效。在一楼东南角敞开式的货物提升机的烟囱效应作用下，火势迅速蔓延至二楼、三楼。一楼的职工全部逃出，正在二楼办公的厂长不组织工人疏散，自己打开窗爬绳逃命。二楼、三楼300名职工在无人指挥的情况下慌乱下楼，由于对着楼梯口的西北门被封住，职工下到楼梯口要拐弯通过打卡通道才能从西南门逃出，路窄人多，互相拥挤，浓烟烈火，视野不清，许多职工被毒气熏倒在楼梯口附近，因而造成重大伤亡。

评析：从事故发生的经过可以看出，该工艺制品厂电工未经专门培训，未经考核取得操作资格证即上岗作业，违章安装电器设备，电源开关没有使用符合规格的保险丝，电线没有绝缘套管，并在电源线下堆放大量可燃物，致使电线短路时产生的高温熔珠喷溅到下方的货堆上，引燃可燃物，导致事故。从中可以看出该厂雇用无证电工、电线电器安装不符合要求，是引发事故的导火索。

从本案中可以看出，特种作业人员所从事的工作潜在的危险性很大，一旦发生事故不仅会给作业人员自身的生命安全造成危害，而且也容易给其他从业人员以至人民群众的生命和财产安全造成重大损失。因此，对特种作业人员的资格必须严格要求。

矿山、金属冶炼建设项目和用于生产、储存、装卸危险物品的建设项目，应当按照国家有关规定进行安全评价。

【释义】对上述高危建设项目，本条规定的安全管理措施是按照国家有关规定进行安全评价。安全评价是指从技术、经济、社会等角度对建设项目的安全情况进行分析、评估，并提出防治对策和措施。建设项目安全评价涉及的内容很多，如水文、地质条件分析，厂址的选择，技术上的保证，等等，是一项系统性工作。

建设项目安全设施的设计人、设计单位应当对安全设施设计负责。
矿山、金属冶炼建设项目和用于生产、储存、装卸危险物品的建设项目的安全设施设计应当按照国家有关规定报经有关部门审查，审查部门及其负责审查的人员对审查结果负责。

【释义】建设项目安全设施设计的质量如何，对于安全设施能否真正起到保障安全的作用，具有决定性的影响。设计质量如何，又与设计人、设计单位的设计能力、工作态度和责任心等密切相关。因此，要求建设项目安全设施的设计人、设计单位对安全设施设计负责，对于增强设计人、设计单位的责任心，保证安全设施设计的质量，明确发生事故后的责任划分，意义重大。

矿山、金属冶炼建设项目和用于生产、储存、装卸危险物品的建设项目的施工单位必须按照批准的安全设施设计施工，并对安全设施的工程质量负责。
矿山、金属冶炼建设项目和用于生产、储存危险物品的建设项目竣工投入生产或者使用前，应当由建设单位负责组织对安全设施进行验收；验收合格后，方可投入生产和使用。安全生产监督管理部门应当加强对建设单位验收活动和验收结果的监督核查。

【释义】建设项目在施工过程中，在项目的勘察、设计质量都没有问题的前提下，整个项目的质量状况最终决定于施工质量。因此，施工单位应当严把施工质量关，做好施工的各项质量控制与管理工作，严格按照批准的设计文件和技术标准进行施工。

【案例】某选矿厂是由林某和范某共同投资的一家私营企业。为了获得建厂的批准，投资者聘请了正规的设计单位严格按照国家有关规定对有关建设工程尤其尾矿库的安全设施进行设计，有的设计甚至还高于国家标准，因而很快获得有关部门的批准。但是，投资者为了节约资金，要求施工单位不须完全按照批准的安全设施设计施工。

结果，施工单位利用一条山谷构筑尾矿库，其基础坝则用石头砌筑成一道不透水坝，坝顶宽 5 米，地上部分高 4 米，埋入地下约 2 米。后期坝采用冲积法筑坝。施工完毕，投资者通过熟人流通关系，使选矿厂尾矿库未经严格验收就投入使用。某日，突下大雨，尾矿库积水过多，导致尾矿库后期坝中部底层突然垮塌，随之整个后期堆积坝也跟着垮塌，共冲出水和尾砂15 820立方米，同时冲垮43间民工简易工棚和57间铜坑矿基建队房屋，致使28人死亡，56人重伤。

根据案情，试分析如下问题：

（1）试分析建筑施工单位违反《安全生产法》的具体行为。

（2）请对如何改进提出建议。

生产经营单位应当在有较大危险因素的生产经营场所和有关设施、设备上，设置明显的安全警示标志。

【释义】执行这一规定，要求生产经营单位根据本单位的生产经营性质、有关设施设备的安全性能等因素，确定哪些属于有较大危险因素的生产经营场所和有关设施、设备。

【案例】某施工公司在对一路段进行道路路灯改造时，因施工形成路面坑道且未设警示标志。刘某夜间驾驶摩托车行经此地，因来不及避让坑道而侧翻，造成人车共损的交通事故。刘某将该施工公司诉至法院要求其赔偿全部损失。法院判决该施工公司承担30%的赔偿责任。事故经过如下：

2010年4月21日晚上10点半，刘某驾驶一辆二轮摩托车载着吴某、段某二人在107省道上行驶，当行驶至该省道圣泉路段时，遇公路中间一坑道，刘某来不及避让，刘、吴、段三人连车摔倒在地。住在附近的居民被摩托车翻倒的声音惊醒，交警和救护车很快赶到了现场，将伤者送到医院救治。

阅读案例，试分析如下问题：

（1）试分析建筑施工单位相对《安全生产法》的违法行为。

（2）试搜集相关警示标志图片。

（3）请对如何改进提出建议。

安全设备的设计、制造、安装、使用、检测、维修、改造和报废，应当符合国家标准或者行业标准。

生产经营单位必须对安全设备进行经常性维护、保养，并定期检测，保证正常运转。维护、保养、检测应当作好记录，并由有关人员签字。

【释义】安全设备是对安全生产具有直接保障作用的有关设备。由于安全设备对生产经营单位的安全生产至关重要，有必要对安全设备进行自始至终的全方位、全过程的管理。因此，本条规定安全设备从设计、制造、安装、使用到检测、维修、改造和报废，都必须符合国家标准或者行业标准，要求生产经营单位在人力、财力以及制度、技术等方面都做好必要的安排和准备，把安全设备的维护、保养作为安全生产管理的重要内容和一项经常性、制度性的工作来抓，不能不做，也不能想起来就做、想不起来就不做。

【案例】某化工厂的前身为拉绒厂，后经批准改为化工厂，汪某是其法定代表人。化工厂主营甲硫酸钠，兼营织布、拉绒。为了减轻债务压力，该厂与某新技术发展公司签订了租赁经营合同，约定由新技术发展公司租赁经营化工厂。但汪某仍为化工厂的法定代表人。

合同签订后，新技术发展公司派出总经理梁某全面管理化工厂，主营项目仍然是具有相当危险性的甲硫酸钠。出于节约考虑，租赁后的化工厂没有按照国家规定对有关安全设备进行及时改造和维修，对过时老化的设备继续使用。一天，生产副厂长王某组织几名未经过培训的工人接班工作，突然氧化釜搅拌器传动轴密封填料处发生泄漏，导致操作平台发生爆燃，使整个生产车间起火，造成8人死亡，4人重伤。

阅读案例，试分析如下问题：

（1）试分析此单位相对《安全生产法》的违法行为。

（2）请对如何改进提出建议。

生产经营单位使用的危险物品的容器、运输工具，以及涉及人身安全、危险性较大的海洋石油开采特种设备和矿山井下特种设备，必须按照国家有关规定，由专业生产单位生产，并经具有专业资质的检测、检验机构检测、检验合格，取得安全使用证或者安全标志，方可投入使用。检测、检验机构对检测、检验结果负责。

【释义】危险物品的容器和运输工具，以及涉及生命安全、危险性较大的特种设备的产品质量如何，直接关系到能否保障安全生产，有必要对其安全管理专门做出较为严格的规定。本条对这两类产品的安全规定了双重保障要求：首先，这两类产品必须根据国家有关规定，由专业生产单位生产，其他任何单位和个人不得生产。其次，在投入使用前，还必须经取得专业资质的检测、检验机构检测、检验合格，取得安全使用证或者安全标志，未经检测、检验或者经检测、检验不合格的，不得投入使用。

国家对严重危及生产安全的工艺、设备实行淘汰制度，具体目录由国务院安全生产监督管理部门会同国务院有关部门制定并公布。法律、行政法规对目录的制定另有规定的，适用其规定。

省、自治区、直辖市人民政府可以根据本地区实际情况制定并公布具体目录，对前款规定以外的危及生产安全的工艺、设备予以淘汰。

生产经营单位不得使用应当淘汰的危及生产安全的工艺、设备。

【释义】淘汰工艺、设备涉及面比较广，关系到产业的调整、工艺的更新，也涉及生产经营单位的成本，是一件十分严肃的事情。对于具体哪些工艺、设备属于严重危及生产安全的工艺、设备，应当及时制定并公布全国统一的目录，一方面使生产经营单位及时了解掌握，及时改进工艺、更新设备；另一方面，负有安全生产监督管理职责的部门在工作中也能有的放矢，依法开展监督管理工作，发现使用应当淘汰的工艺、设备时，及时督促有关生产经营单位停止使用。

生产、经营、储存、使用危险物品的车间、商店、仓库不得与员工宿舍在同一座建筑物内，并应当与员工宿舍保持安全距离。

生产经营场所和员工宿舍应当设有符合紧急疏散要求、标志明显、保持畅通的出口。禁止锁闭、封堵生产经营场所或者员工宿舍的出口。

【释义】这是《安全生产法》一条很有特点、针对性很强的规定，是在总结大量事故经验教训的基础上做出的规定。生产、经营、储存、使用危险物品的车间、商店、仓库，很容易发生爆炸、中毒、火灾等事故，与员工宿舍在同一座建筑物内是非常危险的。实践中，一些生产经营单位为了节省开支，不顾员工的生命安全，将危险物品的生产车间、仓库和员工宿舍混设在同一座建筑物内，导致群死群伤的恶性事故。如广东东莞兴业制衣厂火灾造成72人死亡、47人受伤。深圳致丽工艺玩具厂火灾，烧死87人，烧伤51人。福建福州高福纺织有限公司发生火灾，烧死61人，伤7人。广东深圳胜利圣诞饰品有限公司火灾，造成20人死亡、109人受伤。福建晋江裕华鞋厂发生火灾，烧死32人，烧伤4人。这些事故的一个共同原因就是将生产、经营、储存、使用危险物品的车间、商店、仓库与员工宿舍设在同一座建筑物内。

另外实践中，还有一些生产经营单位的生产经营场所或者员工宿舍的建设不符合安全要求，不设紧急出口；有的虽然设了紧急出口，但标志不明显或者不能保持畅通，发生事故时员工无法紧急疏散。也有一些生产经营单位出于各种目的，锁闭、封堵生产经营场所或者员工宿舍的出口，致使发生事故时员工不能及时疏散，逃生无门，造成大量人员伤亡。如，吉林省长春市德惠市宝源丰禽业有限公司发生的主厂房特别重大火灾爆炸事故，共造成121人死亡、76人受伤。造成重大人员伤亡的主要原因之一是主厂房内逃生通道复杂，且南部主通道西侧安全出口和另一直通室外的安全出口被锁闭，火灾发生时人员无法及时逃生。

【案例】某市化工厂新录用了一批工人，但厂里目前暂时没有住宿用房。有人提出，可以先到外面去租用住房。厂长认为，到外面租房成本太高。厂里一座仓库的二层还空着，可以先住到那里。副厂长说，仓库存放的三硝基苯是一种爆炸性物质，工人住那里不太安全。厂长说，没事，告诉大家注意点就行了。由于厂长说话，其他人不好坚持，这批新录用的工人就住进了仓库的二层。一天晚上，仓库突然发生爆炸并倒塌，造成30多名工人死亡，10多人重伤。

阅读案例，试分析如下问题：

（1）试分析此单位相对《安全生产法》的违法行为。

（2）请对如何改进提出建议。

生产经营单位进行爆破、吊装以及国务院安全生产监督管理部门会同国务院有关部门规定的其他危险作业，应当安排专门人员进行现场安全管理，确保操作规程的遵守和安全措施的落实。

【释义】在实践中，由于在危险作业现场没有专门的安全管理人员进行协调、管理，导致作业人员错误操作，从而引发事故的情况时有发生。为了保证危险作业的安全进行，本条明确规定生产经营单位进行爆破、吊装等危险作业应当安排专门人员进行现场安全管理，确保操作规程的遵守和安全措施的落实。这是法律的强制性规定，生产经营单位必须严格执行。

【案例】某县要修一条县级公路，郭某通过关系承包了一段10公里的工程。随后，郭某将其转包给张某，张某又将其分为三段，分别承包给于某、范某和林某。林某承包的路段由于开山架桥的地方较多，因此雇用了较多的施工人员。为了尽量减少开支，林某明知刘某之子刘甲、刘乙、刘丙无爆破作业证书，仍以每天11元的报酬雇用，并要求刘甲既要完成其自己的爆破任务，还要管理好其两个弟弟的爆破作业和负责爆破现场的安全管理。为此，林某每天多给刘甲3元。

由于刘甲等人均是当地农民，根本不了解爆破的安全操作规程，在爆破过程中仅仅根据常识进行判断。同时，林某也没有制定或要求刘甲制定安全措施。因此，爆破施工中，经常发生一些小事故。但林某对之不以为然，直至在一次爆破作业中，刘甲因操作失误，造成2人死亡，多人重伤。

根据案情，试分析如下问题：

(1) 试分析此单位相对《安全生产法》的违法行为。
(2) 请对如何改进提出建议。

生产经营单位应当教育和督促从业人员严格执行本单位的安全生产规章制度和安全操作规程；并向从业人员如实告知作业场所和工作岗位存在的危险因素、防范措施以及事故应急措施。

【释义】近年来，我国发生的多起事故，都与作业人员不严格执行安全生产规章制度和安全操作规程有关。因此，一方面生产经营单位要对从业人员进行安全生产规章制度和安全操作规程教育和培训，保证从业人员熟知安全生产规章制度内容，做到安全操作规程入眼、入脑、入心，自觉遵守安全生产规章制度和安全操作规程；另一方面，生产经营单位也应当教育和督促从业人员严格执行本单位的安全生产规章制度和安全操作规程。要结合本单位实际，制定有针对性的制度，采取多种有效的措施（包括奖惩措施），监督、促使从业人员严格遵守本单位的安全生产规章制度和安全操作规程。对不遵守安全生产规章制度和安全操作规程的从业人员，要采取适当的措施，促使其改正。

【案例】

作业场所危险因素告知书

部门：

作业人员姓名		作业班组	
从事作业岗位		从事作业场所	
作业过程可能存在的危险因素： 1. 高温：对人体体温调节、水盐代谢等生理功能产生影响的同时，还可导致中暑性疾病，如热痉挛、热衰竭。 2. 失火：因车辆异常导致火灾，引起人身、财产损失。 3. 交通事故：进出检验台车辆频繁，容易造成倒溜、刮擦、碰撞、碾压等人身意外伤害。			
防范措施： 1. 注意隔热、通风，个人防护、卫生保健和健康监护，合理的劳动休息； 2. 认真执行公司的消防制度，掌握初期火灾的处置方法，能正确、熟练地操作工作区域内的灭火器材。 3. 树立自我保护意识，按规定佩戴安全帽、手套、身着工作服及工作鞋，自觉遵守检验员岗位操作规程，进入检验台时察看车辆动态，是否停稳，确保安全。			
应急措施： 1. 将患者移至阴凉、通风处，同时垫高头部、解开衣服，用毛巾或冰块敷头部、腋窝等处，并及时送医院。 2. 按照《××汽车站火灾事故应急预案》执行。 3. 发生车场交通事故时应保护现场，立即救治伤员或将伤员送医院抢救。			
告知人：		被告知人签名： 日期：2017 年　月　日	

注：本告知书一式两份，告知人与被告知人各留一份。

生产经营单位必须为从业人员提供符合国家标准或者行业标准的劳动防护用品，并监督、教育从业人员按照使用规则佩戴、使用。

【释义】劳动防护用品根据不同的分类方法，可分为很多种类。如按照人的生理部位分类，有头部防护用品、面部防护用品、眼睛防护用品、呼吸道防护用品等；按照使用的原材料，有棉纱棉布制品、丝绸呢绒制品、皮革制品、橡胶制品和五金制品等。生产经营单位为从业人员提供劳动防护用品，是一项法定义务。

【案例】章先生说，他和妻子是同一家公司的喷漆工人，整个公司只有他们两人负责喷漆工作，由于业务较多，为了按时交货，夫妻俩每天都要工作十四五个小时，如此长时间地接触油漆这类有害物品，公司只发给他们最薄的纱布口罩。章先生说，这种口罩根本起不到防护作用，他曾向公司提出要求更换为专业的防护口罩，或是换厚一点的口罩，公司当即表示了拒绝。

去年10月，章先生和妻子先后感到头疼、腿发软，且经常感冒。去医院检查时，医生二话没说，直接就问他们是从事什么工作的，让他们转到职业卫生科去看。经诊断，章先生白细胞大量减少，已经达到了比较严重的程度，而其妻子则患有上呼吸道感染，肺部出现炎症。

阅读案例，试分析如下问题：

（1）试分析此单位相对《安全生产法》的违法行为。

（2）试列举建筑施工行业的相关劳动防护用品。

（3）请对如何改进提出建议。

生产经营单位的安全生产管理人员应当根据本单位的生产经营特点，对安全生产状况进行经常性检查；对检查中发现的安全问题，应当立即处理；不能处理的，应当及时报告本单位有关负责人，有关负责人应当及时处理。检查及处理情况应当如实记录在案。

生产经营单位的安全生产管理人员在检查中发现重大事故隐患，依照前款规定向本单位有关负责人报告，有关负责人不及时处理的，安全生产管理人员可以向主管的负有安全生产监督管理职责的部门报告，接到报告的部门应当依法及时处理。

【释义】本条是关于生产经营单位的安全生产管理人员检查本单位安全生产状况以及报告安全问题和重大事故隐患的规定。

生产经营单位应当安排用于配备劳动防护用品、进行安全生产培训的经费。

【释义】用于配备劳动防护用品和进行安全生产培训的经费，是保障安全生产条件所需资金投入的重要组成部分，生产经营单位有义务予以保障。实践中，有些生产经营单位出于减少成本、实现利润最大化的考虑，只愿在一些能直接产生经济回报的生产经营性事务上投入，而在诸如配备劳动防护用品、进行安全生产培训等不能直接带来经济利益的事务方面尽可能压缩开支，甚至根本不予考虑。有的虽然在规章制度中也有安排经费的相关规定，但只是装点门面，没有转化为实际行动。因此，本条在其他有关条文规定生产经营单位应当为从业人员配备劳动防护用品、进行安全生产培训的基础上，进一步将安排相关经费问题加以明确规定，有助于从根本上保障这些规定的落实，增强相关制度的可操作性。

【案例】某机械厂机加工车间内，一名操作人员戴手套操作车床进行加工作业。车削过程中，他在清理铁削时不慎被旋转的车床主轴卷住，旁边工作的人员发现后立即关掉车床电源开关，车床操作人员从车床被甩落至地面，虽立即送医院，但经抢救无效于当日死亡。

阅读案例，试分析如下问题：

（1）试分析该单位相对《安全生产法》的违法行为。

（2）请对如何改进提出建议。

两个以上生产经营单位在同一作业区域内进行生产经营活动，可能危及对方生产安全的，应当签订安全生产管理协议，明确各自的安全生产管理职责和应当采取的安全措施，并指定专职安全生产管理人员进行安全检查与协调。

【释义】实践中，经常会有两个以上生产经营单位在同一作业区域内进行生产经营活动的情况。如：两个矿井在同一或相邻矿区同时进行采矿活动；两个建筑施工单位在同一个建筑工地施工等。在这种情况下，生产经营单位之间危及对方生产安全的情况比较容易发生。由于有多个生产经营单位，如果互相之间安全生产管理职责不够清楚、不够协调，发生生产安全事故的可能性会更大，而且一旦发生事故，受损面更广，损失也更大。为解决这种情况下的安全生产管理问题，本条规定了两个以上生产经营单位在同一作业区域内进行生产经营活动时的安全生产管理要求：生产经营单位之间应当签订安全生产管理协议，明确各自的安全生产管理职责和应当采取的安全措施，并指定专职安全生产管理人员进行安全检查与协调。这对于明确责任，加强管理，保证生产经营活动的安全，具有重要意义。

【案例】2008年2月29日，广东某建筑安装公司一施工员在东区某汽车配件生产企业安装室内空调机，坐在空调柜的柜顶上焊接铜管。该厂的一名天车工操作天车经过施工员作业的平台上方，天车的滑线检修吊梯撞到了该施工员的颈部，导致其颈部被挤压受伤，从空调柜上滑落至施工平台，伤者在送医院后，经抢救无效死亡。

阅读案例，试分析如下问题：

（1）试分析该单位相对《安全生产法》的违法行为。

（2）试论述如何加强交叉作业管理。

（3）请对如何改进提出建议。

生产经营单位不得将生产经营项目、场所、设备发包或者出租给不具备安全生产条件或者相应资质的单位或者个人。

生产经营项目、场所发包或者出租给其他单位的，生产经营单位应当与承包单位、承租单位签订专门的安全生产管理协议，或者在承包合同、租赁合同中约定各自的安全生产管理职责；生产经营单位对承包单位、承租单位的安全生产工作统一协调、管理，定期进行安全检查，发现安全问题的，应当及时督促整改。

【释义】根据本法的有关规定，生产经营单位应当具备法律、行政法规和国家标准或者行业标准规定的安全生产条件，不具备安全生产条件的，不得从事生产经营活动。在生产经营单位将生产经营项目、场所、设备发包或者出租的情形下，生产经营活动实际上是由承包人或者承租人（包括单位和个人，下同）来进行的。承包人或者承租人如果不具备安全生产条件或者不具备相应的资质，安全生产同样不能得到保障。因此，本条要求生产经营单位不得将生产经营项目、场所、设备发包或者出租给不具备安全生产条件或者相应资质的单位或者个人。

【案例】某钢铁有限公司将厂房油漆工程承包给无资质的包工头，包工头带领两人到公司进行油漆作业。事发当天，钢铁公司厂内机动车司机驾驶运热铁水车在特种车辆运输专用通道上倒车，准备进车间装运热铁水。由于时近中午，油漆包工头突然进入该特种车辆运输专用通道，头朝上叫唤一起作业的员工下来吃饭，未注意现场的安全警示标志"专用铁水运输通道禁止入内"，未观察到铁水车的运行情况，被该车撞击倒地受伤，后经医院抢救无效于当日死亡。

阅读案例，试分析如下问题：
（1）试分析该单位相对《安全生产法》的违法行为。
（2）试论述发包单位与承包单位之间如何明确各自管理责任。
（3）请对如何改进提出建议。

能力提升

1. 依据《安全生产法》的规定，生产经营单位进行（　　）等危险作业，应当安排专业人员进行现场安全管理，确保操作规程的遵守和安全措施的落实。

　　A. 爆破、吊装　　　　　　　　B. 高空施工、电力安装
　　C. 采掘、架设　　　　　　　　D. 易燃易爆物品试验

2. 重视和保障从业人员的（　　），是贯穿《安全生产法》的主线。

　　A. 知情权　　B. 生命权　　C. 健康权　　D. 批评检举权

3. 依据《安全生产法》的规定，生产经营单位委托工程技术人员为本单位提供安全生产管理服务的，安全生产责任由（　　）负责。

　　A. 被委托的工程技术人员
　　B. 生产经营单位
　　C. 被委托的工程技术人员所在中介机构
　　D. 所在地的安全生产监管部门

4. 《安全生产法》所称生产经营单位，是指从事生产经营活动的（　　）。

　　A. 公司　　B. 工厂　　C. 基本生产经营单元　　D. 个体工商户

5. 《安全生产法》规定的安全生产违法行为的法律责任形式，包括（　　）。

　　A. 行政责任和刑事责任　　　　　B. 宪法责任、行政责任和刑事责任
　　C. 司法责任和民事责任　　　　　D. 行政责任、民事责任和刑事责任

6. 依据《安全生产法》的规定，生产经营单位应当按照国家有关规定将本单位重大危险源及有关安全措施、应急措施报（　　）备案。

　　A. 有关地方人民政府公安部门
　　B. 有关地方人民政府劳动管理部门
　　C. 有关地方人民政府负责安全生产监督管理的部门和有关部门
　　D. 有关地方人民政府公安部门和安全生产监督管理部门

7. 依据《安全生产法》的规定，从业人员的工伤保险费由（　　）缴纳。

　　A. 从业人员　　　　　　　　　　B. 生产经营单位和从业人员共同
　　C. 生产经营单位主要负责人　　　D. 生产经营单位

8. 依据《安全生产法》的规定，作业场所和工作岗位的危险因素、防范措施、事故应急措施由（　　）如实告知从业人员。

  A. 劳动和社会保障部门   B. 生产经营单位

  C. 安全生产监管部门   D. 工会

9. 依据《安全生产法》的规定，生产经营单位与从业人员订立协议，免除或者减轻其对从业人员因生产安全事故伤亡依法应承担的责任的，该协议无效；对生产经营单位的（　　）处二万元以上十万元以下的罚款。

  A. 主要负责人、直接责任人 B. 直接责任人、相关负责人

  C. 法定代表人、直接责任人 D. 主要负责人、个人经营的投资人

10. 依据《安全生产法》的规定，生产经营单位对同一项目的多个承包单位或承租单位的安全生产工作实施（　　）。

  A. 统一指挥、管理   B. 统一协调、管理

  C. 统一考评、管理   D. 统一规划、管理

11. 依据《安全生产法》的规定，承担安全评价、认证、检测、检验工作的机构出具虚假证明，给他人造成损害的，（　　）。

  A. 与生产经营单位承担连带赔偿责任 B. 不承担责任

  C. 与生产经营单位分担赔偿责任   D. 承担技术责任

12. 依据《安全生产法》的规定，生产经营单位使用的涉及生命安全、危险性较大的特种设备，必须按照国家有关规定，由（　　）生产，并经取得专业资质的检测、检验机构检测、检验合格，取得安全使用证或者安全标志，方可投入使用。

  A. 指定生产单位   B. 委托生产单位

  C. 法定生产单位   D. 专业生产单位

13. 依据《安全生产法》的规定，生产经营单位使用的涉及生命安全、危险性较大的特种设备，必须按照国家有关规定，由（　　）生产，并经取得专业资质的检测、检验机构检测、检验合格，取得安全使用证或者安全标志，方可投入使用。

  A. 指定生产单位   B. 委托生产单位

  C. 法定生产单位   D. 专业生产单位

14. 依据《安全生产法》的规定，生产经营单位（　　）工程项目的安全设施，必须与主体工程同时设计、同时施工、同时投入生产或者使用。

  A. 新建、扩建、改建   B. 新建、扩建、引进

  C. 扩建、改建、翻修   D. 新建、改建、装修

15. 依据《安全生产法》的规定，生产经营单位从业人员安全生产培训教育的费用由（　　）承担。

  A. 从业人员   B. 安全培训机构

  C. 政府主管部门   D. 生产经营单位

总结提高

1. 安全生产条件是指什么？请举例说明。

2. 请尝试编制班级安全管理责任制，包括：各班委的岗位职责、考核标准。

课外拓展

1. 某县花爆厂发生特大爆炸事故，造成30多人死亡，其中在校中小学生10多人，不在校的未成年人2人，还有10多人受伤，其中重伤2人。事故的经过是：2000年初，属于乡镇企业的某县花爆厂，接到一笔大规格爆竹（属国家明令禁止生产的品种）的生产订单。因时间紧、任务重，为完成订单，业主采取增加加工费等方法，吸引一部分未经任何教育、培训的人员到厂务工。事故发生当天，配药工李某违反操作规程，造成火药摩擦起火，引起爆炸。且由于该厂生产的是国家明令禁止生产的大规格爆竹，车间内当日存放的成品和半成品及原料火药量严重超标，直接爆炸源引发周围堆放的成品、半成品和原料接连爆炸，导致严重人员伤亡。

2. 某制鞋厂是一家私营企业，有从业人员100多人。鞋厂老板为了所谓"安全原因"，将员工宿舍的窗户全部用铁条封上，并且每天晚上职工休息后，都让人用一把大锁将宿舍的门从外面反锁。一天晚上，一名女工用电热水器烧水，由于白天过度疲劳，水未烧开该女工就睡着了。热水器干烧后造成电路短路起火。由于宿舍内可燃物多，火势蔓延迅速。工人惊醒后想逃生，但窗户封死，大门从外面反锁，根本无路可逃，致使80多名工人全部被烧死，其中绝大部分是年仅20岁左右的打工妹。大火还造成直接经济损失200多万元。

阅读以上案例，请回答这两起事故发生的主要原因是什么？请根据《安全生产法》相关条文进行分析。

第三节 从业人员的安全生产权利义务

知识储备

生产经营单位与从业人员订立的劳动合同，应当载明有关保障从业人员劳动安全、防止职业危害的事项，以及依法为从业人员办理工伤保险的事项。

生产经营单位不得以任何形式与从业人员订立协议，免除或者减轻其对从业人员因生产安全事故伤亡依法承担的责任。

【释义】为了切实保障从业人员在安全生产方面的权利，本条规定，劳动合同应当载明有关保障从业人员劳动安全、防止职业危害和依法为从业人员办理工伤保险的事项。

【案例】农民陈某进城打工，发现一张"招工告示"称"某个体砖厂大量招工，包吃住，月薪1000元另加奖金"，于是前往位于郊区某乡村的砖厂，与老板王某洽谈。王某拿出的劳动合同最后有一行不起眼的小字："受雇人员伤亡厂方概不负责。"陈某没有多想就签了合同。一个月后，陈某在挖土时忽然遇到塌方，身受重伤，丧失了全部劳动能力，王某以双方签订的劳动合同中已经写明"受雇人员伤亡厂方概不负责"为由，不同意对陈某进行补偿。

根据案情，试分析如下问题：

（1）试分析单位相对《安全生产法》的违法行为。

（2）对如何改进提出建议。

生产经营单位的从业人员有权了解其作业场所和工作岗位存在的危险因素、防范措施及事故应急措施，有权对本单位的安全生产工作提出建议。

【释义】根据本条规定，生产经营单位从业人员有权了解其作业场所和工作岗位与安全生产有关的三方面情况：一是存在的危险因素，二是防范措施，三是事故应急措施。从业人员作为生产经营单位的主体，有权利参与用人单位的民主管理。从业人员通过参与生产经营的民主管理，可以充分调动其积极性与主动性，可以充分发挥其聪明才智，为本单位献计献策，对安全生产工作提出意见与建议，共同做好生产经营单位的安全生产工作。

【例题】员工可以通过何种途径了解作业场所和工作岗位存在的危险因素、防范措施及事故应急措施？

从业人员有权对本单位安全生产工作中存在的问题提出批评、检举、控告；有权拒绝违章指挥和强令冒险作业。

生产经营单位不得因从业人员对本单位安全生产工作提出批评、检举、控告或者拒绝违章指挥、强令冒险作业而降低其工资、福利等待遇或者解除与其订立的劳动合同。

【释义】批评、检举、控告权是从业人员的基本权利。这一法律规定，有利于从业人员对生产经营单位进行群众监督，促使生产经营单位不断改进本单位的安全生产工作。

从业人员发现直接危及人身安全的紧急情况时，有权停止作业或者在采取可能的应急措施后撤离作业场所。

生产经营单位不得因从业人员在前款紧急情况下停止作业或者采取紧急撤离措施而降低其工资、福利等待遇或者解除与其订立的劳动合同。

【释义】本条赋予从业人员在紧急情况下可以停止作业以及撤离作业场所的权利。这是从业人员可以自行做出的一项重要决定，对于保证从业人员的生命安全十分重要。根据本条规定，从业人员发现直接危及人身安全的紧急情况，如果继续作业很有可能会发生重大事故时（如矿井内瓦斯浓度严重超标），有权停止作业；或者事故马上就要发生，不撤离作业场所就会造成重大伤亡时，可以在采取可能的应急措施后撤离作业场所。生产经营单位不得因从业人员的上述行为而对其进行打击报复，降低其工资、福利等待遇或者解除与其订立的劳动合同。

【例题】请搜集相关案例论述何种情况属于危及自身的情况。

因生产安全事故受到损害的从业人员，除依法享有工伤保险外，依照有关民事法律尚有获得赔偿的权利的，有权向本单位提出赔偿要求。

【释义】按照本条规定，因生产安全事故受到损害的从业人员，除依法享有工伤保险外，依照有关民事法律尚有获得赔偿的权利的，有权向本单位提出赔偿要求。

【案例】2013年10月，张某开始到某商场担任营业员，双方签订了非全日制劳动合同，商场未为其缴纳工伤保险费。2015年4月，张某在上班途中发生交通事故受伤。后张某被人社局认定为工伤，并被鉴定为10级伤残。该商场以张某系非全日制职工为由，拒绝向张某支付工伤保险待遇。2015年9月，张某提起劳动仲裁申请。

仲裁委审理后认为，《关于非全日制用工若干问题的意见》（劳社部发〔2003〕12号）第

12条规定:"用人单位应当按照国家有关规定为建立劳动关系的非全日制劳动者缴纳工伤保险费。从事非全日制工作的劳动者发生工伤,依法享受工伤保险待遇;被鉴定为伤残 5—10 级的,经劳动者与用人单位协商一致,可以一次性结算伤残待遇及有关费用。"根据上述规定,张某理应享受工伤保险待遇。由于商场未为张某缴纳工伤保险费,故张某的工伤待遇全部由商场负担。经调解,双方达成协议,由商场向张某支付各项工伤待遇 2 万元。

　　从业人员在作业过程中,应当严格遵守本单位的安全生产规章制度和操作规程,服从管理,正确佩戴和使用劳动防护用品。

　　【释义】从业人员除应严格遵守有关安全生产的法律、法规外,还应当严格遵守生产经营单位的安全生产规章制度和操作规程。

　　【案例】某航空公司的飞机在执行航班任务时,在跑道起点加到起飞马力后开始滑跑,但一直到滑出跑道也未能起飞,最终以 210 千米/小时的速度撞在一条 2 米高的防洪堤上,并越过防洪堤于空中解体,坠地起火。造成 107 人死亡,19 人受伤。根据地面记录和对地面值班机务人员的调查,证实这次事故的直接原因是,机组未把飞机全动式平尾调整到与飞机重心相适应的角度起飞,致使飞机始终未能离开地面。

　　阅读案例,试分析如下问题:
　　(1)试分析该单位相对《安全生产法》的违法行为。
　　(2)请对如何改进提出建议。

　　从业人员应当接受安全生产教育和培训,掌握本职工作所需的安全生产知识,提高安全生产技能,增强事故预防和应急处理能力。

　　【释义】本条明确规定,从业人员应当接受安全生产教育和培训,这既是从业人员的权利,也是其法定义务。从业人员应当通过安全生产教育和培训,掌握本职工作所需要的安全生产知识,提高安全生产技能,增强事故预防和应急处理能力。具体说,应当掌握以下知识和技能:有关安全生产的法律、法规以及本单位安全生产规章制度和安全操作规程;本单位安全生产形势、厂区布局及特殊危险场所(地点)的位置、有毒有害因素及必须遵守的安全事项;劳动防护用品的性能及正确使用方法;通用安全技术(主要是电气和机械安全技术) 知识;事故预防和应急处理知识,等等。这是现代社会从业人员应当具备的基本素质。

　　【案例】某市一煤矿电工张某下井安装电煤钻,在井下接好电缆、干式变压器,安装好电煤钻后,由于停电没有试钻便出了矿井。当天下午,中班下井生产,张某将一卷胶布和一把钢丝钳交给安全员易某,对易某说:"电煤钻安装好了,因停电没有试钻,如果反转,你就将两根电线对换一下。"易某不懂矿井生产安全知识,下井后未检测矿井内的瓦斯浓度,就开始试钻。发现煤钻反转后,便按照张某的交代,换接电源线。因其不懂电工操作知识和规定,带电换接,在换接过程中产生电火花,引起瓦斯爆炸,造成 16 人死亡,1 人受伤,直接经济损失 80 万元。

　　根据案情,试分析如下问题:
　　(1)试分析从业人员相对《安全生产法》的违法行为。
　　(2)对如何改进提出建议。

能力提升

1. 依据《安全生产法》对从业人员权利和义务的有关规定，当发现直接危及自身安全的紧急情况时，从业人员（　　）。

   A. 要立即向现场安全管理人员报告
   B. 要采取一切技术手段抢险救灾
   C. 在采取必要的个人防护措施后，在现场静观事态变化
   D. 有权停止作业或者在采取可能的应急措施后撤离作业现场

2. 依据《安全生产法》的规定，生产经营单位的从业人员有权了解其作业场所和工作岗位存在的危险因素、防范措施及（　　）。

   A. 劳动用工情况　　　　　　　　　B. 安全技术措施
   C. 安全投入资金情况　　　　　　　D. 事故应急措施

3. 根据《安全生产法》的规定，发现危及从业人员生命安全的情况时，工会有权（　　）从业人员撤离危险场所。

   A. 代表生产经营单位决定
   B. 向生产经营单位建议组织
   C. 命令现场负责人组织
   D. 采取紧急措施指挥

4. 《安全生产法》规定，从业人员有权对本单位安全生产工作中存在的问题提出批评、检举、控告；有权拒绝（　　）和强令冒险作业。

   A. 违章作业　　　　　　　　　　　B. 工作安排
   C. 违章指挥　　　　　　　　　　　D. 安全管理

5. 《安全生产法》规定，从业人员发现事故隐患或者其他不安全因素，应当立即向（　　）报告。

   A. 班长　　　　　　　　　　　　　B. 保卫人员
   C. 现场安全生产管理人员或者本单位负责人　　D. 技术人员

总结提高

《安全生产法》第四十九条规定，劳动合同中必须载明有关防止职业危害的事项。职业危害是指从业人员在劳动过程中因接触有毒有害物品和遇到各种不安全因素而有损于健康的危害。请简述职业危害一般包括哪些内容。

课外拓展

1. 从业人员发现事故隐患，应当如何报告？
2. 查阅相关资料，搜集合同中从业人员的权利义务相关内容。

第四节 安全生产的监督管理

知识储备

县级以上地方各级人民政府应当根据本行政区域内的安全生产状况，组织有关部门按照职责分工，对本行政区域内容易发生重大生产安全事故的生产经营单位进行严格检查。

安全生产监督管理部门应当按照分类分级监督管理的要求，制定安全生产年度监督检查计划，并按照年度监督检查计划进行监督检查，发现事故隐患，应当及时处理。

【案例】某市是一个危险物品、矿山生产经营单位较为集中的地区，市内有3家煤矿、8家烟花爆竹厂和2家酒精生产企业。

由于该市经济相对落后，有关生产单位经济效益普遍不好，在安全生产方面欠账较多，许多生产单位安全投入严重不足，设备老化，缺乏必要的安全措施，事故隐患严重。职工和社会群众多次向政府有关部门报告事故隐患，反映一些生产单位存在的安全问题，要求政府有关部门进行检查。

该市人民政府主要负责同志却认为，目前最重要的任务是促进经济发展，对生产经营单位进行检查，会影响企业生产经营，只要经济发展了，出点事也算不上什么，更何况也不会轻易出事。因此，对组织检查的事一直推拖。

某日，一家爆竹生产企业突然发生大爆炸，导致20多人死亡，30多人受伤，直接经济损失80多万元。这起事故正在调查处理期间，一家煤矿又发生了严重的井下瓦斯爆炸事故，造成40多名矿工死亡，直接经济损失200多万元。经调查查明，这两家生产单位平时安全生产管理松懈，事故隐患严重。该市人民政府连续三年未组织有关部门进行安全生产检查，致使这些问题无人过问，迟迟未得到解决，也是最终酿成特大事故的原因之一。

根据案情，试分析如下问题：

（1）试分析相关人民政府相对《安全生产法》的违法行为。

（2）请对如何改进提出建议。

负有安全生产监督管理职责的部门依照有关法律、法规的规定，对涉及安全生产的事项需要审查批准（包括批准、核准、许可、注册、认证、颁发证照等，下同）或者验收的，必须严格依照有关法律、法规和国家标准或者行业标准规定的安全生产条件和程序进行审查；不符合有关法律、法规和国家标准或者行业标准规定的安全生产条件的，不得批准或者验收通过。对未依法取得批准或者验收合格的单位擅自从事有关活动的，负责行政审批的部门发现或者接到举报后应当立即予以取缔，并依法予以处理。对已经依法取得批准的单位，负责行政审批的部门发现其不再具备安全生产条件的，应当撤销原批准。

【释义】首先，监督检查应当互相配合，实行联合检查。安全生产涉及各行各业。依照本法第九条的规定，目前我国对安全生产监督管理工作实行综合监管与专项监管相结合的体制。这就需要各监督检查部门在各司其职、各负其责的基础上，做到协调配合，齐抓共管，形成合力。

其次，确需分别进行检查的，应当互通情况。实行联合检查是本法作出的一项原则性规定。在某些情况下，确需分别进行单项检查的，可以分别进行监督检查，但各监督检查部门应做到以下两点：

一是应当互通情况。实施监督检查的部门在监督检查中发现涉及其他有关部门监督管理职责范围内的情况，应主动通报给相关的监督管理部门。如煤矿安全监察机构发现煤矿采矿证已经过期的，应当主动通报同级国土资源管理部门。

二是发现的问题属于其他部门处理的，应当及时移交给其他部门处理。

【案例】某市一录像放映厅在开业前，公安消防机构对其防火设施、条件进行检查并通过。开业后不久，该录像厅负责人为了扩大营业面积，擅自对录像厅进行了改建，改建过程中将原有的紧急出口封闭。同时，由于该录像厅经常违法播放一些黄片，为了掩人耳目，在播放时经常从外面把门锁上。对该录像厅的行为，曾有群众向公安消防机构举报，但公安消防机构未予足够重视，没有及时对其进行检查。某天晚上，40多名观众正在厅里看录像，突然起火，由于门被反锁，又没有紧急出口，导致40多名观众全部丧生火海，并导致附近一家服装店起火，直接经济损失达100多万元。

阅读案例，试分析如下问题：

（1）试分析相对《安全生产法》的违法行为。

（2）请对如何改进提出建议。

负有安全生产监督管理职责的部门对涉及安全生产的事项进行审查、验收，不得收取费用；不得要求接受审查、验收的单位购买其指定品牌或者指定生产、销售单位的安全设备、器材或者其他产品。

【案例】某饭店准备开业前，向当地公安消防机构申请消防安全检查。消防安全机构对其消防条件进行检查后认为基本上合格，但迟迟不明确予以批准。饭店急着开业，其负责人就找到消防机构的一名主管人员询问原因，该主管人员说："你们饭店的总体情况还可以，就是还差几个灭火器。反正今后你们也用得着，我们可以帮助你们弄一些质量比较好的。"饭店负责人明白这是在借机推销灭火器，本不想购买，但又担心自己的消防检查通不过，影响饭店开业，于是就一次性购买了100多台灭火器。

评析：这是一起负有安全生产监督管理职责的部门要求接受审查、验收的单位购买其指定品牌的安全器材，并造成一定不良影响的案件。

采购权，即购买设备、器材以及其他产品的权利，是生产经营单位的一项重要的经营自主权，应当由生产经营单位自主决定。只要是合法生产、销售，质量符合法律、法规和有关国家标准、行业标准要求的产品，无论哪种品牌，也无论生产者、销售者是谁，生产经营单位都可以决定购买。

实践中，一些负有安全生产监督管理职责的部门在对生产经营单位涉及安全生产的事项进行审查、验收时，以"有利于加强安全管理""保证产品质量"等为借口，滥用职权，要求生产经营单位购买其指定品牌或者指定生产、销售单位的设备、器材或者其他产品。

这种行为严重地侵犯了生产经营单位的生产经营自主权，干扰了其正常的生产经营活动，也妨碍了公平竞争，损害了同类产品的其他生产者、销售者的合法利益，不利于建立公平竞争、统一有序的市场体系。更为严重的是，这种行为往往为腐败的滋生提供土壤，损害政府部门的形象，也影响安全生产监督检查的权威性和严肃性。

同时，公安消防机构的行为也违反了《消防法》的有关规定。《消防法》第十九条第二款规定，公安消防机构及其工作人员不得利用职务为用户指定消防产品的销售单位和品牌。

因此，本案中，饭店可以要求退回所购买的灭火器，对公安消防机构的有关人员，也应当给予批评教育。

安全生产监督管理部门和其他负有安全生产监督管理职责的部门依法开展安全生产行政执法工作，对生产经营单位执行有关安全生产的法律、法规和国家标准或者行业标准的情况进行监督检查，行使以下职权：

（一）进入生产经营单位进行检查，调阅有关资料，向有关单位和人员了解情况；

（二）对检查中发现的安全生产违法行为，当场予以纠正或者要求限期改正；对依法应当给予行政处罚的行为，依照本法和其他有关法律、行政法规的规定作出行政处罚决定；

（三）对检查中发现的事故隐患，应当责令立即排除；重大事故隐患排除前或者排除过程中无法保证安全的，应当责令从危险区域内撤出作业人员，责令暂时停产停业或者停止使用相关设施、设备；重大事故隐患排除后，经审查同意，方可恢复生产经营和使用；

（四）对有根据认为不符合保障安全生产的国家标准或者行业标准的设施、设备、器材以及违法生产、储存、使用、经营、运输的危险物品予以查封或者扣押，对违法生产、储存、使用、经营危险物品的作业场所予以查封，并依法作出处理决定。

监督检查不得影响被检查单位的正常生产经营活动。

【释义】 安全生产监督管理部门和其他负有安全生产监督管理职责的部门的职权依法开展安全生产行政执法工作，对生产经营单位执行有关安全生产的法律、法规和国家标准或者行业标准的情况进行监督检查，是安全生产监督管理部门和其他负有安全生产监督管理职责的部门最主要的职责。履行好监督检查职责，必须具备相应的职权。因此，本条赋予安全生产监督管理部门和负有安全生产监督管理职责的部门较为广泛的职权。

生产经营单位对负有安全生产监督管理职责的部门的监督检查人员（以下统称安全生产监督检查人员）依法履行监督检查职责，应当予以配合，不得拒绝、阻挠。

【案例】 某乡镇煤矿在安全生产方面存在较大问题，该矿多名职工打电话向当地煤矿安全监察办事处反映，煤矿安全监察办事处十分重视，决定派出监督检查人员对该煤矿进行全面的安全检查。在事先给该矿矿长打电话通知时，矿长当即表示："我们是乡镇矿，只听县政府的，你们是管国家大矿的，管不着我们。请你们最好别来，来了我们也不接待。"当煤矿安全监察办事处的检查人员来到该矿时，发现该矿除两个传达室的老工人外，其他人都没了踪影，矿长办公室的门也紧锁着。

办事处的同志只好跟县政府联系。在县政府的过问下，该矿矿长才露了面，并命令工人回来上班。但矿长依然很不情愿，当检查人员向其询问有关安全生产工作情况时，矿长要么闭口不谈，要么东拉西扯。检查人员提出看看其有关账目，检查安全生产资金投入情况时，矿长以会计不在为由，拒不提供有关账目。同时，该矿长还授意有关人员"硬的不行，就来软的，就是不能说实话"。由于矿长的阻挠，这次检查进行得非常艰难。

阅读案例，依据本条款和上一条款试分析如下问题：

（1）试分析相关单位相对《安全生产法》的违法行为。

（2）请对如何改进提出建议。

安全生产监督检查人员应当忠于职守，坚持原则，秉公执法。

安全生产监督检查人员执行监督检查任务时，必须出示有效的监督执法证件；对涉及被检查单位的技术秘密和业务秘密，应当为其保密。

【释义】安全生产监督检查人员是依法对生产经营单位执行有关安全生产法律、法规和国家标准或者行业标准的情况进行监督检查的具体实施者，肩负着重要的职责。同时，为了保障他们能够依法履行职责，法律又赋予了他们相对广泛的职权。安全生产监督检查人员的职业道德水平，直接关系到有关安全生产的法律、法规贯彻执行的效果，也直接关系到党和政府的形象。因此，本条明确规定了安全生产监督检查人员应当具备的道德素质。这也是负有安全生产监督管理职责的部门选拔、配备安全生产监督检查人员时应当掌握的标准。

安全生产监督检查人员在执行监督检查任务时，因其检查任务的需要可能会接触、了解到生产经营单位的技术秘密和业务秘密。对此，监督检查人员必须提高保密意识，遵守保密义务，不得泄露所接触、了解到的生产经营单位的技术秘密和业务秘密。

【例题】（　　）是安全生产监督检查人员应当具备的最基本的道德素质。
A．忠于职守　　B．坚持原则　　C．秉公执法　　D．维护人民生命安全

承担安全评价、认证、检测、检验的机构应当具备国家规定的资质条件，并对其作出的安全评价、认证、检测、检验的结果负责。

【释义】安全评价、认证、检测、检验工作事关重大，又具有很强的专业性、技术性，要保证安全评价、认证、检测、检验结果的客观、真实、公正，一个重要的前提条件是，承担安全评价、认证、检测、检验的机构必须具备相应的资质条件。

【案例】某化工（集团）有限公司欲投资设立一家生产剧毒磷化物的工厂，委托某安全服务中心对其项目进行安全评价。该安全服务中心接受委托后，在对项目进行考察时发现了几个不能保障安全的因素：一是与供水水源的距离不符合国家规定；二是生产工艺不完全符合国家标准；三是储存管理人员不适应生产、储存工作的要求。该集团公司筹建项目负责人对安全服务中心的考察人员说："你们拿了钱，只管好好办事就行了，照我们的意思来，其他的都好说。要不我们就换人。"

随后，该集团公司将原定的报酬标准提高了1/3。安全中心明知有问题，但不愿意失去这个机会，便按照集团公司的意思，出具了筹建项目符合要求的安全评价报告。集团公司持这份安全评价报告向所在地的省人民政府经济贸易管理部门提出申请，省经济贸易管理部门在组织专家审查时，发现安全评价报告和其他有关材料存在一些疑点，经过进一步审查，发现安全评价报告严重失实，是一份虚假的报告。

阅读案例，试分析如下问题：
（1）试分析该单位相对《安全生产法》的违法行为。
（2）假定你是集团公司的领导，你应该怎么办？

居民委员会、村民委员会发现其所在区域内的生产经营单位存在事故隐患或者安全生产违法行为时，应当向当地人民政府或者有关部门报告。

【释义】根据《中华人民共和国宪法》《中华人民共和国居民委员会组织法》和《中华人

民共和国村民委员会组织法》的规定,居民委员会、村民委员会是城乡居民(村民)自我管理、自我教育、自我服务的基层群众性自治组织。

能力提升

1. 国务院和县级以上地方各级人民政府应当根据国民经济和社会发展规划制定安全生产规划,并组织实施。安全生产规划应当与(　　)相衔接。

　　A. 本地发展规划　　　　　　B. 本地经济规划
　　C. 城乡规划　　　　　　　　D. 社会发展规划

2. 乡、镇人民政府以及街道办事处、开发区管理机构等地方人民政府的派出机关应当按照职责,加强对本行政区域内生产经营单位安全生产状况的监督检查,(　　)上级人民政府有关部门依法履行安全生产监督管理职责。

　　A. 支持　　　B. 帮助　　　C. 履行　　　D. 协助

3. 县级以上地方各级人民政府安全生产监督管理部门依照本法,对本行政区域内安全生产工作实施(　　)监督管理。

　　A. 全面　　　B. 强化　　　C. 综合　　　D. 具体

4. (　　)应当按照保障安全生产的要求,依法及时制定有关的国家标准或者行业标准,并根据科技进步和经济发展适时修订。

　　A. 国务院标准化委员会　　　B. 国务院有关部门
　　C. 国家安监总局　　　　　　D. 国务院各个行业管理机构

5. 《安全生产法》规定,新闻、出版、广播、电影、电视等单位有进行安全生产公益宣传教育的义务,有对违反安全生产法律、法规的行为进行(　　)的权利。

　　A. 公开曝光　　B. 舆论监督　　C. 批评报道　　D. 公开报道

总结提高

1. 各监督检查单位应如何实行联合检查?
2. 对于行政机关采取的强制措施,生产经营单位满足什么条件可以解除?

课外拓展

"监察机关是人民政府行使监察职能的机关,依照本法对国家行政机关及其公务员和国家行政机关任命的其他人员实施监察。"负有安全生产监督管理职责的部门属于行政机关,其工作人员是国家公务员,属于监察机关的监察对象。根据《行政监察法》关于监察机关管辖范围的规定,负有安全生产监督管理职责的国务院有关部门及其工作人员,由国务院监察机关负责实施监察;县级以上地方各级人民政府负有安全生产监督管理职责的部门及其工作人员,由本级人民政府监察机关负责实施监察。

第五节 生产安全事故的应急救援与调查处理

知识储备

国家加强生产安全事故应急能力建设,在重点行业、领域建立应急救援基地和应急救援队伍,鼓励生产经营单位和其他社会力量建立应急救援队伍,配备相应的应急救援装备和物资,提高应急救援的专业化水平。

国务院安全生产监督管理部门建立全国统一的生产安全事故应急救援信息系统,国务院有关部门建立健全相关行业、领域的生产安全事故应急救援信息系统。

【释义】我国目前实行安全生产综合监管和专项监管相结合的体制,对于有关行业和领域的安全生产实行专项监管的国务院有关部门,应当根据本法的规定建立健全其所主管的相关行业、领域的生产安全事故应急救援信息系统,并纳入国家统一的生产安全事故应急救援信息系统。

【例题】国家加强生产安全事故应急能力建设,在(　　)建立应急救援基地和应急救援队伍,鼓励生产经营单位和其他社会力量建立应急救援队伍。

A. 重点行业、领域　　　　B. 所有行业、领域
C. 经济发达地区　　　　　D. 经济欠发达地区

危险物品的生产、经营、储存单位以及矿山、金属冶炼、城市轨道交通运营、建筑施工单位应当建立应急救援组织;生产经营规模较小的,可以不建立应急救援组织,但应当指定兼职的应急救援人员。

危险物品的生产、经营、储存、运输单位以及矿山、金属冶炼、城市轨道交通运营、建筑施工单位应当配备必要的应急救援器材、设备和物资,并进行经常性维护、保养,保证正常运转。

【释义】危险物品(包括易燃易爆物品、危险化学品、放射性物品等)的生产、经营、存储单位以及矿山、金属冶炼、城市轨道交通运营、建筑施工单位(以下简称高危行业生产经营单位)由于其所从事的生产、经营、存储等活动的特殊性,一旦发生事故,将会对人民群众的生命财产安全造成严重损害。因此,上述高危行业生产经营单位必须本着高度负责的态度,严格执行国家有关安全生产的法律、法规、标准或者安全技术规范的规定,建立健全严格的安全管理规章制度,设置必要的安全防护设施,提高从业人员的素质,保证生产经营活动的安全进行。

【案例】某建筑施工单位有从业人员1 000多人。该单位安全部门的负责人多次向主要负责人提出要建立应急救援组织。但单位负责人另有看法,认为:建立这样一个组织,平时用不上,还老得花钱养着,划不来。真有了事情,可以向上级报告,请求他们给予支援就行了。由于单位主要负责人有这样的认识,该建筑单位一直没有建立应急救援组织。后来,有关部门在进行监督和检查时,责令该单位立即建立应急救援组织。

根据案情和本条款和上一条款,试分析如下问题:

(1)试分析建筑施工单位相对《安全生产法》的违法行为。

(2)试论述如何建立应急救援组织。

（3）请对如何改进提出建议。

生产经营单位发生生产安全事故后，事故现场有关人员应当立即报告本单位负责人。

单位负责人接到事故报告后，应当迅速采取有效措施，组织抢救，防止事故扩大，减少人员伤亡和财产损失，并按照国家有关规定立即如实报告当地负有安全生产监督管理职责的部门，不得隐瞒不报、谎报或者迟报，不得故意破坏事故现场、毁灭有关证据。

【释义】生产经营单位发生生产安全事故后，单位内部有关人员在第一时间报告事故并组织抢救，对于防止事故扩大、减少事故损失至关重要。

【案例】某县爆竹厂生产车间发生一起爆炸事故，造成10多名工人死亡，20多名工人受伤。事故发生后，爆竹厂厂长在指挥有关人员抬出死亡工人的尸体后，经与副厂长商量，命令将尚未完全倒塌的墙壁推倒，并将现场大部分废墟清理。同时，又命人将存放在其他生产车间的原料火药全部抢运到一个专门的库房中。同日，厂长还指使有关人员销毁了原料库房记录。

阅读案例，试分析如下问题：

（1）试分析该单位相对《安全生产法》的违法行为。

（2）请对如何改进提出建议。

有关地方人民政府和负有安全生产监督管理职责的部门的负责人接到生产安全事故报告后，应当按照生产安全事故应急救援预案的要求立即赶到事故现场，组织事故抢救。

参与事故抢救的部门和单位应当服从统一指挥，加强协同联动，采取有效的应急救援措施，并根据事故救援的需要采取警戒、疏散等措施，防止事故扩大和次生灾害的发生，减少人员伤亡和财产损失。

事故抢救过程中应当采取必要措施，避免或者减少对环境造成的危害。

任何单位和个人都应当支持、配合事故抢救，并提供一切便利条件。

【释义】本条是有关于事故应急救援。

【例题】有关地方人民政府和负有安全生产监督管理职责的部门的负责人接到重大生产安全事故报告后，应当（　　）。

A. 立即报告省级人民政府　　　　B. 立即调配相关专业人员进行责任追究

C. 立即赶到事故现场，组织事故抢救　　D. 立即追究相应人员责任

生产经营单位发生生产安全事故，经调查确定为责任事故的，除了应当查明事故单位的责任并依法予以追究外，还应当查明对安全生产的有关事项负有审查批准和监督职责的行政部门的责任，对有失职、渎职行为的，依照本法第八十七条的规定追究法律责任。

【释义】生产经营单位发生生产安全事故后，要依法进行事故调查处理。事故调查处理的重要任务之一就是查明事故的性质，即是否属于责任事故。一旦确定为责任事故，就必须对有关责任人依法予以追究。

【例题】（多选），依据《安全生产法》，生产经营单位发生生产安全事故，经调查确定为责任事故的，除了应当查明事故单位的责任并依法予以追究外，还应当查明（　　）的责任。

A. 当地政府

B. 对安全生产的有关事项负有审查批准职责的行政部门

C. 对安全生产的有关事项负有监督职责的行政部门

D. 对安全生产的有关事项负有检测、检验的单位

E. 对安全生产的有关事项负有评估、咨询的单位

能力提升

1.（多选）依照《中华人民共和国安全生产法》，下列说法中，关于事故调查处理叙述正确的是（　　）。

　　A. 事故调查处理应当按照实事求是、尊重科学的原则

　　B. 及时、准确地查清事故原因，查明事故性质和责任，总结事故教训，提出整改措施，并对事故责任者提出处理意见

　　C. 事故调查和处理的具体办法由国务院制定

　　D. 事故调查和处理的具体办法由人大制定

2.（多选）安全生产监督管理职责部门的工作人员，为下列哪几种行为，将给予行政处分；构成犯罪的，将依照刑法有关规定追究刑事责任。（　　）

　　A. 发现未经取得批准的单位或者接到举报后不予取缔或者不依法予以处理的。

　　B. 对不符合法定安全生产条件的涉及安全生产的事项予以批准或者验收通过的。

　　C. 发现未依法取得批准、验收的单位擅自从事有关活动。

　　D. 对已经依法取得批准的单位不履行监督管理职责，发现其不再具备安全生产条件而不撤销原批准或者发现安全生产违法行为不予查处的。

总结提高

国家为加强生产安全事故应急能力建设，要求在重点行业、领域建立应急救援基地和应急救援队伍。请举例说明哪些是重点行业？哪些是重点领域？

课外拓展

某地一煤矿发生了一起特大透水事故，致使80多名井下作业的矿工遇难，直接经济损失8000多万元。事故发生后一天多，该矿矿长才将情况报告给分管矿业的副县长，并请求县里不要再往上报。副县长说："这事不要再向别人报告。"尔后，副县长和县长商量，深感责任重大，一是"弄不好大家都死定了"，二是一旦该矿被查封，县里的财政收入将受到极大影响。经和其他县领导商量，决定将事故瞒报。副县长还要求矿长一定要"把内部稳住"，并授意对死者家属可以多给补偿，以封住他们的嘴。

此后，县里主要领导多次开会，研究如何封锁消息，应付检查。同时还在接受新闻采访时一口咬定"只是发生了透水事故，但没有死人"。由于县政府不报告事故并严密封锁消息，这起事故被隐瞒达半月之久，后来由于新闻单位接到匿名电话举报，经过艰难采访，事故消息才被披露出来。

国务院事故调查组经过三个月的事故调查，确认了事故发生的时间、地点，查明了事故发生的原因、隐瞒事故的真相和有关人员的责任。经查，这是一起因非法采挖、以采代探、违章爆破引发透水的特大责任事故。

阅读案例，试分析如下问题：

1. 试分析该单位相对《安全生产法》的违法行为。
2. 请对如何改进提出建议。

第三章　建筑安全法律法规

> **学习目标**
>
> 知识目标：了解建设工程安全管理条例的调整对象和作用、法律责任；理解总包单位和分包单位之间的职责划分；理解我国建筑行业监管制度；掌握勘察、设计、施工单位和监管部门的职责和义务。
>
> 能力目标：学会结合法律条款进行事故分析，并提出防范措施和建议。
>
> 情感价值目标：树立知法懂法的意识，增强不伤害自己、不伤害他人、不被他人伤害的安全意识。

随着改革开放的深入和经济建设的发展，城市中高层建筑越来越多，在给城市带来繁华的同时也带来了诸多安全问题。建筑工程施工工地因施工人员复杂、工程工期紧、作业环境差、施工过程危险源多、作业人员的安全意识偏低，安全事故时有发生，如高空坠落、坠物伤人、触电、土方坍塌、机械倾覆等，造成人员伤亡，给施工企业造成不同程度的经济和财产损失。总结其原因，一方面是安全责任不明确、安全监督管理制度不健全；另一方面是施工企业内部管理弱化，尤其是施工现场管理存在漏洞，缺乏有效的安全防护措施，安全责任不落实，管理人员和操作人员未进行必要的教育培训，缺乏应有的安全技术常识，违章指挥、违规操作等。建筑施工现场的安全管理问题越来越受到重视，如何对建筑施工现场安全进行有效控制，是值得探讨的问题。

第一节　认识建筑行业安全法律法规

建筑企业劳动强度大，危险性大，是当今社会的一种较危险的行业。我国每年死于建筑行业的人数仅次于交通、煤矿行业。目前，我国建筑安全生产形势严峻，重大安全生产事故时有发生。发生事故，不仅给企业造成极坏的影响，而且给伤亡者家庭带来不可弥补的损失。这就要求建筑企业重视安全生产，防止和减少安全生产事故，保障人民群众生命和财产安全，促进经济发展。

知识储备

一、工程建设程序阶段的划分

世界各国在工程项目建设程序上可能存在某些差异，但按照工程项目发展的内在规律，投资建设一个工程项目均要经过投资决策和建设实施两个发展时期，又可将两个时期分为若干阶段，其间有严格的先后次序，可以进行合理的交叉，但不能任意颠倒次序。我国将工程项目的建设程序分为五个阶段：决策、设计、准备、实施及竣工验收，如图3.1所示。在整个建设过程中，有多个主体参与其中。

（1）建设单位：建设工程的投资人，也就是"业主"。

（2）勘察单位：按照国家有关规定取得相应资质证书，并根据建设工程的要求，查明、分析、评价建设场地的地质地理环境特征和岩土工程条件，编制建设工程勘察文件的单位。

（3）设计单位：按照国家有关规定取得相应资质证书，并根据建设工程的要求，对建设工程所需的技术、经济、资源、环境等条件进行综合分析、论证，编制建设工程设计文件的单位。

（4）施工单位：按照国家有关规定取得相应资质证书，从事土木工程、建筑工程、线路管道和设备安装工程及装修工程施工的单位。

（5）工程监理单位：按照国家有关规定取得相应资质证书，接受建设单位委托，依照国家法律法规和工程建设强制性标准的要求，在建设单位委托的范围内对工程建设活动实施监督的单位。

（6）与建设工程安全生产有关的单位：为建设工程提供机械设备和配件的单位，出租机械设备和施工机具及配件的单位，在施工现场安装、拆卸施工起重机械和整体提升脚手架、模板等自升式架设设施的单位等。

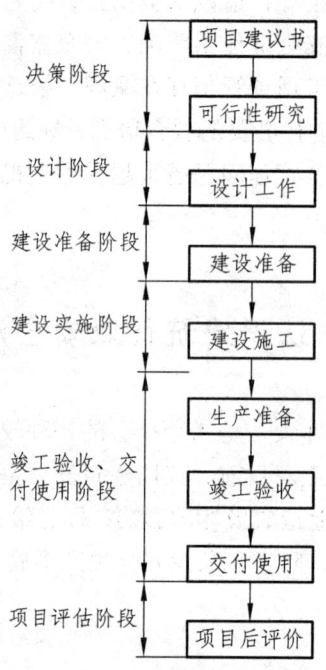

图 3.1 我国的基本建设程序

参与工程建设活动的众多主体依法承担建设工程安全生产责任。

二、建筑行业安全管理相关法律法规

现将危险化学品安全管理的主要法律法规、标准及规范列举如下：

（1）《中华人民共和国建筑法》（2011年7月1日执行）

（2）《建设工程安全生产管理条例》（中华人民共和国国务院令第393号，2004年2月1日起施行）

（3）《建筑工程施工许可管理办法》（2014年10月25日起施行）

（4）《建筑业企业资质管理规定》（2015年3月1日起施行）

（5）《建设工程勘察设计资质管理规定》（2007年9月1日起施行）

（6）《工程监理企业资质管理规定》（中华人民共和国建设部第112次常务会议讨论通过，自2007年8月1日起施行）

（7）《建设工程质量管理条例》（中华人民共和国国务院令第279号，2000年1月30日发布起施行）

（8）《房屋建筑和市政基础设施工程施工分包管理办法》（建设部令第124号发布，自2004年4月1日起施行）

（9）《房屋建筑和市政基础设施工程竣工验收备案管理办法》（中华人民共和国建设部令第78号，2000年4月7日起施行）

（10）《房屋建筑和市政基础设施工程竣工验收规定》（住房城乡建设部171号，2013年12月2日起施行）

（11）《房屋建筑工程质量保修办法》（中华人民共和国建设部第80号，2000年6月30日起施行）

（12）《工程建设国家标准管理办法》（1992年12月30日起施行）

（13）《工程建设行业标准管理办法》（1992年12月30日起施行）

（14）《实施工程建设强制性标准监督规定》（2000年8月25日起施行）

（15）《中华人民共和国安全生产法》（2014年12月1日起施行）

（16）《安全生产许可证条例》（2004年1月13日起正式施行）

（17）《建筑施工企业安全生产许可证管理规定》（2004年7月5日建设部令第128号发布，自公布之日起施行。）

（18）《建筑施工企业安全生产管理机构设置及专职安全管理人员配备办法》（建质〔2008〕91号，2008年5月13号起施行）

（19）《建筑起重机械安全监督管理规定》（中华人民共和国建设部令第166号，自2008年6月1日起施行。）

（20）《危险性较大的分部分项工程管理办法》（2009年5月13日起施行）

（21）《生产安全事故报告和调查处理条例》（2007年6月1日起施行）

（22）《生产安全事故应急预案管理办法》（2009年5月1日起施行）

（23）《建设项目环境保护管理条例》（1998年11月29日起施行）

能力提升

1. 近年来，随着市场经济不断推进，建筑行业已成为我国经济的支柱产业之一。根据中华人民共和国国家统计局《中国统计年鉴》最新统计：数据更新，我国建筑业企业单位有7958个，较2012年增长5.64%；从业人员为4499.3万人，较2012年增长5.44%；建筑业总产值为159 312.95亿元，较2012年增长16.1%。但是，建设工程具有劳动密集、投资大、事故造成人员伤亡和财产损失严重等特点，每年有上千人在事故中死亡，造成直接经济损失超过百亿，严重制约着我国建筑业的持续健康发展。

造成安全事故的主要原因有：人的不安全行为、物的不安全状态、环境因素及管理上的缺陷。而建筑施工事故的原因主要是前三种，其中，主导因素为环境因素。近年来，我国建筑施工事故发生频率最低在2~3月，6~8月为高峰期。2~3月为春节期间，大部分员工都回家过年，因此，事故频率最低；而6~8月正处于炎炎夏日，高温易造成施工人员使用防护用具不当、心情浮躁，从而引起操作上的失误。此外，高温也易造成火灾，引发意外事故。同时，高温还会影响部分仪器，导致仪器的操作数值与实际值存在偏差，造成误工现象，从而引发事故。

问题1：我国目前建筑市场的发展趋势是什么？
问题2：我国颁布建筑行业相关法律法规的目的是什么？
问题3：工程建设的参与主体有哪些？
2. 建设工程安全管理条例的作用是什么？
3. 请思考，港澳台建设工程项目是否在《建设工程安全生产管理条例》调节范围之内？
4. 假定你是施工单位项目总经理，你如何贯彻落实安全第一、预防为主的方针？

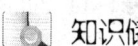 课外拓展

1. 请从网上搜集相关事故案例，整理总结当前建筑施工行业的事故主要有哪些类型。
2.《中华人民共和国建筑法》和《建设工程安全生产管理条例》的关系？按照法律效力和层次来讲，哪个是上位法，哪个是下位法？在实际当中具体参照哪部法律？
3. 联系生活实际，搜集当前建筑企业施工改进了哪些技术？有哪些先进技术的应用？

第二节　建设单位的安全责任

知识储备

建设单位应当向施工单位提供施工现场及毗邻区域内供水、排水、供电、供气、供热、通信、广播电视等地下管线资料，气象和水文观测资料，相邻建筑物和构筑物、地下工程的有关资料，并保证资料的真实、准确、完整。

建设单位因建设工程需要，向有关部门或者单位查询前款规定的资料时，有关部门或者单位应当及时提供。

【释义】建设单位必须保证资料的真实、准确、完整。所谓真实，就是指建设单位是通过合法途径取得的，不是伪造、篡改的。建设单位在提供与建设工程有关的资料有困难时，可以向有关部门或者单位查询，有关部门或者单位应当及时提供。

【例题】某工程项目施工过程中，施工单位根据建设单位提供的地下管线资料进行基坑挖掘作业，不慎将一根未标识的电线挖断造成停电事故，对该起事故应承担责任的是（　　）。

A. 施工单位　　　　　　　　　B. 建设单位
C. 建设单位和施工单位共同　　D. 地下管线专业管理机构

建设单位不得对勘察、设计、施工、工程监理等单位提出不符合建设工程安全生产法律、法规和强制性标准规定的要求，不得压缩合同约定的工期。

【释义】首先，建设单位对整个工程建设活动有着主导作用，但并不意味着建设单位可以想怎么干就怎么干，它必须遵守国家有关的法律法规和标准。

其次，建设单位在选择勘察、设计、施工、工程监理单位时，必须按照法律法规的规定，选择有相应资质的单位。

最后，本条规定了建设单位不得压缩合同约定的工期。建设单位不能为了早日发挥项目的效益，迫使施工单位大量增加人力、物力投入，简化施工程序，赶工期，损害施工单位的利益，甚至造成生产安全事故。

【案例】某市一地下两层人防工程，东西宽 64 m，南北长 250 m；顶板覆土厚度平均 2 m，建筑面积约 500 000 m²；工程结构形式为现浇整体式钢筋混凝土结构，顶、中、底板均为无梁楼盖结构体系；顶板与底板厚均 600 mm，外墙厚 350 mm，采用 C30P8 收缩补偿混凝土；结构沿南北方向间距 25 m 设一道宽 2500 mm 的东西向后浇带；外墙外侧 800 mm 范围内夯填 2：8 灰土，压实系数为 0.92；工程防水等级为一级，设三道复合防水：第一道为混凝土自防水，第二道和第三道均为 PVC 卷材防水。定额工期为 365 d（参考相应定额），招标合同工期为 180 d。施工基础垫层时正值 6 月份，至主体工程完工进入外墙、顶板防水施工阶段，仅用了 3 个月。工程完成槽边回填不久，即发现底板及外墙下部 2.5 m 范围内出现渗漏现象，以后又陆续发现顶板和后浇带处出现墙面潮湿不干甚至局部渗水的现象。

后查明，该人防工程施工中因严重违背施工规律，其中业主方要求加快要求，将工期压了又压，使得施工单位在施工中打乱了正常的工序、工种界线。另外，为抢赶工期，施工单位随便改变设计，将赖以阻水、防水的外围 2：8 灰土擅自去掉，换成透水、蓄水的石屑材料，给构筑物外围带来压力水，致使公共重点工程出现严重的渗漏事故。事故给业主和施工单位造成了巨大的损失和社会负面影响。

施工中，在任何情况下对客观规律都要心存敬畏之心，遵循施工规律，严格按设计要求和规范标准，做好每一道工序，保证施工质量，以防为上策。任何情况下都要以工程质量为先，切不可为抢进度、赶工期、要形象而丢了质量，否则一时的屈从和心存侥幸，强行施工，将带来无穷的隐患和损失。

《建设工程安全生产管理条例》第五十五条规定，"建设单位有下列行为之一的，责令限期改正，处 20 万元以上 50 万元以下的罚款；造成重大安全事故，构成犯罪的，对直接责任人员，依照刑法有关规定追究刑事责任；造成损失的，依法承担赔偿责任：

（一）对勘察、设计、施工、工程监理等单位提出不符合安全生产法律、法规和强制性标准规定的要求的；

（二）要求施工单位压缩合同约定的工期的；

(三）将拆除工程发包给不具有相应资质等级的施工单位的。"

对本案例当中的建设单位（业主）应当如何进行处罚？

建设单位在编制工程概算时，应当确定建设工程安全作业环境及安全施工措施所需费用。

【释义】工程概算是指在初步设计阶段，根据初步设计的图纸、概算定额或概算指标、费用定额及其他有关文件，概略计算的拟建工程费用。在建设部颁布的《建筑施工安全检查标准》中，规定了保证安全生产、文明施工和作业环境的项目。这一标准，对安全防护、临时用电、生活设施、办公场所、娱乐场所等的建设标准以及对现场围挡、场地硬化、医疗救助等提出了明确要求。

【例题】（1）根据《建设工程安全生产管理条例》，建设工程安全作业环境及安全施工措施所需费用，应当在编制（　　）时确定。

A. 投资估算　　　B. 工程概算　　　C. 施工图预算　　　D. 施工组织设计

（2）迁安市隆鑫传世家 1#、2#、5#、6#、7#、12#、13#、15#、16#楼安全作业环境及安全施工措施所需费用的概算。

江西昌厦建设工程集团公司用于迁安市隆鑫传世家 1#、2#、5#、6#、7#、12#、13#、15#、16#楼工程安全作业环境及安全施工措施所需费用如下：

安全帽	15 元/顶	850 顶	合计 12 750 元
安全带	28 元/条	150 条	合计 4200 元
安全网	55 元/片	2082 片	合计 114 510 元
加密网	25 元/片	1200 片	合计 30 000 元
绝缘手套	10 元/付	400 付	合计 4000 元
绝缘鞋	15 元/双	194 双	合计 2910 元
电焊防护帽	10 元/顶	49 顶	合计 490 元
灭火器	150 元/个	50 个	合计 7500 元
漏电保护器	60 元/块	110 块	合计 6600 元
卫生保健箱	200 元/个	10 个	合计 2000 元

安全标示牌、各项规章制度、设备安装费用合计 18.4960 万元

问题：请问建设项目应如何编制安全预算呢？应当包含哪些内容？

建设单位不得明示或者暗示施工单位购买、租赁、使用不符合安全施工要求的安全防护用具、机械设备、施工机具及配件、消防设施和器材。

【释义】本条重点强调了与安全生产有关的材料设备，主要包括安全防护用具、机械设备、施工机具及配件、消防设施和器材。安全防护用具包括安全帽、安全带、安全网、安全绳等防护用具；机械设备包括大中型起重机械、施工电梯、挖掘机、打桩机、混凝土搅拌机等机械设备；施工机具及配件包括脚手架、模板、扣件、螺栓、卡扣等；消防设施包括消防栓、压水口、泵房、水塔、水塘、水井、水池及附属构筑物等固定的给水系统和装置；消防器材包括手提式灭火器、移动式灭火推车、消防水带、消防水枪、消防柜、消防桶、消防斧、消防梯、消防绳索、消防机动泵、消防服装及防护用品和其他通用的、活动的灭火抢险实战用具。

建设单位在申请领取施工许可证时，应当提供建设工程有关安全施工措施的资料。依法批准开工报告的建设工程，建设单位应当自开工报告批准之日起 15 日内，将保证安全施工的措施报送建设工程所在地的县级以上地方人民政府建设行政主管部门或者其他有关部门备案。

【释义】《建筑法》第八条对申请领取施工许可证的条件作了明确规定，其中第（六）项规定：有保证工程质量和安全的具体措施。安全施工措施是工程施工中，针对工程的特点、施工现场环境、施工方法、劳动组织、作业方法、使用的机械、动力设备、变配电设施、驾设工具以及各项安全防护设施等制定的确保安全施工的措施，是施工组织设计的一项重要内容。

建设单位在申请领取施工许可证时，应当按照建设行政主管部门要求提供与工程项目有关的安全生产文明施工条件、措施资料。

【案例】永州市某综合楼工程建筑面积 4000 m²，砖混结构，共 8 层。建设单位未经报建、招标及施工许可手续，以合作开发名义将工程以包工包料方式发包给无施工资质的凤凰园某建筑公司，并于 2001 年 2 月 8 日开工。

该工程楼板为预应力空心预制板，采用了物料提升机垂直运输，然后由人力将板抬运到安装位置。2001 年 8 月 5 日，该工程主体已进入到第五层且已安装完 3 层楼板，当准备安装第 4 层楼板时，由 8 人自提升机吊篮内抬板，此时突然吊篮从 5 层高度处坠落，造成 4 人死亡，3 人重伤，1 人轻伤的重大事故。

建筑市场管理混乱表现在施工队伍不遵纪守法，实质上是主管部门管理失误。一个工程项目的建设需经历相当长的时间和过程，从违法发包、承包到管理混乱、违章施工，从内业无管理程序到现场施工问题隐患的不断出现，如果注意管理和检查，总是可以及早发现隐患和制止违章的。各地行政主管部门要加强对市场的管理，针对本地区情况制定出切实可行的管理办法，并认真执行。

根据条例上一条和本条，分析本项目建设存在哪些问题？

建设单位应当将拆除工程发包给具有相应资质等级的施工单位。

建设单位应当在拆除工程施工 15 日前，将下列资料报送建设工程所在地的县级以上地方人民政府建设行政主管部门或者其他有关部门备案：

（一）施工单位资质等级证明；
（二）拟拆除建筑物、构筑物及可能危及毗邻建筑的说明；
（三）拆除施工组织方案；
（四）堆放、清除废弃物的措施。

实施爆破作业的，应当遵守国家有关民用爆炸物品管理的规定。

【释义】建设单位应当在开始施工的 15 日前，将拆除工作的有关资料报送建设行政主管部门或者水利、铁路、交通等专业部门备案。本条列举了需要报送的资料。

由于被拆除的建筑物的情况各异，容易发生危险，在进行拆除工作前，应当做好充分的准备工作，包括：（1）对建筑物结构强度进行详细调查，制定拆除施工方案，并对全体作业人员进行详细的安全技术交底，技术负责人要到现场指挥施工。（2）拆除工作开始前，应先将电线、自来水管道、燃气管道等通往被拆除建筑物的支线切断或迁移。（3）拆除建筑物前，应在周围设安全围栏，设置警示标志，禁止其他人员入内。（4）拆除建筑物，应遵照拆除方案，自上而下进行，禁止数层同时拆除。拆除作业工人，应站在脚手架或稳固的结构上操作，拆除某部分时要防止其他部分发生坍塌,拆除梁、柱前应先拆除其承重的全部结构后进行。(5)拆除前应将有倒塌危险的结构物,用支柱、绳索等临时加固。(6)拆除建筑物时,楼板上不准多人聚集和集中堆放材料,拆除较大或较重的材料时,应用起重机械吊下、运走。散碎材料应用溜放槽溜下,拆下材料要及时清理、运走。(7)采用推倒拆除法和爆破拆除法时,必须经设计计算后,制定和落实专项安全技术措施,统一指挥,防止事故发生。

能力提升

一、单选题

1. 建设工程安全生产管理,坚持( )的方针。
   A. 安全第一,预防为主　　　　B. 百年大计,质量第一
   C. 安全第一,用户至上　　　　D. 全员管理,安全第一

2. 根据《建设工程安全生产管理条例》的规定,( )应当向施工单位提供施工现场及毗邻区域内供水、排水、供电、供气、供热、通信、广播电视等地下管线资料,气象和水文观测资料,相邻建筑物和构筑物、地下工程的有关资料,并保证资料的真实、准确、完整。
   A. 工程监理企业　　B. 建设单位　　C. 设计单位　　D. 规划部门

3. 根据《建设工程安全生产管理条例》的规定,( )在组织工程概算时,应当确定建设工程安全作业环境及安全施工措施所需费用。
   A. 工程监理企业　　B. 施工单位　　C. 设计单位　　D. 建设单位

4. 根据《建设工程安全生产管理条例》的规定,( )应当审查施工组织设计中的安全技术措施或者专项施工方案是否符合工程建设强制性标准。
   A. 工程监理单位　　B. 施工单位　　C. 设计单位　　D. 建设单位

5. 根据《建设工程安全生产管理条例》的规定,( )对列入建设工程概算的安全作业环境及安全的工措施所需费用,应当用于施工安全防护用具及设施的采购和更新、安全施工措施的落实、安全生产条件的改善,不得挪作他用。
   A. 工程监理单位　　B. 施工单位　　C. 设计单位　　D. 建设单位

二、多选题

1. 根据《建设工程安全生产管理条例》的规定,建设单位、设计单位、施工单位、工程监理单位及其他与建设工程安全生产有关的单位,必须( )。
   A. 遵守安全生产法律、法规的规定
   B. 接受政府的安全生产兼任管理
   C. 做好安全事故的预防
   D. 保证建设工程安全生产
   E. 依法承担建设工程安全生产责任

2. 根据《建设工程安全生产管理条例》的规定,建设单位不得对( )等单位提出不符合建设工程安全生产法律、法规和强制性标准规定的要求,不得压缩合同约定的工期。
   A. 规划　　B. 勘察　　C. 设计　　D. 施工　　E. 工程监理

三、案例分析

山东省临沂市某单位在拆除一栋宿舍楼时，业主自行组织拆除。由于无相应资质，常常在无拆除方案、无技术及安全交底和没有任何安全防护措施的情况下违规拆除，冒险蛮干。结果拆除施工现场管理混乱，无统一指挥。电焊工在切断建筑物钢筋的同时，另一部分工人将宿舍楼墙体用钢丝绳及手拉葫芦加力拉紧，使墙体失稳倒塌，导致4人死亡，2人重伤。

1. 该案例发生的原因是什么？
2. 指出该案例具体涉及《建设工程安全生产管理条例》的哪部分。

总结提高

1. 建设单位在申请领取施工许可证时，应当提供什么材料？
2. 黑龙江省农垦某办事处与某房产公司签订拆迁合同，房产公司将拆迁工程转包给宋某，宋某又将车库平房拆除工程转包给高某，高某从本村找来6名民工，安排他们每人拆一扇门框。6名民工用大锤、钎子等工具作业，由于未采取支撑措施，导致车库雨蓬梁整体坠落，当场砸死3人，重伤1人。

办事处无视房屋拆除的危险性的技术要求，无视《建筑法》和《建设工程安全生产管理条例》的规定，将拆除工程发包给无资企业或个人，承包者再将拆除工程转包。拆除时的违章指挥、违章作业，导致事故发生。

这起案例给我们带来哪些启示？

课外拓展

某高校准备建设一男生宿舍楼，公开投标之后甲公司中标，承担本次工程的建设工作。回答以下问题：

1. 某高校和甲公司，谁属于建设单位？
2. 作为建设单位，应当为施工单位提供哪些资料？

第三节 勘察、设计、工程监理及其他有关单位的安全责任

知识储备

勘察单位应当按照法律、法规和工程建设强制性标准进行勘察，提供的勘察文件应当真实、准确，满足建设工程安全生产的需要。

勘察单位在勘察作业时，应当严格执行操作规程，采取措施保证各类管线、设施和周边建筑物、构筑物的安全。

【释义】勘察单位在进行勘察作业时，也易发生安全事故。为了保证勘察作业人员的安全，要求勘察人员必须严格执行操作规程；同时，还应当采取措施保证各类管线、设施和周边建筑物、构筑物的安全，这也是保证作业人员安全的需要。

【案例】某工程造粒塔为设计直径 9 m 的圆筒和电梯井组合成的钢筋混凝土筒体结构,高 64 m,坐落在一级阶地后缘的地貌单元上。自上而下的土层分布为:填土层(上杂填土下素填土)、黏土层、粉土层、6 m 以下为卵石层。勘察时布置了 3 个勘探孔,进行了钻探、取样和室内物理力学试验,提供的地面 2 m 以下的土层承载力均满足天然地基上的浅基础的设计要求。设计采用钢筋混凝土圆环形基础,埋深为 2.5 m。筒体采用滑模施工,施工中地基不断产生不均匀沉降,筒体不断向一侧倾斜,滑模施工随之经常调整其垂直度,当施工至 62.4 m 高度时,测得塔身垂直偏差 45 mm,6 天后发展到 109 mm,决定停工并要求原勘察单位重新勘察。

第二次勘察报告提供的地基承载力,沉降较大一侧仅为原设计承载力的 53%~71%,勘察单位认为是由基础施工引起黏性土软化所致。

事故原因分析:

第三次勘察发现,填土层与老土层在颜色和成分上很难区别,所以在前两次勘察和施工验槽中均将其作为老土层对待,但静力触探指标差异很大。

在 7 号孔外不受基础施工影响的距离上也补勘一孔,证实在塔基位置上同样存在压缩性大的填土,表明填土性质差并非由施工过程中的软化所引起。

设计单位应当按照法律、法规和工程建设强制性标准进行设计,防止因设计不合理导致生产安全事故的发生。

设计单位应当考虑施工安全操作和防护的需要,对涉及施工安全的重点部位和环节在设计文件中注明,并对防范生产安全事故提出指导意见。

采用新结构、新材料、新工艺的建设工程和特殊结构的建设工程,设计单位应当在设计中提出保障施工作业人员安全和预防生产安全事故的措施建议。

设计单位和注册建筑师等注册执业人员应当对其设计负责。

【释义】首先,设计单位必须按照法律、法规和工程建设强制性标准进行设计。

其次,涉及施工安全的重点部位和环节应当在设计文件中注明,如地下管线的防护、外电防护、深基坑工。施工单位作业前,设计单位应当就设计意图、设计文件向施工单位做出说明和技术交底,并对防范生产安全事故提出指导意见。

最后,采用新结构、新材料、新工艺的工程以及特殊结构的工程,设计单位应当在设计中提出保障施工作业人员安全和预防生产安全事故的措施建议。

【案例】四川省某县烟草公司综合楼为底层框架的五层砌体结构工程,底层为仓库,层高为 5.4 m;二至五层为两单元的单元宿舍,层高均为 3 m。底层总长 26.3 m,总宽 9 m,建筑面积 1 135 m^2。1991 年 5 月开工建设,1992 年 9 月竣工并投入使用。

在住户入住及仓库投入使用后,陆续发现墙体及二层楼盖框架梁出现裂缝。由于裂缝数量较多和裂缝宽度较大,引起住户恐慌。住户被迫搬出,停止使用该房,同时指责施工单位偷工减料,修建质量差,并提起诉讼。

事故原因分析:该综合楼如此严重的结构隐患,主要是结构设计失误、墙梁等构件传力不合理和梁、板漏算荷载所致。结构设计者应从中吸取经验教训,提高自身素质,抓好设计质量;设计单位应严格执行审核校验制度,将设计失误和事故消灭在萌芽阶段,避免由此而可能造成的工程结构安全隐患和经济损失。

工程监理单位应当审查施工组织设计中的安全技术措施或者专项施工方案是否符合工程建设强制性标准。

工程监理单位在实施监理过程中，发现存在安全事故隐患的，应当要求施工单位整改；情况严重的，应当要求施工单位暂时停止施工，并及时报告建设单位。施工单位拒不整改或者不停止施工的，工程监理单位应当及时向有关主管部门报告。

工程监理单位和监理工程师应当按照法律、法规和工程建设强制性标准实施监理，并对建设工程安全生产承担监理责任。

【释义】工程监理是工程监理单位受建设单位的委托，根据国家批准的工程项目建设文件，依照法律、法规和建设工程监理规范的规定，对工程建设实施的监督管理。

工程监理单位对施工安全的责任主要体现在审查施工组织设计中的安全技术措施或者专项施工方案是否符合工程建设强制性标准。

【案例】某市电视台演播中心工程由市电视台投资兴建，某大学建筑设计院设计，某建设监理公司对工程进行监理。该工程在市招标办公室进行公开招投标，该市某建筑公司于1月13日中标，并于3月31日与市电视台签订了施工合同。

10月25日06:55开始浇筑混凝土。08:00多，项目部资料质量员姜×才补填混凝土浇捣令，并送监理公司总监韩某签字，韩某将日期签为24日。浇筑现场由项目部混凝土工长邢某负责指挥。该建筑公司的混凝土分公司负责为本工程供应混凝土，为B区屋面浇筑C40混凝土，坍落度16～18 cm，用两台混凝土泵同时向上输送（输送高度约40 m、泵管长度约60 m×2）。浇筑时，现场有混凝土工工长1人，木工8人，架子工8人，钢筋工2人，混凝土工20人，以及电视台3名工作人员（为拍摄现场资料）等。自10月25日06:55分开始至10:10分，输送机械设备一直运行正常。到事故发生止，输送至屋面混凝土约139 m³，重约342 t，占原计划输送屋面混凝土总量的51%。10:10，当浇筑混凝土由北向南单向推进，浇至主次梁交叉点区域时，模板支架立杆失稳，引起支撑系统整体倒塌。屋顶模板上正在浇筑混凝土的工人纷纷随塌落的支架和模板坠落，部分工人被塌落的支架、模板和混凝土浆掩埋。

事故原因分析：监理公司驻工地总监理工程师无监理资质，工程监理组没有对支架搭设过程严格把关，在没有对模板支撑系统的施工方案审查认可的情况下即同意施工，没有监督对模板支撑系统的验收，就签发了浇捣令，工作严重失职，导致工人在存在重大事故隐患的模板支撑系统上进行混凝土浇筑施工。

为建设工程提供机械设备和配件的单位，应当按照安全施工的要求配备齐全有效的保险、限位等安全设施和装置。

【释义】建设工程施工中需要的机械设备，主要包括起重机械、挖掘机械、土方铲运机械、凿岩机械、基础及凿井机械、钢筋混凝土机械、筑路机械以及其他施工机械设备八类。本条规定为建设工程提供施工机械设备和配件的单位，应当配齐有效的保险、限位等安全设施和装置。起重机械的安全保险装置，包括塔机的力矩限制器、重量限制器、高度限位、变幅（行走）限位，卷筒保险、吊钩保险，施工升降机的安全器、安全钩、极限开关、防松绳开关，物料提升机的安全停靠装置、断绳保护装置、重量限制器，施工机械的各传动部位的安全保护装置等。这些安全保护装置是否齐全、是否灵敏可靠，直接影响施工机械设备的安全运行，关系到操作人员和其他作业人员的人身安全。

【案例】黑龙江省哈尔滨市技术经济开发区某住宅小区 B 区 R 栋工程由某建筑公司总承包，其模板工程分包给湖北省安陆市某建筑公司。

工程施工的垂直运输主要采用由某建筑公司提供的龙门架物料提升机，而该提升机未经国家规定的机构进行检测，又缺少必要的安全装置。2001 年 4 月 30 日湖北省安陆市某建筑公司工人使用龙门架运送材料时，由于物料过长未采取绑扎固定措施，且作业人员图省事，违章乘坐吊篮上下，在龙门架多处隐患和无安全装置的情况下，突然发生吊篮坠落，造成 4 人死亡，1 人重伤的重大事故。

请联系《建设工程安全生产管理条例》对本次事故进行点评。

出租的机械设备和施工机具及配件，应当具有生产（制造）许可证、产品合格证。出租单位应当对出租的机械设备和施工机具及配件的安全性能进行检测，在签订租赁协议时，应当出具检测合格证明。

禁止出租检测不合格的机械设备和施工机具及配件。

【释义】本条对出租机械设备和施工机具及配件的单位明确规定了责任：

（1）对于出租的机械设备和施工机具及配件必须具有生产（制造）许可证、产品合格证。

（2）尽管租赁单位在最初是购买了合格的产品，但随着产品的多次使用，其性能是会发生变化的，特别是安全性能，与其出产时的安全性能相比，会有很大的不同。因此，出租单位应当对出租的机械设备和施工机具及配件的安全性能进行检测，以保证出租的产品是合格的，安全性能是符合规定的。

本条第三款是禁止性规定，禁止出租单位出租检测不合格的机械设备和施工机具及配件，并在第六十条规定了法律责任。

【案例】2003 年 2 月 13 日上午，在一幢六层楼的住宅工程上，两名工人抬砖从龙门吊吊盘上走出，进入卸料通管时，由于抬杠从一人肩上滑落，两人所抬的一摞砖（共 76 块约 192kg）突然落在出料通道架板上。这瞬间的重力冲击，首先致使左侧支撑架管直角扣件断裂，紧接着又使右侧支撑架管直角扣件扭断，卸料通道垮塌，两人随同红砖、架板从 18.9m 处坠落。

事故原因分析：事后对通道支撑架左右两侧断裂扣件进行了仔细检查。，从外观上看，直角扣件锈蚀，局部已产生锈痕，产品标牌模糊不清，难以辨别。为准确有效地收集到现场第一手资料，经勘察现场的有关人共同选定一个与断裂扣件同一型号的扣件，作为扣件质量检查样本。检查是根据《建筑施工扣件式钢管脚手架安全技术规范》（JGJ130-2001）中"常用配件与材料、人员的自重（表 A-2）的标准"以简明快捷的方法进行。样本扣件（直角型）自重检验结果如下：

破损的扣件自重与样本自重相同。从以上自重结果来看，依据《建筑施工扣件式钢管脚手架安全技术规范》（JGJ 130-2001），样本（含破损的扣件）单个自重比标准自重轻了 24.24%。自重轻了即说明扣件盖板壁厚减少不符合规范要求，不能抵抗通道脚手板传递下来的垂直竖固剪切外力，致使扣件盖板根部被剪断，通道支撑架解体，这是事故发生的直接原因。

如查样本自重符合标准，那就要进一步根据国家标准 GB1581-1995 钢管脚手架扣件进行抗滑功能、抗破坏性能和扭转刚度性能试验，看结果是否符合国家标准。

参照本条例第六十条，出租单位出租未经安全性能检测或者经检测不合格的机械设备和施工机具及配件的，应当如何对相关单位进行处罚呢？

在施工现场安装、拆卸施工起重机械和整体提升脚手架、模板等自升式架设设施，必须由具有相应资质的单位承担。

安装、拆卸施工起重机械和整体提升脚手架、模板等自升式架设设施，应当编制拆装方案、制定安全施工措施，并由专业技术人员现场监督。

施工起重机械和整体提升脚手架、模板等自升式架设设施安装完毕后，安装单位应当自检，出具自检合格证明，并向施工单位进行安全使用说明，办理验收手续并签字。

【释义】从事施工起重机械和自升式架设设施安装、拆卸活动的单位，必须具有相应的资质。

施工起重机械的安装单位在进行安装、拆卸作业前，应当根据施工起重机械的安全技术标准、使用说明书、施工现场环境、辅助起重机械设备条件等，制定施工方案和安全技术措施。所制定的施工方案和安全技术措施要严格按照国家标准、行业标准和生产厂家使用说明书，并严格按照技术人员制定的安装拆卸工艺和方案进行作业。安装拆卸方案一般主要包括：安装、拆卸施工的作业环境，安装条件，安装、拆卸作业前检查，安装制度，安装工艺流程及安装要点，升降及锚固作业工艺，安装后的检验内容和试验方法，拆卸工艺流程及拆卸要点、工序，各部位有关的安全措施，安装、拆卸安全注意事项等。

【案例】2005 年 9 月 5 日晚 10 时 10 分左右，北京西西工程 4#地高大厅堂顶盖模板支架在浇注接近完成时发生整体垮塌，造成死亡 8 人、伤 21 人的特大伤亡事故。

事故原因分析：调查组认为，在引发事故的原因中，技术安全因素有以下 4 个方面：（1）模板支架施工方案未经审定就进行搭设；（2）报审的模板支架施工方案及设计计算存在严重问题；（3）缺乏严格的施工技术和安全管理；（4）存在严重的支架材料质量问题。

而且该分项工程属必须编制专项施工方案、应组织专家组进行论证、审查，并经施工单位技术负责人、总监理工程师签字后实施的工程。但施工单位没有执行上述法规规定，在施工单位编制出模板支架施工方案第一稿后，既未组织专家组论证，也未送施工单位上一级技术负责人，未经总监理工程师审批签字，就开始安排施工队搭设。监理单位发现后未能制止搭设。在报送第二稿时，支架已搭设完毕。事故发生后提交本调查组审查的"9～11/B～E 轴扣件钢管脚手架施工方案"为送审第三稿，施工单位审核栏盖的是西西工程 4#地项目经理部的章（属不允许的同级审批情况），审批日期是 2005 年 7 月 19 日，签字人为杨某，未见总监理工程师的正式签字。

按照本条例第六十一条："违反本条例的规定，施工起重机械和整体提升脚手架、模板等自升式架设设施安装、拆卸单位有下列行为之一的，责令限期改正，处 5 万元以上 10 万元以下的罚款；情节严重的，责令停业整顿，降低资质等级，直至吊销资质证书；造成损失的，依法承担赔偿责任：

（一）未编制拆装方案、制定安全施工措施的；

（二）未由专业技术人员现场监督的；

（三）未出具自检合格证明或者出具虚假证明的；

（四）未向施工单位进行安全使用说明，办理移交手续的。

施工起重机械和整体提升脚手架、模板等自升式架设设施安装、拆卸单位有前款规定的第（一）项、第（三）项行为，经有关部门或者单位职工提出后，对事故隐患仍不采取措施，因而发生重大伤亡事故或者造成其他严重后果，构成犯罪的，对直接责任人员，依照刑法有关规定追究刑事责任。"

对于这起事故，应该如何进行处罚？

施工起重机械和整体提升脚手架、模板等自升式架设设施的使用达到国家规定的检验检测期限的，必须经具有专业资质的检验检测机构检测。经检测不合格的，不得继续使用。

【释义】本条是关于施工起重机械和自升式架设设施必须经具有专业资质的检验检测机构检测的规定。

（1）施工起重机械和自升式架设设施在使用过程中，应当按照规定进行定期检测，并及时进行全面检修保养。对于达到国家规定的检验检测期限的，必须经具有专业资质的检验检测机构检测。

（2）施工起重机械和自升式架设设施的检测检验，必须经具有专业资质的检验检测机构进行检测。同时，为了确保安全，要求检验检测机构进行检测工作时应当符合安全技术规范的要求，检验检测结果和判断必须科学、合理、可靠，防止随意性，并对检测结果负责。经检测不合格的，不得继续使用。

检验检测机构对检测合格的施工起重机械和整体提升脚手架、模板等自升式架设设施，应当出具安全合格证明文件，并对检测结果负责。

【释义】检验检测机构是第三方，是经过国家认可的中介组织。按照本条例检测工作应当符合安全技术规范的要求，不受任何单位的影响和左右，检验检测机构出具的结果必须是公正、客观的；检测人员应当严格按照国家有关法律、法规，根据国家有关的安全技术标准、规范，公正、客观、及时地出具检测结果、鉴定结论，检测结果、鉴定结论应当真实、准确，经检测人员签字后，由检验检测机构负责人签发。检验检测机构应当将检测结果书面通知施工单位，检测合格的，应当出具合格证明文件。

【案例】某市一商品房开发商拟建 10 栋商品房，根据工程地质勘察资料和设计要求，采用振动沉管灌注桩，桩尖深入沙夹卵石层 500 以上，按地勘报告桩长应在 9~10 m 以上。该工程振动沉管灌注桩施工完后，由某工程质量检测机构采用低应变动测方式对该批桩进行桩身完整性检测，并出具了相应的检测报告。施工单位按规定进行主体施工，个别栋号在施工进行到 3 层左右时，由于当地质量监督人员对检测报告有争议，故经研究决定又从外地请了两家检测机构对部分桩进行了抽检。这两家检测机构由于未按规范要求进行检测，未及时发现问题。后经省建筑科学研究院对其检测报告进行了审核，在现场对部分桩进行了高、低应变检测，发现该工程振动沉管灌注桩存在非常严重的质量问题，有的桩身未能进入持力层，有的桩身严重缩颈，有的桩甚至是断桩。后经查证该工程地质报告显示，在自然地坪以下 4~6 m 深处，有淤泥层，在此施工振动沉管灌注桩由于工艺方面的问题，容易发生缩颈和断桩。该市检测机构个别检测人员思想素质差，一味地迎合施工单位的施工记录桩长（施工单位由于单方造价报的低，经常利用多报桩长的方法来弥补造价），将砼测试波速由 3600 米/秒左右调整到 4700~4800 米/秒，个别桩身经实测波速推定桩测试长度为 5.8 m，而当时测试桩长为 9.4 m，两者相差达 3.6 m。这样一来，原本未进入持力层的桩，严重缩颈桩和断桩就成为了与施工单位记录桩长一样的完整桩。该工程后经加固处理达到了要求，但造成了很大的经济损失。

阅读本案例，回答以下问题：
（1）该事故发生的原因是什么？
（2）该案例涉及哪些主体？

能力提升

一、单选题

1. 根据《建设工程质量管理条例》，关于勘察设计单位质量责任和义务的说法，错误的是（ ）。
   A. 从事勘察、设计业务的单位应当依法取得相应等级的资质证书
   B. 勘察单位提供的地质、测量、水文等勘察成果必须真实、准确
   C. 勘察、设计单位不得分包所承揽的工程
   D. 设计单位应当根据勘察成果文件进行建设工程设计

2. 设计单位应当考虑（ ），对涉及施工安全的重点部位和环节在设计文件中注明，并对防范生产安全事故提出指导意见。
   A. 施工难度   B. 施工单位能力
   C. 施工安全操作和防护的需要   D. 设计年限

3. 出租单位应当对出租的机械设备和施工机具及配件的安全性能进行检测，在签订租赁协议时，应当出具（ ）。
   A. 生产资质   B. 中国强制性产品认证（3C）
   C. 购买凭证   D. 检测合格证明

二、多选题

1. 勘察单位应当按照（ ）进行勘察，提供的勘察文件应当真实、准确，满足建设工程安全生产的需要。
   A. 法律、法规   B. 设计要求
   C. 工程建设强制性标准 D. 项目可行性研究报告

2. 出租的机械设备和施工机具及配件，应当具有（ ）。
   A. 生产（制造）许可证 B. 中国强制性产品认证（3C）
   C. 购买凭证   D. 产品合格证

总结提高

1. 监理工程师对施工组织设计审查一般包括哪几项内容？
2. 起重设备安装工程专业承包资质分为一级、二级、三级 3 个等级标准。每个等级分别可以承担什么项目？

🔍 课外拓展

某大型水泥厂建在年降雨量仅 150 mm 的半干燥地区，土层是湖相沉积物、风积土和坡积土的混合物，由粉质黏土、粉质砂土和含粉砂砾组成。地下水埋藏深度超过 30 m，土层含水量低，饱和度低，标贯击数很高。钻探中发生循环水漏失，大量钻孔孔口周围的地表坍塌，表明粉质黏土具有严重的湿陷性。

但勘察人员未进一步调查，也未进行提醒，设计人员按高承载力地基设计了扩展式基础。一场大雨后，地基发生沉陷，一座小型混凝土建筑物沉降过大被迫拆除，其余的大型建筑如窑和终碾磨厂沉降超过 25 cm，地下水管断裂，造成巨大损失。

问题：
1. 请对本案涉及的单位主体违反条例的哪些条款进行具体说明。
2. 请提出预防和改进措施。

第四节　施工单位的安全责任

 知识储备

施工单位从事建设工程的新建、扩建、改建和拆除等活动，应当具备国家规定的注册资本、专业技术人员、技术装备和安全生产等条件，依法取得相应等级的资质证书，并在其资质等级许可的范围内承揽工程。

【释义】《建筑法》的规定：从事建筑活动的施工企业，应当具备下列条件：（1）有符合国家规定的注册资本；（2）有与其从事的建筑活动相适应的具有法定执业资格的专业技术人员；（3）从事相关建筑活动所应有的技术装备以及法律、行政法规规定的其他条件。具备这些条件的施工企业，还要按照其拥有的注册资本、专业技术人员、技术装备和已完成的建筑工程业绩等资质条件，划分为不同的资质等级，经资质审查合格，取得相应等级的资质证书后，方可在其资质等级许可的范围内从事建筑活动。

施工单位主要负责人依法对本单位的安全生产工作全面负责。施工单位应当建立健全安全生产责任制度和安全生产教育培训制度，制定安全生产规章制度和操作规程，保证本单位安全生产条件所需资金的投入，对所承担的建设工程进行定期和专项安全检查，并做好安全检查记录。

施工单位的项目负责人应当由取得相应执业资格的人员担任，对建设工程项目的安全施工负责，落实安全生产责任制度、安全生产规章制度和操作规程，确保安全生产费用的有效使用，并根据工程的特点组织制定安全施工措施，消除安全事故隐患，及时、如实报告生产安全事故。

【释义】加强对施工单位安全生产的管理，首先要明确责任人。施工单位的主要负责人对本单位的安全工作全面负责。总的原则是，对施工单位全面负责、有生产经营决策权的人，即为主要负责人。

施工单位的项目负责人是在施工现场的人员，其安全责任主要包括：

（1）落实安全生产责任制度。任何制度都必须落到实处，才可能发挥作用。

（2）落实安全生产规章制度和操作规程。

（3）确保安全生产费用的有效使用。

（4）根据工程的特点组织制定安全施工措施，消除安全事故隐患。

（5）及时、如实报告生产安全事故。施工现场一旦发生安全事故，现场人员应当及时报告项目负责人，项目负责人应当立即如实地向施工单位主要负责人报告，并迅速采取有效措施，组织抢救，防止事故扩大，减少人员伤亡和财产损失。

【案例】

事故单位及建设项目概况：

2014年5月，天幕公司第三分公司伪造天幕公司公章、法人印章和法人委托书等投标材料向和平居委会投标。5月31日，天幕公司第三分公司与和平居委会签订康复中心工程钢网架施工合同，工程总价228.8万元，刘金水任项目部经理，无项目经理资格证书。工程资料未向天幕公司备案。

事故发生经过：

2014年7月18日上午，钢网架工程施工人员在地面对钢网架纵向2格、横向11格的单元进行组装。下午2时，施工人员用2台不同型号吊车对已组装好的钢网架单元进行吊装，先将钢网架单元吊离地面0.5 m，停留半小时后继续起吊，将钢网架单元一次提升至屋面顶端，对钢网架单元调整安装就位。

7月20日，钢网架进行高空散装。4人被安排在地面组装杆件，4人被安排到高空钢网架上散装作业。7时40分，西侧纵向第3格、南侧横向第1格进行高空散装作业。8时左右，在进行南侧横向第2格安装时，钢网架坍塌，4名散装作业人员随同高空钢网架整体坠落至地面，导致事故发生。

事故原因分析：

天幕公司第三分公司法制观念淡薄，主体责任不落实，安全管理混乱，钢网架施工严重违法违规。

（1）违法招投标。第三分公司伪造天幕公司公章、法人代表印章和法人委托书等投标材料，对钢网架工程违法投标。

（2）违法违规施工。钢网架工程发包给无资质的自然人；未取得建筑工程施工许可证，违法组织施工。

（3）安全管理混乱。项目部组织机构、安全管理制度不健全；项目部经理无资格证书；未落实安全培训教育和安全技术交底；佩戴不合格的安全帽。

阅读本案例，回答以下问题：

（1）这起事故除了违反本条和上一条，大家还能联想到其他条款吗？

（2）请针对此类事故，提出事故防范和整改措施。

施工单位对列入建设工程概算的安全作业环境及安全施工措施所需费用，应当用于施工安全防护用具及设施的采购和更新、安全施工措施的落实、安全生产条件的改善，不得挪作他用。

【释义】安全作业环境及安全施工措施所需费用，是指《建设工程安全生产管理条例》第八条规定的建设单位在编制建设工程概算时，为保障安全施工确定的费用。

【例题】(1)生产当中有哪些施工安全用具？

(2)企业的安全生产条件是什么？

施工单位应当设立安全生产管理机构，配备专职安全生产管理人员。

专职安全生产管理人员负责对安全生产进行现场监督检查。发现安全事故隐患，应当及时向项目负责人和安全生产管理机构报告；对于违章指挥、违章操作的，应当立即制止。

专职安全生产管理人员的配备办法由国务院建设行政主管部门会同国务院其他有关部门制定。

【释义】对于专职安全生产管理人员的配备办法，本条规定由建设部会同国务院其他有关部门制定。根据建设部的要求，建筑面积在1万平方米以上的工地，必须设置2~3名专门管理安全生产工作的人员；建设面积在5万平方米以上的大型工地，要按照专业设置专职安全员。

【案例】2001年7月17日早上8点，上海沪东造船厂一座正在安装的龙门吊轰然倒塌。这是近些年来上海发生的最严重的特大事故，不仅造成了1亿元的经济损失，还带走了36条宝贵的生命，可谓代价惨重。

这是一起责任事故，重蹈了绝大多数事故的覆辙——管理不善，安全意识不强，违章指挥和违规作业。该事故经过如下：

7月16日晚7时，主梁在提升到47.6 m的高度时，刚性腿内侧的两根缆风绳挡住了主梁上的小车，此时，只有将绷紧的缆风绳放松，将缆风绳拨到小车的另一侧，主梁才能继续提升。吊装前，在施工方案中明确规定：施工过程中，任何人不得随意改变施工方案的作业要求，如有特殊情况进行调整，必须通过一定程序以保证整个施工安全。主梁提升因小车受阻，电建公司现场指挥张××却没有上报，而是擅自作主给起重班长陈××留下书面工作安排，让其第二天早上放松刚性腿内侧缆风绳，为机器人中心8点正式提升做好准备。

7月17日早7时，施工人员按照张××的布置，开始放缆风绳。操作员用经纬监测仪对刚性腿顶部的基准靶标志进行监测，并通过对讲机指挥两侧卷扬机操作工放缆作业。放缆时，控制靶位标志的左右摆动不能超过20 mm。

施工人员先放松了内缆风绳，当刚性腿出现外偏时，通过调松外缆风绳减少外侧拉力进行修偏，直到恢复原状态。经过10余次放松调整后，内缆风绳处于完全松弛状态。此时，站在主梁上的人员用钢叉将缆风绳推到小车的一侧。随后，又用相同方法将另一根挡住小车的缆风绳放松，当地面人员通知上面工作人员推移第二根缆风绳时，测量员发现刚性腿顶部的基准靶标志逐渐外移，并移出经纬仪观测范围，这表明刚性腿已严重倾斜。瞬间，刚性腿倾覆。主梁坠落，另一端塔架也随之倾倒，在刚性腿里作业的23名工作人员在钢铁的撞击和挤压下全部遇难，站在主梁上的工作人员也多数丧生。

事故原因分析：在缆风绳碰到小车时，如果现场指挥及时上报，采取一些防范措施，而不是凭经验贸然行事，这起事故本可避免。如在放缆风绳前，加两根副缆风绳，当缆风绳放松时，让副缆风绳吃劲，以保证刚性腿的受力均衡。这样做虽然麻烦一些，但却能保证安全。遗憾的是，经验代替了科学，疏漏取代了严谨，违章指挥代替了规范和程序，终酿成这起事故。

建设工程实行施工总承包的，由总承包单位对施工现场的安全生产负总责。

总承包单位应当自行完成建设工程主体结构的施工。

总承包单位依法将建设工程分包给其他单位的，分包合同中应当明确各自的安全生产方面的权利、义务。总承包单位和分包单位对分包工程的安全生产承担连带责任。

分包单位应当服从总承包单位的安全生产管理，分包单位不服从管理导致生产安全事故的，由分包单位承担主要责任。

【释义】施工总承包，是指发包单位将建设工程的施工任务，包括土建施工和有关设施、设备安装调试的施工任务，全部发包给一家具备相应的施工总承包资质条件的承包单位，由该施工总承包单位对全过程向建设单位负责，直到工程竣工，向建设单位交付符合设计要求和合同约定的建设工程的承包方式。实行施工总承包的，施工现场由总承包单位全面统一负责，包括工程质量、建设工期、造价控制、施工组织等，由此，施工现场的安全生产也应当由施工总承包单位负责。

【案例】

建设单位及工程概况：

山东天源热电有限公司（以下简称：天源热电）位于桓台县马桥镇大成工业区，成立于1996年7月，法定代表人杨××，现有员工500人，注册资本3.9亿元，主要生产销售蒸气、电及其副产品。公司设有安全管理科，有4名安全管理人员。

该公司共有3个分厂，分别为1电厂、2电厂和3电厂，装机容量分别为200兆瓦、100兆瓦和600兆瓦发电机组，占地面积750亩[①]。事故发生在1电厂，该厂2004年10月建设，2005年12月投产运行。后为落实国家热电机组"上大压小"政策，实现节能降耗、降低污染物排放，于2013年11月停产。2015年初，按照新的设计要求，计划利用原来部分厂房及部分设备基础，对不符合要求部分进行拆除，新建2台480吨/小时锅炉，配套2×50兆瓦的抽背机组。

2016年4月19日，通过公司内部招标，将烟囱、烟道、脱硫综合楼、凉水塔拆除工程发包给北京天利信诚建设工程有限公司，烟囱高度为150米。

施工单位及合同签订情况：

北京天利信诚建设工程有限公司（以下简称：天利公司）位于北京市顺义区北务镇政府街，法定代表人吴××，成立于2005年11月，注册资本1000万元。天利公司具有爆破与拆除工程专业承包贰级资质（B2194011011302-4/1），取得了建筑工程安全生产许可证（（京）JZ安许证字〔2012〕233525-1），有效期至2015年7月12日。经调查，安全生产许可证已办理延期手续，延期至2016年12月31日。

2016年4月13日，金×（男，46岁，桓台县马桥镇前金村人）获知天源热电烟囱拆除工程，通过李×（男，41岁，桓台县新城镇河南村人）联系谈×（男，34岁，河南省光山县人），使用天利公司拆除爆破资质竞标。4月18日，谈×（谈××之父）携带天利公司加盖公章的资质复印件，与金×到天源热电参与工程招标并中标。4月20日，谈×在招标现场代天利公司法人吴××签发委托书，委托金×参加拆除工程投标、签订合同及施工等一切事宜。金×以委托代表人身份与天源热电签订工程承包合同，合同总价34万元。

工程分包施工情况：

5月5日，金×以32万元的价格将工程转包给李××（男，39岁，江苏省睢宁县人），并签订拆除烟囱协议。5月16日，李××以27万元的价格转包给朱××（男，61岁，江苏

[①] 1亩≈666.67 m²。

省睢宁县人），未签订协议。

5月17日，朱××开始联系拆除作业人员，租赁脚手架杆。5月21日，组织人员搭建支撑架。5月22日，7名工人进驻工地，在支撑架上搭设木板。5月28日，支撑架搭建完毕，总高度120米，顶面铺设作业平台。6月1日，开始拆除烟囱。

事故发生经过：

2016年6月1日，作业人员开始拆除烟囱。具体拆除方案：将烟囱分3段拆除。拆除第一段为顶部30m，先在烟囱顶部套上钢丝绳，然后在烟囱标高110～120m间，用风镐剔凿内衬砌体及筒壁混凝土，进行环形斜切（450-600）。具体操作方法：先凿开内衬层，露出筒壁混凝土，再用风镐凿透筒壁，每次凿约1.2m长的缝隙，在凿口处垫上长50cm、宽30cm、厚20cm的槽钢支撑，防止缝隙处下沉。110～120m处烟囱周长约22m，共凿开约19m长的切口，留下东南侧约3m不凿作为支撑点。施工面呈东南、西北方向，西北侧高，东南侧低。

6月3日，环形斜切基本完毕，用装载机拽拉一次，未将切口以上筒壁拉下来。6月4日、5日拆除人员到作业平台上对未切割的3米筒壁进行凿孔。

6月5日16时10分，朱××在地面看到拆除人员停止凿孔，电话通知3名拆除人员撤下来。16时20分，110m以上已经剔凿的筒壁向东南方向倒塌，部分内衬材料及筒壁碎块坠入烟囱内部砸中架体，致使支撑架整体坍塌，正在下撤的3名作业人员被支撑架体材料、烟囱内衬及筒壁混凝土碎块掩埋，3名工人死亡。

事故原因分析：

（1）天源热电未落实安全管理主体责任，对外来施工队伍及拆除工程疏于管理。

① 未履行工程管理责任。未审查招标单位资质原件；未将安全施工措施向主管部门备案；未办理工程施工许可；未发现层层分包的违法行为。

② 未落实安全管理责任。未审查外来施工人员资格证书；未与外来施工队伍签订安全协议；未将分包单位纳入本单位安全管理。

（2）施工方非法发包工程，违法组织施工，安全管理混乱，严重违法违规。

① 非法发包、承包工程。拆除工程层层分包，发包给无资质的自然人；施工方无资质承揽工程。

② 违法组织施工。拆除工程项目部无组织机构，无安全管理制度；从业人员无资格证书；未制定烟囱拆除施工方案；未落实安全培训教育和安全技术交底。

请上网搜集总包单位与分包单位签订的安全施工协议，指出协议中的总包方和分包方的职责。

垂直运输机械作业人员、安装拆卸工、爆破作业人员、起重信号工、登高架设作业人员等特种作业人员，必须按照国家有关规定经过专门的安全作业培训，并取得特种作业操作资格证书后，方可上岗作业。

【释义】特种作业包括：电工作业；金属焊接切割作业；起重机械（含电梯）作业；企业内机动车辆驾驶；登高架设作业；锅炉作业（含水质化验）；压力容器操作；制冷作业；爆破作业；矿山通风作业（含瓦斯检验）；矿山排水作业（含尾矿坝作业）；由省、自治区、直辖市安全生产综合管理部门或国务院行业主管部门提出，并经国家经济贸易委员会批准的其他作业。

【例题】请整理建筑行业特种作业种类。

施工单位应当在施工组织设计中编制安全技术措施和施工现场临时用电方案，对下列达到一定规模的危险性较大的分部分项工程编制专项施工方案，并附具安全验算结果，经施工单位技术负责人、总监理工程师签字后实施，由专职安全生产管理人员进行现场监督：

（一）基坑支护与降水工程；

（二）土方开挖工程；

（三）模板工程；

（四）起重吊装工程；

（五）脚手架工程；

（六）拆除、爆破工程；

（七）国务院建设行政主管部门或者其他有关部门规定的其他危险性较大的工程。

对前款所列工程中涉及深基坑、地下暗挖工程、高大模板工程的专项施工方案，施工单位还应当组织专家进行论证、审查。

本条第一款规定的达到一定规模的危险性较大工程的标准，由国务院建设行政主管部门会同国务院其他有关部门制定。

【释义】施工单位在施工前必须编制施工组织设计，安全技术措施是为了实现安全生产，在防护上、技术上和管理上采取的措施。具体来说，就是在工程施工中，针对工程的特点、施工现场环境、施工方法、劳动组织、作业方法、使用的机械、动力设备、变配电设施、架设工具以及各项安全防护设施等制定的确保安全施工的措施。

建设工程施工前，施工单位负责项目管理的技术人员应当对有关安全施工的技术要求向施工作业班组、作业人员作出详细说明，并由双方签字确认。

【释义】安全技术措施的交底，包括：施工工种安全技术交底、分部分项工程施工的安全技术交底（如房屋工程包括地基与地基工程、主体结构工程、屋面防水工程、楼地面、装饰及门窗、水、暖、电气安装工程等）、大型特殊工程单项安全技术交底、设备安装工程技术交底、使用新工艺、新技术、新材料施工的安全技术交底。施工单位负责项目管理的技术人员与作业班组和作业人员进行安全技术交底后，应当由双方确认。确认的方式是填写安全技术措施交底单，主要内容应当包括工程名称、分部分项工程名称、安全技术措施交底内容、交底时间、施工单位负责项目管理的技术人员签字、接受任务负责人签字等。

【案例】2007年9月6日，河南省郑州市航海路与中州大道交叉口北100米处，富田太阳城商业广场B2区工程工地发生一起天井顶盖现浇混凝土的梁、板、柱模板支撑体系坍塌事故，造成7人死亡，17人受伤，直接经济损失约596.2万元。

直接原因：

劳务公司在没有施工方案的情况下，安排架子班按常规的外脚手架支搭，导致B2区地上中厅四层天井顶盖的模板支撑体系稳定性差，支撑刚度不够，整体承重力不足，混凝土浇筑工艺安排不合理，造成施工荷载相对集中，加剧了模板支撑体系局部失稳，导致坍塌。

间接原因：

（1）劳务公司现场负责人对施工过程中发现的重大事故预兆没有及时采取果断措施，让工人立即撤离，现场指挥失误。

（2）劳务公司未按规定配备专职安全管理人员，未按规定对工人进行三级安全教育和培训，未向班组工人进行安全技术交底。

（3）建筑公司对模板支撑体系安全技术交底内容不清，针对性不强，而实际未得到有效执行。

针对此案例，根据条例本条款和上一条款，提出此类事故的预防措施。

施工单位应当在施工现场入口处、施工起重机械、临时用电设施、脚手架、出入通道口、楼梯口、电梯井口、孔洞口、桥梁口、隧道口、基坑边沿、爆破物及有害危险气体和液体存放处等危险部位，设置明显的安全警示标志。安全警示标志必须符合国家标准。

施工单位应当根据不同施工阶段和周围环境及季节、气候的变化，在施工现场采取相应的安全施工措施。施工现场暂时停止施工的，施工单位应当做好现场防护，所需费用由责任方承担，或者按照合同约定执行。

【释义】本条针对施工现场容易出现生产安全事故的地点，列举了一些危险部位，包括：施工现场入口处、施工起重机械、临时用电设施、脚手架、出入通道口、楼梯口、电梯井口、孔洞口、桥梁口、隧道口、基坑边沿、爆破物及有害危险气体和液体存放处等危险部位。施工单位应当根据建设工程的实际情况、使用的设施设备和材料的情况、存储物品的情况等，具体确定本施工现场的危险部位，并设置明显的安全警示标志。

【案例】2007年7月，某饲料厂在厂房安装设备时，施工队在二楼楼面打开一个直径约0.8米的孔洞。下班时，工人随手用一块盛料的木托盘盖上孔洞便离去。

第二天夜班，配料工黄某在二楼进行混料投料工作。工作过程中，黄某不慎碰偏了木托盘，从孔洞中坠落（5米高）至一楼地面。黄某虽被匆忙送进医院，终因伤势过重而死亡。

事故原因：

（1）在厂房开洞施工后，未在孔洞外围处设置防护栅栏和悬挂警示标牌，也没把生产现场新开孔洞有危险的情况告知有关人员，只是随便找了一块托料板盖上，安全防范措施不到位，这是事故的主要原因。

（2）投料工作现场照明不足，黄某工作中疏忽大意，未能注意现场环境存在不安全因素，最终失足坠落。这是事故的直接原因。

阅读本条款以及案例，请思考阴暗处应当如何设置警示标志。

施工单位应当将施工现场的办公、生活区与作业区分开设置，并保持安全距离；办公、生活区的选址应当符合安全性要求。职工的膳食、饮水、休息场所等应当符合卫生标准。施工单位不得在尚未竣工的建筑物内设置员工集体宿舍。

施工现场临时搭建的建筑物应当符合安全使用要求。施工现场使用的装配式活动房屋应当具有产品合格证。

【释义】（1）施工现场的办公区和生活区的设置应当符合条例的规定。

（2）为了保障施工单位职工的身体健康，对职工的膳食、饮水、休息场所等，都要求符合卫生标准。例如，有职工食堂的，应当根据《食品卫生法》的有关规定，办理食品卫生许可证；炊具经常洗刷，生熟食品分开存放，食品保管无腐烂变质；炊事人员必须办理健康证明，还应当依据食堂规模的大小、入伙人数的多少，具有相应的食品原料处理、加工、贮存等场所及必要的上、下水等卫生设施。

（3）施工现场临时搭建的建筑物应当符合安全使用要求。施工现场使用的装配式活动房屋应当具有产品合格证。

【案例】2016年4月13日，位于东莞市麻涌镇大盛村的中交第四航务工程局有限公司第一工程有限公司东莞东江口预制构件厂一台通用门式起重机发生倾覆，压塌轨道终端附近的部分住人集装箱组合房，事故造成18人死亡、33人受伤，直接经济损失1861万元。

事故原因分析：

事故暴露出一些问题：一是东江口预制构件厂和新侨公司安全风险意识淡薄，没有在灾害性天气来临前组织全面检查，未能发现事故起重机夹轨器未处于工作状态。二是东江口预制构件厂未对临时建设的宿舍选址进行安全评估，将住人集装箱组合房设置在起重机倾覆影响范围内，没有按照条例设置作业区域与生活区域的安全距离。

施工单位对因建设工程施工可能造成损害的毗邻建筑物、构筑物和地下管线等，应当采取专项防护措施。

施工单位应当遵守有关环境保护法律、法规的规定，在施工现场采取措施，防止或者减少粉尘、废气、废水、固体废物、噪声、振动和施工照明对人和环境的危害和污染。

在城市市区内的建设工程，施工单位应当对施工现场实行封闭围挡。

【释义】建设工程施工可能给毗邻的建筑物、构筑物和地下管线造成损害的，施工单位采取相应的保护措施。施工单位应采取措施控制施工现场的各种粉尘、废水、废气、固体废弃物（建筑垃圾、生活垃圾）以及噪声、振动和施工照明对环境的污染和危害，严格遵守国家的有关法律、法规。

图 3.2　城市施工围挡

【例题】关注城区建设项目，搜集施工单位为保障毗邻建筑物、构筑物和地下管线采取的专项措施。

施工单位应当在施工现场建立消防安全责任制度，确定消防安全责任人，制定用火、用电、使用易燃易爆材料等各项消防安全管理制度和操作规程，设置消防通道、消防水源，配备消防设施和灭火器材，并在施工现场入口处设置明显标志。

【释义】首先，施工单位应当在施工现场建立消防安全责任制，确定消防安全责任人。

其次，施工单位还应当建立健全各项消防安全管理制度和操作规程。因此，施工单位必须制定消防安全制度、消防安全操作规程。如制定用火用电制度、易燃易爆危险物品管理制度、消防安全检查制度、消防设施维护保养制度、消防控制室值班制度、员工消防教育培训制度等等。同时要结合本企业的实际，制定生产、经营、储运、科研过程中预防火灾的操作规程,确保消防安全。

【案例】某单位制定的消防安全责任制度如下:

消防安全责任制度

责任人	履行的职责
主要负责人	1. 贯彻执行消防法规,保障单位消防安全符合规定,掌握本单位的消防安全情况; 2. 将消防工作与本单位的生产、科研、经营、管理等活动统一安排,批准实施年度消防工作计划; 3. 为本单位的消防安全提供必要的经费和组织保障; 4. 确定逐级消防安全责任,批准实施消防安全制度和保障消防安全的操作规程; 5. 组织防火检查,督促落实火灾隐患整改,及时处理涉及消防安全的重大问题; 6. 根据消防法规的规定建立义务消防队; 7. 组织制定符合本单位实际的灭火和应急疏散预案,并实施演练
生产副经理	1. 拟定消防工作计划,组织实施日常消防安全管理工作; 2. 组织制定消防安全制度和保障消防安全的操作规程并检查督促其落实; 3. 拟定消防安全工作的资金投入和组织保障方案; 4. 组织实施防火检查和火灾隐患整改工作; 5. 组织实施对本单位消防设施、灭火器材和消防安全标志的维护和保养,确保其完好有效,确保疏散通道、安全出口畅通; 6. 组织管理义务消防队; 7. 在员工中组织开展消防知识、技能的宣传教育和培训,组织灭火和应急疏散预案的实施和演练; 8. 单位消防安全责任人委托的其他消防安全管理工作
安全科	1. 认真贯彻执行国家有关消防法规,协助单位领导抓好日常和节假日的消防安全工作; 2. 具体制定消防安全管理制度,并监督执行; 3. 认真检查、落实各项防火制度和安全措施,加强对重点部位的消防管理; 4. 具体组织开展消防安全教育培训,具体组织灭火和应急疏散预案,组织义务消防员进行消防训练和演习; 5. 具体组织日常和节假日防火检查,发现火灾隐患及时督促有关部门改正。对重大火灾隐患,及时向单位领导汇报; 6. 负责编制消防器材购置、维修计划,并按计划对单位的消防设施、器材进行检查、维修,确保完整好用; 7. 做好火灾事故现场灭火和应急疏散的组织工作,协助公安消防监督机构调查火灾原因,核定火灾损失,查明火灾事故责任; 8. 完成单位消防安全责任人和管理人委托的其他消防安全工作
班组长	1. 认真执行单位消防管理规定,负责本班组消防安全工作; 2. 督促本班组员工落实岗位防火责任制,对辖区内的火源、电源、易燃易爆化学物品进行严格管理,落实各项防火措施; 3. 负责组织辖区内的防火巡查,对发现的问题落实整改措施

消防安全责任制度应该明确哪些内容?制定施工现场消防安全责任制度应该注意哪些问题?

施工单位应当向作业人员提供安全防护用具和安全防护服装,并书面告知危险岗位的操作规程和违章操作的危害。

作业人员有权对施工现场的作业条件、作业程序和作业方式中存在的安全问题提出批评、检举和控告，有权拒绝违章指挥和强令冒险作业。

在施工中发生危及人身安全的紧急情况时，作业人员有权立即停止作业或者在采取必要的应急措施后撤离危险区域。

【释义】根据建设部、国家工商行政管理局、国家质量技术监督局于1998年9月8日发布的《施工现场安全防护用具及机械设备使用监督管理规定》，安全防护用具是指：（1）安全防护用品，包括安全帽、安全带、安全网、安全绳及其他个人防护用品等；（2）安全防护设施，包括各种"临边、洞口"的防护用具等；（3）电气产品，包括手持电动工具、木工机具、钢筋机械、振动机具、漏电保护器、电闸箱、电缆、电器开关、插座及电工元器件等；（4）架设机具，包括用竹、木、钢等材料组成的各类脚手架及其零部件、登高设施、简易起重吊装机具等。防护服装是指工作服、背带裤、雨衣、防寒服等。施工单位必须采购、使用具有生产许可证、产品合格的产品，并建立安全防护用具和防护服装的采购、使用、检查、维修、保养的责任制。

【案例】2007年10月3日某土方开挖专业分包单位和井点降水专业分包单位，两单位在上海浦东唐镇东站东端头井32轴~34轴基坑第二道钢支撑土方于19:00开始土方开挖施工（2台履带式挖掘机开挖；驾驶员贾某、孙某；指挥崔某）。

20:00 土方开挖至临近钢支撑标高位置（第一道混凝土支撑下4.2 m），其中有一根直径30 cm的疏干井管，由于作业面狭窄，需将疏干井管切割后才能继续将土方开挖至第二道钢支撑的安装标高，井点降水派人员下坑进行井管的切割，一名为降水作业人员胡某，一名为非降水作业人员王某（67岁）。

20:10 靠近井点管北侧土体发生小规模塌方，将站位于井点管土方一侧的王某身体大部分掩埋，头部露出土外。

20:15 在确定基坑内安全后开始派人下坑施救，4~5名工人下坑挖土对被埋人员进行救助。

20:30 经过抢挖，被掩埋人王某上半身露出土体，经查验，尚存微弱脉搏。

20:35 拨打120急救电话，但急救站无急救车，无车可派。

20:40 拨打110电话，向警署求救。

20:45 被埋者王某身体从土中全部挖出，电工立刻对伤者进行抢救，进行人工呼吸和心脏按压。

20:55 左右110到达现场，并拨打120要求立刻派救护车到现场。

21:10 120救护车到达，现场进行施救，但已无生命特征，证实死亡。

事故原因分析：

（1）土方单位开挖时违章作业、违章指挥。

该部位土方开挖过程中，由于作业面狭窄，专业挖土单位没有按照施工方案及技术交底的要求进行作业。按照方案和交底内容，基坑纵向放坡应进行人工修坡，放坡每层控制在1:3，平坡面宽度不小于6米。但从施工现场查看，事故发生点，井点管北侧土方没有按照方案进行1:3的放坡，导致上部土体压力过大，局部土方坍塌，将土体与井点管之间的王某埋住。指挥土方开挖的指挥人员明知纵向土体未放坡，土体存在较大的塌方隐患，而让王某下坑进行作业，导致王某被埋。

（2）降水单位违章用人。

死者王某，男性，年龄67岁，安徽省人，非工地施工人员，为专业分包单位现场施工人员擅自使用；在国庆期间进本工地，并未接受三级教育和安全技术交底培训；在下坑切割井点管时缺少必要的安全常识和自我保护意识，对存在的重大危险无法及时察觉，导致事故发生时被土体掩埋。

作为一个员工，当遇到案例中违章指挥的情况应该如何做？

作业人员应当遵守安全施工的强制性标准、规章制度和操作规程，正确使用安全防护用具、机械设备等。

【释义】本条是关于施工单位作业人员的安全责任的规定。

施工现场的作业人员是安全施工的主体，施工单位要保障作业人员的安全，同时，作业人员也必须遵守有关的规章制度，做到安全生产。

作业人员应当正确使用安全防护用具及机械设备。例如，施工作业人员进入施工现场必须戴好安全帽、帽衬和帽壳之间应保持2厘米的间隙，并系好帽带防止脱落。

【案例】2003年12月12日8时许，碳化车间检修1#碳化塔水箱。王某、彭某、梅某3人戴好安全帽、系好安全带后，拆1#碳化塔西侧水箱盖子。3人将第11组水箱盖子拆完后，将竹跳板升至上一层（第12组水箱处）于2003年5月搭建的跳架上，未进行任何安全检查，只是系好安全带后，开始拆第12组水箱盖子。拆完水箱盖子螺栓后，梅某将锤子和扳手递给王某，取下安全带的挂绳搭在肩上，开始用钢钎撬开水箱盖子。此时，横木断裂，平台垮塌。未系安全带的梅某随同跳板从11m高处坠落地面。梅某的安全帽滚落在一旁，右脸血肉模糊，头部大量出血。而系了安全带的彭某被挂在空中并自救安全回到地面。同样系了安全带的王某被悬挂在空中，被他人解救安全回到地面。梅某被紧急送往医院救治，终因伤势过重，抢救无效死亡。

事故处理：

（1）死者梅某在高空作业时佩戴在身上的安全带没有按规定拴挂，没有认真执行高空检修安全作业规程，这是导致这起伤亡事故的直接原因。梅某在这次事故中应负主要责任。鉴于当事人已死亡，决定免于处罚。

（2）碳化车间主任谭某在作业前没有具体强调安全制度、安全规程和安全注意事项，更没有布置检查作业跳架和布置安全防护措施，在这起事故中负有直接领导责任，决定给予降职降薪处理。

（3）检修作业组组长李某在检修作业时未具体强调安全作业规程和安全注意事项，没有具体布置和落实安全防护措施，负有连带责任，对其处以罚款300元。同组作业人员王某、彭某对跳架安全与否事前未认真检查，对同作业组人员不拴挂安全带的行为不制止、不督促改正，负连带责任，对王某、彭某2人分别处以罚款300元。

（4）安全科长张某、安全技术员邹某安全教育不够，安全督查不力，现场安全管理不细致。对安全科长张某处以罚款400元，对安全技术员邹某处以罚款200元。

（5）生产部长吴某在此次事故中负管理责任，对其处以400元罚款。

（6）分管生产的副总经理田某负领导责任，对其处以400元罚款。

施工单位采购、租赁的安全防护用具、机械设备、施工机具及配件，应当具有生产（制造）许可证、产品合格证，并在进入施工现场前进行查验。

施工现场的安全防护用具、机械设备、施工机具及配件必须由专人管理，定期进行检查、维修和保养，建立相应的资料档案，并按照国家有关规定及时报废。

【释义】安全防护用具、机械设备、施工机具及配件的质量直接关系到施工的安全。

安全防护用具、机械设备、施工机具及配件的管理，对于保障其发挥作用，是至关重要的。根据本条的规定，施工单位应当做到：（1）专人管理、专人负责；（2）定期进行检查、维修和保养。

图 3.3　生产许可证

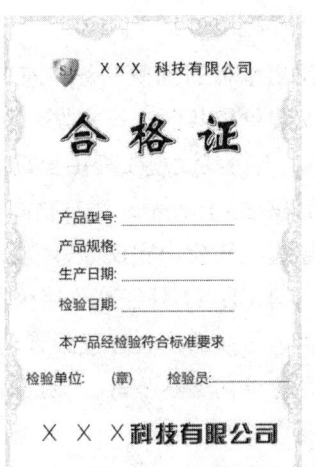

图 3.4　产品合格证

【案例】2001年3月8日晚8时35分，某体育馆工程中的QTZ60型塔式起重机在起吊混凝土料斗时，塔身根部朝平衡臂方向的两根地脚螺栓断裂，塔式起重机朝起重臂方向发生倾覆，司机未及逃生而受伤，塔式起重机大部分钢结构变形，运行机构破损，整机几乎报废。起重臂在坠落过程中砸塌二层项目部临时活动房局部，并插入楼下车库中，所幸夜间值班人员不在该房间内，而原停放在车库内的红旗轿车出车在外，未造成更大的伤亡与经济损失，但该事故是一起人为的严重的机械设备事故。

事故原因分析：

（1）起重机作业人员无上岗证。

（2）安全保护装置无效：现场勘察结果表明，因塔式起重机操作人员维护、管理不力，该塔式起重机的起重力矩限制器未按使用说明书的要求调试到位，该装置内的推杆与行程开关触点距离太远，且当塔式起重机起重力矩超载时，推杆未能顶触行程开关的触点而报警、断电，不起安全保护作用。

施工单位在使用施工起重机械和整体提升脚手架、模板等自升式架设设施前，应当组织有关单位进行验收，也可以委托具有相应资质的检验检测机构进行验收；使用承租的机械设备和施工机具及配件的，由施工总承包单位、分包单位、出租单位和安装单位共同进行验收。验收合格的方可使用。

《特种设备安全监察条例》规定的施工起重机械，在验收前应当经有相应资质的检验检测机构监督检验合格。

施工单位应当自施工起重机械和整体提升脚手架、模板等自升式架设设施验收合格之日起30日内，向建设行政主管部门或者其他有关部门登记。登记标志应当置于或者附着于该设备的显著位置。

【释义】施工现场使用的起重机械主要指塔吊、外用电梯、龙门架及井字架、汽车吊等。各类提升式脚手架、模板及自升式架设设施在使用前必须进行验收。施工单位可以自己组织有关单位进行验收，也可以委托具有相应资质的检验检测机构进行验收。验收的主要内容包括：基础的制作、架体的垂直度、附墙距离、顶端的自由高度；电气及安全装置的灵敏度；空载试验、额定载荷试验；设备、设施出厂前具有资质的检验检测机构的检验检测报告、出厂合格证等。

对于使用承租的机械设备和施工机具及配件的，应当由施工总承包单位、分包单位、出租单位和安装单位共同进行验收。

【案例】上海某大厦工程由公寓（25层）和办公楼（28层）两幢高层建筑和底层裙房组成，建筑面积 53 100 m²，建筑物高 105.5 m。该工程建设单位为上海某置业公司，幕墙施工由上海某建筑工程公司和江苏幕墙公司两个单位承建。

2002年10月17日江苏幕墙公司的3名作业人员在吊篮内作业，安装19层~20层幕墙玻璃窗，由于吊篮的中心位置距玻璃窗的中心位置尚差3 m，于是采取了斜拉吊篮勉强安装。而吊篮的悬挂结构突然坠落，导致吊篮坠落，3名作业人员随同吊篮从67.2 m处坠落地面，造成3人死亡。

事故原因分析：

技术方面：

（1）高处作业吊篮是直接关系作业人员生命安全的生产设施，不但产品本身设计制作必须符合安全要求，同时必须保证在建筑物安装后符合安全要求。

（2）该吊篮悬挂结构的设计采用了加配重块的方法来平衡倾覆力矩，但对配重块没有可靠的固定措施，当悬臂或吊篮作业有振动或晃动时，若配重块脱落，则会造成抗倾覆力矩减小，悬挂结构失去平衡发生坠落。

（3）吊篮移位安装后没能经过验收确认，悬挂结构安装不符合原说明书要求，使用前，又未进行检查，在安全度不足的情况下上人作业，以致发生失稳。

管理方面：

吊篮施工危险性大，属专业性较强的工程项目，按《建筑法》规定应编制专项施工组织设计。该吊篮的使用，既未组织验收，未提出使用注意事项，每次移位安装后也未先经验收确认就使用。操作人员违章斜拉钢丝绳，说明未经培训，无知蛮干，最终导致发生事故。

阅读上述案例，根据本条款，提出预防此类事故发生的防范措施，并从技术方面和管理方面两个角度进行分析。

作业人员进入新的岗位或者新的施工现场前，应当接受安全生产教育培训。未经教育培训或者教育培训考核不合格的人员，不得上岗作业。

施工单位在采用新技术、新工艺、新设备、新材料时，应当对作业人员进行相应的安全生产教育培训。

【释义】进入新岗位、新工地的作业人员往往是安全生产的薄弱环节，这是因为各岗位之间、各施工工地之间都是不完全相同的，各有其特殊性。因此，施工单位必须对新录用的职工和转场的职工进入安全教育培训。

三级安全教育是指新入厂职员、工人的厂级安全教育、车间级安全教育和岗位（工段、班组）安全教育。三级安全教育制度是企业安全教育的基本教育制度。企业必须对新工人进行安全生产的入厂教育、车间教育、班组教育；对调换新工种、复工、采取新技术、新工艺、新设备、新材料的工人，必须进行新岗位、新操作方法的安全卫生教育。受教育者，经考试合格后，方可上岗操作。

请填写三级教育内容。

三级安全生产教育

教育级别	教育内容
厂级	
车间级	
班组级	

【案例】

基本情况：

（1）事故发生时间和地点：2003年8月31日凌晨3时10分，松岗镇XX塑胶厂注塑车间。

（2）事故类别：机械伤害。

（3）事故人伤亡情况：一人死亡（胡某，女，31岁，文化程度初中，湖北省襄阳县人）。

事故经过：

经查，2003年8月30日19时，XX塑胶厂员工胡某上班和黎某负责21号机台，黎某负责开机，胡某负责削毛边。当日胡某私自和黎某调换工种，到了8月31日凌晨3时10分左右，胡某在操作注塑机的过程中，违规作业，用左手将注好的产品从注塑机取出，在身体还没有离开安全门时，右手按了关闭安全门开关，安全门关闭时将胡某胸部夹住，黎某发现后立即和同事把安全门打开，将胡某扶起来，后送医院抢救无效死亡。

事故分析：

本案例就是由于人的不安全行为——操作者随意调换岗位——而造成的，这是事故的直接原因。事故的间接原因是在日常安全管理中没有落实好规章制度、教育培训、技术措施、隐患整改等方面工作。

能力提升

一、单选题

1. 根据《建设工程安全生产管理条例》的规定，（　　）应当设立安全生产管理机构，配备专职安全生产管理人员。

A. 工程监理企业　　　B. 建设单位　　　C. 设计单位　　　D. 施工单位

2. 根据《建设工程安全生产管理条例》的规定，（　　）应当在施工现场入口处、施工起重机械、临时用电设施、脚手架、出入通道、楼梯口、电梯井口、孔洞口、桥梁口、隧道口、基坑边沿、爆破物及有害危险气体和液体存放处等危险部位，设置明显的安全警示标志，安全警示标志必须符合国家标准。

A. 建设单位　　　B. 设计单位　　　C. 施工单位　　　D. 工程监理企业

3. 在施工现场安装、拆卸施工起重机械和整体提升脚手架、模板等自升式架设设施，必须由具有（　　）的单位承担。

A. 现场　　　B. 专业　　　C. 相应资质　　　D. 任意

4. 施工起重机械和整体提升脚手架、模板等自升式架设设施的使用（　　）的，必须经具有专业资质的检验检测机构检测。经检测不合格的，不得继续使用

A. 达到5年　　　　　　　　B. 达到10年
C. 达到国家规定的检验检测期　　D. 达到3年

5. 施工单位从事建设工程的新建、扩建、改建和拆除等活动，应当具备国家规定的注册资本、专业技术人员、技术装备和安全生产等条件，依法取得相应等级的资质证书，并在其（　　）内承揽工程。

A. 能力范围　　　　　　　B. 地域范围
C. 行业范围　　　　　　　D. 资质等级许可的范围

6. 施工单位的项目负责人应当由（　　）的人员担任

A. 公司委派　　　B. 有施工技术　　　C. 取得相应执业资格　　　D. 任意

7. 施工单位对列入建设工程概算的安全作业环境及安全施工措施所需费用（　　）。

A. 可由项目经理任意支配　　　B. 可以用于购买施工材料
C. 暂时挪用　　　　　　　　D. 不得挪作他用

8. 总承包单位（　　）完成建设工程主体结构的施工。

A. 可转包其他单位　　　　　B. 可联合其他企业
C. 应当自行　　　　　　　　D. 可部分分包

9. 施工单位应当组织专家进行论证、审查的专项工程有（　　）。

A. 高大模板工程　　　B. 砌体工程　　　C. 保温工程　　　D. 抹灰工

10. 施工单位应当将施工现场的办公、生活区与作业区（　　）设置。

A. 共同　　　B. 分开　　　C. 融为一体　　　D. 无要求

11. 施工现场临时搭建的建筑物应当符合安全使用要求。施工现场使用的装配式活动房屋应当具有（　　）。

A. 备案证　　　B. 准用证　　　C. 产品合格证　　　D. 政府批文

12. 施工单位应当向作业人员提供安全防护用具和安全防护服装，并（　　）危险岗位的操作规程和违章操作的危害。

A. 口头通知　　　B. 专人通知　　　C. 书面告知　　　D. 广而告之

13. 施工单位的主要负责人、项目负责人、专职安全生产管理人员应当（　　）方可任职。

A. 自学　　　B. 经过培训　　　C. 单位指定

D. 经建设行政主管部门或者其他有关部门考核合格后

14. 施工单位应当对管理人员和作业人员每年至少进行（　　）安全生产教育培训，其教育培训情况记入个人工作档案。安全生产教育培训考核不合格的人员，不得上岗。

　　A. 一次　　　　　　B. 三次　　　　　　C. 五次　　　　　　D. 四次

15. 施工单位应当为施工现场从事危险作业的人员办理（　　）。

　　A. 生育险　　　　　B. 失业险　　　　　C. 财产损失险　　　D. 意外伤害保险

16. 意外伤害保险费由（　　）支付。

　　A. 建设单位　　　　B. 监理单位　　　　C. 施工单位　　　　D. 工人自身

17. 国家对严重危及施工安全的工艺、设备、材料实行（　　）制度。

　　A. 淘汰　　　　　　B. 检查　　　　　　C. 回炉　　　　　　D. 登记

18. 矿山企业必须建立健全安全生产责任制，（　　）对本企业的安全生产工作负责。

　　A. 安全员　　　　　B. 工程师　　　　　C. 矿长　　　　　　D. 矿山公司经理

总结提高

1. 施工安全防护用具及设施包括哪些？
2. 专职安全生产管理人员的职责有哪些？
3. 安全技术措施包括：根据基坑、地下室深度和地质资料，保证土石方边坡稳定的措施；脚手架、吊篮、安全网、各类洞口防止人员坠落的技术措施；外用电梯、井架以及塔吊等垂直运输机具的拉结要求及防倒塌的措施；安全用电和机电防短路、防触电的措施；有毒有害、易燃易爆作业的技术措施；现场周围通行道路及居民防护隔离等措施。请补充还有哪些安全技术措施？

课外拓展

1. 请制定本班级教室、宿舍以及学校食堂的消防安全责任制度。
2. 结合本条例，按照以下格式制定总包单位和分包单位的安全管理合同（协议）。

施工现场协议书

总包方（全称）：＿＿＿＿＿＿（或简称甲方）＿＿＿＿＿＿

分包方（全称）：＿＿＿＿＿＿（或简称乙方）＿＿＿＿＿＿

工程名称：

工程地址：

承包形式：工程分包

一、施工现场安全管理

为了加强施工现场管理，落实各级安全生产责任制，杜绝重伤以上安全事故的发生，保障企业安全生产，依据《中华人民共和国安全生产法》《中华人民共和国建筑法》及《中华人民共和国合同法》结合本工程特点，经甲方双方协商，特制定本协议。具体内容如下：

1. 工程死亡事故为零。
2. 工程重伤事故为零。
3. 工程轻伤事故不得超过　　人。
4. 无重大生产火灾事故及设备事故。控制、预防环境污染，对废水、废气、固体废弃物、噪声、扬尘进行有组织控制，确保达到国家和地方标准排放，保护生态环境。
5. 提高员工健康水平，职业发病率为零。
6. 积极配合总包争创 XX 市文明安全工地。

甲方责任：
_____

甲方权利：
_____

乙方责任：
_____

乙方权利：
_____

二、争议

当甲、乙双方发生争议时，可以通过甲乙双方上级主管部门协商解决，若达不到一致意见时，按市政府有关部门认定结果执行。

三、补充条款

其余未尽事宜按照有关法律、法规、规范、标准及双方今后补充协议条款执行。

四、协议书说明

1. 乙方在竣工和退场时，必须到甲方有关主管部门办理退场会签手续，甲方对乙方对本协议书的执行情况签署意见，乙方办理完会签手续后方可退场。
2. 本协议与甲方根据现场情况制定的其他现场管理措施均视为双方合同的补充部分，亦可作为现场安全管理措施独立有效执行。
3. 本协议书一式三份，甲乙双方各执一份。报监理公司备案一份。
4. 本协议经双方签字盖章后生效，工程完工经甲乙双方验收办理完结算后失效。

甲方（章）：　　　　　　　　　　乙方（章）：
项目负责人（签字）：　　　　　　分包单位负责人（签字）：
　年　月　日　　　　　　　　　　　年　月　日

第五节　监督管理

 知识储备

国务院负责安全生产监督管理的部门依照《中华人民共和国安全生产法》的规定，对全国建设工程安全生产工作实施综合监督管理。

县级以上地方人民政府负责安全生产监督管理的部门依照《中华人民共和国安全生产法》的规定，对本行政区域内建设工程安全生产工作实施综合监督管理。

【释义】综合监督管理主要有以下的一些内容：（1）依照有关法律、法规的规定，对有关涉及安全生产的事项进行审批、验收；（2）依法对生产经营单位执行有关安全生产的法律、法规和国家标准或者行业标准的情况进行监督检查；（3）按照国务院规定的权限组织对重大事故的调查处理；（4）对违反安全生产法的行为依法给予行政处罚。

【例题】结合本条款，回答以下问题。

（1）我国建筑行业的监督管理机制是什么？

（2）某单位位于××省××市××县，请问那个部门对此单位进行监督管理？如何管理？

国务院建设行政主管部门对全国的建设工程安全生产实施监督管理。国务院铁路、交通、水利等有关部门按照国务院规定的职责分工，负责有关专业建设工程安全生产的监督管理。

县级以上地方人民政府建设行政主管部门对本行政区域内的建设工程安全生产实施监督管理。县级以上地方人民政府交通、水利等有关部门在各自的职责范围内，负责本行政区域内的专业建设工程安全生产的监督管理。

【释义】建设行政主管部门的监督管理职能体现在：（1）根据国家有关法律、法负责组织起草或者制定全国建设系统安全生产法规和安全技术标准、规范，并组织实施；（2）负责制定全国建设系统安全生产监督管理制度、确定安全生产目标，指导、监督地方建设行政主管部门的安全生产管理工作；（3）负责建设系统企业资质管理，其中包括安全条件评审标准的制定及审查工作；（4）根据国家统一规定和要求，负责制定建设系统企业、项目负责人、安全管理人员的培训、考核和发证。组织、指导和监督地方建设行政主管部门对建筑企业项目负责人、安全管理人员培训、考核和发证。

建设行政主管部门在审核发放施工许可证时，应当对建设工程是否有安全施工措施进行审查，对没有安全施工措施的，不得颁发施工许可证。

建设行政主管部门或者其他有关部门对建设工程是否有安全施工措施进行审查时，不得收取费用。

【释义】如前所述，行政管理部门的职责，不仅是权力，而且是义务。在这一条中，对安全施工措施的审查就是行政机关的义务，不仅审查是义务，而且审查必须达到一定的要求也是义务，也就是说对于审查后不应当颁发施工许可证而颁发了的，行政机关同样要承担违法责任。对于行政机关而言，权力和责任必须是对等的，只有这样，才能保证国家行政管理的正常秩序，才能实现行政管理的目标。

【案例】

2015年4月30日17时12分许，潍坊市峡山生态经济发展区（下称峡山区）潍坊实验中学演艺中心建设项目（下称实验中学建设项目）在施工过程中发生一起坍塌事故，造成4人死亡、2人受伤，直接经济损失约460万元。

直接原因：

实验中学建设项目无资质施工，未按规定编制演播厅（舞台）模板支撑系统专项施工方案。满堂支撑架基础不牢固，支撑架体搭设不规范、随意施工，支撑体系未与四周已完成构件可靠拉接，支撑体系所使用的钢管、扣件、可调托撑等材质不合格，导致模板支撑系统整体稳定性及支撑强度不满足要求，进行梁板混凝土浇筑作业时发生坍塌。这是造成这次事故的直接原因。

间接原因：

（1）施工、监理、建设单位安全生产主体责任不落实。

（2）主管部门监管责任不落实，审批把关不严，事故隐患排查和整改不到位，培训教育不到位

① 峡山区住建局对建筑施工安全监管不到位。明知实验中学项目未取得建筑工程施工许可证，仍默许其非法开工建设。对实验中学项目招标投标活动审查把关不严；开展建筑施工领域"打非治违"整治措施不力，没有发现施工方、监理方的一系列违法行为；对建筑行业开展安全隐患排查和安全教育培训监督不力；监督建筑施工安全管理工作不到位。

② 峡山区质监站建筑施工安全监管职责不落实，隐患排查治理不彻底。明知实验中学项目未取得建筑工程施工许可证，仍默许其非法开工建设。2015年3月19日安全检查中发现演艺中心西侧演播厅（舞台）高大模板没有专项施工方案这一安全隐患，虽然对其采取停工处理，但是在隐患未能排除的情况下仍然为施工单位拆除封条允许其复工，复工后也未对项目采取有效监管措施。日常检查抽查中，先后下达9次隐患整改通知书，但对发现的问题隐患整改情况未进行有效的监督检查，致使问题整改流于形式。

③ 市住建局作为全市建设行政主管部门，对建设、施工、监理等单位的建筑活动监管不力，开展建筑施工领域非法发包、挂靠等行为"打非治违"力度不够，对建筑业从业人员的安全教育培训和职业技能培训监督不力；督促和指导峡山区住建部门和市建设工程质量安全监督站（下称市质监站）落实建筑施工安全管理工作不到位。

④ 市质监站负责指导全市建筑施工安全工作，对峡山区住建部门安全管理业务指导不够。开展安全教育培训、隐患排查治理、监理资质核查等工作不深入、不彻底；督促和指导峡山区住建部门查处借用资质承揽工程、未批先建、非法转包分包、危险性较大工程无安全专项方案、施工人员无证上岗等力度不够。

（3）属地管理责任不落实。

① 峡山区教育管理中心（下称峡山区教管中心）是学校的主管部门，包靠实验中学项目，没有认真履行安全生产"一岗双责"职责，督促各施工单位开展安全隐患排查力度不够。

② 峡山区管委会落实安全生产"一岗双责"职责不到位，组织开展建筑施工领域"打非治违"整治措施不力，监督各建设、施工、监理单位落实安全生产主体责任不到位，督促职能部门履行安全生产监管职责不到位。

【例题】建设行政主管部门在审核发放施工许可证时，应当对建设工程是否有（　　）进行审查，否则不得颁发施工许可证。

A. 安全施工措施　　　　　　B. 应急救援措施
C. 职业病防治措施　　　　　D. 环境保护措施

县级以上人民政府负有建设工程安全生产监督管理职责的部门在各自的职责范围内履行安全监督检查职责时，有权采取下列措施：

（一）要求被检查单位提供有关建设工程安全生产的文件和资料；

（二）进入被检查单位施工现场进行检查；

（三）纠正施工中违反安全生产要求的行为；

（四）对检查中发现的安全事故隐患，责令立即排除；重大安全事故隐患排除前或者排除过程中无法保证安全的，责令从危险区域内撤出作业人员或者暂时停止施工。

【释义】本条是关于监督管理措施的规定。监督管理职责的实现必须依赖于具体的监督管理措施，在条例规定监督管理措施是行政法治原则的要求。行政机关只能在法定的权限内行为，只能采取法律法规明确授予的行使权力的形式行为，否则就是违法行政的行为。对于建设安全生产的监督管理而言，有很多的工作是日常性的、事后的监督管理，这些都需要有法律对具体监督管理的措施进行规定。

【例题】阅读本条款，回答以下问题：

（1）监督管理人员有哪几项职责和权利？

（2）如果单位拒绝现场检查，监督管理人员应当怎么办？

建设行政主管部门或者其他有关部门可以将施工现场的监督检查委托给建设工程安全监督机构具体实施。

【释义】根据本条的规定，可以委托给建设工程安全监督机构行使的行政权力只能是施工现场的监督检查，这是对于委托范围的限制性规定。行政管理从根本上来说是行政机关不可推卸的责任和义务，只有在行政机关力所难及的领域或者不宜由行政机关直接从事的工作，才可以委托其他事业组织代为履行一部分职责。具体到建设工程安全生产而言，只有那些日常的、具体的、技术性的监督检查事项，是行政机关难以凭借自身力量完成，而必须进行委托的。除此之外的其他事项，属于纯粹的行政管理事项，比如安全施工条件的审查、企业资质的评定等，只能由行政机关作出。

【例题】阅读本条款及其释义，回答以下问题：

（1）行政机关可以委托哪些事项？

（2）考虑在何种情况下，行政机关可以进行委托？

国家对严重危及施工安全的工艺、设备、材料实行淘汰制度。具体目录由国务院建设行政主管部门会同国务院其他有关部门制定并公布。

【释义】根据本条的规定，对严重危及施工安全的工艺、设备和材料，实行淘汰制度，需要国务院建设行政主管部门会同国务院其他有关部门，在认真分析研究的基础上，确定哪些是严重危及施工安全的工艺、设备和材料，并且以明示的方法予以公布。

县级以上人民政府建设行政主管部门和其他有关部门应当及时受理对建设工程生产安全事故及安全事故隐患的检举、控告和投诉。

【释义】本条的规定实际上涉及两个方面的内容，一是广大人民群众、企事业单位、人民团体都有权利对建设工程生产安全事故及安全事故隐患进行检举、控告和投诉；二是县级以上人民政府建设行政主管部门和其他有关部门对于这些检举、控告和投诉应当及时受理。

能力提升

1.（多选）根据《建设工程安全生产管理条例》的规定，县级以上人民政府负有建设工程安全生产监督管理职责的部门在各自的职责范围内履行安全监督检查职责时，有权采取下列措施：（　　）。

A. 要求被检查单位的负责人说明情况

B. 要求被检查单位提供有关建设工程安全生产的文件和资料

C. 进入被检查单位的工现场进行检查

D. 纠正施工中违反安全生产要求的行为

E. 对检查中发现的安全事故隐患，责令立即排除；重大安全事故隐患排除前或者排除过程中无法保证安全的，责令从危险区域内撤出作业人员或者暂时停止施工

2.（多选）根据《建设工程安全生产管理条例》的规定，违反本条例的规定，县级以上人民政府建设行政主管部门或者其他有关行政管理部门的工作人员，有下列行为之一的，给予降级或者撤职的行政处分；构成犯罪的，依照刑法有关规定追究刑事责任：（　　）。

A. 对不具备安全生产条件的施工单位颁发资质证书的

B. 对没有安全施工措施的建设工程颁发施工许可证的

C. 对应当监督检查的项目不监督检查

D. 发现违法行为不予查处的

E. 不依法履行监督管理职责的其他行为

总结提高

1. 安全施工措施有哪些？
2. 结合所学知识，回答什么是事故隐患？什么是重大安全事故隐患？

课外拓展

以下是监管部门给出的责令限期整改指令书，请搜集监管部门其他行政执法文书。

安全生产行政执法文书

责令限期整改指令书

（XXX）安监管责改〔2014〕3001号

<u>XXXXXXXXXXXXX 有限公司</u>：

经查，你单位存在下列问题：

<u>1. 现场作业人员李XXX未戴安全帽、未戴防尘口罩；</u>

<u>2. 未建立安全管理台账；</u>

<u>3. 熔铸工作室违规设置在行车（5吨）下方位置；</u>

<u>4. 未制定应急救援演练计划；</u>

<u>5. 未组织职业健康检查和职业危害因素检测；</u>

<u>6. 2号硫酸罐围堰破损、孔洞不密封，未设置明显的安全警示标识，接卸酸操作规程未</u>

上墙；

  7. 空坝内违规堆放硫黄；

  8. 化验室洗眼器失效。

  现责令你单位对上述第 <u>1</u> 项问题立即纠正；对第 <u>2</u> 至 <u>8</u> 项问题于 <u>2014</u> 年 <u>4</u> 月 <u>30</u> 日前整改完毕，达到有关法律法规规章和标准规定的要求。逾期不整改或达不到要求的，依法给予行政处罚；由此造成事故的，依法追究有关人员的责任。

  如果不服本指令，可以依法在 60 日内向 <u>XX 市人民政府</u>（在 XX 市人民政府行政复议委员会受案窗口提交材料，地址：<u>XX 市长江东路 101 号 XX 市政务服务中心一楼大厅</u>；电话：<u>0838-XXXXXXXXX</u>）或者 <u>XX 省安全生产监督管理局</u>（地址：<u>XXXX 市人民东路 66 号</u>；电话：<u>028-XXXXXXX</u>）申请行政复议，或者在三个月内依法向 <u>XXXX</u> 人民法院提起行政诉讼，但本指令不停止执行，法律另有规定的除外。

  安全生产监管执法人员（签名）：_____ 证号：_____ 证号：_____

  被检查单位负责人（签名）：

安全生产监督管理部门（公章）
2014 年 3 月 19 日

  本文书一式两份：一份由安全生产监督管理部门备案，一份交被检查单位。

第六节　生产安全事故的应急救援和调查处理

 知识储备

  县级以上地方人民政府建设行政主管部门应当根据本级人民政府的要求，制定本行政区域内建设工程特大生产安全事故应急救援预案。

  【释义】应急救援预案是指事先制定的关于特大生产安全事故发生时进行紧急救援的组织、程序、措施、责任以及协调等方面的方案和计划。制定应急救援预案时，应当注意：

  （1）重点突出，针对性强。结合本行政区域内建设工程安全生产的实际情况，确定易发生事故的情况和单位，分析可能导致发生事故的原因，有针对性地制定应急救援预案。

  （2）应急救援预案确定的程序应当简单，步骤要明确，省去一切不必要的繁琐程序，保证在突发事故时，应急救援预案能及时启动，并紧张有序地实施。

  （3）统一指挥，责任明确。施工单位、行政机关以及其他有关方面如何分工、配合、协调，应当在预案中明确。

  施工单位应当制定本单位生产安全事故应急救援预案，建立应急救援组织或者配备应急救援人员，配备必要的应急救援器材、设备，并定期组织演练。

【释义】根据本条规定，施工单位也应当制定本单位的生产安全事故应急预案。关于应急预案的内容和编制特点，已经在前一条的释义当中阐明，此处就不再赘述。

施工单位发生生产安全事故，应当按照国家有关伤亡事故报告和调查处理的规定，及时、如实地向负责安全生产监督管理的部门、建设行政主管部门或者其他有关部门报告；特种设备发生事故的，还应当同时向特种设备安全监督管理部门报告。接到报告的部门应当按照国家有关规定，如实上报。

实行施工总承包的建设工程，由总承包单位负责上报事故。

【释义】一旦发生安全事故时，及时地报告有关部门是及时组织抢救的基础，也是认真进行调查分清楚责任的基础。因此，施工单位在发生安全事故时，不能隐瞒事故情况。

事故发生后，事故现场有关人员应当立即向本单位负责人报告；单位负责人接到报告后，应当于1小时内向事故发生地县级以上人民政府安全生产监督管理部门和负有安全生产监督管理职责的有关部门报告。

情况紧急时，事故现场有关人员可以直接向事故发生地县级以上人民政府安全生产监督管理部门和负有安全生产监督管理职责的有关部门报告。

报告事故应当包括下列内容：
（1）事故发生单位概况；
（2）事故发生的时间、地点以及事故现场情况；
（3）事故的简要经过；
（4）事故已经造成或者可能造成的伤亡人数（包括下落不明的人数）和初步估计的直接经济损失；
（5）已经采取的措施；
（6）其他应当报告的情况。

发生生产安全事故后，施工单位应当采取措施防止事故扩大，保护事故现场。需要移动现场物品时，应当做出标记和书面记录，妥善保管有关证物。

【释义】首先是采取措施防止事故扩大。一旦发生安全事故，施工单位必须针对不同情况，采取相应的应急措施。其次是证据的保全。一方面是要保护现场不被破坏；另一方面，确实因为救援或者其他需要，必须移动现场物品的，应当做出标记和书面记录，妥善保管有关证物。

建设工程生产安全事故的调查、对事故责任单位和责任人的处罚与处理，按照有关法律、法规的规定执行。

【释义】《国务院关于特大安全事故行政责任追究的规定》《特别重大事故调查程序暂行规定》和《企业职工伤亡事故报告和处理规定》三个行政法规，对生产安全事故的调查处理作出了规定。

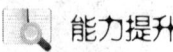
能力提升

生产安全事故报告和调查处理条例
第十九条 特别重大事故由国务院或者国务院授权有关部门组织事故调查组进行调查。

重大事故、较大事故、一般事故分别由事故发生地省级人民政府、设区的市级人民政府、县级人民政府负责调查。省级人民政府、设区的市级人民政府、县级人民政府可以直接组织事故调查组进行调查，也可以授权或者委托有关部门组织事故调查组进行调查。

未造成人员伤亡的一般事故，县级人民政府也可以委托事故发生单位组织事故调查组进行调查。

第二十条　上级人民政府认为必要时，可以调查由下级人民政府负责调查的事故。

自事故发生之日起30日内（道路交通事故、火灾事故自发生之日起7日内），因事故伤亡人数变化导致事故等级发生变化，依照本条例规定应当由上级人民政府负责调查的，上级人民政府可以另行组织事故调查组进行调查。

第二十一条　特别重大事故以下等级事故，事故发生地与事故发生单位不在同一个县级以上行政区域的，由事故发生地人民政府负责调查，事故发生单位所在地人民政府应当派人参加。

请查阅相关资料，说明什么是特别重大事故、重大事故、较大事故和一般事故。

总结提高

我国事故类型是如何进行分类的？根据不同事故类型如何进行事故调查？

课外拓展

观察以下单位应急预案流程图和应急人员组织图，请尝试编制班级突发事件逃生应急预案。

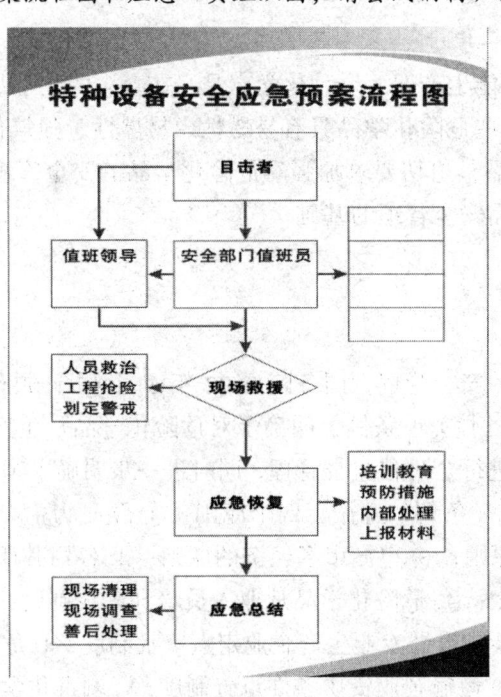

图3.5　特种设备应急预案流程图

第四章　危险化学品安全法律法规

> **学习目标**
>
> 知识目标：了解危险化学品的定义、分类及特征，了解《危险化学品安全管理条例》适用范围；掌握危险化学品生产、储存、使用、经营、运输的安全事项。
> 能力目标：会结合法律条款进行事故分析，并提出防范措施和建议。
> 情感价值目标：知法、懂法，增强法律意识。

化学品是人类生产和生活不可或缺的物品。目前世界上所发现的化学品已超过1000万种，日常使用的有700余万种。化学品在造福人类的同时，也给人类生存带来了一定的威胁。不少化学品有较大的危险性，具有易燃、易爆、有害的危险特性，在化学品的生产、经营、储存、运输、使用以及废弃物处置的过程中，如果管理、防护不当，将会损害人体健康，造成财产毁损、生态环境污染。因此，保障危险化学品在生产、经营、储存、运输、使用以及废弃物处置过程中的安全，避免事故发生已成为安全管理的重要课题。

第一节　认识危险化学品安全法律法规

到20世纪末，我国已能生产四万余种化学产品。在众多的化学品中，已列入危险货物品名编号的有近3000种，这些危险化学品具有易燃性、易爆性、强氧化性、腐蚀性、毒害性，其中有些品种属剧毒化学品，迫切要求加强对危险化学品的安全管理。掌握危险化学品相关法律法规是进行危险化学品安全管理的基础。

知识储备

为加强对危险化学品的安全管理，国务院2002年3月15日颁布实施了《危险化学品安全管理条例》(本章称《条例》)。《条例》明确了对危险化学品从生产、储存、经营、运输、使用和废弃处置6个环节进行全过程监督管理，同时进一步明确了国家10个部门的监督管理职责，提出了很多新要求。《条例》遵循了四个原则：①预防为主、全面监管的原则；②符合国际惯例、权责统一的原则；③遵循市场经济的原则；④各司其职、通力合作的原则。《条例》确立了10项管理制度：①危险化学品从业人员培训考核制度；②企业设立和建设项目安全审查批准制度；③包装物容器专业生产企业定点审批制度；④危险化学品经营许可制度；⑤危险化学品登记制度；⑥运输企业资质条件审查制度；⑦剧毒化学品准购、准运制度；⑧运输从业人员持证上岗制度；⑨危险化学品从业单位化学事故应急预案备案制度；⑩危险化学品从业单位在役装置安全评价报告备案制度。

一、危险化学品安全管理相关法律法规

我国的危险化学品安全管理法规和制度分为4个层面：

1. 第一个层面：全国人大颁布的法律
①《中华人民共和国安全生产法》；
②《中华人民共和国职业病防治法》；
③《中华人民共和国消防法》；
④《中华人民共和国道路交通安全法》；
⑤《中华人民共和国环境保护法》。

2. 第二个层面：国务院颁布的行政法规
①《使用有毒物品作业场所劳动保护条例》；
②《农药管理条例》；
③《特种设备安全监察条例》；
④《安全生产许可证条例》；
⑤《道路运输条例》；
⑥《生产安全事故报告和调查处理条例》。

3. 第三个层面：部门规章及总局重要文件、地方法规
①《国务院办公厅关于加强危险化学品安全管理工作的紧急通知》（国办发明电〔2004〕19号）；
②《危险化学品重大危险源监督管理暂行规定》（总局令第40号）；
③《危险化学品生产企业安全生产许可证实施办法》（总局令第41号）；
④《危险化学品经营许可证管理办法》（总局令第55号）；
⑤《危险化学品建设项目安全监督管理办法》（总局第45号令）；
⑥《危险化学品安全使用许可证管理办法》（总局令第57号）；
⑦《国务院安委会办公室关于进一步加强危险化学品安全生产工作的指导意见》（安委办〔2008〕26号）；
⑧《国家安全监管总局关于公布首批重点监管的危险化工工艺目录的通知》（安监总管三〔2009〕116号）；
⑨国家安监总局工信部《关于危险化学品企业贯彻落实〈国务院关于进一步加强企业安全生产工作的通知》；
⑩《国家安全监管总局关于公布首批重点监管的危险化学品名录的通知》（安监总管三〔2011〕95号）。

4. 第四个层面：危险化学品安全标准
①《危险化学品安全技术说明书编写规定》；
②《危险货物分类与品名编号》；
③《化学品安全标签编写规定》；

④《危险货物品名表》;
⑤《常用危险化学品储存通则》;
⑥《危险货物运输包装通用技术条件》;
⑦《危险化学品从业单位安全标准化通用规范》;
⑧《危险场所电气防爆安全规范》。

目前，一个以《安全生产法》为依据，以《危险化学品安全管理条例》为主线，以相关配套规章、规程、标准和地方性法规、规章等为辅助的危险化学品安全管理法规标准体系，已初步形成。根据国家相关危险化学品安全方面的法律法规，国家建立危险化学品安全方面的许可制度，各相关部门在职权范围内严格执行危化品生产安全许可、经营许可、运输等相关许可制度，从源头上严把市场准入关。

本章以《条例》为主线，辅以相关配套规章、规程、标准和地方性法规、规章介绍我国危险化学品相关法律知识。

二、危险化学品相关概念

危险化学品是指有爆炸、易燃、毒害、感染、腐蚀、放射性等危险特性，在运输、储存、生产、经营、使用和处置中，容易造成人身伤亡、财产损毁或环境污染而需要特别防护的化学品。由此可见，危险化学品的特征有：① 具有爆炸性、易燃、毒害、腐蚀、放射性等性质；② 在生产、运输、使用、储存和回收过程中易造成人员伤亡和财产损毁；③ 需要特别防护。一般认为，只要同时满足了以上三个特征，即为危险品。如果此类危险品为化学品，那么它就是危险化学品。

《危险化学品安全管理条例》(以下简称《条例》)所称危险化学品，是指具有毒害、腐蚀、爆炸、燃烧、助燃等性质，对人体、设施、环境具有危害的剧毒化学品和其他化学品。按照理化性质及其危险性，危险化学品划分为8类，即爆炸品、压缩气体和液化气体、易燃液体、易燃固体、自燃物品和遇湿易燃物品、氧化剂和有机过氧化物、有毒品、腐蚀品。具体讲，《条例》所指的危险化学品包括：

① 《危险货物品名表》(GB 12268-2012) 中的危险化学品;
② 未列入《危险货物品名表》中的其他危险化学品，这部分危险化学品由国务院有关部门确定后公布;
③ 剧毒化学品，由国务院有关部门确定后公布。

三、《危险化学品安全管理条例》概述

危险化学品生产、储存、使用、经营和运输的安全管理，适用本条例。
废弃危险化学品的处置，依照有关环境保护的法律、行政法规和国家有关规定执行。

【释义】本条例适用于中华人民共和国所管辖的全部区域（香港、澳门这两个特别行政区除外）。香港、澳门关于危险化学品安全管理的规定，由这两个特别行政区自行制定。关于对人效力，本条例对生产、储存、使用、经营和运输危险化学品的一切自然人、法人和其他组织均适用，包括国有企业事业单位、集团所有制企业、股份制企业、中外合资经营企业、外

资企业、合伙企业、个人独资企业等，不论其经济性质和规模大小，只要从事生产、储存、使用、经营、运输危险化学品的活动，都必须遵守本条例的各项规定。

本条例所称危险化学品，是指具有毒害、腐蚀、爆炸、燃烧、助燃等性质，对人体、设施、环境具有危害的剧毒化学品和其他化学品。

危险化学品目录，由国务院安监部门会同国务院工信、公安、环保、卫生、质检、交通、铁路、民航、农业部门，根据化学品危险特性的鉴别和分类标准确定、公布，并适时调整。

【释义】在制度层面上，危险化学品目录分成了三个部分：一是列入《危险货物品名表》的危险化学品；二是剧毒化学品目录；三是未列入《危险货物品名表》的其他危险化学品。而且，各部分目录的制定部门也不一致，《危险货物品名表》由交通部门牵头制定，剧毒化学品目录和未列入《危险货物品名表》的其他危险化学品则由国务院经济贸易综合管理部门会同国务院有关部门确定并公布。

危险化学品安全管理，应当坚持安全第一、预防为主、综合治理的方针，强化和落实企业的主体责任。

生产、储存、使用、经营、运输危险化学品的单位（以下统称危险化学品单位）的主要负责人对本单位的危险化学品安全管理工作全面负责。

危险化学品单位应当具备法律、行政法规规定和国家标准、行业标准要求的安全条件，建立、健全安全管理规章制度和岗位安全责任制度，对从业人员进行安全教育、法制教育和岗位技术培训。从业人员应当接受教育和培训，考核合格后上岗作业；对有资格要求的岗位，应当配备依法取得相应资格的人员。

【释义】主要负责人，是指危险化学品单位生产经营活动的主要决策人。一般情况下，危险化学品单位主要负责人是其法定代表人，包括厂长、经理或董事长等。但是，某些公司制企业特别是国外一些特大集团公司的法定代表人，往往与其子公司的法定代表人同为一人，他们通常是在异地或国外，不负责日常的生产经营活动和安全生产工作。在这种情况下，那些真正组织、领导生产经营活动和安全生产工作的决策人就不一定是董事长，而是总经理（厂长）或者其他人。还有一些不具备企业法人资格的生产经营单位不需要并且也不设定法定代表人，这些单位的主要负责人就是其资产所有人或者生产经营负责人，当董事长或者总经理长期缺位（因生病、学习等情况不能主持工作），由其授权或者委托的副职或者其他人主持全面工作时，该主持工作的副职或者其他人就是主要负责人。此外，虽然不在单位任职，但实际上控制、掌握单位的生产经营活动的实际控制人，也属于主要负责人。

对危险化学品的生产、储存、使用、经营、运输实施安全监督管理的有关部门（以下统称负有危险化学品安全监督管理职责的部门），依照下列规定履行职责：

（一）安监部门负责危险化学品安全监督管理综合工作，组织确定、公布、调整危险化学品目录，对新建、改建、扩建生产、储存危险化学品（包括使用长输管道输送危险化学品，下同）的建设项目进行安全条件审查，核发危险化学品安全生产许可证、危险化学品安全使用许可证和危险化学品经营许可证，并负责危险化学品登记工作。

（二）公安机关负责危险化学品的公共安全管理，核发剧毒化学品购买许可证、剧毒化学品道路运输通行证，并负责危险化学品运输车辆的道路交通安全管理。

（三）质检部门负责核发危险化学品及其包装物、容器（不包括储存危险化学品的固定式大型储罐，下同）生产企业的工业产品生产许可证，并依法对其产品质量实施监督，负责对进出口危险化学品及其包装实施检验。

（四）环保部门负责废弃危险化学品处置的监督管理，组织危险化学品的环境危害性鉴定和环境风险程度评估，确定实施重点环境管理的危险化学品，负责危险化学品环境管理登记和新化学物质环境管理登记；依照职责分工调查相关危险化学品环境污染事故和生态破坏事件，负责危险化学品事故现场的应急环境监测。

（五）交通部门负责危险化学品道路运输、水路运输的许可以及运输工具的安全管理，对危险化学品水路运输安全实施监督，负责危险化学品道路运输企业、水路运输企业驾驶人员、船员、装卸管理人员、押运人员、申报人员、集装箱装箱现场检查员的资格认定。铁路监管部门负责危险化学品铁路运输及其运输工具的安全管理。民航部门负责危险化学品航空运输以及航空运输企业及其运输工具的安全管理。

（六）卫生部门负责危险化学品毒性鉴定的管理，负责组织、协调危险化学品事故受伤人员的医疗卫生救援工作。

（七）工商行政部门依据有关部门的许可证件，核发危险化学品生产、储存、经营、运输企业营业执照，查处危险化学品经营企业违法采购危险化学品的行为。

（八）邮政部门负责依法查处寄递危险化学品的行为。

【释义】危险化学品安全管理涉及面很广，多个部门都负有相应的监督管理职责。在这种情况下，为了明确各部门的具体监督职责，既防止互相扯皮，又避免相互推诿，本条采用列举的方式，注意规定了有关部门在危险化学品安全监督管理方面的职责。

县级以上人民政府应当建立危险化学品安全监督管理工作协调机制，支持、督促负有危险化学品安全监督管理职责的部门依法履行职责，协调、解决危险化学品安全监督管理工作中的重大问题。

负有危险化学品安全监督管理职责的部门应当相互配合、密切协作，依法加强对危险化学品的安全监督管理。

【释义】县级以上人民政府应当支持、督促负有危险化学品安全监督管理职责的部门依法履行职责。一方面是支持，包括提供经费保障、人员保障等；另一方面是督促，促使相关部门依法履行职责。同时，县级以上人民政府应当协调、解决危险化学品安全监督管理工作中的重大问题，比如关闭不符合安全生产条件的危险化学品生产企业，搬迁与居民生活区安全距离不符合要求的危险化学品生产企业，淘汰事故隐患较多的落后生产工艺、设备，对重大危险化学品事故的应急救援及事故调查处理等。这些问题仅靠安全生产监督管理部门或者其他部门自身都难以解决，需要由人民政府统筹协调解决。

任何单位和个人对违反本条例规定的行为，有权向负有危险化学品安全监督管理职责的部门举报。负有危险化学品安全监督管理职责的部门接到举报，应当及时依法处理；对不属于本部门职责的，应当及时移送有关部门处理。

【释义】本条是关于对违反本条例规定行为的举报及时处理的规定。

负有危险化学品安全监督管理职责的部门应当向社会公布举报的具体方式，方便有关单位和个人对违法行为进行举报。比如，设立并公布举报电话、电子邮箱等。有关单位和个人的举报应当客观真实，避免编造或者臆想、道听途说或者猜测。举报可以采取书面方式，也可以采用口头或者其他方式。

国家鼓励危险化学品生产企业和使用危险化学品从事生产的企业采用有利于提高安全保障水

平的先进技术、工艺、设备以及自动控制系统，鼓励对危险化学品实行专门储存、统一配送、集中销售。

【释义】我国危险化学品生产以及使用危险化学品从事生产中事故发生较多，在一定程度上与企业技术、工艺落后，设备、设施陈旧有关。因此，本条明确规定，国家鼓励危险化学品生产企业和使用危险化学品从事生产的企业采用有利于提高安全保障水平的先进技术、工艺、设备以及自动化控制系统，目的就是通过采用先进技术、工艺、设备等，增加危险化学品安全保障的系数，从总体上提升企业的安全生产保障水平。当前主要有三个关键：一是利用先进的科学技术提高企业的安全可靠性，如加快化工企业自动控制系统的更新或改造，更新或者淘汰陈旧落后设备、设施；二是采用先进、科学的新技术、新工艺，代替落后的生产技术、工艺，提高企业生产能力和安全管理水平；三是采用新的配方方法，淘汰落后的配方方法，提升产品生产过程中的安全度。实现上述目标，需要有相当的资金投入和政策支持，国家在这方面将研究制定具体的政策措施。

监控化学品、属于危险化学品的药品和农药的安全管理，依照本条例的规定执行；法律、行政法规另有规定的，依照其规定。

民用爆炸物品、烟花爆竹、放射性物品、核能物质以及用于国防科研生产的危险化学品的安全管理，不适用本条例。

法律、行政法规对燃气的安全管理另有规定的，依照其规定。

危险化学品容器属于特种设备的，其安全管理依照有关特种设备安全的法律、行政法规的规定执行。

【释义】（1）本条第一款规定，监控化学品、属于危险化学品的药品和农药的安全管理，依照本条例的规定执行；法律、行政法规另有规定的，依照其规定。

根据《监控化学品管理条例》的规定，监控化学品是指下列四类化学品：第一类：可作为化学武器的化学品；第二类：可作为生产化学武器前体的化学品；第三类：可作为生产化学武器主要原料的化学品；第四类：除炸药和纯碳氢化合物外和特定有机化学品。监控化学品具有较大的危险性，其安全管理原则上应当使用本条例的规定。但是，考虑到《监控化学品管理条例》对监控化学品名录的制定以及监控化学品生产、经营、使用、进出口等环节的管理都作出了规定，因此，作为监控化学品管理专门法规的《监控化学品管理条例》对监控化学品的安全管理另有规定的，应当依照其规定执行。

有的药品和农药也属于危险化学品，其安全管理也应当使用本条例的规定。同时，考虑到对于药品管理，国家规定了《中华人民共和国药品管理法》《中华人民共和国药品管理法实施条例》《麻醉药品和精神药品管理条例》《医疗用毒性药品管理办法》等一系列专门的法律、行政法规。对于农药管理，国家也制定了专门的《农药管理条例》。这些法律、行政法规对药品或者农药的安全管理另有规定的，应当按照其规定执行。

（2）本条第二款规定，民用爆炸物品、烟花爆竹、放射性物品、核能物质以及用于国防科研生产的危险化学品的安全管理，不适用本条例。民用爆炸物品、烟花爆竹、放射性物品、核能物质中有不少属于危险化学品，本来应当适用本条例的规定，但由于这些物品比较特殊，国家制定了专门的法律法规对其进行安全管理。比如，在民用爆炸物品安全管理方面，国家制定了《民用爆炸物品安全管理条例》，该条例对民用爆炸物品的生产、销售和购买、运输、爆破作业以及储存的安全管理都作出了明确具体的规定。在烟花爆竹安全管理方面，国家制定了《烟花爆竹安全管理条例》，该条例对于烟花爆竹的生产安全、经营安全、运输安全、燃放安全等作出了明确规定。在放射性物品和核能物质的安全管理方面，国家制定了《中华人民共和国放射性污染防治法》《放射性同位素和射线装置安全和防护条例》《放射性物品运输安全管理条例》《放射性药品管理办法》《民用核设施安全监督管理条例》《核电厂事故应急管理条例》《核材料管理条例》等一系列法律、行政法规。上述法律、行政法规，为加强民用爆炸物品、烟花爆竹、放射性物品、核能物质的安全管理提供了较为充分的法律依据，为避免法律交叉，本条明确规定，上述物品的安全管理不适用本条例。

用于国防科研生产的危险化学品，性质也比较特殊，不宜和普通危险化学品采用完全相同的安全监管措施，需要对其安全管理作出专门规定，因此也不适用本条例的规定。

（3）燃气，是指作为燃料使用并符合一定要求的气体燃料，包括天然气（含煤层气）、液化石油气和人工煤气等。燃气属于危险化学品，其安全管理原则上应当适用于本条例的规定。考虑到国务院于 2010 年 10 月 19 日公布了《城镇燃气管理条例》，该条例的重要立法目的之一就是防止和减少燃气安全事故，保障公民生命、财产安全和公共安全，对城镇燃气的安全管理作出了一系列规定，同时该条例还明确规定，农村的燃气管理参照本条例的规定执行。为使行政法规之间做好衔接，本条明确规定，法律、行政法规对燃气的安全管理另有规定的，依照其规定。也就是说，对于燃气的安全管理，《城镇燃气管理条例》有规定的，依照其规定执行；没有规定的，依照本条例执行。

（4）对于特种设备的安全管理，国务院专门制定了《特种设备安全监察条例》，该条例对特种设备生产、使用、检验检测的安全检查以及监督检查等作了明确、具体的规定。

能力提升

1. 什么叫做危险化学品？

2. 《危险化学品安全管理条例》将危险化学品划分为 8 类，即爆炸品、压缩气体和液化气体、易燃液体、易燃固体、自燃物品和遇湿易燃物品、氧化剂和有机过氧化物、有毒品、腐蚀品。请将以下危险化学品分类：三硝基甲苯、甲烷、氯气、氮气、汽油、乙醇、红磷、钠、硝酸、氯化钡、硫酸。

总结提高

1. 生产、储存、使用、经营、运输危险化学品的单位的（　　）对本单位的危险化学品安全管理工作全面负责。

    A. 技术主管　　　　B. 生产主管　　　　C. 主要负责人

2. （　　）负责危险化学品的公共安全管理，核发剧毒化学品购买许可证、剧毒化学品道路运输通行证，并负责危险化学品运输车辆的道路交通安全管理。

    A. 公安机关　　　　B. 安监部门　　　　C. 质检部门　　　　D. 环保部门

3. （　　）负责废弃危险化学品处置的监督管理，组织危险化学品的环境危害性鉴定和环境风险程度评估,确定实施重点环境管理的危险化学品,负责危险化学品环境管理登记和新化学物质环境管理登记;依照职责分工调查相关危险化学品环境污染事故和生态破坏事件,负责危险化学品事故现场的应急环境监测。

  A. 公安机关 B. 安监部门 C. 质检部门 D. 环保部门

4. 负有危险化学品安全监督管理职责的部门依法进行监督检查,监督检查人员不得少于( )人,并应当出示执法证件;有关单位和个人对依法进行的监督检查应当予以配合,不得拒绝、阻碍。

  A. 1 B. 2 C. 3 D. 4

5.(多选)国家鼓励危险化学品生产企业和使用危险化学品从事生产的企业采用有利于提高安全保障水平的先进的( ),鼓励对危险化学品实行专门储存、统一配送、集中销售。

  A. 管理体系 B. 技术 C. 工艺
  D. 设备 E. 自动控制系统

课外拓展

请课下利用网络查询《危险化学品目录》,选择一种危险化学品向同学们汇报其理化性质、危险性、应急处置措施。

第二节　危险化学品生产、储存安全

知识储备

国家对危险化学品的生产、储存实行统筹规划、合理布局。

国务院工信部门以及国务院其他有关部门依据各自职责,负责危险化学品生产、储存的行业规划和布局。

地方人民政府组织编制城乡规划,应当根据本地区的实际情况,按照确保安全的原则,规划适当区域专门用于危险化学品的生产、储存。

【释义】本条主要规定了三个层面的内容。(1)危险化学品的生产、储存具有一定的特殊性,国家需要对其实行必要的调控。(2)按照国务院部门职责分工,工业和信息化部负责制定并组织实施工业、通信业的行业规划、计划和产业政策,提出优化产业布局、结构的政策建议。(3)地方人民政府组织编制城乡规划,应当根据本地区的实际情况,按照确保安全的原则,规定适当区域专门用于危险化学品的生产、储存。

【案例】聊城市蓝威化工有限公司"4·17"事故。

2003年4月17日,聊城市突降暴雨,致使聊城蓝威化工有限公司存放二氯异氰尿酸钠半成品的仓库(礼堂改建)周围积水通过北侧中部门槛进入库内,将仓库存放的二氯异氰尿酸钠半成品浸湿,引起化学反应剧烈放热,16点30分左右发生自燃,产生有害化学气体,造成严重中毒伤亡。这起事故共造成伤亡137人,其中中毒死亡4人,重度中毒6人,轻度中毒

127人。礼堂改建的仓库北门进水，使内部存放的二氯异氰尿酸钠半成品发生自燃是造成事故的直接原因。企业违规储存危险化学品和有关管理人员失职是发生事故的重要原因。

新建、改建、扩建生产、储存危险化学品的建设项目（以下简称建设项目），应当由安监部门进行安全条件审查。

建设单位应当对建设项目进行安全条件论证，委托具备国家规定的资质条件的机构对建设项目进行安全评价，并将安全条件论证和安全评价的情况报告报建设项目所在地设区的市级以上人民政府安监部门；安监部门应当自收到报告之日起45日内作出审查决定，并书面通知建设单位。具体办法由国务院安监部门制定。

新建、改建、扩建储存、装卸危险化学品的港口建设项目，由港口部门按照国务院交通部门的规定进行安全条件审查。

【释义】本条是关于新建、改建、扩建生产、储存危险化学品的建设项目应当进行安全条件审查的规定。

【案例】B石化分公司双苯厂硝基苯精馏塔发生爆炸，造成8人死亡，60人受伤，直接经济损失6908万元，并引发江水污染事件。国务院事故及事件调查组认定，中石油B石化分公司双苯厂"12·13"爆炸事故和江水污染事件是一起特大生产安全责任事故和特别重大水污染责任事件。

（1）爆炸事故的直接原因：硝基苯精制岗位处操作人员违反操作规程，在停止粗硝基苯进料后，未关闭预热器蒸汽阀门，导致预热器内物料气化；恢复硝基苯精制单元生产时，再次违反操作规程，先打开了热器蒸汽阀门加热，后启动粗硝基苯进料泵进料，引起进入预热器的物料突沸并发生剧烈振动，使预热器及管线的松动、密封失效，空气吸入系统，由于摩擦、静电等原因，导致硝基苯精馏塔发生爆炸，并引发其他装置、设施连续爆炸。

（2）爆炸事故的主要原因：双苯厂对安全生产管理重视不够、对存在的安全隐患整改不力，安全生产管理制度存在漏洞，劳动组织管理存在缺陷。

（3）污染事件的直接原因：双苯厂没有事故状态下防止受污染的"清净下水"流入江水的措施，爆炸事故发生后，未能及时采取有效措施，防止泄漏出来的部分物料和循环水及抢救事故现场消防水与残余物料的混合物流入江里。

（4）污染事件的主要原因：

一是B分公司及双苯厂对可能生的事故会引发江水污染问题没有进行深入研究，有关应急预案有重大缺失。

二是该市事故应急救援指挥部对水污染估计不足，重视不够，未提出防控措施和要求。

三是中国石油天然气集团公司和股份公司对环境保护工作重视不够，对B分公司环保工作中存在的问题失察，对水污染估计不足，重视不够，未能及时督促采取措施。

四是该市环保局没有及时向事故应急救援指挥部建议采取措施。

五是省环保局对水污染问题重视不够，没有按照有关规定全面、准确地报告水污染程度。

六是环保总局在事件初期对可能生的严重后果估计不足，重视不够，没有及时提出妥善处置意见。

【例题】（多选）《危险化学品安全管理条例》第十二条的规定，新建、改建、扩建生产、储存危险化学品的建设项目，应当由安全生产监督管理部门进行安全（　　）。

A. 抽检制度　　　B. 监督制度　　　C. 条件审查　　　D. 代管制度　　　E. 审查制度

生产、储存危险化学品的单位,应当对其铺设的危险化学品管道设置明显标志,并对危险化学品管道定期检查、检测。

进行可能危及危险化学品管道安全的施工作业,施工单位应当在开工的7日前书面通知管道所属单位,并与管道所属单位共同制定应急预案,采取相应的安全防护措施。管道所属单位应当指派专门人员到现场进行管道安全保护指导。

【释义】本条是关于保障危险化学品管道安全的规定。

危险化学品具有毒害、腐蚀、爆炸、燃烧、助燃等特点,而且为了用管道将物料从甲地运输到乙地,必须给物料加一定的能量,体现在物料参数上,就是一定的压力,危险化学品管道一旦破裂,泄露的危险化学品将会对管道沿线人民生命、财产及生态环境造成严重伤害。

因此,本条规定,生产、储存危险化学品的单位,应当对其铺设的危险化学品管道设置明显的标志,以提醒人们注意,在施工作业或土地耕作过程中避免损害危险化品管道,造成危险化学品泄漏而酿成事故。管道沿线一般均设有里程桩、转角桩、阴极保护测试桩和警示牌等永久性标志。GB 2893《安全色》、GB 7231《工业管道的基本识别色、识别符号和安全标识》(适用于非地埋管道)、SY/T6064《管道干线标记设置技术规定》等标准对各种管道标志的设置要求(包括颜色、设置位置、间距、材质等)作出了明确的规定,生产、储存危险化学品的单位应当按照要求设置相应的标志。

为了保证管道的安全,生产、储存危险化学品的单位还应当对危险化学品管道定期检查、检测。通过检查、检测,及时发现危险化学品管道的安全隐患,如管道泄漏、遭外力侵害,警示牌损毁、缺失、字迹不清等,以便及时进行维修或增补或更换,保持危险化学品管道的完整性。另外,通过定期检测管道的壁厚、防腐层厚度、阴极保护电位等参数,可掌握运行管道的腐蚀情况和管道保护设施的运行情况,便于及早制定并采取措施,维持危险化学品管道的完好性。

危及危险化学品管道安全的施工作业包括地上吊装,使用机械工具进行挖掘施工、取土、采石、爆破等作业。施工作业开工的7天前通知管道所属单位,为的是使管道所属单位有充分的时间进行准备,以便对管道运行情况作出适当调整或制定防范措施,保证危险化学品管道在第三方施工过程中能够安全运行。

【案例】2010年7月28日,位于南京栖霞区迈皋街道万寿村15号的南京塑料四厂地块拆除工地,个体拆除施工队挖掘机将穿越该地块的南京金陵塑胶化工有限公司地下直径159毫米丙烯管道挖穿,导致丙烯泄露并迅速扩散与空气形成爆炸性混合物,遇到位于塑料四厂南侧迈尧路段的中华饭店明火后引发爆燃。事故最终造成22人死亡、120人住院治疗。爆燃点周边近两平方公里范围内的部分建(构)筑物受损,直接经济损失4784万元。

危险化学品生产企业进行生产前,应当依照《安全生产许可证条例》的规定,取得危险化学品安全生产许可证。

生产列入国家实行生产许可证制度的工业产品目录的危险化学品的企业,应当依照《工业产品生产许可证管理条例》的规定,取得工业产品生产许可证。

负责颁发危险化学品安全生产许可证、工业产品生产许可证的部门,应当将其颁发许可证的情况及时向同级工信部门、环保部门和公安机关通报。

【释义】本条是关于危险化学品生产企业取得安全生产许可证、工业产品生产许可证的衔接性规定。

企业未取得安全生产许可证的，不得从事生产活动。即危险化学品生产企业进行生产前，应当按照《安全生产许可证条例》的规定，取得危险化学品安全生产许可证。

为了保证直接关系公共安全、人体健康、生命财产安全的重要工业产品的质量安全，贯彻国家产业政策，促进社会主义市场经济健康、协调发展，国务院于2005年制定了《中华人民共和国工业产品生产许可证管理条例》。

本条的前两款规定意味着，危险化学品生产企业必须取得危险化学品安全生产许可证，如果其生产的危险化学品被列入了国家实行生产许可证制度的工业产品目录，则该企业还需要再取得工业产品生产许可证。

本条第三款还明确规定，负责颁发危险化学品安全生产许可证、工业产品生产许可证的部门，应当将其颁发许可证的情况及时向同级工业和信息化主管部门、环境保护主管部门和公安机关通报。之所以规定要向同级工业个信息化主管部门、环境保护主管部门和公安机关通报，是因为这几个部门对危险化学品生产的安全监管负有重要职责，与危险化学品生产安全监管关系密切，确有必要掌握哪些企业取得了危险化学品安全生产许可证以及工业产品许可证。当然，负责颁发许可证的部门也可以向其他部门通报，但这种通报是主动的，不是法定义务。通报方式有多种，如纸质文件、电子邮件、网上信息等。

【案例】某自治区安全监管局行政权责清单。

权力名称	危险化学品安全生产许可证
权力类别	行政许可
责任主体	自治区安监局
设定依据	《安全生产许可证条例》第三条 国务院安全生产监督管理部门负责中央管理的非煤矿矿山企业和危险化学品、烟花爆竹生产企业安全生产许可证的颁发和管理。《危险化学品安全管理条例》第十四条 危险化学品生产企业进行生产前，应当依照《安全生产许可证条例》的规定，取得危险化学品安全生产许可证。
责任事项	1. 受理责任：公示依法应当提交的材料、一次性告知补正材料、依法受理或不予受理（不予受理的应当告知理由）。 2. 审查责任：对申请材料进行审查，对需现场核实的内容进行现场查勘。依据审批条件出具现场查勘记录、审查意见，并提交部门负责人决定。 3. 决定责任：作出行政许可或不予许可决定（不予许可应当告知理由）。 4. 送达责任：按时办结，制作并送达行政审批决定，将相关可以公开的信息在门户网站公开。 5. 事后监管责任：加强对申请人的证后不定期检查，根据检查结果提出处理决定。 6. 法律法规规章规定应履行的其他责任。
追责情形及追责依据	《中华人民共和国安全生产法》第八十七条 负有安全生产监督管理职责的部门的工作人员，有下列行为之一的，给予降级或者撤职的处分；构成犯罪的，依照刑法有关规定追究刑事责任：

| | （一）对不符合法定安全生产条件的涉及安全生产的事项予以批准或者验收通过的；
（二）发现未依法取得批准、验收的单位擅自从事有关活动或者接到举报后不予取缔或者不依法予以处理的；
（三）对已经依法取得批准的单位不履行监督管理职责，发现其不再具备安全生产条件而不撤销原批准或者发现安全生产违法行为不予查处的；
（四）在监督检查中发现重大事故隐患，不依法及时处理的。
负有安全生产监督管理职责的部门的工作人员有前款规定以外的滥用职权、玩忽职守、徇私舞弊行为的，依法给予处分；构成犯罪的，依照刑法有关规定追究刑事责任。《安全生产许可证条例》第十八条　安全生产许可证颁发管理机关工作人员有下列行为之一的，给予降级或者撤职的行政处分；构成犯罪的，依法追究刑事责任：
（一）向不符合本条例规定的安全生产条件的企业颁发安全生产许可证的；
（二）发现企业未依法取得安全生产许可证擅自从事生产活动，不依法处理的；
（三）发现取得安全生产许可证的企业不再具备本条例规定的安全生产条件，不依法处理的；
（四）接到对违反本条例规定行为的举报后，不及时处理的；
（五）在安全生产许可证颁发、管理和监督检查工作中，索取或者接受企业的财物，或者谋取其他利益的。|
| 备注 | |

危险化学品生产企业应当提供与其生产的危险化学品相符的化学品安全技术说明书，并在危险化学品包装（包括外包装件）上粘贴或者拴挂与包装内危险化学品相符的化学品安全标签。化学品安全技术说明书和化学品安全标签所载明的内容应当符合国家标准的要求。

危险化学品生产企业发现其生产的危险化学品有新的危险特性的，应当立即公告，并及时修订其化学品安全技术说明书和化学品安全标签。

【释义】本条是关于化学品安全技术说明书和化学品安全标签的管理规定。

【例题】（多选）危险化学品生产企业发现其生产的危险化学品有新的危害特性时，应当立即公告，并及时修订（　　　）。

A. 产品质量说明书　　B. 安全技术说明书　　C. 产品标签　　D. 安全标签

危险化学品的包装应当符合法律、行政法规、规章的规定以及国家标准、行业标准的要求。

危险化学品包装物、容器的材质以及危险化学品包装的型式、规格、方法和单件质量（重量），应当与所包装的危险化学品的性质和用途相适应。

【释义】本条是关于危险化学品包装的安全制度的规定。危险化学品的性质不同，对其包装物、容器的材质要求也不同。如氢氟酸有强烈的腐蚀性，能侵蚀玻璃，所以不能用玻璃容器盛装，可用耐腐蚀的塑料、橡胶桶转运和储存；铝在空气中能形成氧化铝薄膜，对硫化物、浓硝酸和任何浓度的醋酸以及一起有机酸类都有耐蚀性，因此冰醋酸、醋酐、二硫化碳（化学试剂除外），一般都用铝桶包装；铁桶盛装甲醛应涂有防酸保护层（镀锌）；所有压缩及液化气体，因其处于较高的压力状态下，应使用特制的耐压气瓶装运等。因此，危险化学品包装物、容器的材质应根据所盛装的危险化学品的性质和用途确定，否则将可能酿成事故。

【案例】2006年5月10日，广州一仓库保险粉发生大火，散发大量有毒气体，导致7000余人疏散，原因是用编织袋包装保险粉。为此，2006年6月7日国建安全监管总局发出《关于切实做好保险粉安全监督管理工作的通知》，通知中要求："实行软包装的保险粉生产企业一律改用内衬塑料薄膜袋的铁桶包装保险粉，装入保险粉后内衬塑料薄膜袋应双扎口、铁桶封口应严密，通常情况下每桶保险粉净含量50千克。"

1997年1月，巴基斯坦发生一起严重的氯气泄漏事故，一辆卡车在运输瓶装氯气时，由于车辆颠簸，导致液氯钢瓶剧烈撞击，引起瓶体破裂，导致大量氯气泄露，造成多人死亡和多人中毒。后经检验，钢瓶材质严重不符合要求，从而为运输安全留下了事故隐患。与此相反，1997年3月18日凌晨，中国广西一辆满载200桶（约10t）氰化钠剧毒品的大卡车在梧州市翻入桂江，由于包装严密，打捞及时，包装无一破损，避免了一场严重的泄露污染事故。

化学品包装是化学品储运安全的基础。为此，各部门、各企业对危险化学品的包装越来越重视，对危险化学品的包装不断改进，开发新型包装材料，使危险化学品的包装质量不断提高。国家也不断加强包装方面的监管力度，制定了一系列相关法律、法规和标准，使危险化学品的包装更加规范。

危险化学品生产装置或者储存数量构成重大危险源的危险化学品储存设施（运输工具加油站、加气站除外），与下列场所、设施、区域的距离应当符合国家有关规定：

（一）居住区以及商业中心、公园等人员密集场所；
（二）学校、医院、影剧院、体育场（馆）等公共设施；
（三）饮用水源、水厂以及水源保护区；
（四）车站、码头（依法经许可从事危险化学品装卸作业的除外）、机场以及通信干线、通信枢纽、铁路线路、道路交通干线、水路交通干线、地铁风亭以及地铁站出入口；
（五）基本农田保护区、基本草原、畜禽遗传资源保护区、畜禽规模化养殖场（养殖小区）、渔业水域以及种子、种畜禽、水产苗种生产基地；
（六）河流、湖泊、风景名胜区、自然保护区；
（七）军事禁区、军事管理区；
（八）法律、行政法规规定的其他场所、设施、区域。

已建的危险化学品生产装置或者储存数量构成重大危险源的危险化学品储存设施不符合前款规定的，由所在地设区的市级人民政府安监部门会同有关部门监督其所属单位在规定期限内进行整改；需要转产、停产、搬迁、关闭的，由本级人民政府决定并组织实施。

储存数量构成重大危险源的危险化学品储存设施的选址，应当避开地震活动断层和容易发生洪灾、地质灾害的区域。

本条例所称重大危险源，是指生产、储存、使用或者搬运危险化学品，且危险化学品的数量等于或者超过临界量的单元（包括场所和设施）。

【释义】运输工具加油站、加气站因存有大量易燃成品和天然气等危险化学品，也具有较大的危险性，但考虑到运输工具加油站、加气站是日常生产经营和人民生活所必需的，是交通畅通、人们顺利出行的保障，其布点必须方便企业、方便群众，同时有关国家标准或行业标准对加油站、加气站的建设或改造的安全保障已经有明确要求，因此本款规定不适用于运输工具加油站、加气站。

通过整改可以符合要求的，企业所在地设区的市级人民政府安全生产监督管理部门应会同公安、环保等有关部门监督企业采取有效措施，在规定的期限内进行整改。对此项工作，要确定整改的计划、方案、措施、责任和期限。由于前款所述的特定场所、设施、区域涉及面广，因此对这里的有关部门包括教育部门、工业部门、农业部门、城乡建设部门、交通运输部门以及环境保护部门等需要转产、停产、搬迁、关闭的，由本级人民政府决定并组织实施。这是考虑到此项工作涉及的部门多，因素复杂，由人民政府组织实施，力度较大，有利于这项工作的顺利开展。

储存数量构成重大危险源的危险化学品储存设施本身具有较大的危险性，如果其选址在地震活动断层和容易发生洪灾、地质灾害的区域，一旦发生地震、洪涝灾害或者其他地质灾害，往往会造成巨大的影响和损失。

【案例】2014年8月12日22时50分，天津滨海新区瑞海国际物流有限公司（下称"瑞海国际"）危化品堆垛发生火灾，随后引发两次爆炸，引燃周边建筑物、停车场及露天堆场。

在此次爆炸中，距离瑞海国际危险仓库最近的小区系万科海港城，直线距离仅为600米。此外，由万科开发的金域蓝湾、双子座小区亦受到不同程度的爆炸影响。爆炸发生后，有业主就危险化学品仓库与居民区距离提出质疑。《危险化学品安全管理条例》（第591号）第十九条中明确规定：危险化学品生产装置或者储存数量构成重大危险源的危险化学品储存设施（运输工具加油站、加气站除外），与居住区以及商业中心、公园等人员密集场所的距离应当符合国家有关规定。

那么，符合国家规定的安全距离究竟是多少呢？

2001年国家安监局颁布的《危险化学品经营企业开业条件和技术要求 GB 18265-2000》中表述：大中型危险化学品仓库应与周围公共建筑物、交通干线（公路、铁路、水路）、工矿企业等距离至少保持1000米。

对于万科海港城距离爆炸点仅为600米一事，万科集团有关负责人于13日晚间作出回应，称2010年4月公司取得土地时，周边为普通物流仓库，之后万科及业主并未获悉周边改造为危险品仓库的情况。

天津市环境科学院官网显示，2013年5月24日曾对"天津东疆保税港区瑞海国际物流有限公司跃进路堆场改造工程"进行了第二次环评公示，公示期间发放调查表130份，收回128份，发放的主要对象为项目周边环境保护目标。调查结果表明，100%的公众认为项目位于北疆港区内，选址合适。

那么，瑞海国际的审批手续又是如何完成的？

生产、储存危险化学品的单位，应当根据其生产、储存的危险化学品的种类和危险特性，在作业场所设置相应的监测、监控、通风、防晒、调温、防火、灭火、防爆、泄压、防毒、中和、防潮、防雷、防静电、防腐、防泄漏以及防护围堤或者隔离操作等安全设施、设备，并按照国家标准、行业标准或者国家有关规定对安全设施、设备进行经常性维护、保养，保证安全设施、设备的正常使用。

生产、储存危险化学品的单位，应当在其作业场所和安全设施、设备上设置明显的安全警示标志。

【释义】（1）本条第一款规定了应当设置的安全措施、设备的具体种类，包括监测、监控、通风、防晒、调温、防火、灭火、防爆、泄压、放毒、中和、防潮、防雷、防静电、防腐、防泄漏以及防护围堤或者隔离操作等。其中，"监测、监控、通风、防晒、调温、防爆、防潮、防雷、防静电、防腐、防泄漏以及防护围堤、隔离操作"等设施、设备属于预防事故措施、设备,"泄压、中和"设施、设备属于控制事故设施、设备,"防火、灭火、防毒"设施、设备属于减少与消除事故影响设施、设备。需要强调的是,危险化学品的种类、性质不同,生产、储存场所的条件、环境不同,应当设置的安全设施、设备也不完全相同。因此,安全实施、设备应当与生产、储存的危险化学品的种类和危险特性相适应,具有针对性,不能简单化。

(2)安全设施、设备经过运行使用,不可避免地要产生磨损、性能衰退或损坏等问题。为了使安全设施、设备能够发挥其应有的作用,必须时刻保证其处于正常使用状态。这就需要经常对安全设施、设备进行维护、保养。《中华人民共和国安全生产法》第二十九条也明确规定,生产经营单位必须对安全设备进行经常性维护、保养,并定期检测,保证正常运转。维护、保养、检测应当做好记录,并由有关人员签字。

(3)本条第二款规定,生产、储存危险化学品的单位,应当在其作业场所和安全设施、设备上设置明显的安全警示标志。规定生产、储存危险化学品的单位在其作业场所和安全设施、设备上设置明显的安全警示标志,目的是提醒相关人员注意危险因素,预防和减少事故发生。安全警示标志的作用是警示、提醒,因此安全警示标志必须明显,使人容易发现和辨识。

【案例】某化工企业危险物品存放事故案例。

位于南方某市的某化工企业所处地理位置地势较低,生产过程中使用连二亚硫酸钠(俗称保险粉)作为主要原料,考虑到供应商在本地,且为降低成本,该企业要求供应商保险粉不要用铁桶包装,只用编织袋包装即可。该企业的保险粉仓库为单独设置,仓库内未设温度仪、湿度仪。2009年雨季来临之前,企业安全部门针对仓库专门组织了安全检查,提出应采取措施加高保险粉的存放地点。由于仓库主任的疏忽,未进行处理。几天后连续数日暴雨,仓库进水,引起保险粉燃烧,造成保险粉仓库全部烧毁,三人出现中毒症状。

点评:

《中华人民共和国安全生产法》规定:生产经营单位的安全生产管理人员应当根据本单位的生产经营特点,对安全生产状况进行经常性检查;对检查中发现的安全问题,应当立即处理;不能处理的,应当及时报告本单位有关负责人。该企业对仓库进行了雨季来临前的安全检查,发现了问题,但却没有及时进行处理,最终引发了事故的发生。

提示:

(1)生产经营单位应采购符合规范、要求的原材料,如:保险粉应用桶装。

(2)危险化学品仓库应根据要求安装温度仪、湿度仪、可燃气体报警仪等设备、设施,应定期检查库房内温度、湿度、库内存放物品情况,并做好记录。

(3)危险化学品使用单位应将危险化学品的有关安全卫生资料向职工公开,教育职工识别安全标签、了解安全技术说明书、掌握必要的应急处理方法和自救措施,并经常对职工进行工作场所安全使用化学品的教育和培训。

(4)生产经营单位应针对防风、防雷、防雨、防冻等专项要求,明确进行经常性检查,对检查中发现的安全问题,应当立即处理。

(5)生产经营单位在事故隐患治理过程中,应当采取相应的安全防范措施,防止事故发生。

(6)危险物品储存的基本要求:

① 危险化学品应储存在专门的仓库中,并应有符合规定的包装,包装上应附有危险化学

品安全标签；

② 储存物品的地点、仓库、场院应严禁烟火，并配置符合规定的照明和消防器材；

③ 存放物品的货架、容器等，应具有相应的强度、刚度、耐腐蚀性能；

④ 应根据危险化学品的性质，采取隔离、隔开、分离的储存方式；

⑤ 储存化学物品，应按其特性要求存放，并设置相应的支架或箱柜，配备必要的器皿、工具和工作人员的防护用品；

⑥ 各类危险化学品不得与禁忌物料混合储存；

⑦ 储存危险、剧毒和放射性物品，应严格执行有关规定。

生产、储存危险化学品的单位，应当在其作业场所设置通信、报警装置，并保证处于适用状态。

【释义】通信装置，包括步话机、有线固定电话、无线固定电话、移动电话等。报警装置是指能够报告危急情况或者发出危险信号的装置，包括声音报警（喇叭）、光报警和声光同时报警等多种形式，既可以是自动报警（如火灾报警、烟气报警、毒气报警），也可以是手动报警。生产、储存危险化学品的作业场所，危险程度比较高，容易发生事故。特别是随着企业生产规模不断扩大、工艺技术水平和控制水平不断提高，许多企业已将原有分散在装置区的现场岗位取消，将所有装置操作人员集中到中心控制室作业，并定时、定路线、定内容、定人员对工艺仪表、设备运行情况进行现场巡逻。在厂区大、设备多、流程长、集中控制的情况下，畅通的通信装置、有效的报警系统可以确保生产、储存危险化学品的场所出现紧急情况时，能够迅速地传递有关信息，以便及时采取措施，使事故造成的损失减少到最低程度。有的报警装置还能直接启动连锁控制装置或紧急切断措施，避免事故发生。因此，生产、储存危险化学品的单位，应当在作业场所设施通信和报警装置。

受工作环境和使用时间等因素影响，通信、报警装置会发生性能衰退甚至损坏。因此，生产、储存危险化学品的单位应当及时对所设置的通信、报警装置进行检查、维修或更换，保证其随时处于使用状态。

生产、储存危险化学品的企业，应当委托具备国家规定的资质条件的机构，对本企业的安全生产条件每3年进行一次安全评价，提出安全评价报告。安全评价报告的内容应当包括对安全生产条件存在的问题进行整改的方案。

生产、储存危险化学品的企业，应当将安全评价报告以及整改方案的落实情况报所在地县级安监部门备案。在港区内储存危险化学品的企业，应当将安全评价报告以及整改方案的落实情况报港口部门备案。

【释义】本条是生产、储存危险化学品的企业进行安全评价以及安全评价报告向有关部门备案的规定。

【案例】某化学有限公司"3·19"重大事故。

2006年3月19日9：10左右，某化学有限公司职工宋某、沈某在四溴双酚A生产车间南侧窗外的管道支架上对管道进行切割作业，火花从窗口飞落到车间室内地面上，引燃了地面上被拆下来的一块约40厘米长的聚氨酯保温棉，职工陈某、沈某见状立即拿来灭火器灭火，因灭火剂用完又改用水灭火。火灭后把这块聚氨酯保温棉扔到了车间南侧室外。另外，车间外南侧地面上也有两三块保温棉着火被随即扑灭。同时，在车间内北侧，有4个人进行电气焊作业，安装新的四溴双酚 A5#、6#低温反应釜。低温反应釜共有 6 个，5#、6#是空釜，4#是混料釜，1~3#是正在运行的反应釜。1#釜内的原料已加溴完毕，处于保温反应阶段，2#釜刚打入混合料，还未进行加溴，3#釜正在加溴反应中。薛某、韩某、李某三人正在对 1~3#四溴双酚 A 低温反应釜进行操作。因当天为东南风 3 到 4 级，火灭后仍有烟雾通过窗口刮入车间，造成部分职工惊慌观望。火灭后大约 3 分钟左右，3#、1#低温反应釜即相继发生爆炸，釜内大量具有易燃易爆性质的混合气体和料液喷泄出来，瞬时车间内一片火海和浓烟，将车间内二层平台上正在作业的薛某、韩某、李某等 13 名当班工人炸伤或烧伤。其中：1 人当场死亡，7 人经医院抢救无效后相继死亡，5 人受伤。事故共造成 8 人死亡，5 人受伤。

在低温反应釜排气口周边违章动火焊接，引发 1#和 3#低温反应釜内可燃气体爆炸引起火灾，是事故发生的直接原因。安全生产管理混乱、安全生产管理制度不完善、安全生产责任制落实不到位、安全措施不落实、违章指挥、违章作业、未按规定对工人进行安全培训、安全评价报告不完善、设备安装不合理、设备布局和安全通道不规范是导致这次事故的重要原因。

生产经营单位生产安全评价报告备案申请表

单位名称	XXXX	法定代表人	XXX
单位地址	XXXX	邮政编码	224300
联系人	XXX	联系方式	139XXXX4520
根据《安全生产法》《危险化学品安全管理条例》的规定，现将我单位的： 《安全评价报告》 等报上，请予备案。 （单位公章） XXXX 年 X 月 XX 日			

生产、储存剧毒化学品或者国务院公安部门规定的可用于制造爆炸物品的危险化学品（以下简称易制爆危险化学品）的单位，应当如实记录其生产、储存的剧毒化学品、易制爆危险化学品的数量、流向，并采取必要的安全防范措施，防止剧毒化学品、易制爆危险化学品丢失或者被盗；发现剧毒化学品、易制爆危险化学品丢失或者被盗的，应当立即向当地公安机关报告。

生产、储存剧毒化学品、易制爆危险化学品的单位，应当设置治安保卫机构，配备专职治安保卫人员。

【释义】本条是关于生产、储存剧毒化学品和易制爆危险化学品的相关安全管理制度的规定。

剧毒化学品是具有非常剧烈毒性危害的化学品，包括人工合成的化学品以及混合物（含农药）和天然毒素。少数剧毒化学品侵入，短时间内即能致人、畜死亡或严重中毒。

易制爆危险化学品，是指可能用于制造爆炸物品的原料或辅料的危险化学品，具体范围内由公安部确定。北京奥运会、国庆六十周年期间，国家安全生产监督管理总局、公安部、国家工商行政管理总局联合发布公告，对"重点危险化学品"进行严格监管，其中就包括高氯酸、高氯酸盐及氯酸盐、硝酸及硝酸盐类、硝基类化合物、燃料还原剂类、金属氧化物及其他（乙烯、苦氨酸钠等）等六类易制爆危险化学品。

剧毒化学品对人、动物、植物和环境危害较大，易制爆危险化学品一旦被不法分子利用，会危及公共安全。因此，对这两类危险化学品，需要采取更为严格的安全管理措施。

本条第二款规定，生产、储存剧毒化学品、易制爆危险化学品的单位，应当设置治安保卫机构，配备专职治安保卫人员。这是为了加强生产、储存剧毒化学品、易制爆危险化学品的单位的治安保卫所做的规定，同时也与《企业事业单位内部治安保卫条例》的有关规定相衔接。根据该条例的规定，关系全国或者所在地区国计民生、国家安全和公共安全的单位是治安保卫重点单位，其中包括"研制、生产、销售、储存危险物品"的单位。治安保卫重点单位应当设置与治安保卫任务相适应的治安保卫机构，配备专职治安保卫人员。

【例题】发现剧毒化学品被盗、丢失或者误售、误用时，必须立即向（　　　）报告。

A. 当地安监部门　　B. 省级公安部门　　C. 当地公安部门　　D. 当地消防部门

危险化学品应当储存在专用仓库、专用场地或者专用储存室（以下统称专用仓库）内，并由专人负责管理；剧毒化学品以及储存数量构成重大危险源的其他危险化学品，应当在专用仓库内单独存放，并实行双人收发、双人保管制度。

危险化学品的储存方式、方法以及储存数量应当符合国家标准或者国家有关规定。

【释义】本条是关于危险化学品储存和专用仓库保管制度的规定。危险化学品具有易燃、易爆、腐蚀等性质，一旦储存不善发生事故，会严重危及人民生命财产安全和环境安全。危险化学品的储存仓库、储存场地都有一些特殊的要求，不能与普通的商品和货物一同存放，必须储存于转筒仓库内（包括专用场地或者专用储存室），这是保障危险化学品储存安全的基本条件。

同时，剧毒化学品流失可能对社会公共安全造成危害，需要对储存剧毒化学品的仓库加强保管，实行双人收发、双人保管制度。

本条第二款规定，危险化学品的性质不同，采用的储存方法也不同。各类危险化学品应按其特性分类、分库储存，不得与禁忌物料（化学性质相抵触或灭火办法不同的化学物料）混合储存。危险化学品储存方式分为三种：隔离储存、隔开储存和分离储存。

危险化学品储存数量的大小，与其性质、容器类型、储存方式直接相关。危险化学品不得超出设计容量进行储存。

【案例】某地区危险化学品仓库特大爆炸火灾事故。

（1）事故情况：

1993年8月5日，某危险化学品仓库由于混储混存危险化学品，4号仓内混存的氧化剂与还原剂发生接触发热燃烧，导致特大爆炸火灾事故，造成15人死亡，有101人住院治疗，其中重伤员25人，直接经济损失2亿元。

（2）事故原因：

该仓库原为储存干杂货物的平仓，某危险品储运公司在该干杂仓库不具备国家规定的安全条件下，改做危险化学品仓库，储存危险化学品和民用爆炸物品，并得到批准。该仓库管理混乱，不按规定存放危险化学品，严重混储混存各类危险化学品，直接导致发生火灾，引起爆炸。

对该仓库的严重火险隐患，该市消防部门曾于1991年2月13日发出火险隐患通知书，要求"储存爆炸危险物品的仓库应立即停止使用，储存的爆炸性危险物品应在2月20日前搬出"。但此通知未得到执行，致使重大隐患未得到消除而发生事故。另外，缺水问题长期未得到解决，由于消防缺水，失去火灾初期灭火的机会。

与此次事故有关的责任单位——该市政府、市公安局、某危险品储运公司均受到处理。

储存危险化学品的单位应当建立危险化学品出入库核查、登记制度。

对剧毒化学品以及储存数量构成重大危险源的其他危险化学品，储存单位应当将其储存数量、储存地点以及管理人员的情况，报所在地县级安监部门（在港区内储存的，报港口部门）和公安机关备案。

【释义】根据本条规定，危险化学品出库、入库，即入了多少、入了什么、出了多少、出了什么，都要进行核查、登记。核查是指对出库、入库的危险化学品进行检查、核对，确定其品种、数量等。登记，是指建立专门的簿册，对经过核查的出入库的危险化学品如实、全面地记录在册，留存备查。危险化学品的种类、数量、状态，包装完好程度，以及接收人、接收时间等均应记录在册。这是一项重要的储存安全管理制度，未经核查登记，未安排专门人员负责危险化学品出入库核查登记，危险化学品不得出入库。这就是要求危险化学品单位要建立专门的制度，安排专门人员负责危险化学品出入库核查、登记，并明确岗位责任。为保证这项制度的贯彻执行，原则上核查、登记应当由不同的人员负责。

本条第二款规定，将危险化学品储存的相关情况向有关部门备案的目的是让有关部门及时了解本地区储存危险化学品的实际情况，从而采取有针对性的安全监督管理措施，制定符合实际情况的危险化学品事故应急预案，在发生事故及时组织采取有效的应对措施进行救援，减少事故损失。本款规定也是对《中华人民共和国安全生产法》相关规定的衔接和细化。

条例规定的备案部门是所在地县级人民政府安全生产监督管理部门和公安机关。如果是在港区内储存的，则备案机关是港口行政管理部门和公安机关。

理解本条规定应当注意两点：一是并非所有储存的危险化学品都要备案，只有剧毒化学品以及储存数量构成重大危险源的其他危险化学品才需要备案。这样规定是为了抓住重点，把有限的精力用到最需要的地方，同时也减轻企业和部门的负担，体现了实事求是的原则。二是对备案的时间本条没有明确规定，实践中要做到及时备案，不能迟延，原则上在危险化学品入库后就应当备案。此外，储存数量、储存地点、管理人员情况等备案内容发生重大变化时，要及时重新备案。

【案例】×月×日16时48分，H省某县城关镇西街居民陈某家发生火药爆炸事故，共有1500 kg制鞭炮用药物爆炸，冲击波波及300 m，造成27人死亡，轻重伤18人。爆炸波及73户，严重损坏房屋141间，损坏各种家具、家用电器200多件，直接经济损失18.7万元。

该县外贸中转站电工陈某（停薪留职），县十五里店乡外贸经营处退休干部何某、十五里店乡冯湾村村民李某等3人，在未经公安部门许可、工商部门注册、税务部门登记、乡镇企业主管部门和镇政府批准的情况下，非法生产烟花爆竹。村民李某将430 kg制药原料铝镁合金粉（强还原剂）、高氯酸钾（强氧化剂）等称好后，叫工人混合，筛在原存湿药的地面上。因地面湿，外面雪后空气湿度大，药物吸湿性强，镁、铝合金粉遇水产生氢气，使混合药物内部升温，产生化学反应燃烧爆炸。

事故原因分析如下：

（1）违反烟花爆竹生产管理规定，把工厂建在居民稠密区，非法生产。

（2）生产技术负责人根本不懂药物性能和安全操作技术，只是凭所谓"广告"去学了2小时的制鞭炮技术。

（3）严重违反爆炸物品存放规定，干药、湿药、成品、半成品超量、混存，超量百倍配制药物，并且房屋结构不符合安全规定，生产工序紧密相连。

（4）没有防火防爆设施。

【例题】（多选）依据《危险化学品安全管理条例》的规定，对剧毒化学品以及储存数量构成重大危险源的其他危险化学品，储存单位应当将其储存数量、储存地点以及管理人员的情况，报所在地县级人民政府安全生产监督管理部门（在港区内储存的，报港口行政管理部门）和（　　）备案。

A. 国务院　　　　　　　　　B. 公安机关
C. 质量技术监督部门　　　　D. 人民检察院
E. 所在地市级（设区的市）人力资源和社会保障部门

　　生产、储存危险化学品的单位转产、停产、停业或者解散的，应当采取有效措施，及时、妥善处置其危险化学品生产装置、储存设施以及库存的危险化学品，不得丢弃危险化学品；处置方案应当报所在地县级安监部门、工信部门、环保部门和公安机关备案。安监部门应当会同环保部门和公安机关对处置情况进行监督检查，发现未依照规定处置的，应当责令其立即处置。

【释义】生产、储存危险化学品的单位转产、停产、停业或者解散时，很有可能放松管理和要求，对安全问题麻痹大意，甚至不负责任。实际上，生产、储存危险化学品的单位转产、停产、停业或者解散时，其原有的危险化学品生产装置、储存设施内，可能会残留部分危险化学品，同时，这些生产、储存单位还可能库存一部分危险化学品或者生产原料等。如果不及时妥善地予以处理，任意丢弃，就会成为严重的安全隐患，甚至引发危险化学品事故。

　　为了保证处置方案科学、合理，同时便于有关监管部门及时掌握相关信息，加强监督检查，本条还规定，处置方案应当报所在地县级人民政府安全生产监督管理部门、工业和信息化主管部门、环境保护主管部门和公安机关备案。接到有关单位报送的处置方案后，安全生产监督管理部门应当会同环境保护主管部门和公安机关对处置情况进行监督排查，发现未依照规定处置的，应当责令其立即处置。这样规定，是为了保证有关单位真正按照相关规定，妥善处理器危险化学品生产装置、储存设施以及库存的危险化学品，从而消除事故隐患，防止危险化学品事故的发生。

【案例】某政府部门对于生产、储存、使用危险化学品的单位转产、停产、停业或者解散后未履行义务的处罚。

职权名称	生产、储存、使用危险化学品的单位转产、停产、停业或者解散后未履行义务的处罚
类别	行政处罚
实施依据	1.《危险化学品安全管理条例》第八十二条，生产、储存、使用危险化学品的单位转产、停产、停业或者解散，未采取有效措施及时、妥善处置其危险化学品生产装置、储存设施以及库存的危险化学品，或者丢弃危险化学品的，由安全生产监督管理部门责令改正，处5万元以上10万元以下的罚款；构成犯罪的，依法追究刑事责任。生产、储存、使用危险化学品的单位转产、停产、停业或者解散，未依照本条例规定将其危险化学品生产装置、储存设施以及库存危险化学品的处置方案报有关部门备案的，分别由有关部门责令改正，可以处1万元以下的罚款；拒不改正的，处1万元以上5万元以下的罚款。 2.《危险化学品输送管道安全管理规定》（国家安全监管总局令第43号）第三十五条，对转产、停产、停止使用的危险化学品管道，管道单位未采取有效措施及时、妥善处置的，由安全生产监督管理部门责令改正，处5万元以上10万元以下的罚款；构成犯罪的，依法追究刑事责任。对转产、停产、停止使用的危险化学品管道，管道单位未按照本规定将处置方案报县级以上安全生产监督管理部门的，由安全生产监督管理部门责令改正，可以处1万元以下的罚款；拒不改正的，处1万元以上5万元以下的罚款。
备注	

 能力提升

S省某饲料添加剂厂环氧乙烷计量槽爆炸事故

2000年7月10日12时20分，S省某饲料添加剂厂内一环氧乙烷计量槽突然开裂，致使液态环氧乙烷喷出汽化，发生大爆炸。事故造成2人死亡，4人重伤，11人轻伤，直接经济损失640万元。

一、事故经过

2000年7月7日16时，该饲料添加剂厂因环氧乙烷原料短缺而全厂停车待料。7月9日晚，由辽宁省辽阳市华兴有限责任公司运送的35T环氧乙烷到货，运输工具为汽车槽车。7月10日11时许，汽车槽车进入饲料添加剂厂贮罐区即开始卸料。12时20分，合成车间二楼环氧乙烷1#计量槽突然从下封头和筒体连接环缝处撕裂150mm长的焊缝，液态环氧乙烷在计量槽内 2-3KGf/cm² 压力下高速喷出后急剧汽化，使周围空间迅速达到爆炸极限，喷出的高流速物料与裂缝处的摩擦产生大量静电，加之合成车间的设备管道无静电跨接装置，随即发生了第一次爆炸并引发大火。一次爆炸使合成车间二层部分建筑倒塌，两名操作工被埋在废墟中。12时30分大火蔓延烘烤引起了距合成车间仅4.5米处的50m³环氧乙烷贮槽内约9吨物料大量吸热汽化，罐内压力急剧上升，贮罐终因超压而爆炸。接到报警的消防人员此时已赶到现场，立即投入灭火战斗。

由于爆炸造成大量环氧乙烷泄漏燃烧，使距该贮槽仅6米的汽车槽车被引燃（因槽车当时出料阀没有闭）。13时20分，汽车槽罐发生爆炸，爆炸冲击波及热辐射造成现场的消防官兵、周围群众30人受伤，厂内及周围建筑物不同程度受损，爆炸飞溅物同时引起厂区内多处起火。

二、事故原因

1. 直接原因

（1）环氧乙烷1号计量槽，属非法自制容器，制造质量低劣，焊缝、钢板存在着严重缺陷，埋下事故的祸根，是造成此次事故的主要原因。

（2）生产车间，属于四类易燃易爆生产作业场所，没有按规范设计、安装防静电接地装置，环氧乙烷泄漏汽化后，集聚电荷无法排除，酿成事故。

（3）装有环氧乙烷的液化气槽车，没有及时脱离事故现场，导致事故扩大。

（4）该饲料添加剂厂对本厂的压力容器、压力管道的安全管理，没有执行国家的有关法律、法规、标准，非法设计、制造、使用，造成各个安全环节严重失控。

2. 间接原因

（1）该饲料添加剂厂，擅自在技改项目中增添氯化胆碱合成车间，对安全生产的重要性认识不够，对环氧乙烷的危险性认识不足，安全管理机构、规章制度、操作规程不健全。对有关职能部门检查提出的问题置若罔闻，没有落实整改。整体设计布局不合理，贮罐与贮罐之间、贮罐与生产厂房之间及周围建筑物之间，安全距离均不符合有关规定，导致连锁反应。

（2）人员培训教育不到位，特种作业人员没有经过法定部门培训考核，无证上岗作业，安全意识淡薄。厂内安全管理无专职人员，责任没有落实。

（3）该饲料添加剂厂处于市区、居民区中，使此次事故的损失进一步扩大。

（4）该饲料添加剂厂未进行全面竣工验收，使可能发生事故的不安全因素没有被及时发现。

（5）政府有关部门，对民营企业疏于管理，在各自的职责范围内，监督检查不力，对查出问题的落实整改，没有跟踪管理到位。

三、防范措施

（1）这次事故的发生，主要是该厂的建设项目未按国家和省的有关规定进行规划、审批、管理和验收，工厂压力容器、压力管道等设备未进行安装验收、登记、检验、发证。计划和劳动行政部门，要进一步加大工作力度，要对技术改造项目和所有锅炉压力容器进行一次全面的清理检查；公安消防、城建规划部门、招商区等单位要切实负起责任，严把基本建设项目审批与规划。

（2）该饲料添加剂厂在恢复生产之前应按照有关规定进行"三同时"审查验收，补办手续。

总结提高

1. 危险化学品生产企业进行生产前，应当依照《安全生产许可证条例》的规定，取得危险化学品（　　）。

    A. 安全经营许可证　　B. 安全生产许可证　　C. 安全使用许可证

2. 根据新修订的《危险化学品安全管理条例》，生产列入国家实行生产许可证制度的工业产品目录的危险化学品包装物、容器的企业，应当依照《中华人民共和国工业产品生产许可证管理条例》的规定，取得工业产品生产许可证；其生产的危险化学品包装物、容器经（　　）

认定的检验机构检验合格,方可出厂销售。

  A. 安全生产监督管理部门   B. 公安机关
  C. 国务院质量监督检验检疫部门 D. 环境保护主管部门

3. 依据《危险化学品安全管理条例》的规定,新建、改建、扩建生产、储存危险化学品的建设项目,应当由( )进行安全条件审查。

  A. 卫生行政主管部门   B. 安全生产监督管理部门
  C. 国防科技工业委员会   D. 劳动保障部门

4. 对重复使用的危险化学品包装物、容器,使用单位在重复使用前应当进行检查;发现存在事故隐患的,应当维修或者更换。使用单位应当对检查情况作出记录,记录的保存期限不得少于( )年。

  A. 半   B. 1   C. 2   D. 3

5. 《危险化学品安全管理条例》第十九条规定:"危险化学品生产装置或者储存数量构成重大危险源的危险化学品储存设施( )除外,与规定场所、设施、区域的距离应当符合国家有关规定。"

  A. 运输工具加油站、加气站 B. 液化石油气存储装置
  C. 液氯储槽罐   D. 小型化工厂

6. (多选)依据《危险化学品安全管理条例》的规定,除运输工具加油站、加气站外,危险化学品的生产装置和储存数量构成重大危险源的储存设施应当与( )保持符合有关标准或者有关规定的安全距离。

  A. 学校、医院等公共设施 B. 居民区 C. 矿区
  D. 河流、湖泊、风景名胜区 E. 军事禁区

7. 已建危险化学品的生产装置和储存数量构成重大危险源的储存设施不符合《危险化学品安全管理条例》规定的,由( )在规定期限内进行整改。

  A. 所在地人民政府安全生产监督管理部门会同有关部门
  B. 所在地设区的市级人民政府安全生产监督管理部门会同有关部门监督其所属单位
  C. 所在地设区的市级人民政府
  D. 所在地人民政府

8. 储存数量构成重大危险源的危险化学品储存设施的选址,应当避开地震活动断层和容易发生( )的区域。

  A. 空气污染危害 B. 极端天气条件 C. 洪灾、地质灾害

9. 根据《危险化学品安全管理条例》,生产、储存危险化学品的单位,应当在其( )上设置明显的安全警示标志。

  A. 作业场所   B. 作业场所和安全设施、设备
  C. 安全设施、设备   D. 作业设施、设备

10. 危险化学品的生产、储存、使用单位,应当在生产、储存和使用场所设置( )装置,并保证在任何情况下处于正常适用状态。

  A. 观测   B. 通讯   C. 通讯、报警   D. 报警

11. 《危险化学品安全管理条例》中规定,生产、储存危险化学品的企业,应当委托具备

国家规定资质条件的机构，对本企业的安全生产条件每（　　）进行一次安全评价，提出安全评价报告。

  A. 1   B. 2   C. 3   D. 4

12. 根据《危险化学品安全管理条例》的规定，生产、储存危险化学品的企业，应当委托具备国家规定的资质条件的机构，对本企业的安全生产条件每 3 年进行一次安全评价，并应当将安全评价报告以及整改方案的落实情况报所在地（　　）备案。

  A. 县级人民政府安全生产监督管理部门
  B. 市级人民政府安全生产监督管理部门
  C. 省级人民政府安全生产监督管理部门
  D. 国务院安全产监督管理部门

13. 生产、储存剧毒化学品、易制爆危险化学品的单位，应当设置（　　）。

  A. 治安保卫机构，配备专职治安保卫人员
  B. 安全管理机构，配备专职安全管理人员
  C. 卫生管理机构，配备专职医务人员
  D. 应急救援部门，配备专职应急救援人员

14. （多选）依据《危险化学品安全管理条例》，下列单位中，应当设置治安保卫机构、配备专职治安保卫人员的是（　　）。

  A. 危险化学品生产单位   B. 危险化学品储存单位
  C. 剧毒化学品生产单位   D. 易制爆化学品生产单位
  E. 易制爆化学品储存单位

15. 危险化学品应当储存在专用仓库、专用场地或者专用储存室内，并由（　　）负责管理。

  A. 仓库管理人员   B. 仓库安全责任人   C. 专人

16. 储存危险化学品的单位应当建立危险化学品（　　）核查、登记制度。

  A. 出入库   B. 购买   C. 领取

17. 对剧毒化学品以及储存数量构成重大危险源的其他危险化学品，储存单位应当将其储存数量、储存地点以及管理人员的情况，报（　　）安全生产监督管理部门（在港区内储存的，报港口行政管理部门）和公安机关备案存档。

  A. 所在地县级人民政府   B. 所在地省级人民政府
  C. 国家安全监督管理总局   D. 国务院

18. 储存剧毒化学品以及重大危险源的其他危险化学品的单位，应当将储存剧毒化学品以及构成重大危险源的其他危险化学品（　　）的情况，报公安部门和负责危险化学品安全监督管理综合工作的部门备案。

  A. 数量   B. 地点   C. 管理人员   D. 管理制度

19. 根据新修订的《危险化学品安全管理条例》，危险化学品专用仓库应当符合国家标准、行业标准的要求，并设置（　　）。储存剧毒化学品、易制爆危险化学品的专用仓库，应当按照国家有关规定设置相应的技术防范设施。

  A. 安全的标志   B. 明显的标志   C. 消防的标志   D. 危险的标志

20.（多选）危险化学品的生产、储存、使用单位转产、停产、停业或者解散的，应当采取有效措施，处置危险化学品的生产或者储存设备、库存产品及生产原料，不得留有事故隐患。处置方案应当报所在地设区的市级人民政府负责危险化学品安全监督管理综合工作的部门和同级（　　）备案。

　　A. 环境保护部门　　　B. 安全生产监督部门　　C. 劳动保障部门
　　D. 工会组织　　　　　E. 公安部门

21. 依据《危险化学品安全管理条例》的规定，剧毒化学品以及储存数量构成重大危险源的其他危险化学品，必须在专用仓库内单独存放，实行（　　）制度。

　　A. 双人收发、单人保管　　　　B. 单人收发、双人保管
　　C. 双人收发、双人保管　　　　D. 单人收发、单人保管

课外拓展

1.《危险化学品安全管理条例》第十九条要求："危险化学品生产装置或者储存数量构成重大危险源的危险化学品储存设施（运输工具加油站、加气站除外），与某些场所、设施、区域的距离应当符合国家有关规定。"请你查阅《铁路运输安全保护条例》《公路安全保护条例》《建筑设计防火规范》《石油化工企业设计防火规范》等了解我国对安全距离的具体规定。

2.《危险化学品安全管理条例》第二十四条要求："危险化学品的储存方式、方法以及储存数量应当符合国家标准或者国家有关规定。"请在网络上查找国家相关标准，了解危险化学品的储存方式、方法以及储存数量。

第三节　危险化学品使用安全

近几年来，我国危险化学品使用事故频发，如2013年吉林省长春市宝源丰禽业有限公司"6·3"特别重大火灾爆炸事故，死亡121人，就是因为不具备安全使用的条件，主厂房部分电气线路短路，引燃周围可燃物，燃烧产生的高温导致氨设备和氨管道发生物理爆炸。2011年2月14日，宜昌市九畹化工有限公司一硫酸罐在加压过程中发生破裂，硫酸喷出，造成2人死亡。2012年3月27日，武汉市江夏区佳成生物制品有限公司发生一起爆炸事故，共造成3人死亡，26人受伤。2012年4月12日，武汉市亚峰洗涤有限公司发生爆炸事故，造成3人死亡，3人重伤，5人轻伤。2012年5月23日，宜昌枝江市仙女镇树林塑料有限公司二甲醚钢瓶爆炸，致8人受伤。这些事故追其原因，均是企业不具备符合要求的使用条件。

知识储备

使用危险化学品的单位，其使用条件（包括工艺）应当符合法律、行政法规的规定和国家标准、行业标准的要求，并根据所使用的危险化学品的种类、危险特性以及使用量和使用方式，建立、健全使用危险化学品的安全管理规章制度和安全操作规程，保证危险化学品的安全使用。

【释义】这是一条对使用危险化学品的单位的安全生产条件进行限制的规定，也是一条衔接性规定。《中华人民共和国安全生产法》第十六条规定："生产经营单位应当符合本法和有关法律、行政法规和国家标准、行业标准规定的安全生产条件。不符合安全生产条件的，不得从事生产经营活动。"

使用危险化学品的单位加强内部安全生产管理，是保证危险化学品安全使用的基础和根本。加强内部安全生产管理，很重要的一条就是建立健全安全生产管理规章制度和安全操作规程，这是企业日常安全生产管理和从业人员进行生产操作的直接依据，对保障安全生产至关重要。安全管理规章制度和安全操作规程必须切合本单位所使用的危险化学品单位的种类、危险特性以及使用量和使用方式等具体情况，具有很强的针对性，不能简单照搬照抄。使用危险化学品的单位的主要负责人应当切实负起责任，把本单位安全管理制度和安全操作规程的建立健全作为重点工作，抓好落实，为本单位使用危险化学品的安全打下坚实的基础。

【案例】S省某化工有限公司"1·1"硫化氢中毒事故。

2008年1月1日，S省某化工有限公司发生硫化氢中毒事故，造成3人死亡。

该化工有限公司为从事煤焦油加工的危险化学品生产企业，主要产品为工业萘、沥青等。事发前，该企业因环保原因，已长期处在半停产状态，拟进行搬迁，仅有少部分管理人员和工人在岗，负责设备维护和检修。

为了给拆迁做准备，1月1日，该公司的焦油加工车间组织清理燃料油中间储罐，该储罐是一个长7.1 m、直径2.3 m的卧式罐。16时许，在没有对作业储罐进行隔离，也没有对罐内有毒、有害气体和氧气含量进行分析的情况下，一名负责清理的工人仅佩戴过滤式防毒口罩（非隔离式防护用品）就进入燃料油中间储罐进行清罐作业，进罐后即中毒晕倒。负责监护的工人和附近另外一名工人盲目施救，没有佩戴任何安全防护用品就相继进入罐内救人，也中毒晕倒。3人被救出后经抢救无效死亡。事后（4日），从与发生事故储罐相连的两个产品储罐取样分析，硫化氢含量分别高达为56 ppm和30 ppm。

据初步分析调查，作业人员在清理储罐时，未将燃料油中间储罐与其他储罐隔离，未按照安全作业规程进行吹扫、置换、通风，未对罐内有毒、有害气体和氧含量进行检测。使用安全防护用品错误（存在有毒、有害气体作业时应使用隔离式防护用品），造成硫化氢中毒。现场人员盲目施救，施救人员在没有佩戴安全防护用品的情况下进罐救人，造成伤亡扩大。

使用危险化学品从事生产并且使用量达到规定数量的化工企业（属于危险化学品生产企业的除外，下同），应当依照本条例的规定取得危险化学品安全使用许可证。

前款规定的危险化学品使用量的数量标准，由国务院安监部门会同国务院公安部门、农业部门确定并公布。

【释义】在危险化学品安全管理的各道环节中，危险化学品生产企业需要取得安全生产许可证，危险化学品经验企业需要取得经营许可证，危险化学品运输企业也需要取得相应的资质许可。

依照本条例规定应当取得危险化学品安全使用许可证的企业，必须取得危险化学品安全使用许可证，否则不得使用危险化学品从事生产。

使用危险化学品的单位数量非常大，既有企业，也有教学、科研、医疗等其他单位，各单位使用危险化学品的品种以及使用数量、使用方式各不相同，情况非常复杂，危险程度也有较大区别。如果对所有使用危险化学品的单位都实施安全使用许可，实施许可的范围会非常大，不仅会带来安全监管的难度，增加很大的行政成本，而且难以实施和操作。同时，对危险程度较小的使用单位实施许可，会给很多企业和单位带来不便。总之，一律许可既不可行，也没有必要，在这个问题上必须实事求是，量力而行，抓住关键和重点。基于以上考虑，条例对需要取得危险化学品安全使用许可证的主体范围作了明确的限制，规定：使用危险化学品从事生产，并且使用量达到规定数量的化工企业，应用依照本条例的规定取得危险化学品安全使用许可证。这一规定的限制性体现在四个层面：

第一，必须是使用危险化学品从事生产的企业。这意味着，企业以外的其他单位使用危险化学品，不需要取得安全使用许可证。虽然是企业，但其实使用危险化学品的目的不是用于生产的，也不需要取得安全使用许可证。

第二，必须是化工企业。

第三，必须是使用量达到规定数量的化工企业。

第四，属于危险化学品生产企业的化工企业，不需要取得危险化学品安全使用许可证。也就是说，只对使用危险化学品从事生产且最终产品不是危险化学品的化工企业，才实行安全使用许可制度。

【案例】使用危险化学品从事生产的企业很多，但其实比较容易发生事故的多是化工企业。如2002年7月8日，山东莘县化肥有限责任公司发生的液氨泄漏事故，造成包括周边居民在内的15人死亡，22人重度中毒。2008年8月26日，广西维尼纶股份有限责任公司有机车间发生爆炸事故，造成20人死亡、60人受伤，周边3公里约1.15万居民紧急疏散。2010年7月16日大连中石油国际储运有限公司输油管道爆炸火灾事故，造成1名消防战士死亡，污染周围海域环境。因此，条例将危险化学品使用许可证制度的适用主体限制在了化工企业。非化工企业使用危险化学品从事生产的，不需要取得危险化学品安全使用许可证。

申请危险化学品安全使用许可证的化工企业，除应当符合本条例第二十八条的规定外，还应当具备下列条件：
（一）有与所使用的危险化学品相适应的专业技术人员；
（二）有安全管理机构和专职安全管理人员；
（三）有符合国家规定的危险化学品事故应急预案和必要的应急救援器材、设备；
（四）依法进行了安全评价。

【释义】本条是关于化工企业取得危险化学品安全使用许可证的条件的规定。

使用危险化学品不仅具有危险性，同时也具有较强的专业性、技术性。要保证危险化学品的使用安全，使用危险化学品从事生产的化工企业必须具有与所使用的危险化学品相适应的专业技术人员，利用其专门知识和技能，协助、指导本企业安全使用危险化学品以及妥善地对事故进行应急处置，防止因胡干、蛮干而引发事故或者扩大事故损失。

【例题】根据《危险化学品安全管理条例》（国务院令第591号）要求，安全使用许可制度的适用范围包括（　　）。

A. 使用危险化学品从事生产并且使用量达到规定数量的化工企业
B. 使用危险化学品从事生产或者使用量达到规定的数量的化工企业
C. 所有化工企业

申请危险化学品安全使用许可证的化工企业,应当向所在地设区的市级人民政府安监部门提出申请,并提交其符合本条例第三十条规定条件的证明材料。设区的市级人民政府安监部门应当依法进行审查,自收到证明材料之日起 45 日内作出批准或者不予批准的决定。予以批准的,颁发危险化学品安全使用许可证;不予批准的,书面通知申请人并说明理由。

安监部门应当将其颁发危险化学品安全使用许可证的情况及时向同级环保部门和公安机关通报。

【释义】危险化学品安全使用许可是一项行政许可,同样需要遵守《中华人民共和国行政许可法》的规定。据此,条例明确规定了危险化学品安全使用许可证的申领与颁发程序。

【例题】申请危险化学品安全使用许可证的化工企业,应当向所在地设区的市级人民政府安监部门提出申请,并提交其符合本条例第三十条规定条件的证明材料。设区的市级人民政府安监部门应当依法进行审查,自收到证明材料之日起(　　)日内作出批准或者不予批准的决定。予以批准的,颁发危险化学品安全使用许可证;不予批准的,书面通知申请人并说明理由。

A. 30　　　　B. 45　　　　C. 40　　　　D. 36

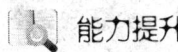

能力提升

阅读下列事故案例,对照本章条款,请分析其违反了哪几条规定。

案例一　某地球罐区液化气爆燃事故

1. 事故情况。

1988 年 10 月 22 日凌晨,高桥石化总公司炼油厂小凉山球罐区发生液化气爆燃事故,25 人死亡,15 人烧伤,直接经济损失 98 万元。

10 月 21 日 23 时 40 分,操作工在班长的监护下,在Ⅲ区 14 号球罐开阀排水,由于未按操作规程作业,致使液化气与水一起排出。23 时 50 分,门岗保安员发现车间有异常气味,当即找班长询问,班长回答说没有问题。至 22 日 0 时 05 分操作工关闭排水阀时,液化气已外溢约 9.7 吨(事后估算)。22 日 0 时 45 分,门岗保安员觉得有问题,又找到班长,班长答应处理。门岗保安员仍不放心,又向保安队书记反映。书记亦觉得有问题,让其向保卫科反映。保卫科让其找值班室,值班室主任立即给班长打电话询问。但是,由于事故苗头信息的转来转去贻误了时机,22 时 1 时 7 分,通过污水池扩散到罐区西墙外民工棚的液化气与明火相遇发生爆炸。在连续沉闷的爆炸声中,南北约 350 米,东西 250 米的地带腾起熊熊大火。尽管消防队及时出动 30 多辆消防车奋力扑救,仍有 23 人被当场烧死,有 2 名重伤员被送进医院经抢救无效死亡,17 人被烧伤。

在火灾熄灭后的爆燃现场,毗邻球罐区的 10 多间简易工棚化为灰烬;围墙内的部分楼房墙面被灼为黑色,钢窗变形,满地是被炸裂的玻璃碎片;变压器、电缆及电讯仪表等严重损坏;变电间的房顶开裂,一扇铁门飞出 60 多米。

2. 事故原因。

经事故调查组调查分析,这是一起由违章操作、纪律松弛、管理混乱、领导官僚主义引起的责任事故。第一,按规定,排水时进口阀和出口阀应切换开关,但操作时阀门却全都打开,班长在接到门岗保安人员报告后,麻痹大意,既不认真查找原因,又不向领导汇报。第二，事故当天班上有7人，其中3人脱离岗位去菜地拔葱准备做饭；到23时，又有2人关门睡觉。第三，小凉山球罐区民工棚安有炉灶，违反了有关的安全规定，但各级领导及安全人员却熟视无睹。

案例二 吉林煤气公司液化气站爆炸事故

1. 事故情况

1979年12月18日14点7分，吉林市煤气公司液化气站400立方米容量的102号液化石油气球罐发生破裂，大量液化石油气喷出，顺风扩散，遇明火回燃，引起该球罐爆炸起火。由于该球罐的燃烧，致使液化气站的5个400立方米的球罐，4个450立方米卧罐和8000多只液化石油气钢瓶（其中3000多只空瓶）相继爆炸着火，大火燃烧了19个小时。液化气站内与罐区相邻的厂房、建筑物、机动车辆及设备等被烧毁或受到不同程度的损坏。附近400米远的苗圃、住宅、建筑及拖拉机、车辆也受到损坏，直接经济损失约627万元，死36人，重伤50人。

球罐的主体材质为15MnVR，内径9200毫米，壁厚25毫米，容积400立方米，用于储存液化石油气。球罐投用后两年零两个月使用期间，一直没有进行过检查。投用期间经常处于较低容量运行，只有三次达到额定容量，而第三次封装后的第四天发生破裂。破裂前安全阀正常，排污阀正常关闭。

2. 事故原因

（1）根据断口特征和断裂力学的估算，该球罐的破裂是属于低应力的脆性断裂，主断裂源在上环焊缝的内壁焊趾上，长约65毫米。

（2）经宏观及无损检验，上、下环焊缝焊接质量很差，焊缝表面及内部存在很多咬边、错边、裂纹、熔合不良、夹渣及气孔等缺陷。

（3）事故发生前，上下环焊缝焊趾的一些部位已存在纵向裂纹，这些裂纹与焊接缺陷（如咬边）有关。

（4）球罐投入使用后，从未进行检验，制造、安装中的先天性缺陷未及时发现和消除，使裂纹扩展，造成低应力脆性断裂。

国务院在1980年曾国发99号文批转《关于吉林市煤气公司液化石油气恶性爆炸火灾事故》时指出：这次事故暴露出来的压力容器组装质量差、使用管理混乱，领导干部不重视安全生产，不认真执行安全规章制度，不懂业务，不注意技术管理以及对设备长期不检修等问题，在不少地方存在。同时要求：

（1）设计、制造、安装时要把关；

（2）设备投用后要加强管理；

（3）要健全制度，提高人员素质。

总结提高

1. 使用危险化学品的单位，其使用条件（包括工艺）应当符合法律、行政法规的规定和国家标准、（　　）的要求。

A. 行业标准　　　　B. 企业标准　　　　C. 国际标准　　　　D. 联合国标准

2. 使用危险化学品从事生产并且使用量达到规定数量的化工企业（属于危险化学品生产企业的除外，下同），应当依照《危险化学品安全管理条例》的规定取得_____证。前款规定的危险化学品使用量的数量标准，由国务院安监部门会同国务院公安部门_____确定并公布。

3. 申请危险化学品安全使用许可证的化工企业，除应当符合本条例第二十八条的规定外，还应当具备下列条件：（　　）。

  A. 有与所使用的危险化学品相适应的专业技术人员；
  B. 有安全管理机构和专职安全管理人员；
  C. 有符合国家规定的危险化学品事故应急预案和必要的应急救援器材、设备；
  D. 依法进行了安全评价。

4. 安监部门应当将其颁发危险化学品安全使用许可证的情况及时向（　　）关通报。

  A. 下级环保部门　　　　　　　　B. 公安机关
  C. 下级环保部门和公安机关　　　D. 同级环保部门和公安机关

课外拓展

《危险化学品安全管理条例》第二十九条要求"使用危险化学品从事生产并且使用量达到规定数量的化工企业（属于危险化学品生产企业的除外，下同），应当依照本条例的规定取得危险化学品安全使用许可证。"请你通过网络查阅相关资料，了解我国对于氯、氨、液化石油气、硫化氢、甲烷、原油、汽油等危险化学品使用量的数量标准。

第四节　危险化学品经营安全

知识储备

  国家对危险化学品经营（包括仓储经营，下同）实行许可制度。未经许可，任何单位和个人不得经营危险化学品。
  依法设立的危险化学品生产企业在其厂区范围内销售本企业生产的危险化学品，不需要取得危险化学品经营许可。
  依照《港口法》的规定取得港口经营许可证的港口经营人，在港区内从事危险化学品仓储经营，不需要取得危险化学品经营许可。

  【释义】对危险化学品经营实行许可制度，未经许可，任何单位和个人不得经营危险化学品。
  本条第二款规定，依法设立的危险化学品生产企业在其厂区范围销售本企业生产的危险化学品，不需要取得危险化学品经营许可。这主要是考虑到，依法设立的危险化学品生产企业已经取得了安全生产许可证，其厂区范围具备保障危险化学品安全的相关条件，涵盖了经营许可证的相关安全条件要求，因此在其厂区范围内销售本企业生产的危险化学品，不需要再取得危险化学品经营许可，以避免重复许可给企业增加不必要的负担。但是，危险化学品生产企业在厂区以外设立经营企业经营危险化学品的，应当具备危险化学品经营的相关安全条件，并依法取得危险化学品经营许可证，这一点在实践中应当注意。

根据《中华人民共和国港口法》，从事港口经营，应当向港口行政管理部门书面申请，取得港口经营许可，并依法办理工商登记。港口行政管理部门实施港口经营许可，应当有固定的经营场所，有与经营业务相适应的设施、设备、专业技术人员和管理人员，并应当具备法律、法规规定的其他条件。根据上述规定，依照《中华人民共和国港口法》的规定取得港口经营许可证的港口经营人，在港区内从事危险化学品仓储经营，其安全是有保障的。为做好有关法律法规的衔接，避免给企业增加不必要的负担，港口经营人不需要再取得危险化学品经营许可。

【案例】2006年4月1日，湖北省荆州市一危险化学品经营店发生氯气泄漏事故，造成1人（店主）死亡。该店业主没有办理剧毒化学品准购证、准运证、危险化学品经营许可证、工商营业执照，属非法经营氯气。

从事危险化学品经营的企业应当具备下列条件：

（一）有符合国家标准、行业标准的经营场所，储存危险化学品的，还应当有符合国家标准、行业标准的储存设施；

（二）从业人员经过专业技术培训并经考核合格；

（三）有健全的安全管理规章制度；

（四）有专职安全管理人员；

（五）有符合国家规定的危险化学品事故应急预案和必要的应急救援器材、设备；

（六）法律、法规规定的其他条件。

【释义】从事危险化学品经营的企业应当具备的条件有六个方面。

【案例】武城康达化工有限公司"8·4"中毒和窒息事故。

2006年8月4日下午15时左右，武城康达化工有限公司一分厂甲氧基乙酸车间正常开车生产。职工李某由人孔进入2#反应釜，此时，车间主任赵某正沿钢斜梯上到二楼操作平台，忽然听到李某"哎呀"喊了一声，赵某迅速赶到2#反应釜人孔处，喊了三四声李某的名字，没有反应，立即让正在现场工作的闫某喊人。随后，副总经理戈某、闫某等人陆续赶到事故现场，戈某指挥工人将2#釜的釜盖拉开。赵某跳入釜内救人，肖某也进入釜内，站在釜内盘管上救人，将某先救了出来，这时釜内的赵某晕倒，肖某伸手拉某没拉动，自己也栽到了釜里，在场的职工赶紧将肖某从釜内救出。在抢救过程中，8名职工中毒受伤，企业迅速将其送往医院，其中4名职工经抢救无效死亡。

釜内二氧化氮浓度严重超标、职工违章进入，是造成该事故的直接原因。职工违章进入反应釜，这是发生事故的主要原因。职工技术素质低，安全意识淡薄，不具备危险化学品生产所具备的安全生产知识和能力，事故应急救援措施不当，导致事故伤亡人员增加。

从事剧毒化学品、易制爆危险化学品经营的企业，应当向所在地设区的市级人民政府安监部门提出申请，从事其他危险化学品经营的企业，应当向所在地县级安监部门提出申请（有储存设施的，应当向所在地设区的市级人民政府安监部门提出申请）。申请人应当提交其符合本条例第三十四条规定条件的证明材料。设区的市级人民政府安监部门或者县级安监部门应当依法进行审查，并对申请人的经营场所、储存设施进行现场核查，自收到证明材料之日起30日内作出批准或者不予批准的决定。予以批准的，颁发危险化学品经营许可证；不予批准的，书面通知申请人并说明理由。

设区的市级人民政府安监部门和县级安监部门应当将其颁发危险化学品经营许可证的情况及时向同级环保部门和公安机关通报。

申请人持危险化学品经营许可证向工商行政部门办理登记手续后，方可从事危险化学品经营活动。法律、行政法规或者国务院规定经营危险化学品还需要经其他有关部门许可的，申请人向工商行政部门办理登记手续时还应当持相应的许可证件。

【释义】本条是关于申请取得危险化学品经营许可证的程序的规定。

【例题】（1）（　　）应当将其颁发危险化学品经营许可证的情况及时向同级环保部门和公安机关通报。

A. 设区的市级人民政府安监部门
B. 县级安监部门
C. 省级人民政府安监部门
D. 设区的市级人民政府安监部门和县级安监部门

（2）依照本条规定，总结申请取得危险化学品经营许可证的具体程序。

危险化学品经营企业储存危险化学品的，应当遵守本条例第二章关于储存危险化学品的规定。危险化学品商店内只能存放民用小包装的危险化学品。

【释义】考虑到危险化学品商店一般都是零售，而且人员相对密集，安全条件较为简陋，没有专门的储存设施，一旦发生事故，容易造成较大的人员伤亡和财产损失。因此，危险化学品商店内不宜大量存放危险化学品。本条规定，危险化学品商店内只能存放民用小包装的危险化学品。

【例题】零售业务的店面内只许存放民用小包装的危险化学品，其存放总质量不得超过（　　）。

A. 0.5 t　　　　B. 1.0 t　　　　C. 1.5 t　　　　D. 1.8 t

危险化学品经营企业不得向未经许可从事危险化学品生产、经营活动的企业采购危险化学品，不得经营没有化学品安全技术说明书或者化学品安全标签的危险化学品。

【释义】本条是关于危险化学品经营企业采购、经营危险化学品应当遵守的两项禁止性规范的规定。

首先，规定危险化学品经营企业不得采购违法生产、经营的危险化学品，可以堵塞非法销售渠道，有利于制止非法生产、经营危险化学品的活动，维护危险化学品生产、经营秩序。

其次，危险化学品经营企业不得经营没有化学品安全技术说明书、化学品安全标签的危险化学品。

为保证这条规定的落实，有必要从经营企业的角度，作出相应的严格约束，阻断没有化学品安全技术说明书、化学品安全标签的危险化学品的流通渠道。为此，本条规定，危险化学品经营企业不得经营没有化学品安全技术说明书、化学品安全标签的危险化学品。

【案例】某县工商局对危险化学品经营企业向未经许可违法从事危险化学品生产、经营活动的企业采购危险化学品的处罚。

职权名称	危险化学品经营企业向未经许可违法从事危险化学品生产、经营活动的企业采购危险化学品的处罚
类别	行政处罚
实施依据	《危险化学品安全管理条例》第八十三条 危险化学品经营企业向未经许可违法从事危险化学品生产、经营活动的企业采购危险化学品的，由工商行政部门责令改正，处10万元以上20万元以下的罚款；拒不改正的，责令停业整顿直至由原发证机关吊销其危险化学品经营许可证，并由工商行政部门责令其办理经营范围变更登记或者吊销其营业执照。
实施主体	县工商局
备注	

依法取得危险化学品安全生产许可证、危险化学品安全使用许可证、危险化学品经营许可证的企业，凭相应的许可证件购买剧毒化学品、易制爆危险化学品。民用爆炸物品生产企业凭民用爆炸物品生产许可证购买易制爆危险化学品。

前款规定以外的单位购买剧毒化学品的，应当向所在地县级公安机关申请取得剧毒化学品购买许可证；购买易制爆危险化学品的，应当持本单位出具的合法用途说明。

个人不得购买剧毒化学品（属于剧毒化学品的农药除外）和易制爆危险化学品。

【释义】为了杜绝剧毒化学品、易制爆危险化学品流入非法渠道，本条第二款规定，除危险化学品生产企业、使用企业、经营企业以及民用爆炸物品生产企业以外的其他单位，如医院、高校、科研机构等，购买剧毒化学品的，应当向所在地县级人民政府公安机关申请取得剧毒化学品购买许可证（新条例将原条例规定的剧毒化学品购买凭证、准购证合并为剧毒化学品购买许可证，以便更好地实行统一管理）；购买易制爆危险化学品的，应当持本单位出具的合法用途说明。

此外，考虑到剧毒化学品和易制爆危险化学品进入个人手中后，其用途、流向很难掌握，容易被不法分子用来从事影响社会治安和公共安全的活动，同时剧毒化学品和易制爆危险化学品一般用于企业生产经营活动以及教学、科研、医疗等单位的相关活动，个人日常生活中很少需要直接购买剧毒化学品和易制爆危险化学品，为维护公共安全和社会秩序，本条规定，个人不得购买剧毒化学品。考虑到农民生产活动的实际需要，又规定属于剧毒化学品的农药除外，即个人可以购买属于剧毒化学品的农药。

【案例】建平县鸿燊商贸有限公司"3·1"硫酸泄漏事故。

事故单位简况：

建平县鸿燊商贸有限责任公司，于2012年11月12日通过建平县工商局企业名称预先核准。该公司申报的经营范围：硫酸储存、运输、销售、化学试剂、器材销售等项目。2012年10月中旬至2013年1月，该公司未经有关部门审批，组织在朝阳市建平县现代生态科技园区建成了4个硫酸储罐，并违规购买硫酸5万余吨注入4个储罐中。

事故发生简要经过：

储罐注满硫酸后，罐体发生变形，硫酸渗漏。该公司负责人决定在罐体外用槽钢焊接加强圈加固罐体。在焊接作业过程中，未将储罐内盛装的硫酸导出，未采取隔离措施，也未对储罐内积存的气体进行置换，直接在储满硫酸的储罐外进行动火作业。

3月1日下午15时20分，5名焊工在对2号储罐进行焊接作业时，罐体突然发生爆裂，罐内硫酸瞬间暴溢。爆裂致使罐体与基础主体分离，顶盖与罐体分离，罐体侧移10米，靠在3号罐上。爆裂产生的罐体碎片撞击到1号储罐下部连接管处，致使法兰被砸断，1号储罐内硫酸流出。最终两罐约2.6万吨硫酸全部溢（流）出，流入附近农田、林地、河床及丹锡高速公路一处涵洞。现场作业的5名焊工及2名企业人员因硫酸灼烫全部遇难。

事故原因：

（1）直接原因。

由于储罐内的浓硫酸被局部稀释使罐内产生氢气，与空气形成达到爆炸极限的混合气体。当氢氧混合气体从放空管通气口和罐顶周围的小缺口冒出时，遇焊接明火引起爆炸。气体的爆炸力与罐内浓硫酸液体的静压力叠加形成的合力作用在罐体上，导致2号罐体瞬间爆裂，硫酸暴溢。又由于爆裂罐体碎片飞出，将1号储罐下部连接管法兰砸断，罐内硫酸泄漏。

（2）间接原因。

① 无设计施工，建设硫酸储罐达不到强度、刚度要求；又因储罐罐体焊接质量缺陷，导致罐体储满硫酸后发生变形、渗漏。

② 违规动火。在加固施工作业时未采取有效隔离、通风等防范措施。

③ 无安全防护设施。硫酸储罐现场未设置事故存液池以及防护围堤等安全防护设施。

④ 企业非法建设。该硫酸储存项目未经规划，未经环境保护部门进行环境影响评估，未经安全生产监督管理部门审批安全条件，未经发改部门办理项目备案，未经国土部门批准项目建设用地，未经建设部门审批施工许可，未办理工商营业执照。

⑤ 施工队伍无资质承揽施工工程，工程质量存在严重缺陷。

⑥ 借用合法资质，非法购买硫酸。

⑦ 园区及政府职能部门对项目把关不严，违法违规审批，监管不到位。

事故单位及有关责任人员处理简要情况：

（1）鸿燊公司被依法取缔。出借资质公司被依法吊销许可证。

（2）鸿燊公司的实际控制人、法定代表人等被追究刑事责任。

（3）储罐施工的包工队负责人被追究刑事责任。

（4）园区管委会主任、园区管委会副主任被追究刑事责任。

（5）对建平县政府有关负责人、建平县发改局、建平县黑水土地资源所、建平县国土局、建平县公安局、建平县安监局、建平县工商局黑水分局等有关人员给予行政处分。

申请取得剧毒化学品购买许可证，申请人应当向所在地县级公安机关提交下列材料：

（一）营业执照或者法人证书（登记证书）的复印件；

（二）拟购买的剧毒化学品品种、数量的说明；

（三）购买剧毒化学品用途的说明；

（四）经办人的身份证明。

县级公安机关应当自收到前款规定的材料之日起3日内，作出批准或者不予批准的决定。予以批准的，颁发剧毒化学品购买许可证；不予批准的，书面通知申请人并说明理由。

剧毒化学品购买许可证管理办法由国务院公安部门制定。

【释义】申请取得剧毒化学品购买许可证，应当向所在地县级人民政府公安机关提交营业执照或者法人证书（登记证书）的复印件，拟购买的剧毒化学品的品种、数量的说明，购买剧毒化学品的用途说明以及经办人的身份证明等材料。这些材料都是为了证明购买单位的合法身份以及购买剧毒化学品的正当用途，目的在于保证剧毒化学品不致流入非法渠道。

为了规范公安机关的审批行为，根据实际情况，按照既提高行政许可的效率，又要保证审查机关有足够的时间来严格把关、认真审查的要求，本条第二款规定了公安机关审查的期限和程序，具体是：县级人民政府公安机关应当自收到规定的申请材料之日起3日内，作出批准或者不予批准的决定。予以批准的，颁发剧毒化学品购买许可证；不予批准的，书面通知申请人并说明理由。

【例题】（1）县级公安机关应当自收到前款规定的材料之日起（　　）日内，作出批准或者不予批准的决定。予以批准的，颁发剧毒化学品购买许可证；不予批准的，书面通知申请人并说明理由。

　　A. 4　　　　B. 2　　　　C. 6　　　　D. 3

（2）依据《危险化学品安全管理条例》的规定，剧毒化学品购买许可证管理办法由（　　）制定。

　　A. 国务院公安部门　　　　B. 国务院司法部门
　　C. 国务院国防科技部门　　D. 国务院质量监督检验部门

危险化学品生产企业、经营企业销售剧毒化学品、易制爆危险化学品，应当查验本条例第三十八条第一款、第二款规定的相关许可证件或者证明文件，不得向不具有相关许可证件或者证明文件的单位销售剧毒化学品、易制爆危险化学品。对持剧毒化学品购买许可证购买剧毒化学品的，应当按照许可证载明的品种、数量销售。

禁止向个人销售剧毒化学品（属于剧毒化学品的农药除外）和易制爆危险化学品。

【释义】本条是关于危险化学品生产企业、经营企业销售剧毒化学品、易制爆危险化学品的约束性规定。

为了防止剧毒化学品（属于剧毒化学品的农药除外）和易制爆危险化学品流入个人手中，本条从明确销售者义务的角度规定：除了属于剧毒化学品的农药外，危险化学品生产企业、经营企业不得向个人销售剧毒化学品和易制爆化学品。

【案例】2012年5月12日，河南安阳13岁少年武某，在路边一家化玻商店轻易买到了氯酸钾等2种易制爆危险化学品后，引发爆炸致残。

浓硫酸泼向人体，后果不堪设想，硫酸可以随意购买吗？

危险化学品生产企业、经营企业销售剧毒化学品、易制爆危险化学品，应当如实记录购买单位的名称、地址、经办人的姓名、身份证号码以及所购买的剧毒化学品、易制爆危险化学品的品种、数量、用途。销售记录以及经办人的身份证明复印件、相关许可证件复印件或者证明文件的保存期限不得少于1年。

剧毒化学品、易制爆危险化学品的销售企业、购买单位应当在销售、购买后5日内，将所销售、购买的剧毒化学品、易制爆危险化学品的品种、数量以及流向信息报所在地县级公安机关备案，并输入计算机系统。

【释义】对剧毒化学品和易制爆危险化学品的流向应当实施严格监控，谁购买了剧毒化学品和易制爆危险化学品、购买的是什么品种、购买了多少、用途是什么，都应该清楚、明确地掌握。因此，危险化学品生产企业、经营企业在销售剧毒化学品和易制爆危险化学品时，应当如实记录购买单位的名称、地址和经办人的姓名、身份证号码以及所购买的剧毒化学品、易制爆危险化学品的品种、数量和用途。危险化学品生产企业、经营企业对剧毒化学品和易制爆危险化学品的销售记录内容和购买经办人的身份证明复印件、相关许可证复印件或者证明文件应当进行妥善保存，且保存的期限不得少于 1 年，以便在销售的剧毒化学品和易制爆危险化学品出现丢失、被盗等情况时，为案件侦破工作提供有效线索。

为了使公安机关及时掌握剧毒化学品和易制爆危险化学品的动态，对剧毒化学品和易制爆危险化学品实施严格监控，保障剧毒化学品和易制爆危险化学品的安全，本条规定，剧毒化学品和易制爆危险化学品的销售企业、购买单位应当在销售、购买 5 日内，将所销售、购买的剧毒化学品、易制爆危险化学品的品种、数量以及有关流向信息报所在地县级人民政府公安机关备案。同时，为了充分利用现代信息技术，提高对剧毒化学品和易制爆危险化学品的监控效率，有关企业和单位应当将备案的内容输入计算机系统，以便检索和查找。

【例题】（多选）依据《危险化学品安全管理条例》的规定，危险化学品的生产、经营企业销售剧毒化学品、易制爆危险化学品，应当如实记录购买单位的名称、地址，经办人姓名、身份证号码以及所购买剧毒化学品、易制爆化学品的（　　　）等相关信息。

A. 品种　　B. 数量　　C. 颜色　　D. 形态　　E. 用途

能力提升

阅读下列事故案例，对照本章条款，请分析其违反了哪几条规定。

一、事故经过

2003 年 9 月 16 日上午 9 时许，非法经营户何××，在西塘翠南船厂氧气瓶仓库打电话通知位于陶庄镇陶庄村的天凝氧气充灌站陶庄新站的沈××，称其将派李××（死者，安徽人）来充装氧气。9 月 16 日 12:00 时多，非法运输户李××由沈××为其充装 20 瓶。9 月 16 日下午 13:00 时左右，李××将自备车（车号为安徽 K48×××）驶入位于原西汾公路北侧的西塘镇新胜村陆家浜铁场内的项××堆场。当李××卸第一瓶氧气瓶时，氧气瓶突然爆炸，李××被当场炸死。周边幸无他人伤及。

二、事故原因

1. 直接原因：

（1）在卸瓶作业过程中运输车左后轮胎爆裂，造成车辆左倾氧气瓶掉落与地面废钢材发生碰撞，瓶阀中间断裂且遇油渍引发化学爆炸。

（2）氧气瓶本身有缺陷。据调查知，属何××所有的 32 只氧气瓶与其他瓶相比，明显黑不溜秋，七长八短，手轮等附件残缺不全。据市质监局特种设备检测院现场勘察报告，爆炸的氧气瓶底部正中部位已被机械钻孔，直径为 42 mm，且该孔周围有明显电弧焊接痕迹（贴焊），属报废钢瓶。

2. 间接原因：

氧气充灌及流转管理混乱是造成这次事故的间接原因。

（1）个体运输户李××未经交通部门批准即运输及装卸危险化学品，违反了国务院 344

号令《危险化学品安全管理条例》第三十七条的规定，属严重安全生产违法行为。

（2）爆炸的氧气瓶产权属何××，而何××经营、运输氧气未经政府任何职能部门批准，违反了国务院344号令《危险化学品安全管理条例》第二十七条及第二十九条规定。

（3）天凝氧气充灌站陶庄新站在明知何××钢瓶有缺陷的情况下，仍多次为其充装的，违反了《气瓶安全监察规定》第二十六条和第二十九条规定。

三、事故责任

（1）李××利用自备车擅自从事危险化学品公路运输，无资质，负有此次事故的直接责任。

（2）何××为嘉善县嘉龙制氧气厂派驻西塘翠南船厂管理氧气瓶的职工。利用职务之便，使用嘉龙厂的电话和船厂的仓库，购买报废钢瓶投入再使用，雇用李××等人，未经任何部门批准，从事危险化学品非法经营、运输活动，负有事故的主要责任。

（3）钱××为天凝氧气充灌站陶庄新站法定代表人。在陶庄新站改、扩建过程中，未经批准和工商登记注册，也未经质监部门试充装批准许可，擅自从事危险化学品充装、储存、经营，且雇佣人员无证上岗，无视国家法令，对报废钢瓶流转熟视无睹，严重违反了《危险化学品安全管理条例》第五十七条及《气瓶安全监察规定》第二十六条和第二十九的规定，负有事故的主要领导责任及直接责任。

（4）沈××系天凝氧气充灌站陶庄新站法定代表人指定的现场管理者，以赚取进货液氧与充灌氧气瓶的体积差价为主要利润，并负责安全工作。在明知何××钢瓶有问题的情况下，违规为其多次充灌放行，违反了《气瓶安全监察规定》第二十九条的规定，负有事故的间接责任。

四、处理意见

（1）李××已死亡，免除相关处罚。违章运输车辆（安徽K48×××），由县安监局出具案件移送书，交县交通局按《危险化学品安全管理条例》第六十五条规定处理。

（2）何××由县安监局按《危险化学品安全管理条例》第五十七条规定，处5万元以上50万元以下的罚款。

（3）天凝氧气冲灌站陶庄新站（法定代表人钱××）。由县安监局按《危险化学品安全管理条例》第五十七条规定，责令停产停业整顿，直至符合国家规定的全部手续方许开工，并处5万元以上50万元以下罚款。

（4）责成天凝氧气冲灌站陶庄新站按有关规定，对沈××等有关责任人员进行处理。处理结果报县安监局备案。

（5）鉴于目前县境内非法生产、经营、储运、使用氧气瓶情况比较严重，很有可能再次发生爆炸事故，按照《气瓶安全监察规定》，对目前尚未取得气瓶充装许可证的本县氧气冲装企业，由县安委会指定县工商局暂扣营业执照，直到领到气瓶充装许可证为止。

五、整改意见

（1）在事发后24小时内，联合调查组分别发出了四项强制措施决定书和1份抄告单：

① 依法对陆家浜铁场项××堆场作出事故现场立即停业生产经营进行安全生产整顿的决定；

② 依法对陶庄氧气冲灌站作出立即停产停业整顿的决定；

③ 依法对何××所属32只涉嫌氧气瓶作出查扣、封存的决定；

④依法对西塘翠南船厂61只空氧气瓶中的10只超期及情况不明钢瓶作出暂扣的决定。同时，以善安委办〔2003〕第3号单名义，抄告各镇人民政府：

在县安委会作出全面整治决定之前，提出两点要求：立即对辖区内铁场、船厂、金属加工厂和氧气供应站进行一次全面检查，立即停止非法生产、经营、储运、使用氧气瓶。

（2）事故处理全部结束后，向社会媒体通报事故情况，以起到警示和告诫作用。

（3）质监部门加快气瓶充装许可证的办理手续。

（4）除对天凝氧气充灌站陶庄新站依法责令停产、停业整顿，按国家法规进行整改外，县安委会指定县质监局牵头，拿出整治方案，并将之列入县第二批重大事故隐患名单；迅速成立由县质监局、工商局、交通局、公安局交警大队、安监局等部门参加的专项整治领导小组。在整治时间、步骤上，与上级质监部门要求相衔接。

总结提高

1.（判断）《危险化学品安全管理条例》中规定，国家对危险化学品经营（包括仓储经营）实行许可制度。未经许可，任何单位和个人不得经营危险化学品。（　　）

2.依据2013年国务院修订公布的《危险化学品安全管理条例》，下列关于危险化学品经营许可的说法中，正确的是（　　）。

　　A. 依法设立的危险化学品生产企业在其厂区范围内销售本企业生产的危险化学品，不需要取得危险化学品经营许可

　　B. 依据《港口法》的规定取得港口经营许可证的港口经营人，不需要取得危险化学品经营许可

　　C. 从事危险化学品经营的企业，应当向所在地设区的市级人民政府安全生产监督管理部门提出申请

　　D. 安全生产监督管理部门应对提出办理危险化学品经营许可证申请的企业进行审查，予以批准的，颁发危险化学品经营许可证；不予批准的，应当面通知申请人并说明理由

3.（判断）依照《港口法》的规定取得港口经营许可证的港口经营人，在港区内从事危险化学品仓储经营，不需要取得危险化学品经营许可。（　　）

4.（多选）《危险化学品安全管理条例》规定，危险化学品的经营企业，必须具备的条件包括（　　）。

　　A. 经营场所和储存设施符合国家标准

　　B. 主管人员和主要业务人员具有高级专业技术职称

　　C. 主管人员和业务人员经过专业培训，并取得上岗资格

　　D. 有健全的安全管理制度

5. 从事剧毒化学品、易制爆危险化学品经营的企业，应当向所在地（　　）提出申请，从事其他危险化学品经营的企业，应当向所在地县级安监部门提出申请（有储存设施的，应当向所在地设区的市级人民政府安监部门提出申请）。申请人应当提交其符合本条例第三十四条规定条件的证明材料。设区的市级人民政府安监部门或者县级安监部门应当依法进行审查，

并对申请人的经营场所、储存设施进行现场核查，自收到证明材料之日起 30 日内作出批准或者不予批准的决定。予以批准的，颁发危险化学品经营许可证；不予批准的，书面通知申请人并说明理由。

  A. 设区的市级人民政府安监部门　　B. 市级公安机关
  C. 省级人民政府安监部门　　D. 县级安监部门

6. 申请人凭危险化学品（　　）向工商行政管理部门办理登记注册手续。
  A. 经营申请书　　B. 经营许可证
  C. 经营注册证　　D. 营业执照

7. 危险化学品经营企业不得向未经许可从事危险化学品生产、经营活动的企业采购危险化学品，不得经营没有（　　）的危险化学品。
  A. 化学品安全技术说明书或者化学品安全标签
  B. 化学品使用方法或者化学品安全标签
  C. 化学品用途和化学品安全标签
  D. 化学品使用方法或化学品用途

8. 依法取得（　　）的企业，凭相应的许可证件购买剧毒化学品、易制爆危险化学品。民用爆炸物品生产企业凭民用爆炸物品生产许可证购买易制爆危险化学品。
  A. 危险化学品安全生产许可证　　B. 危险化学品安全使用许可证
  C. 危险化学品经营许可证　　D. 以上答案都是

9. （判断）个人不得购买剧毒化学品（属于剧毒化学品的农药除外）和易制爆危险化学品。（　　）

10. 依据《危险化学品安全管理条例》的规定，申请取得剧毒化学品购买许可证，申请人应当向所在地县级人民政府公安机关提交的材料不包括（　　）。
  A. 经办人的身份证明
  B. 购买剧毒化学品用途的说明
  C. 拟购买的剧毒化学品品种、数量的说明
  D. 营业执照或者法人证书（登记证书）的原件

11. 危险化学品生产企业、经营企业销售剧毒化学品、易制爆危险化学品，应当如实记录购买单位所购买的剧毒化学品、易制爆危险化学品的（　　）。
  A. 品种、数量、用途　　B. 品种、数量、特征
  C. 品种、数量、价格　　D. 类型、质量、价格

12. 危险化学品生产企业、经营企业销售剧毒化学品、易制爆危险化学品，应当如实记录购买单位的名称、地址、经办人的姓名、身份证号码以及所购买的剧毒化学品、易制爆危险化学品的品种、数量、用途。销售记录以及经办人的身份证明复印件、相关许可证件复印件或者证明文件的保存期限不得少于（　　）年。
  A. 1　　B. 2　　C. 3　　D. 4

13. 剧毒化学品、易制爆危险化学品的销售企业、购买单位应当在销售、购买后（　　）日内，将所销售和购买的剧毒化学品、易制爆危险化学品的品种和数量以及流向信息报所在

地县级人民政府公安机关备案,并输入计算机系统。

A. 4　　　　　　　B. 5　　　　　　　C. 7　　　　　　　D. 9

课外拓展

请通过网络查询我国剧毒化学品、易制爆危险化学品有多少种。

第五节　危险化学品运输安全

危险化学品运输事故的发生,其原因往往是复杂的、多种的。事故轨迹交叉理论认为,生产劳动中,人和物两个方面共存于一个系统中,当人的不安全行为和物的不安全状态发生在同一时间和同一空间,即二者轨迹交叉时,则可能在此时间和空间发生事故。

在危险化学品运输过程中,产生不安全行为的人主要是驾驶员、押车员和车辆维修保养员。据统计,80%的交通事故是驾驶员的违章或失误造成。驾驶员的不安全行为包括:疲劳驾驶或驾驶技术差,超载和超速行驶,行车路线不当,道路情况不清,在多变的气象条件和复杂的路段上行车不慎,违规从人口密集场所、居民区、学校、机关、风景名胜区通过或违规停放,违章搭乘无关人员。这些行为导致事故直接发生或者是事故发生后使人员伤亡或财产损失更加严重。押车员的不安全行为主要有:指使驾驶员随意停车,指使驾驶员随意改变行车路线,擅离职守。这些行为会增加事故发生的概率,增加事故人员伤亡和财产损失,或者使事故得不到及时的处置和控制,使事态进一步恶化,导致灾难的发生。

危险化学品运输中物的不安全状态包括运输工具、运输货物和运输环境 3 方面的不安全因素。运输工具的不安全状态一是车辆的制动转向系统和行使系统。二是罐体、管道、阀门等配套设施,以及监测所载货物状态、温度、压力、浓度等的仪器仪表。前者的不安全状态可能导致交通事故,后者可能引起所载液体、压缩气体和液化气体物理性泄漏。货物的不安全状态是由危险化学品的固有特性和危险化学品的包装、堆垛、防潮防热措施所决定的。爆炸品受热或受摩擦或震荡有可能爆炸;压缩气体和液化气体在较高的温度环境下,体积膨胀,压力升高,会引起容器物理性破裂导致泄漏,遇到点火源发生燃烧或者爆炸;自燃物品如果包装损坏,就会发生自燃;遇湿易燃物品如果包装损坏,在雨天、雪天、大雾天运输,可能会受潮,引起自燃。运输环境的不安全状态包括天气、地形、路况、人口密度和运输时间。天气状况多变或路滑,易造成撞车、翻车,引发事故;地形影响驾驶员视野,还会影响到危险化学品泄漏后气云的扩散速度;路况直接影响车辆正常运行,在崎岖、多弯、较滑的路面行驶,易造成翻车、撞车等交通事故;人口密度和运输时间影响事故损失,事故发生在人口密集场所,在夜深人静人员处于熟睡的时段,易造成人员的大面积中毒死亡,增大事故损失。

知识储备

从事危险化学品道路运输、水路运输的,应当分别依照有关道路运输、水路运输的法律、行

政法规的规定，取得危险货物道路运输许可、危险货物水路运输许可，并向工商行政部门办理登记手续。

危险化学品道路运输企业、水路运输企业应当配备专职安全管理人员。

【释义】本条是关于危险化学品道路运输、水路运输资质以及危险化学品道路运输企业、水路运输企业配备专职安全管理人员的规定。

危险化学品道路运输、水路运输不同于普通货物运输，具有较大的危险性。为保障运输安全，运输企业需要具备人员、设施设备、安全管理制度等方面的安全保障条件。

从事危险化学品道路运输、水路运输的企业属于高危险性行业，配备专职安全管理人员，对保证运输企业的安全管理十分重要。《中华人民共和国安全生产法》明确规定，危险物品的生产、经营、储存单位，应当设置安全生产管理机构或者配备专职安全生产管理人员。危险化学品道路运输企业、水路运输企业属于经营单位，应当按照规定配备专职安全管理人员。

【例题】根据《危险化学品安全管理条例》，从事危险化学品道路运输、水路运输的，应当分别依照有关道路运输、水路运输的法律、行政法规的规定，取得危险货物道路运输许可、危险货物水路运输许可，并向（　　）办理登记手续。

A. 公安机关　　　　　　　　　B. 工商行政管理部门
C. 环境保护主管部门　　　　　D. 交通运输主管部门

危险化学品道路运输企业、水路运输企业的驾驶人员、船员、装卸管理人员、押运人员、申报人员、集装箱装箱现场检查员应当经交通部门考核合格，取得从业资格。具体办法由国务院交通部门制定。

危险化学品的装卸作业应当遵守安全作业标准、规程和制度，并在装卸管理人员的现场指挥或者监控下进行。水路运输危险化学品的集装箱装箱作业应当在集装箱装箱现场检查员的指挥或者监控下进行，并符合积载、隔离的规范和要求；装箱作业完毕后，集装箱装箱现场检查员应当签署装箱证明书。

【释义】由于业务的特殊性，危险化学品道路运输企业、水路运输企业的驾驶人员、船员、装卸管理人员、押运人员、申报人员、集装箱装箱现场检查员必须具备相应的专业技术知识和操作技能，这是确保危险化学品运输安全的重要条件。因此，对上述人员有必要实行资格管理。

危险化学品的危险特性决定其对装载方式、间距等有严格的要求，一旦装载不妥，在运输途中极易发生事故。因此，集装箱装箱现场检查员在集装箱装箱过程中，详细检查危险化学品的装箱是否符合安全要求是十分必要的。危险化学品的装卸作业应当在装卸管理人员的现场指挥或者监控下进行。水路运输危险化学品的集装箱装箱作业应当在集装箱现场检查员的指挥或者监控下进行，并符合积载、隔离的规范和要求；装箱作业完毕后，集装箱装箱现场检查员应当签署装箱证明书。装箱证明书应当与集装箱运输单一起存放。

【例题】水路运输危险化学品的集装箱装箱作业应当在集装箱装箱现场检查员的指挥或监控下进行，并符合（　　）的规范和要求。

A. 积载、隔离　　　C. 集装箱　　　B. 危险化学品　　　D. 船舶

运输危险化学品，应当根据危险化学品的危险特性采取相应的安全防护措施，并配备必要的防护用品和应急救援器材。

用于运输危险化学品的槽罐以及其他容器应当封口严密，能够防止危险化学品在运输过程中因温度、湿度或者压力的变化发生渗漏、洒漏；槽罐以及其他容器的溢流和泄压装置应当设置准确、起闭灵活。

运输危险化学品的驾驶人员、船员、装卸管理人员、押运人员、申报人员、集装箱装箱现场检查员，应当了解所运输的危险化学品的危险特性及其包装物、容器的使用要求和出现危险情况时的应急处置方法。

【释义】本条是关于运输危险化学品有关安全防护措施和防护用品、槽罐和其他容器的安全使用，以及运输危险化学品的有关人员的安全要求的规定。

【案例】山西祁县液氨罐车爆炸事故。

1972年×月15日12时，山西省祁县城供销社饭店门前发生了液氨罐车爆炸事故，造成死亡21人，重伤56人，轻伤99人，经济损失1.2万元。14日晨，高城县化肥厂车队派司机驾驶汽车从清徐化肥厂借氨罐去太原化肥厂灌装液氨。21时返回本厂未卸氨，于15晨又将该罐液氨送往祁县化肥厂，车到祁县后，又因祁县化肥厂不需要液氨，故又将该液氨拉回高城化肥厂使用。11时左右，该罐车离开祁县化肥厂返回高城县化肥厂。12时20分，罐车行至祁县城供销社饭店附近停车。停车地点恰为商业网点，人群稠密区，饭店门前又是该村的广场，停车后装卸工下车买东西。之后氨罐突然发生爆炸，封头击穿驾驶室飞向前方12米处，罐体向后飞往63米处，罐内1.2吨液氨迅速气化，氨雾顿时大面积笼罩现场。当场死亡6人，在抢救过程中又死亡15人，重伤56人。

事故原因分析：

（1）该氨罐是违章自行改制的压力容器，改制没有严格按有关规定和技术要求进行。从炸开的焊缝检查，筒体与封头结合部位仍有氧气切割时残留下来的氧化铁没有清除，封头与筒体的焊接部位均没有坡口，焊缝的焊肉薄厚不均，只在表面糊了一层，焊内最薄处仅毫米。另外，在焊缝内实垫了长1250毫米、直径6毫米的圆钢，占整个筒体周长的二分之一。

（2）氨罐改制后，不经技术鉴定和质量检验，也未装安全阀，仅以水压试验后就交付使用。

（3）在运输过程中，未按规定派有经验的、经过训练的技工跟车。虽然行车前讲过注意事项，但行车中漫不经心，多次违章在人众之处停车，氨罐压力升高不及时排放，最后导致超压爆炸。

防止同类事故的措施：

（1）严格执行压力容器安全监察规程和危险品运输的有关规定，对来历不明，无技术资料或资料不全，无合格证明书的设备一律不用。

（2）加强职工的安全技术培训和思想工作，提高其技术素质和工作责任心，对危险性大的工作，必须派熟悉此项技术和责任心强的同志担任。

通过道路运输危险化学品的，应当按照运输车辆的核定载质量装载危险化学品，不得超载。

危险化学品运输车辆应当符合国家标准要求的安全技术条件，并按照国家有关规定定期进行安全技术检验。

危险化学品运输车辆应当悬挂或者喷涂符合国家标准要求的警示标志。

【释义】（1）《中华人民共和国道路交通安全法》第四十八条第一款明确规定，机动车载物应当符合核定的载质量，严禁超载。这是对所有机动车载物的普遍性要求，目的是为了保障道路交通安全。由于危险化学品的特殊性质，其运输车辆属于专业车辆，在载质量方面应当遵守更为严格的规定。《道路危险货物运输管理规定》《道路车辆外廓尺寸、轴荷和质量限值》（GB1589）和有关行业标准专门针对危险化学品运输车辆的载质量作了严格的规定。比如，运输剧毒、爆炸、强腐蚀性危险货物的非罐式专用车辆，核定载质量不得超过10吨。

（2）危险化学品运输车辆应当符合国家标准要求的安全技术条件，并定期进行安全技术检验。

根据《道路危险货物运输管理规定》，申请从事道路危险货物运输经营的，其运输车辆的技术性能应当符合国家标准《运营车辆综合性能要求和检验方法》（GB18565）的要求；车辆外廓尺寸、轴荷和质量符合国家标准《道路车辆外廓尺寸、轴荷和质量限值》（GB1589）的要求；车辆技术等级达到行业标准《运营车辆技术等级划分和评定要求》（JT/T198）规定的一级技术等级。

道路货物运输经营者应当定期进行货运车辆检测，车辆检测结合车辆定期审验一并进行。道路货物运输经营者在规定时间内，到符合国家相关标准的机动车综合性能检测机构进行检测。机动车综合性能检测机构按照国家标准《运营车辆综合性能要求和检验方法》（GB18565）、《道路车辆外廓尺寸、轴荷和质量限值》（GB1589）的规定进行检测，出具全国统一式样的检测报告。

（3）危险化学品运输车辆应当悬挂或者喷涂警示标志。

危险化学品运输车辆一旦发生事故，安全生产监督管理、公安、交通运输等有关部门和应急救援队伍可以根据警示标志的提示，迅速确定所运输的危险化学品的类别、项别，及时、正确地制定抢险方案，将事故危害降到最低程度。因此，本条明确规定，危险化学品运输车辆应当悬挂或者喷涂符合国家标准要求的警示标志。警示标志应当符合国家标准《道路运输危险货物车辆标准》（GB13392）的相关要求。该标准对警示标志灯、标牌的材质、形式、外观、样式以及安装（悬挂）位置等，都作出了相应规定。标准灯的光源为荧光物质，荧光黄色在正常使用条件下应至少保持两年不褪色。标志牌的反光膜、印刷图形能有效防止酸、碱液或者腐蚀性烟雾的侵蚀，使用寿命不少于两年。

【案例】氰化物运输事故。

2004年1月3日下午3时10分，一辆装有剧毒物品氰化钠的东风大货车翻倒在肇庆市国道321线四莲路口葫芦山加油站的公路旁。接报后，肇庆市公安、治安、消防等部门的人员迅速赶到现场妥善处理事故。经了解，事故原因是该车超速及严重超载（该车核定载货量为7吨，实际装载的固体氰化钠为28吨）。

通过道路运输危险化学品的，应当配备押运人员，并保证所运输的危险化学品处于押运人员的监控之下。

运输危险化学品途中因住宿或者发生影响正常运输的情况，需要较长时间停车的，驾驶人员、押运人员应当采取相应的安全防范措施；运输剧毒化学品或者易制爆危险化学品的，还应当向当地公安机关报告。

【释义】每辆运输危险化学品的车辆除驾驶员以外，应当配备至少一名押运人员，既可以防止危险化学品丢失或者被盗、被抢，也可以在驾驶员伤亡等紧急情况下及时采取相应的安全措施。押运人员应当忠于职守，尽职尽责，加强对所运输的危险化学品的监控管理，不得擅离职守，使运输的危险化学品脱离监控。否则，将承担相应的法律责任。

通过道路运输危险化学品，原则上应当白天进行，并尽可能当天到达运输目的地，减少夜间行驶和中途停留时间。夜间运输危险化学品，一旦发生事故，不易被人发现，夜间中途停车极易发生盗窃等现象。因此，运输危险化学品的车辆确需停车住宿或者遇有无法正常运输的情况，需要较长时间停车的，驾驶人员及随车的押运人员应当采取相应的安全防范措施，包括轮流值班，以防止抢劫、盗窃等情况发生。对于运输剧毒化学品或者易制爆危险化学品的，除采取安全防范措施外，还应当向当地公安机关报告。报告的内容包括停留的时间、地点以及运输的危险化学品种类、危险特性等，以便公安机关及时掌握相关情况，作好必要的准备。

【案例】2001年吉林铁路分局棋盘站液氯槽车泄漏事故。

2001年2月18日上午，东北某化工厂一台液氯罐车发生泄漏，致使现场多人出现急性氯气刺激反应。

事故经过：

2001年2月18日7时20分，东北某化工厂自备的CY貂号液氯罐车由一货运列车运至吉铁分局管内棋盘站，当时该罐车载有52.2吨液氯（允许载重55吨）。8时40分，棋盘站开始对该次列车进行解体作业，9时35分，作业完毕。此时该罐车被停放在棋盘站五场9道，未见泄漏。11时许，在现场作业的调车、列检等铁路员工相继闻到异味，即找GY貂号罐车押运人员予以处理，但没找到，只好请同列车到棋盘站的另一化工集团公司的液氯罐车押运人员协助处理。12时左右，GY貂号罐车押运人员周某、常某赶到现场。13时左右，周、常处理完毕，液氯泄漏完全终止。

此次液氯泄漏造成棋盘站调车、列检等人员共28名出现急性氯气刺激性反应。由于救助及时，至3月3日住院人员已全部出院。

事故原因：

该化工厂接到液氯泄漏报告后，立即派主管生产及安全的副厂长等4人快速赶到现场，与沈阳铁路局吉铁分局等单位有关人员共同对此次液氯泄漏事故进行认真的调查了解和分析。

经查，GY貂号液氯罐车于2000年8月在该厂进行过罐体中修，车上安全阀、压力表等固定安全附件齐全良好。此次出厂前的气密性试验、充装、封车等手续、记录正确无误。漏点是在罐车2号位液相阀门盲板处，而盲板螺栓比出厂前规定的少了2个，并有紧固不到位迹象。从事故现场看，当时车上2个气相阀、2个液相阀法兰螺栓各缺2个。由于缺少紧固螺栓，加之该车在运行、解体、编组等过程中可能受到过较大震动，致使盲板螺栓松动，造成液氯泄漏。而当液氯泄漏时，本应随车而行的押运员周某、常某又因同时离车吃饭而漏乘，不在现场，致使液氯泄漏时未能在最短时间内得到有效控制，造成28人出现急性氯气刺激反应。

事故处理：

GY貂号液氯罐车押运员周某、常某，轻易相信车站人员告知的发车信息，以为有足够的时间吃饭，擅自同时离车出站吃饭，造成漏乘，不得不乘客运列车追赶GY貂号液氯罐车。中途运行过程中，又不仔细检查罐车各部位设施情况，没有及时发现罐车气、液相阀法兰缺少螺栓，对此次事故负有主要责任，决定对其2人给予开除厂籍处理。

该化工厂安全处安全监察员黄某，对GY貂号液氯罐车出厂前气、液相阀法兰螺栓是否齐全说不清楚，仅以车不漏为标准，轻易签字，准予罐车出厂，对事故负有重要责任，决定对其给予开除厂籍、留厂察看1年、罚款1000元、调离原工作岗位的处理。

该厂氯碱车间主任周某、主管生产及安全的副主任兰某、专职安全员盛某、液氯工段段长吕某，对此次事故负有一定责任，决定对上述4人给予罚款1000元的处理，同时取消车间主任周某、副主任兰某1个月的职务津贴。

该厂厂长、厂安全生产委员会主任齐某，主管生产及安全的副厂长、厂安全生产委员会副主任吴某，对此次事故负有领导责任，决定对上述2人给予罚款1000元的处理。

该厂安全处处长、副处长，对此次事故负有领导责任，决定对上述2人给予罚款500元、取消1个月职务津贴的处理。

防范措施：

（1）进一步完善液氯罐车进出厂、气密性试验、封车和中修等安全管理制度。今后凡液氯罐车请车后7天尚未出厂的，再出厂前必须重新办理出厂手续。安全监察员在重新办理出厂手续前，必须对全车再次进行全面检查。

（2）液氯罐车押运人员必须全程押运，有事或吃饭时，必须2人交替进行，确保罐车现场时刻有人坚守。每到一站，只要停车时间允许，必须上车全面检查，同时做好详细记录。

未经公安机关批准，运输危险化学品的车辆不得进入危险化学品运输车辆限制通行的区域。危险化学品运输车辆限制通行的区域由县级公安机关划定，并设置明显的标志。

【释义】限制通行的区域包括绝对禁止通行的区域，也包括经批准后可以进入的区域。

危险化学品运输车辆限制通行的区域由县级人民政府公安机关划定，并设置明显的标志。危险化学品运输车辆限制通行的区域主要是城区、乡镇的人员密集场所、重要水源以及集中办公地点等。县级人民政府公安机关应当根据当地人员分布、重要水源以及集中办公地点等实际情况，合理划定危险化学品运输车辆限制通行的区域。划定的危险化学品运输车辆限制通行的区域，应当对外公布，并设置醒目的标志，以警示危险化学品运输车辆不得擅自进入。

【案例】江西一甲胺泄漏事故。

事故情况：

1991年9月3日，江西省贵溪县农药厂租用的载有有毒化学品一甲胺的汽车，在上饶县沙溪镇，车上槽罐发生泄漏，造成特大中毒事故。

9月2日下午，贵溪县农药厂租用的本县个体户一辆"日野"牌货车，从上海装载2.4吨一甲胺返回贵溪，车内坐有个体户司机、贵溪农药厂押车员和贵溪供销贸易中心的1名职工及其小孩。9月3日3时，汽车行经上饶县，司机考虑夜间行车中在路上遭遇两次截车，想天亮后再继续行驶，因押车员的父母家在沙溪镇，便将汽车开进的沙溪镇新生街。由于夜间光线昏暗，视线不清，新生街上有一半路面被沙石堵占，汽车尽量靠边行驶，刚刚进入新生街28米处，车厢上移动槽罐进口阀口短管被街另一侧离地2.5米高的桑树枝桠碰断，槽罐中的一甲胺顿时大量外泄。车内4人发现后，立即离开汽车，边跑边喊"有毒气泄漏，快跑呀！"但因居民都在熟睡，有些人惊醒后产生犹豫，等明白发生毒气泄漏，已经跑不动了，纷纷倒地，只有部分群众惊醒后跑离危险区域。有一辆过路的车辆司机当场中毒，无法呼吸，卡车失控，一头栽进民房。

槽罐内 2.4 吨一甲胺迅速外泄，致使周围约 23 万平方米范围内的居民和行人中毒。中毒人数高达 595 人，其中有 156 人因重度中毒住院治疗，有 37 人因大量吸入一甲胺经抢救无效死亡。周围的树木和农作物枯萎，牲畜、家禽等被毒气熏死，给当地人民群众的生命财产造成了无法挽回的损失。

事故原因：

这起恶性重度中毒事故是一起违章运输危险化学品的责任事故。贵溪农药厂储运员、个体户司机违反规定，将拉运有毒化学品的汽车驶入人口稠密处所，是这起事故的直接原因。另外拉运液体一甲胺应使用固定槽罐的液化气体汽车槽车，而该车的移动槽罐进口管高出汽车驾驶室导致刮断，也是造成发生事故的原因。

通过道路运输剧毒化学品的，托运人应当向运输始发地或者目的地县级公安机关申请剧毒化学品道路运输通行证。

申请剧毒化学品道路运输通行证，托运人应当向县级公安机关提交下列材料：

（一）拟运输的剧毒化学品品种、数量的说明；

（二）运输始发地、目的地、运输时间和运输路线的说明；

（三）承运人取得危险货物道路运输许可、运输车辆取得营运证以及驾驶人员、押运人员取得上岗资格的证明文件；

（四）本条例第三十八条第一款、第二款规定的购买剧毒化学品的相关许可证件，或者海关出具的进出口证明文件。

县级公安机关应当自收到前款规定的材料之日起 7 日内，作出批准或者不予批准的决定。予以批准的，颁发剧毒化学品道路运输通行证；不予批准的，书面通知申请人并说明理由。

剧毒化学品道路运输通行证管理办法由国务院公安部门制定。

【释义】道路运输通行许可主要是对剧毒化学品运输的区域、路线、时间、速度等进行规范，目的是让沿途公安机关掌握运输的剧毒化学品的相关情况，做好相应的安全保障工作。

【例题】（1）通过公路运输剧毒化学品的，托运人应当向目的地的县级人民政府公安部门申请办理（　　　　）。

    A. 剧毒化学品准运证　　　　　　　　B. 剧毒化学品通行路线证
    C. 剧毒化学品公路运输通行证　　　　D. 危险化学品公路运输通行证

（2）总结办理剧毒化学品道路运输通行证的程序。

剧毒化学品、易制爆危险化学品在道路运输途中丢失、被盗、被抢或者出现流散、泄漏等情况的，驾驶人员、押运人员应当立即采取相应的警示措施和安全措施，并向当地公安机关报告。公安机关接到报告后，应当根据实际情况立即向安监部门、环保部门、卫生部门通报。有关部门应当采取必要的应急处置措施。

【释义】对于在运输途中发生剧毒化学品、易制爆危险化学品流散、泄漏等情况的；驾驶人员要立即停车，在做好个人防护的前提下，立即采取相应的警示措施和安全措施，比如在运输车辆前后面放置警示标志、警示牌，提醒过往车辆和行人注意；同时采取相应的安全措施，防止事态扩大。必要时，对于剧毒化学品、易制爆危险化学品的流散、泄漏区域，由公安机关实施警戒，或者实施封路；影响严重的，要及时组织疏散人员。

这里的"根据实际情况"，是指根据丢失、被盗、被抢或者出现流散、泄漏的剧毒化学品、易制爆危险化学品的品种、数量、危险特性、可能流向的区域，以及已经造成或者可能造成的后果等情况。如果已经或者可能造成环境污染，则需要通报环境主管保护部门；如果已经造成或者可能造成人员伤亡，则需要通报卫生主管部门。有关部门接到通报以后，应当按照各自职责，采取相应的应急处置措施，防止事态扩大。比如，公安机关可以采取设立警戒线、封闭道路、疏散群众、紧急排查等措施。环境保护主管部门可以采取有关环境应急处置措施，卫生主管部门可以采取紧急救治受伤人员等应急处置措施

【案例】液化天然气罐车泄漏燃烧事故。

基本情况：

8月1日晚7点50分左右，新疆吐鲁番市张姓驾驶员驾驶一辆车牌号为浙B322××的重型槽罐车，载着19.6吨液化天然气由宁夏银川驶往上海崇明岛。行至沪陕高速商洛市商州区麻池河镇境内金岭隧道西口1433 km处，因后轮胎起火发生车辆侧翻，导致罐体内的液化气泄漏燃烧。罐体上部形成猛烈喷射火焰，火焰一度高达10米左右，呼声刺耳，底部一片火海，火焰流淌；罐体处于烈焰的炙烤之下，空气中弥漫着刺鼻的液化气臭味，现场形势十分危急，随时都有发生爆炸的可能。

受事故影响，沪陕高速商洛东到杨斜段双向封闭，麻池河镇700多名群众由政府转移安置到临时避难场所，集中保障吃住医等基本生活。市综合应急救援队伍迅速集结150多名救援队员投入现场救援。8月3日上午8时许，现场处置时机成熟，9时许应急救援队伍发起总攻灭火；9时34分灭火、罐体冷却喷淋结束，开始罐体吊起作业，10时15分罐体被顺利拖走；11时高速公路双向放行，撤离转移的群众陆续回家生产生活，此次罐车液化天然气泄漏燃烧事故抢险救援工作圆满结束。

事故处置情况：

（1）领导指挥精准，安排部署周密。事故发生后，省政府对该起事故高度关注，省应急办领导指示要千方百计消除事故隐患，确保人民群众生命财产安全；市政府高度重视，应急总指挥、市长杨某立即作出批示，要求迅速做好事故抢险和群众撤离工作。现场总指挥、副市长高某立即带领市应急办、公安局、安监局、质监局、交警支队、消防支队、燃气公司和省交建集团蓝商分公司及商州区政府等单位负责人第一时间赶赴事故现场，启动商洛市危化运输突发事故应急预案，成立事故抢险救援组织机构，制订现场处置方案，开展应急抢险救援处置工作。商州区政府及事故发生地麻池河镇、村领导，能够及时到岗到位，积极做好救援配合工作。

（2）决策科学果断，措施到位有力。根据事故情况，迅速落实抢险救援措施，开展应急处置工作。一是成立了由现场总指挥、副市长高某任组长，市交警支队政委、市安监局副局长、市消防支队政委、商州区政府副区长任副组长，市、区政府相关部门负责人为成员的市"8·1"液化天然气泄漏着火事故应急抢险救援领导小组，下设综合协调组、专家技术组、安全保卫组、抢险救援组、医疗救护组、宣传报道组、维护稳定组等8个职能小组，确保处置工作任务明确，责任到人。二是由商州区政府全权负责，迅速将事发现场1000米以内的700余名群众紧急撤离到临时避难场所，妥善安置临时生活，确保安全避险。三是由市公安局对事故现场及周边地区和道路进行警戒，疏散围观群众，严禁现场产生烟火，确保现场秩序安全稳定；由市供电局立即对该区域拉闸断电，切实消除衍生灾害隐患。四是由市交警支队对事故点1000米外的沪陕高速公路两端实施交通管制，设置警戒线，禁止无关人员和车辆进入

事故区;并及时将过境商洛的沪陕高速公路车辆分流到 312 国道绕行,确保交通不受大的影响。五是全面做好事故现场情况监测、勘查和研讨工作,请求省政府应急管理专家库安全专家来商洛进行技术指导,科学制定处置方案,抓住时机妥善实施处置,尽快消除事故危险。在前来支援处置工作的省安全监察专员贺东宏、省政府应急管理专家库成员袁忍科的技术指导下,应急抢险救援领导小组经过认真勘察和研究,为预防着火罐体突然发生爆炸,决定采取待罐体气压下降到安全范围后,再实施扑灭火势、吊装移罐的处置措施。

(3)部门密切配合,处置圆满成功。在事故处置过程中,参与的各部门单位立足大局,积极主动,密切配合,协同作战。8月2日凌晨,所有抢险队员全面到位,职责任务全面落实,事故环境监测严密,抢险队伍和装备调度有序进行。市政府应急办积极协助市政府领导做好各方面做的组织协调工作,及时收集整理、汇总上报事故处置信息,督促落实总指挥的指令;市公安交警部门组织实施了现场警戒,落实了施救公司在吊罐、卸罐及罐体运输过程中的交通管制工作,保证道路畅通;市消防支队官兵不畏艰险,冲锋陷阵,认真组织实施了现场灭火、罐体喷淋冷却、现场照明和罐体运输过程中的消防保障工作;市质监局组织落实了事故现场、运输途中、罐体放置的气体监测工作;市卫生部门紧急调派了救护车和急用药品,环保部门做好了事故点的环境监测工作,高速公路管理处及时对事故发生路段实施封闭并提供现场总指挥临时指挥场地,商州区政府组织镇、村干部认真做好群众的疏散撤离和安置维稳工作;省相关部门的领导和专家技术人员不辞劳苦,充分发挥专业技术优势,帮助分析险情,参谋领导决策,给予事故处置工作极大的帮助和支持。在各部门单位和全体工作人员的通力合作下,8月3日上午,着火罐体内泄漏的液化天然气经过 30 多个小时的燃烧减压,事故现场处置时机成熟;9时许,现场总指挥、副市长高某迅速集结应急救援队伍,发出现场应急处置命令;一个小时后,罐车灭火、罐体冷却喷淋、罐体吊装、拖移工作全面顺利完成,"8·1"液化天然气罐车泄漏燃烧事故抢险救援工作画上圆满的句号。

海事机构应当根据危险化学品的种类和危险特性,确定船舶运输危险化学品的相关安全运输条件。

拟交付船舶运输的化学品的相关安全运输条件不明确的,货物所有人或者代理人应当委托相关技术机构进行评估,明确相关安全运输条件并经海事机构确认后,方可交付船舶运输。

【释义】要保障船舶运输危险化学品的安全,必须明确相关的安全运输条件,包括船舶及其配载的容器、包装、装卸、航行、停泊等方面的安全运输条件,作为船舶运输危险化学品的基本安全防范。

实践中,有时会存在拟交付船舶运输的化学品相关安全运输条件不明确的情况,例如,新出现的化学品由于没有经过危险特性鉴定,其危险特性不明确,导致能不能运输、如何运输等相关的安全运输条件不明确,或者拟交付船舶运输的化学品没有被列入危险化学品目录,海事管理机构没有明确其相关安全运输条件。这种情况下,为确保运输安全,应当首先由经国家海事管理机构认定的机构进行评估,明确化学品的相关安全运输条件并经海事管理机构确认后,方可交付船舶运输。这里需要注意的是,评估机构应当经国家海事管理机构认定,具备相应的资质,以保证评估结果的客观、公正,保证所确定的相关安全运输条件具有科学性。

禁止通过内河封闭水域运输剧毒化学品以及国家规定禁止通过内河运输的其他危险化学品。

前款规定以外的内河水域，禁止运输国家规定禁止通过内河运输的剧毒化学品以及其他危险化学品。

禁止通过内河运输的剧毒化学品以及其他危险化学品的范围，由国务院交通部门会同国务院环保部门、工信部门、安监部门，根据危险化学品的危险特性、危险化学品对人体和水环境的危害程度以及消除危害后果的难易程度等因素规定并公布。

【释义】本条是关于通过内河运输剧毒化学品以及国家规定的其他危险化学品的禁止性规定。

第一，对内河封闭水域，继续实行最严格的安全管理制度，禁止运输剧毒化学品以及国家规定禁止通过内河运输的其他危险化学品。这是考虑到内河封闭水域与外界没有水源交换，一旦发生剧毒化学品等危险化学品事故造成水体污染，危害后果很难消除。

第二，对内河非封闭水域，严格限制运输危险化学品的范围并对实施严格管理。内河非封闭水域水体自然循环，有一定的自净能力，对运输危险化学品的限制可比封闭水域适当放宽。具体应当由有关部门组织专家，根据剧毒化学品等危险化学品的危险特性、毒性作用机理等进行严格的风险评估，对确属在水中性能相对稳定无较大危害，或者与水反应后的生成物不会对水环境造成较大的危害，可以兼顾企业的实际需要，发挥水路运输不占地、运量大、成本低、相对节能环保的优势；对其他绝大多数剧毒化学品，以及不属于剧毒化学品但对水环境危害较大的危险化学品，则应列明目录，严格禁止通过内河运输。

【例题】根据《危险化学品安全管理条例》的规定，禁止通过内河封闭水域运输（　　）以及国家规定禁止通过内河运输的其他危险化学品。

A．易燃物品　　B．剧毒化学品　　C．易爆物品　　D．腐蚀性物品

通过内河运输危险化学品，应当使用依法取得危险货物适装证书的运输船舶。水路运输企业应当针对所运输的危险化学品的危险特性，制定运输船舶危险化学品事故应急救援预案，并为运输船舶配备充足、有效的应急救援器材和设备。

通过内河运输危险化学品的船舶，其所有人或者经营人应当取得船舶污染损害责任保险证书或者财务担保证明。船舶污染损害责任保险证书或者财务担保证明的副本应当随船携带。

【释义】本条是关于通过内河运输危险化学品的船舶的安全管理制度的规定。

【例题】通过内河运输危险化学品，应当使用依法取得（　　）的运输船舶。

A．船舶营运证书　　　　　　B．危险货物适装证书
C．船舶检验证书　　　　　　D．船舶登记证书

通过内河运输危险化学品，危险化学品包装物的材质、型式、强度以及包装方法应当符合水路运输危险化学品包装规范的要求。国务院交通部门对单船运输的危险化学品数量有限制性规定的，承运人应当按照规定安排运输数量。

【释义】《水路危险货物运输规则（第一部分）水路包装危险货物》（1996年11月4日交通部发布）对内河运输危险化学品的包装规范作出了明确规定。比如，该规则第八条规定，根据危险货物的性质和水路运输的特点，包装应满足以下基本要求：（1）包装的规格、型式和单件质量（重量）应便于装卸和运输；（2）包装的性质、型式和包装方法（包括包装的封口）应与拟装货物的性质相适应。包装内的衬垫材料和吸收材料应与拟装货物性质相容，并能防止货物移动和外漏；（3）包装应具有一定强度，能经受住运输中的一般风险。盛装低沸

点货物的容器，其强度须具有足够的安全系数，以承受容器内可能产生的较高的蒸气压力；（4）包装应干燥、清洁、无污染，并能经受住运输过程中温、湿度的变化；（5）容器盛装液体货物时，必须留有足够的膨胀余位（预留体积），防止在运输中因湿度变化而造成容器变性或货物渗漏；（6）盛装下列危险货物的包装应达到气密封口的要求：①产生易燃气体和蒸汽的货物；②干燥后成为爆炸品的货物；③产生毒性气体或蒸汽的货物；④产生腐蚀性气体或蒸汽的货物；⑤与空气发生危险反应的货物。通过内河运输危险化学品，其危险化学品包装物的材质、型式、强度以及包装方法应当符合有关水路运输危险化学品包装规范的要求。

用于危险化学品运输作业的内河码头、泊位应当符合国家有关安全规范，与饮用水取水口保持国家规定的距离。有关管理单位应当制定码头、泊位危险化学品事故应急预案，并为码头、泊位配备充足、有效的应急救援器材和设备。

用于危险化学品运输作业的内河码头、泊位，经交通部门按照国家有关规定验收合格后方可投入使用。

【释义】我国许多内河，如长江、珠江等，不仅是黄金水路运输通道，而且是许多城市的饮用水源，沿江、沿河有许多饮用水源取水口。用于危险化学品运输作业的内河码头、泊位，因其从事危险化学品过驳、装卸等运输作业，极易造成危险化学品泄漏、燃烧、爆炸等事故，或者因使用水冲洗作业场所、船舶等，造成危险化学品污染水源。如果用于危险化学品运输作业的内河码头、泊位与饮用水取水口距离过近，就极有可能污染取水口，这是应当绝对避免的。因此，用于危险化学品运输作业的内河码头、泊位与饮用水取水口必须保持国家规定的距离。这里所称"国家规定的距离"，包括《中华人民共和国水污染防治法》以及有关法律、行政法规、规章、标准等规定的距离。比如，《港口工程环境保护设计规范》规定，河港码头泊位应当与下游镇、港区生活用水取水口之间设置不少于1000米的卫生保护距离。

【例题】水路运输企业应当针对所运输的危险化学品的危险特性，制定运输船舶危险化学品事故应急救援预案，并为运输船舶配备充足、有效的（　　　）。

A. 船舶配件　　B. 生活用品　　C. 劳动保护用品　　D. 应急救援器材和设备

船舶载运危险化学品进出内河港口，应当将危险化学品的名称、危险特性、包装以及进出港时间等事项，事先报告海事机构。海事机构接到报告后，应当在国务院交通部门规定的时间内作出是否同意的决定，通知报告人，同时通报港口部门。定船舶、定航线、定货种的船舶可以定期报告。

在内河港口内进行危险化学品的装卸、过驳作业，应当将危险化学品的名称、危险特性、包装和作业的时间、地点等事项报告港口部门。港口部门接到报告后，应当在国务院交通部门规定的时间内作出是否同意的决定，通知报告人，同时通报海事机构。

载运危险化学品的船舶在内河航行，通过过船建筑物的，应当提前向交通部门申报，并接受交通部门的管理。

【释义】在内河港口进行危险化学品的装卸、过驳作业是风险极高的危险作业。作业前，港口行政部门管理部门必须了解其装卸、过驳什么种类的危险化学品，其危险特性如何，采用何种包装形式，在什么地点、时间进行作业，以便合理组织装卸、过驳作业，一旦发生危险化学品泄漏、燃烧、爆炸等事故，就难以实施有效的应急救援。因此，本条明确规定，在河内港口进行危险化学品的装卸、过驳作业，应当将危险化学品的名称、危险特性、包装和作业的时间、地点等事项报告港口行政管理部门,港口行政管理部门应在规定的时间内作出是否同意的决定,通知报告人,同时通报海事管理机构。未经港口行政管理部门同意,不得进行危险货物港口作业。

船闸等过船建筑物一般比较狭窄,各种船舶比较多,船舶之间、船舶与船闸之间发生碰撞、摩擦的机会多,极易发生危险化学品事故。因此,载运危险化学品的船舶在内河航行,通过过船建筑物时,必须提前向交通运输主管部门申报,申报内容应当包括危险化学品的种类、数量、包装形式、安全防护措施等,并接受交通运输主管部门的管理,听从交通运输主管部门的指挥,及时快速通过船闸。

【例题】船舶装卸、过驳危险货物或者载运危险货物进出港口,应当将危险货物名称、特性、包装、装卸或者过驳的时间、地点及进出港时间等事项,事先报告(　　),经其同意后,方可进行装卸、过驳作业或者进出港口;但是,定船、定线、定货的船舶可以定期报告。

  A. 海事管理机构　　 B. 港口管理机构
  C. 公安机关　　 D. 海事管理机构和港口管理机构

载运危险化学品的船舶在内河航行、装卸或者停泊,应当悬挂专用的警示标志,按照规定显示专用信号。

载运危险化学品的船舶在内河航行,按照国务院交通部门的规定需要引航的,应当申请引航。

【释义】载运危险化学品的船舶在内河航行、装卸或者停泊中,悬挂专用的警示标志,显示专用信号,能够起到一种警示作用,提醒周围船舶及时避让,或者港口作业人员及时采取有效安全措施。

《内河交通安全管理条例》规定,下列船舶在内河航行,应当向引航机机构申请引航:(1)外国籍船舶;(2)1000总吨以上的海上机动船舶,但船长驾驶同一类型的海上机动船舶在同一内河通航水域与上一航次间隔2个月以内的除外;(3)通航条件受限制的船舶;(4)国务院交通主管部门规定应当申请引航的客船、载运危险货物的船舶。《船舶载运危险货物安全监督管理规定》规定,载运危险货物的船舶应当选择符合安全要求的通航环境航行、停泊、作业,并顾及在附近航行、停泊、作业的其他船舶以及港口和近岸设施的安全,防止污染环境。海事管理机构规定危险货物船舶专用航道、航路的,载运危险货物的船舶应当遵守规定航行。载运危险货物的船舶通过狭窄或者拥挤的航道、航路,或者在气候、风浪比较恶劣的条件下航行、停泊、作业,应当加强瞭望,谨慎操作,采取相应的安全、防污措施。必要时,还应当落实辅助船舶待命防护等应急预案措施,或者向海事管理机构请求导航或者护航。

【例题】根据《危险化学品安全生产管理条例》,下列关于危险化学品运输规定的说法中,正确的是(　　)。

  A. 禁止通过内河封闭水域运输剧毒化学品
  B. 载运危险化学品的船舶在内河航行,必须申请引航
  C. 运输危险化学品因住宿需要较长时间停车的,应当向当地公安机关报告
  D. 危险化学品道路运输企业可以配备兼职安全管理人员

托运危险化学品的,托运人应当向承运人说明所托运的危险化学品的种类、数量、危险特性以及发生危险情况的应急处置措施,并按照国家有关规定对所托运的危险化学品妥善包装,在外

包装上设置相应的标志。

运输危险化学品需要添加抑制剂或者稳定剂的，托运人应当添加，并将有关情况告知承运人。

【释义】这里所讲的"说明"。可以有两种方式，一是在运输合同中予以注明，而是口头交代。通常情况下，托运人与承运人都会在运输合同中对所托运的危险化学品的种类、数量、危险特性、应急处置措施等情况予以注明。

此外，有的危险化学品性质非常活泼或者极不稳定，为了保证运输过程中不因危险化学品性质突变而发生事故，需要添加抑制剂或者稳定剂。例如，有的爆炸品在运输过程中须加水或者其他钝感剂进行抑制，同时还应在水中加入足够的防冻液，并在包装表面及运输单据上表明。

【例题】《危险化学品安全管理条例》规定，托运危险化学品的，（　　）应当向承运人说明所托运的危险化学品的种类、数量、危险特性以及发生危险情况的应急处置措施。

A．承运单位　　　　B．托运单位　　　　C．托运人

托运人不得在托运的普通货物中夹带危险化学品，不得将危险化学品匿报或者谎报为普通货物托运。

任何单位和个人不得交寄危险化学品或者在邮件、快件内夹带危险化学品，不得将危险化学品匿报或者谎报为普通物品交寄。邮政企业、快递企业不得收寄危险化学品。

对涉嫌违反本条第一款、第二款规定的，交通部门、邮政部门可以依法开拆查验。

【释义】本条是关于托运、寄递危险化学品的禁止性规定。

《禁寄物品指导目录及处理办法（试行）》规定：禁寄物品是指国家法律、法规禁止寄递的物品，主要包括：（1）各类易爆炸性物品。如雷管、炸药、火药、鞭炮等。（2）各类易燃烧性物品，包括液体、气体和固体。如汽油、煤油、桐油、酒精、生漆、柴油、气雾剂、气体打火机、瓦斯气瓶、磷、硫黄、火柴等。（3）各类易腐蚀性物品。如火硫酸、盐酸、硝酸、有机溶剂、农药、过氧化氢、危险化学品等。（4）各类放射性元素及容器。如铀、钴、镭、钚等。（5）各类烈性毒药。如铊、氰化物、砒霜等。（6）各类麻醉药物。如鸦片（包括罂粟壳、花、苞、叶）、吗啡、可卡因、海洛因、大麻、冰毒、麻黄碱及其他制品等。

【例题】（多选）下列关于危险化学品托运的说法中，哪几项是正确的？（　　）

A．危险化学品可以作为普通货物通过快递进行托运。

B．托运人应当向承运人说明所托运的危险化学品的种类、数量、危险特性以及发生危险情况的应急处置措施。

C．托运人应按照国家有关规定对所托运的危险化学品妥善包装，在外包装上设置相应的标志。

D．危险化学品可以夹带在普通货物中进行托运。

通过铁路、航空运输危险化学品的安全管理，依照有关铁路、航空运输的法律、行政法规、规章的规定执行。

【释义】通过铁路运输危险化学品的，应当遵守《中华人民共和国铁路法》《铁路运输安全保护条例》《铁路危险货物托运人资质管理办法》《危险货物运输规则》《铁路货物装载加固规则》等的规定。

通过航空运输危险化学品的，应当遵守《中华人民共和国民用航空法》《民用航空安全保卫条例》《中国民用航空危险品运输管理规定》《中国民用航空危险品名表》等的规定。

能力提升

1. 请查阅相关资料回答下列化学品是否可以通过内河运输。
氰化钠、氰化钾、氯化汞、白磷、氟、氯、杀鼠灵。
2.《中国民用航空危险品名表》规定，绝对禁止航空运输的危险物品包括哪些？

总结提高

1. 危险化学品道路运输企业、水路运输企业应当配备（　　）。
    A. 专职安全管理人员　　　　　B. 兼职安全管理人员
    C. 专职或兼职安全管理人员
2. 危险化学品道路运输企业、水路运输企业的驾驶人员、船员、装卸管理人员、押运人员、申报人员、集装箱装箱现场检查员应当经（　　）考核合格，取得从业资格。
    A. 安全生产监督管理部门　　　B. 交通运输主管部门
    C. 公安机关　　　　　　　　　D. 工商行政管理部门
3. 根据《危险化学品安全管理条例》的规定，运输危险化学品的车辆，必须配备必要的（　　）和防护用品。
    A. 医疗救护人员　　　　　　　B. 技术指导人员
    C. 车辆动态稳定装置　　　　　D. 应急处理器材
4. 通过道路运输危险化学品的，托运人应当委托依法取得（　　）的企业承运。
    A. 道路运输通行证　　　　　　B. 道路运输许可
    C. 危险货物道路运输许可　　　D. 道路运输经营许可
5.《危险化学品安全管理条例》规定，通过道路运输危险化学品的，应当按照（　　）装载危险化学品，不得超载。
    A. 危险化学品的危险特性　　　B. 运输车辆的核定载质量
    C. 危险化学品的数量　　　　　D. 运输车辆的类型
6.（判断）危险化学品车辆应当符合国家标准要求的安全技术条件，并按照国家有关规定定期进行安全技术检验。（　　）
7.（判断）危险化学品运输车辆应当悬挂或者喷涂符合国家标准要求的警示标志。（　　）
8. 通过道路运输危险化学品的，应当配备（　　）人员，并保证所运输的危险化学品处于押运人员的监控下。
    A. 装卸　　　　B. 检测　　　　C. 押运
9. 运输危险化学品途中因住宿或者发生影响正常运输的情况，需要较长时间停车的，驾驶人员、押运人员应当采取相应的安全防范措施；运输剧毒化学品或者易制爆危险化学品的，还应当（　　）。

A．向当地交通运输管理部门报告　　　　B．向当地公安机关报告
C．向当地安全生产运输管理部门报告　　D．向当地环境保护部门报告

10．运输危险化学品途中因住宿或者发生影响正常运输的情况，需要较长时间停车的，驾驶人员、押运人员应当采取相应的安全防范措施；运输剧毒化学品或者（　　　）的，还应当向当地公安机关报告。

A．易燃液体　　　　　　　　　　　　　B．自燃物品和遇湿易燃物品
C．氧化剂和有机过氧化物　　　　　　　D．易制爆危险化学品

课外拓展

1．请你通过网络搜集我国关于危险货物水路运输的安全法律法规。
2．请你通过网络查询我国关于铁路、航空运输危险化学品的安全法律法规。

第六节　危险化学品登记与事故应急救援

知识储备

国家实行危险化学品登记制度，为危险化学品安全管理以及危险化学品事故预防和应急救援提供技术、信息支持。

【释义】本条是关于国家实行危险化学品登记制度的规定。

实行危险化学品登记制度的主要目的是建立危险化学品的信息数据库，集中、全面掌握我国境内危险化学品的危险特性等相关资料，为危险化学品安全管理、危险化学品事故预防以及危险化学品事故应急救援提供及时、全面、权威的技术、信心支持。

2006年以来，在国家安全监督管理总局和各省级安全监督部门的领导和大力支持下，危险化学品登记中心和各地登记办公室认真履行危险化学品登记工作职责，深入开展危险化学品登记工作，较好地完成了各项危险化学品登记工作任务，全国危险化学品登记工作取得重大进展，基本完成了全国首次生产单位的登记工作。但总体上看，我国的危险化学品登记工作还处于初级阶段，与国际上先进的登记体系还有不少差距，需要继续努力。

需要强调的是，本条规定的危险化学品登记是一种信息登记，尽管不按照规定进行登记应当受到相应的处罚，但危险化学品登记制度本身不是一项行政许可。

危险化学品生产企业、进口企业，应当向国务院安监部门负责危险化学品登记的机构（以下简称危险化学品登记机构）办理危险化学品登记。

危险化学品登记包括下列内容：

（一）分类和标签信息；
（二）物理、化学性质；
（三）主要用途；
（四）危险特性；
（五）储存、使用、运输的安全要求；

（六）出现危险情况的应急处置措施。

对同一企业生产、进口的同一品种的危险化学品，不进行重复登记。危险化学品生产企业、进口企业发现其生产、进口的危险化学品有新的危险特性的，应当及时向危险化学品登记机构办理登记内容变更手续。

危险化学品登记的具体办法由国务院安监部门制定。

【释义】危险化学品登记是一种信息登记，对危险化学品相关信息了解比较全面、清楚的有两类企业，一是危险化学品生产企业，二是危险化学品进口企业。危险化学品储存企业和使用单位，其储存或者使用的是危险化学品生产企业生产或者危险化学品进口企业进口的危险化学品，只要后两类企业已经就其生产或者进口的危险化学品作了登记，储存企业或者使用单位就不必重复登记，这样有利于减轻企业负担，也有利于提高登记机构的工作效率，节约管理成本。因此，本条第一款明确规定，危险化学品生产企业、进口企业，应当向国务院安全生产监督管理部门负责危险化学品登记的机构办理危险化学品登记。

我国实施危险化学品登记的机构，是国家安全生产监督管理总局危险化学品登记中心（以下简称化学品登记中心）。为了便于登记工作的展开，化学品登记中心在各省（自治区、直辖市）设立了危险化学品登记办公室。

【例题】（多选）危险化学品生产企业、进口企业，应当向国务院安全生产监督管理部门负责危险化学品登记的机构（以下简称危险化学品登记机构）办理危险化学品登记。危险化学品登记的内容包括（　　　）。

A. 分类和标签信息

B. 物理、化学性质，主要用途及危险特性

C. 生产规模和产品工艺流程

D. 储存、使用、运输的安全要求

E. 出现危险情况的应急处置措施

危险化学品登记机构应当定期向工信、环保、公安、卫生、交通、铁路、质检等部门提供危险化学品登记的有关信息和资料。

【释义】危险化学品登记机构集中掌握着危险化学品登记的相关信息和资料，为了充分利用登记信息资源，实现信息共享，便于负有危险化学品安全监管职责的部门加强监管工作，有效处置危险化学品事故，危险化学品登记机构应当根据各部门的管理需要，以纸质文件或电子文件形式，定期向工业信息化、环境保护、公安、卫生、交通运输、铁路、质量监督检验检疫等部门提供危险化学品登记的有关信息和资料，或者开发统一的危险化学品登记数据管理系统，由各部门根据系统规定的权限，自行登记系统提取有关数据。这是危险化学品登记机构的一项法定义务，危险化学品登记机构不得拒绝向有关部门提供有关信息和资料。

【例题】（　　　）应当向环境保护、公安、质检、卫生等有关部提供危险化学品登记的资料。

A. 危险化学品生产单位

B. 危险化学品使用单位

C. 负责危险化学品登记的机构

D. 危险化学品生产单位和危险化学品使用单位

危险化学品单位应当制定本单位危险化学品事故应急预案，配备应急救援人员和必要的应急救援器材、设备，并定期组织应急救援演练。

危险化学品单位应当将其危险化学品事故应急预案报所在地设区的市级人民政府安监部门备案。

【释义】（1）应急预案分为综合应急预案、专项应急预案和现场处置方案。

危险化学品单位风险种类多、可能发生多种类型事故的，应当组织编制本单位的综合应急预案。

对于某一种类的风险，危险化学品单位应当根据存在的重大危险源和可能发生的事故类型，制定相应的专项应急预案。

对于危险性较大的重点岗位，危险化学品单位应当制定重点工作方位的现场处置方案。

（2）除制定应急预案外，为了给事故应急救援提供组织和装备上的保障，危险化学品单位应当配备应急救援人员和必要的应急救援器材、设备。

（3）组织应急救援演练，避免将应急预案束之高阁，其对于事故发生时顺利开展应急救援，意义不言自明。综合应急预案演练或者专项应急预案演练应当每年至少组织一次，每半年至少组织一次现场处置方案演练。应急预案演练结束后，应急预案演练组织单位应当对应急预案演练效果进行评估，撰写应急预案演练评估报告。

（4）本条还规定，危险化学品单位应当将其危险化学品事故应急预案报设区的市级人民政府安全生产监督管理部门备案。这一规定的主要目的是加强监督，督促危险化学品单位及时制定事故应急预案，同时，便于政府部门了解危险化学品单位事故应急预案的内容，及时提出规范、指导的意见，并加强危险化学品单位事故应急预案与政府的危险化学品事故预案的衔接。

【例题】危险化学品单位应当将其危险化学品事故应急预案报（　　　）备案。

A. 所在地设区的市级人民政府安全生产监管部门
B. 省级人民政府安全生产监督管理部门
C. 县级人民政府安全生产监督管理部门
D. 县级公安机关

发生危险化学品事故，事故单位主要负责人应当立即按照本单位危险化学品应急预案组织救援，并向当地安监部门和环保、公安、卫生部门报告；道路运输、水路运输过程中发生危险化学品事故的，驾驶人员、船员或者押运人员还应当向事故发生地交通部门报告。

【释义】本条是关于事故单位主要负责人及有关人员组织事故应急救援及报告事故的规定。

发生危险化学品事故后，事故单位在第一时间开展应急救援非常重要，这是防止事故扩大、蔓延，减轻事故损失的关键所在。在这方面，事故单位主要负责人必须切实负起责任，一旦发生事故，应当立即按照本单位危险化学品事故应急预案组织救援，同时相当地安全生产监督管理部门和环境保护、公安、卫生主管部门报告，不得拖延。这是事故单位主要负责人的法定义务。《生产安全事故报告和调查处理条例》也规定，单位负责人接到事故报告后，应当于 1 小时内向事故发生地县级以上人民政府安全生产监督管理部门和负有安全生产监督管理职责的有关部门报告。

如果在道路、水路运输过程中发生危险化学品事故，驾驶人员、船员或押运人员还应当立即向事故发生地交通运输部门报告，同时报告本单位，由本单位负责人报告当地安全生产监督管理部门以及环境保护、公安、卫生主管部门。

【案例】

案例一 2006年4月11日坐落在徐州铜山县三堡镇的江苏佳隆化工有限公司二甲苯储存罐发生爆炸，造成大量二甲苯泄漏，邻近的万名村民紧急疏散，徐州消防部门出动18辆消防车营救，到下午2时许，灾情得以控制。

事故发生后，徐州市委市政府及铜山县领导迅速赶到现场指挥，消防部门迅速搭云梯、接水阀、戴面具，切断各装置间的物料供应，半小时后高压水枪强力扑灭，爆炸和火情得以控制。经消防部门现场调查，仅事发车间便有大小原料存储罐30个左右，原料的主要成分为苯类和烯烃类有机物。火灾造成部分附属设施起火，并有1液体罐发生爆炸。在农药厂围墙外，爆炸的楼北侧被炸了个缺口，楼外围有大面积烧黑的痕迹。该公司位于连霍高速与206国道之间，事发时两路段一度实施交通管制。爆炸发生时，徐州、铜山两级领导十分重视，立即安排三堡镇腾寨、三堡、新庄村及新区个别村庄村民紧急撤离。由于救援及时，未发现有人员伤亡。

案例二 2003年12月23日，重庆开县川东北气矿发生井喷事故。这起事故在24小时内，死亡人数从最初的8人急增二十余倍，截至25日19时，已造成191人死亡，最终酿成243人因硫化氢中毒死亡、4000多人受伤，疏散转移6.5万多人，9.3万多人受灾，是特别重大恶性事故。

这起事故也是中国石油天然气行业类似事故伤亡人数最多的一次，中国石油天然气集团公司总经理马某因此次事故而辞去了总经理的职务。四川石油管理局局长、川东钻探公司经理被撤职，班子成员也被给予相应的党纪、行政处分。另外，钻探公司机关、所属地质服务公司、钻井二公司等部门15名责任人分别受到党内严重警告、行政降级、记大过、留用察看一年、撤职等处分。

事后调查发现：一方面，未制订有效的应急预案和未组织有效的演练是造成事故扩大和恶化十分重要的原因。由于制度、预案上并没有明确在井喷事故中，由谁决策点火、何时点火、如何点火，致使真正需要据此应急时，现场指挥者难以有明确的抉择而延误点火时机。而事实上，如果川东钻探公司的现场应急决策者能审时度势，尽快组织实施点火，将硫化氢有毒气体充分燃烧，完全有可能避免这次事故的扩大和恶化。

另一方面，由于有关方面没有充分了解井场周围的居民住宅、学校、厂矿等详细情况，从来没有给气井附近居住的农民讲解过井喷的危险和基本的安全防护知识，也没有组织过相应的疏散演练，以致在井喷失控时，井场周围居民安全意识差、缺乏逃生知识，不能迅速撤离危险区，造成巨大人员伤亡。

从这个例子，我们可以得出这样一个结论：制定科学合理的应急救援预案并不断完善，加强演练，已经成为当前提高我国突发事件应急救援水平的迫切需要。

发生危险化学品事故，有关地方人民政府应当立即组织安全生产监督管理、环保、公安、卫生、交通等有关部门，按照本地区危险化学品事故应急预案组织实施救援，不得拖延、推诿。

有关地方人民政府及其有关部门应当按照下列规定，采取必要的应急处置措施，减少事故损失，防止事故蔓延、扩大：

（一）立即组织营救和救治受害人员，疏散、撤离或者采取其他措施保护危害区域内的其他人员；

（二）迅速控制危害源，测定危险化学品的性质、事故的危害区域及危害程度；

（三）针对事故对人体、动植物、土壤、水源、大气造成的现实危害和可能产生的危害，迅速采取封闭、隔离、洗消等措施；

（四）对危险化学品事故造成的环境污染和生态破坏状况进行监测、评估，并采取相应的环境污染治理和生态修复措施。

【释义】本条是关于有关地方人民政府及其有关部门在危险化学品事故应急救援中的责任的规定。

【例题】（多选）发生危险化学品事故，有关地方人民政府应当做好指挥、领导工作，负责危险化学品安全监督管理综合工作的部门和环境保护、公安、卫生等有关部门，应当按照当地应急救援预案组织实施救援，不是拖延、推诿，有关地方人民政府及其有关部门应当按照下列哪些规定，采取必要措施，减少事故损失，防止事故蔓延、扩大？（　　）

A．立即组织营救受害人员，组织撤离或者采取其他措施保护危害区域内的其他人员。

B．迅速挖掘危害源，并对危险化学品造成的危害进行检验、监测，测定事故的危害区域、危险化学品性质及危害程度。

C．针对事故对人体、动植物、土壤、水源、空气造成的现实危害和可能产生的危害，迅速采取封闭、隔离、洗消等措施。

D．对危险化学品事故造成的危害进行监测、处置，直至符合国家环境保护标准。

E．提出对肇事者及直接责任者、主要责任者、领导责任者的处罚建议。

有关危险化学品单位应当为危险化学品事故应急救援提供技术指导和必要的协助。

【释义】危险化学品事故应急救援是一项专业性、技术性很强的工作，有效开展危险化学品事故应急救援，往往需要相应的技术指导，按照科学规律进行，不能光靠勇气和牺牲精神，否则可能造成更大的损害和次生灾害。有关危险化学品单位熟悉其危险化学品的危险特性，在危险化学品事故应急救援中能够发挥独特的作用。有关危险化学品单位，包括危险化学品生产企业、进口企业、储存企业、经营企业、运输企业以及使用危险化学品的有关单位。上述单位为危险化学品事故应急救援提供的技术和必要协助，包括派技术人员或者应急救援队伍赴事故现场，协助事故救援指挥机构制订技术方案，为决策提供技术支持，也包括通过电话、传真等方式，提供异地技术指导。

危险化学品事故造成环境污染的，由设区的市级以上人民政府环保部门统一发布有关信息。

【释义】如果环境污染的有关信息发布不及时、不客观、不规范，很有可能造成社会混乱、恐慌，产生重大不良影响，甚至是国际性影响。特别是危险化学品事故造成的环境污染的不良影响容易人为地被放大，为了保证危险化学品事故造成环境污染信息的真实性和权威性，防止造成不良影响，本条规定，危险化学品事故造成环境污染的，由设区的市级以上人民政府环境保护主管部门统一发布有关信息。这就意味着，其他单位和个人不得擅自发布有关信息。

能力提升

分析某危化企业应急演练相关情况,回答下列问题。

C市有一化工园区,其中规模最大的企业是甲石化厂。该化工园区内,与甲石化厂相邻的有乙、丙、丁三家化工厂。针对该化工园区的火灾、爆炸、中毒和环境污染风险,该市编制了《C市危险化学品重大事故应急救援预案》。在应急救援预案颁布后,该市在甲石化厂进行了事故应急救援演练。

以下是应急救援演练的相关情况。

模拟事故:甲石化厂液化石油气球罐发生严重泄漏,泄漏的液化石油气对相邻化工厂和行人造成威胁,如发生爆炸会造成供电线路和市政供水管道损坏。

演练的参与人员:市领导,市应急办、安监、公安、消防、环保、卫生等部门相关人员,甲石化厂有关人员,有关专家。

演练地点:甲石化厂厂区内。

演练过程:2009年7月8日13时55分,甲石化厂主要负责人接到液化石油气罐区员工关于罐区发生严重泄漏的报告后,启动了甲石化厂事故应急救援预案,同时向市应急办报告。市应急办立即报告市领导,市领导指示启动C市危险化学品重大事故应急救援预案。按照预案要求,市应急办通知相关部门、救援队伍、专家组立即赶赴事故现场。市领导到达事故现场时,消防队正在堵漏、控制泄漏物,医务人员正在抢救受伤人员。市领导简要听取甲石化厂主要负责人的汇报后,指示成立现场应急救援指挥部,并采取相应应急处置措施。为了减小影响,没有通知相邻化工厂。16时30分,现场演练结束,市领导在指挥部进行了口头总结后,宣布演练结束。

问题:

1. 此次应急救援演练为哪种类型的演练?
2. 请说明此次应急救援演练现场应采取哪些应急措施。
3. 请指出此次应急救援演练存在的主要不足之处。

总结提高

1. 国家实行( )登记制度,并提供安全管理、事故预防和应急救援技术、信息支持。
   A. 危险化学品　　　　B. 普通货物　　　　C. 一般货物

2. 危险化学品生产企业、进口企业,应当向国务院( )负责危险化学品登记的机构办理危险化学品登记。
   A. 公安部门　　　　B. 质检部门
   C. 环境保护部门　　D. 安全生产监管部门

3. (判断)危险化学品登记机构应当定期向工信、环保、公安、卫生、交通、铁路、质检等部门提供危险化学品登记的有关信息和资料。( )

4. 危险化学品单位应当制定本单位危险化学品事故应急预案,配备应急救援人员和必要的应急救援器材、设备,并( )。

A. 实施监督   B. 签订安全责任书
C. 定期组织应急救援演练   D. 制定安全生产目标

5. 发生危险化学品事故，单位主要负责人应当按照本单位制定的应急救援预案，立即组织救援，并立即报告当地（　　）和公安、环境保护、质检部门。

A. 交通部门

B. 负责危险化学品安全监督管理综合工作的部门

C. 卫生行政部门

D. 工商行政管理部门

6.（多选）发生危险化学品事故，单位主要负责人应按照本单位制定的应急救援预案，立即组织救援，并立即报告当地（　　）部门。

A. 安监   B. 质检   C. 公安   D. 环保

7. 根据《危险化学品安全管理条例》，（　　）必须为危险化学品事故应急救援提供技术指导和必要的协助。

A. 危险化学品审查单位   B. 危险化学品研制单位

C. 危险化学品生产企业   D. 危险化学品储存单位

8. 危险化学品事故造成环境污染的，由设区的市级以上人民政府（　　）统一发布有关信息。

A. 公安部门   B. 卫生部门   C. 环境保护主管部门   D. 安监部门

 课外拓展

请通过网络查询我国各省、自治区、直辖市有哪些应急救援队伍，并完成下表。

序号	省、自治区、直辖市	应急救援队伍名称	数量	备注
1	重庆市	1. 区域矿山应急救援天府队	1	
2	四川省	1. 国家矿山应急救援芙蓉队 2. 中国石油川庆钻探工程有限公司消防队 3. 中国石化中原油田普光分公司应急救援中心	3	
……	……	……	……	

第七节　法律责任

知识储备

生产、经营、使用国家禁止生产、经营、使用的危险化学品的，由安监部门责令停止生产、经营、使用活动，处 20 万元以上 50 万元以下的罚款，有违法所得的，没收违法所得；构成犯罪的，依法追究刑事责任。

有前款规定行为的，安监部门还应当责令其对所生产、经营、使用的危险化学品进行无害化处理。

违反国家关于危险化学品使用的限制性规定使用危险化学品的,依照本条第一款的规定处理。

【释义】本条是关于生产、经营、使用国家禁止生产、经营、使用的危险化学品以及违反国家关于危险化学品使用的限制性规定使用危险化学品的法律责任的规定。

【例题】生产、经营、使用国家禁止生产、经营、使用的危险化学品的,由安全生产监督管理部门责令停止生产、经营、使用活动,处(　　)的罚款,有违法所得的,没收违法所得;构成犯罪的,依法追究刑事责任。

A. 20万元以下　　　B. 50万元以上　　C. 20万元以上50万元以下　　D. 1万元以上

未经安全条件审查,新建、改建、扩建生产、储存危险化学品的建设项目的,由安监部门责令停止建设,限期改正;逾期不改正的,处50万元以上100万元以下的罚款;构成犯罪的,依法追究刑事责任。

未经安全条件审查,新建、改建、扩建储存、装卸危险化学品的港口建设项目的,由港口部门依照前款规定予以处罚。

【释义】任何单位和个人都有可能成为本条规定的违法行为的主体,包括从事新建、改建、扩建生产、储存危险化学品建设项目的单位和个人。

【例题】未经安全条件审查,新建、改建、扩建生产、储存危险化学品的建设项目的,由安全生产监督管理部门责令停止建设,限期改正;逾期不改正的,处(　　)的罚款;构成犯罪的,依法追究刑事责任。

A. 10万元以上20万元以下　　　　　　B. 50万元以上100万元以下
C. 100万元以上　　　　　　　　　　　D. 10万元以下

未依法取得危险化学品安全生产许可证从事危险化学品生产,或者未依法取得工业产品生产许可证从事危险化学品及其包装物、容器生产的,分别依照《安全生产许可证条例》《工业产品生产许可证管理条例》的规定处罚。

违反本条例规定,化工企业未取得危险化学品安全使用许可证,使用危险化学品从事生产的,由安监部门责令限期改正,处10万元以上20万元以下的罚款;逾期不改正的,责令停产整顿。

违反本条例规定,未取得危险化学品经营许可证从事危险化学品经营的,由安监部门责令停止经营活动,没收违法经营的危险化学品以及违法所得,并处10万元以上20万元以下的罚款;构成犯罪的,依法追究刑事责任。

【释义】本条规定的违法行为的主体比较复杂,每一款对应不同的责任主体。第一款的违法主体是任何单位和个人,包括从事危险化学品及其包装物、容器的生产的自然人、法人和其他组织。第二款的违法主体是使用危险化学品从事生产并且使用量达到规定数量的化工企业,但属于危险化学品生产企业的除外。第三款的违法主体是任何单位和个人,但不包括在其厂区范围内销售本企业生产的危险化学品的依法设立的危险化学品生产企业和在港区内从事危险化学品仓储经营的港口经营人。

【例题】未取得危险化学品经营许可证从事危险化学品经营的,由安监部门责令停止经营活动,没收违法经营的危险化学品以及违法所得,并处(　　)的罚款,逾期不改正,责令停产整顿。

A. 10万元以上20万元以下　　　　B. 20万元以上
C. 50万元以上　　　　　　　　　D. 以上都可以

有下列情形之一的，由安监部门责令改正，可以处5万元以下的罚款；拒不改正的，处5万元以上10万元以下的罚款；情节严重的，责令停产停业整顿：

（一）生产、储存危险化学品的单位未对其铺设的危险化学品管道设置明显的标志，或者未对危险化学品管道定期检查、检测的；

（二）进行可能危及危险化学品管道安全的施工作业，施工单位未按照规定书面通知管道所属单位，或者未与管道所属单位共同制定应急预案、采取相应的安全防护措施，或者管道所属单位未指派专门人员到现场进行管道安全保护指导的；

（三）危险化学品生产企业未提供化学品安全技术说明书，或者未在包装（包括外包装件）上粘贴、拴挂化学品安全标签的；

（四）危险化学品生产企业提供的化学品安全技术说明书与其生产的危险化学品不相符，或者在包装（包括外包装件）粘贴、拴挂的化学品安全标签与包装内危险化学品不相符，或者化学品安全技术说明书、化学品安全标签所载明的内容不符合国家标准要求的；

（五）危险化学品生产企业发现其生产的危险化学品有新的危险特性不立即公告，或者不及时修订其化学品安全技术说明书和化学品安全标签的；

（六）危险化学品经营企业经营没有化学品安全技术说明书和化学品安全标签的危险化学品的；

（七）危险化学品包装物、容器的材质以及包装的型式、规格、方法和单件质量（重量）与所包装的危险化学品的性质和用途不相适应的；

（八）生产、储存危险化学品的单位未在作业场所和安全设施、设备上设置明显的安全警示标志，或者未在作业场所设置通信、报警装置的；

（九）危险化学品专用仓库未设专人负责管理，或者对储存的剧毒化学品以及储存数量构成重大危险源的其他危险化学品未实行双人收发、双人保管制度的；

（十）储存危险化学品的单位未建立危险化学品出入库核查、登记制度的；

（十一）危险化学品专用仓库未设置明显标志的；

（十二）危险化学品生产企业、进口企业不办理危险化学品登记，或者发现其生产、进口的危险化学品有新的危险特性不办理危险化学品登记内容变更手续的。

从事危险化学品仓储经营的港口经营人有前款规定情形的，由港口部门依照前款规定予以处罚。储存剧毒化学品、易制爆危险化学品的专用仓库未按照国家有关规定设置相应的技术防范设施的，由公安机关依照前款规定予以处罚。

生产、储存剧毒化学品、易制爆危险化学品的单位未设置治安保卫机构、配备专职治安保卫人员的，依照《企业事业单位内部治安保卫条例》的规定处罚。

【释义】本条规定的违法行为的主体比较多，主要是生产、储存危险化学品的企业以及其他单位，也包括危险化学品管道施工单位、危险化学品经营企业。需要注意的是，每一项违法行为对应的责任主体不完全相同。

【例题】（1）《危险化学品安全管理条例》规定，危险化学品生产企业未提供化学品安全技术说明书，或者未在包装（包括外包装件）上粘贴、拴挂化学品安全标签的，处（　　）以下的罚款。

A. 10万元以上　　B. 10万元以下　　C. 5万元以上10万元下　　D. 20万元以上

（2）（多选）下列哪些情形，由安全生产监督管理部门责令改正，可以处5万元以下的罚

款；拒不改正的，处 5 万元以上 10 万元以下的罚款。（　　）

  A. 生产、储存危险化学品的单位未对其铺设的危险化学品管道设置明显的标志，或者未对危险化学品管道定期检查、检测的。

  B. 进行可能危及危险化学品管道安全的施工作业，施工单位未按照规定书面通知管道所属单位，或者未与管道所属单位共同制定应急预案、采取相应的安全防护措施，或者管道所属单位未指派专门人员到现场进行管道安全保护指导的。

  C. 危险化学品生产企业未提供化学品安全技术说明书，或者未在包装（包括外包装件）上粘贴、拴挂化学品、安全标签的。

  D. 危险化学品生产企业提供的化学品安全技术说明书与其生产的危险化学品不相符，或者在包装（包括外包装件）粘贴、拴挂的化学品安全标签与包装内危险化学品不相符，或者化学品安全技术说明书、化学品安全标签所载明的内容不符合国家标准要求的。

  E. 危险化学品经营企业经营没有化学品安全技术说明书和化学品安全标签的危险化学品的。

  危险化学品包装物、容器生产企业销售未经检验或者经检验不合格的危险化学品包装物、容器的，由质检部门责令改正，处 10 万元以上 20 万元以下的罚款，有违法所得的，没收违法所得；拒不改正的，责令停产停业整顿；构成犯罪的，依法追究刑事责任。

  将未经检验合格的运输危险化学品的船舶及其配载的容器投入使用的，由海事机构依照前款规定予以处罚。

  【例题】危险化学品包装物、容器生产企业销售未经检验或者经检验不合格的危险化学品包装物、容器的，由质检部门责令改正，处（　　）的罚款，有违法所得的，没收违法所得；拒不改正的，责令停产停业整顿；构成犯罪的，依法追究刑事责任。

  A. 10 万元以上 20 万元以下　　　　C. 50 万元以上 100 万元以下

  B. 20 万元以上 50 万元以下　　　　D. 10 万元以上 50 万元以下

  生产、储存、使用危险化学品的单位有下列情形之一的，由安监部门责令改正，处 5 万元以上 10 万元以下的罚款；拒不改正的，责令停产停业整顿直至由原发证机关吊销其相关许可证件，并由工商行政部门责令其办理经营范围变更登记或者吊销其营业执照；有关责任人员构成犯罪的，依法追究刑事责任：

  （一）对重复使用的危险化学品包装物、容器，在重复使用前不进行检查的；

  （二）未根据其生产、储存的危险化学品的种类和危险特性，在作业场所设置相关安全设施、设备，或者未按照国家标准、行业标准或者国家有关规定对安全设施、设备进行经常性维护、保养的；

  （三）未依照本条例规定对其安全生产条件定期进行安全评价的；

  （四）未将危险化学品储存在专用仓库内，或者未将剧毒化学品以及储存数量构成重大危险源的其他危险化学品在专用仓库内单独存放的；

  （五）危险化学品的储存方式、方法或者储存数量不符合国家标准或者国家有关规定的；

  （六）危险化学品专用仓库不符合国家标准、行业标准的要求的；

  （七）未对危险化学品专用仓库的安全设施、设备定期进行检测、检验的。

  从事危险化学品仓储经营的港口经营人有前款规定情形的，由港口部门依照前款规定予以处罚。

【释义】本条是关于生产、储存、使用危险化学品的单位有关违法行为法律责任的规定。

【例题】违反《危险化学品安全管理条例》，可处 5 万元以上 10 万元以下罚款的行为有（　　）。

　　A. 危险化学品未储存在专用仓库内的。
　　B. 运输危险化学品未按照危险化学品的特性采取必要安全防护措施的。
　　C. 未根据危险化学品的种类、特性，在作业场所设置相应的安全设施、设备的。
　　D. 运输危险化学品，不配备押运人员的。
　　E. 利用内河以及其他封闭水域等航运渠道运输剧毒化学品和国家禁止运输的其他危险化学品的。

有下列情形之一的，由公安机关责令改正，可以处 1 万元以下的罚款；拒不改正的，处 1 万元以上 5 万元以下的罚款：

（一）生产、储存、使用剧毒化学品、易制爆危险化学品的单位不如实记录生产、储存、使用的剧毒化学品、易制爆危险化学品的数量、流向的；

（二）生产、储存、使用剧毒化学品、易制爆危险化学品的单位发现剧毒化学品、易制爆危险化学品丢失或者被盗，不立即向公安机关报告的；

（三）储存剧毒化学品的单位未将剧毒化学品的储存数量、储存地点以及管理人员的情况报所在地县级公安机关备案的；

（四）危险化学品生产企业、经营企业不如实记录剧毒化学品、易制爆危险化学品购买单位的名称、地址、经办人的姓名、身份证号码以及所购买的剧毒化学品、易制爆危险化学品的品种、数量、用途，或者保存销售记录和相关材料的时间少于 1 年的；

（五）剧毒化学品、易制爆危险化学品的销售企业、购买单位未在规定的时限内将所销售、购买的剧毒化学品、易制爆危险化学品的品种、数量以及流向信息报所在地县级公安机关备案的；

（六）使用剧毒化学品、易制爆危险化学品的单位依照本条例规定转让其购买的剧毒化学品、易制爆危险化学品，未将有关情况向所在地县级公安机关报告的。

生产、储存危险化学品的企业或者使用危险化学品从事生产的企业未按照本条例规定将安全评价报告以及整改方案的落实情况报安监部门或者港口部门备案，或者储存危险化学品的单位未将其剧毒化学品以及储存数量构成重大危险源的其他危险化学品的储存数量、储存地点以及管理人员的情况报安监部门或者港口部门备案的，分别由安监部门或者港口部门依照前款规定予以处罚。

生产实施重点环境管理的危险化学品的企业或者使用实施重点环境管理的危险化学品从事生产的企业未按照规定将相关信息向环保部门报告的，由环保部门依照本条第一款的规定予以处罚。

【例题】（1）（多选）依据《危险化学品安全管理条例》的规定，剧毒化学品生产、储存单位，应当对剧毒化学品的（　　）如实记录，并采取必要的安全措施。

　　A. 原料　　B. 数量　　C. 流向　　D. 用途　　E. 产地

（2）生产、储存、使用剧毒化学品、易制爆危险化学品的单位发现剧毒化学品、易制爆危险化学品丢失或者被盗，不立即向公安机关报告的，由公安机关责令改正，可以处 1 万元以下的罚款；拒不改正的，处 1 万元以上（　　）万元以下的罚款。

　　A. 5　　　　　　B. 3　　　　　　C. 2　　　　　　D. 4

生产、储存、使用危险化学品的单位转产、停产、停业或者解散，未采取有效措施及时、妥善处置其危险化学品生产装置、储存设施以及库存的危险化学品，或者丢弃危险化学品的，由安监部门责令改正，处 5 万元以上 10 万元以下的罚款；构成犯罪的，依法追究刑事责任。

生产、储存、使用危险化学品的单位转产、停产、停业或者解散，未依照本条例规定将其危险化学品生产装置、储存设施以及库存危险化学品的处置方案报有关部门备案的，分别由有关部门责令改正，可以处 1 万元以下的罚款；拒不改正的，处 1 万元以上 5 万元以下的罚款。

【例题】生产、储存、使用危险化学品的单位转产、停产、停业或者解散，未采取有效措施及时、妥善处理其危险化学品生产装置、储存设施以及库存的危险化学品，或者丢弃危险化学品的，由安全生产监督管理部门责令改正，（　　）；构成犯罪的，依法追究刑事责任。

A. 处 1 万元以上 5 万元以下的罚款
B. 处 5 万元以上 10 万元以下的罚款
C. 处 10 万元以上 15 万元以下的罚款
D. 处 15 万元以上 20 万元以下的罚款

危险化学品经营企业向未经许可违法从事危险化学品生产、经营活动的企业采购危险化学品的，由工商行政部门责令改正，处 10 万元以上 20 万元以下的罚款；拒不改正的，责令停业整顿直至由原发证机关吊销其危险化学品经营许可证，并由工商行政部门责令其办理经营范围变更登记或者吊销其营业执照。

【例题】危险化学品经营企业向未经许可违法从事危险化学品生产、经营活动的企业采购危险化学品的，由工商行政部门责令改正，处 10 万元以上 20 万元以下的罚款；拒不改正的，责令停业整顿直至由（　　）吊销其危险化学品经营许可证，并由工商行政部门责令其办理经营范围变更登记或者吊销其营业执照。

A. 原发证机关　　B. 安监部门　　C. 工商行政部门　　D. 公安机关

危险化学品生产企业、经营企业有下列情形之一的，由安监部门责令改正，没收违法所得，并处 10 万元以上 20 万元以下的罚款；拒不改正的，责令停产停业整顿直至吊销其危险化学品安全生产许可证、危险化学品经营许可证，并由工商行政部门责令其办理经营范围变更登记或者吊销其营业执照：

（一）向不具有本条例第三十八条第一款、第二款规定的相关许可证件或者证明文件的单位销售剧毒化学品、易制爆危险化学品的；

（二）不按照剧毒化学品购买许可证载明的品种、数量销售剧毒化学品的；

（三）向个人销售剧毒化学品（属于剧毒化学品的农药除外）、易制爆危险化学品的。

不具有本条例第三十八条第一款、第二款规定的相关许可证件或者证明文件的单位购买剧毒化学品、易制爆危险化学品，或者个人购买剧毒化学品（属于剧毒化学品的农药除外）、易制爆危险化学品的，由公安机关没收所购买的剧毒化学品、易制爆危险化学品，可以并处 5000 元以下的罚款。

使用剧毒化学品、易制爆危险化学品的单位出借或者向不具有本条例第三十八条第一款、第二款规定的相关许可证件的单位转让其购买的剧毒化学品、易制爆危险化学品，或者向个人转让其购买的剧毒化学品（属于剧毒化学品的农药除外）、易制爆危险化学品的，由公安机关责令改正，处 10 万元以上 20 万元以下的罚款；拒不改正的，责令停产停业整顿。

【释义】本条分三款规定了 5 种性质相似的违法行为。第一款规定的违法行为主体是危险化学品生产企业、经营企业；第二款规定的违法行为主体是普通主体，任何单位和个人都可能成为违法行为的主体；第三款规定的违法行为主体是使用剧毒化学品、易制爆危险化学品的单位。

【例题】《危险化学品安全管理条例》规定，个人（　　　）购买剧毒化学品（属于剧毒化学品的农药除外）和易制爆危险化学品。

A. 根据需要　　　　B. 可以　　　　C. 不得

有下列情形之一的，由交通部门责令改正，处5万元以上10万元以下的罚款；拒不改正的，责令停产停业整顿；构成犯罪的，依法追究刑事责任：

（一）危险化学品道路运输企业、水路运输企业的驾驶人员、船员、装卸管理人员、押运人员、申报人员、集装箱装箱现场检查员未取得从业资格上岗作业的；

（二）运输危险化学品，未根据危险化学品的危险特性采取相应的安全防护措施，或者未配备必要的防护用品和应急救援器材的；

（三）使用未依法取得危险货物适装证书的船舶，通过内河运输危险化学品的；

（四）通过内河运输危险化学品的承运人违反国务院交通部门对单船运输的危险化学品数量的限制性规定运输危险化学品的；

（五）用于危险化学品运输作业的内河码头、泊位不符合国家有关安全规范，或者未与饮用水取水口保持国家规定的安全距离，或者未经交通部门验收合格投入使用的；

（六）托运人不向承运人说明所托运的危险化学品的种类、数量、危险特性以及发生危险情况的应急处置措施，或者未按照国家有关规定对所托运的危险化学品妥善包装并在外包装上设置相应标志的；

（七）运输危险化学品需要添加抑制剂或者稳定剂，托运人未添加或者未将有关情况告知承运人的。

【例题】（多选）有下列哪些情形的，由交通部门责令改正，处5万元以上10万元以下的罚款；拒不改正的，责令停产停业整顿；构成犯罪的，依法追究刑事责任？（　　　）

A. 危险化学品道路运输企业、水路运输企业的驾驶人员、船员、装卸管理人员、押运人员、申报人员、集装箱装箱现场检查员未取得从业资格上岗作业的。

B. 运输危险化学品，未根据危险化学品的危险特性采取相应的安全防护措施，或者未配备必要的防护用品和应急救援器材的。

C. 不按照剧毒化学品购买许可证载明的品种、数量销售剧毒化学品的。

D. 向个人销售剧毒化学品（属于剧毒化学品的农药除外）、易制爆危险化学品的。

有下列情形之一的，由交通部门责令改正，处10万元以上20万元以下的罚款，有违法所得的，没收违法所得；拒不改正的，责令停产停业整顿；构成犯罪的，依法追究刑事责任：

（一）委托未依法取得危险货物道路运输许可、危险货物水路运输许可的企业承运危险化学品的；

（二）通过内河封闭水域运输剧毒化学品以及国家规定禁止通过内河运输的其他危险化学品的；

（三）通过内河运输国家规定禁止通过内河运输的剧毒化学品以及其他危险化学品的；

（四）在托运的普通货物中夹带危险化学品，或者将危险化学品谎报或者匿报为普通货物托运的。

在邮件、快件内夹带危险化学品，或者将危险化学品谎报为普通物品交寄的，依法给予治安管理处罚；构成犯罪的，依法追究刑事责任。

邮政企业、快递企业收寄危险化学品的，依照《邮政法》的规定处罚。

【例题】（多选）有下列哪些情形的，由交通部门责令改正，处10万元以上20万元以下

的罚款，有违法所得的，没收违法所得；拒不改正的，责令停产停业整顿；构成犯罪的，依法追究刑事责任？（　　　）

　　A. 委托未依法取得危险货物道路运输许可、危险货物水路运输许可的企业承运危险化学品的。

　　B. 通过内河封闭水域运输剧毒化学品以及国家规定禁止通过内河运输的其他危险化学品的。

　　C. 使用未依法取得危险货物适装证书的船舶，通过内河运输危险化学品的。

　　D. 通过内河运输危险化学品的承运人违反国务院交通部门对单船运输的危险化学品数量的限制性规定运输危险化学品的。

　　有下列情形之一的，由公安机关责令改正，处5万元以上10万元以下的罚款；构成违反治安管理行为的，依法给予治安管理处罚；构成犯罪的，依法追究刑事责任：

　　（一）超过运输车辆的核定载质量装载危险化学品的；

　　（二）使用安全技术条件不符合国家标准要求的车辆运输危险化学品的；

　　（三）运输危险化学品的车辆未经公安机关批准进入危险化学品运输车辆限制通行的区域的；

　　（四）未取得剧毒化学品道路运输通行证，通过道路运输剧毒化学品的。

　　【例题】（多选）下列哪些情形应该由公安机关责令改正？（　　　）

　　A. 超过运输车辆的核定载质量装载危险化学品的。

　　B. 未取得剧毒化学品道路运输通行证，通过道路运输剧毒化学品的。

　　C. 通过道路运输危险化学品，不配备押运人员的。

　　D. 危险化学品运输车辆未悬挂或者喷涂警示标志，或者悬挂或者喷涂的警示标志不符合国家标准要求的。

　　有下列情形之一的，由公安机关责令改正，处1万元以上5万元以下的罚款；构成违反治安管理行为的，依法给予治安管理处罚：

　　（一）危险化学品运输车辆未悬挂或者喷涂警示标志，或者悬挂或者喷涂的警示标志不符合国家标准要求的；

　　（二）通过道路运输危险化学品，不配备押运人员的；

　　（三）运输剧毒化学品或者易制爆危险化学品途中需要较长时间停车，驾驶人员、押运人员不向当地公安机关报告的；

　　（四）剧毒化学品、易制爆危险化学品在道路运输途中丢失、被盗、被抢或者发生流散、泄露等情况，驾驶人员、押运人员不采取必要的警示措施和安全措施，或者不向当地公安机关报告的。

　　【例题】道路危险货物运输过程中，不配备押运人员，由（　　　）处1万元以上5万元以下的罚款。

　　A. 交通部门　　　　　　B. 质检部门　　　　　　C. 公安部门　　　　　　D. 安监部门

　　有下列情形之一的，由交通部门责令改正，可以处1万元以下的罚款；拒不改正的，处1万元以上5万元以下的罚款：

　　（一）危险化学品道路运输企业、水路运输企业未配备专职安全管理人员的；

　　（二）用于危险化学品运输作业的内河码头、泊位的管理单位未制定码头、泊位危险化学品事故应急救援预案，或者未为码头、泊位配备充足、有效的应急救援器材和设备的。

　　【例题】下列哪种情形的，由交通部门责令改正，可以处1万元以下的罚款；拒不改正的，

处 1 万元以上 5 万元以下的罚款？（　　）

　　A. 危险化学品道路运输企业、水路运输企业未配备专职安全管理人员的。
　　B. 超过运输车辆的核定载质量装载危险化学品的。
　　C. 使用安全技术条件不符合国家标准要求的车辆运输危险化学品的。
　　D. 未取得剧毒化学品道路运输通行证，通过道路运输剧毒化学品的。

　　有下列情形之一的，依照《内河交通安全管理条例》的规定处罚：
　　（一）通过内河运输危险化学品的水路运输企业未制定运输船舶危险化学品事故应急救援预案，或者未为运输船舶配备充足、有效的应急救援器材和设备的；
　　（二）通过内河运输危险化学品的船舶的所有人或者经营人未取得船舶污染损害责任保险证书或者财务担保证明的；
　　（三）船舶载运危险化学品进出内河港口，未将有关事项事先报告海事机构并经其同意的；
　　（四）载运危险化学品的船舶在内河航行、装卸或者停泊，未悬挂专用的警示标志，或者未按照规定显示专用信号，或者未按照规定申请引航的。
　　未向港口部门报告并经其同意，在港口内进行危险化学品的装卸、过驳作业的，依照《港口法》的规定处罚。

　　【例题】（1）根据《危险化学品安全管理条例》，通过内河运输危险化学品的船舶，其所有人或者经营人应当取得（　　）或者财务担保证明，并且应当随船携带其副本。
　　　A. 船舶污染损害责任保险证书　　　　B. 危险货物适装证书
　　　C. 危险货物水路运输许可证　　　　　D. 危险化学品道路运输通行证
　　（2）载运危险化学品的船舶在内河航行、装卸或者停泊，应当悬挂（　　），按照规定显示专用信号。
　　　A. 普通标志　　　B. 警示标识　　　C. 专用的警示标志　　　D. 安全标志

　　伪造、变造或者出租、出借、转让危险化学品安全生产许可证、工业产品生产许可证，或者使用伪造、变造的危险化学品安全生产许可证、工业产品生产许可证的，分别依照《安全生产许可证条例》《工业产品生产许可证管理条例》的规定处罚。
　　伪造、变造或者出租、出借、转让本条例规定的其他许可证，或者使用伪造、变造的本条例规定的其他许可证的，分别由相关许可证的颁发管理机关处 10 万元以上 20 万元以下的罚款，有违法所得的，没收违法所得；构成违反治安管理行为的，依法给予治安管理处罚；构成犯罪的，依法追究刑事责任。

　　【例题】伪造、变造或者出租、出借、转让本条例规定的其他许可证，或者使用伪造、变造的本条例规定的其他许可证的，分别由相关许可证的颁发管理机关处（　　）的罚款，有违法所得的，没收违法所得；构成违反治安管理行为的，依法给予治安管理处罚；构成犯罪的，依法追究刑事责任。
　　　A. 处 1 万元以上 5 万元以下的罚款　　　B. 处 5 万元以上 10 万元以下的罚款
　　　C. 处 10 万元以上 15 万元以下的罚款　　D. 处 10 万元以上 20 万元以下的罚款

　　危险化学品单位发生危险化学品事故，其主要负责人不立即组织救援或者不立即向有关部门报告的，依照《生产安全事故报告和调查处理条例》的规定处罚。
　　危险化学品单位发生危险化学品事故，造成他人人身伤害或者财产损失的，依法承担赔偿责任。

【例题】危险化学品单位发生危险化学品事故造成人员伤亡、财产损失的,应当依法承担赔偿责任;拒不承担赔偿责任或者其负责人逃匿的,依法(　　)。

　　A. 追究刑事责任　　　　　　　　B. 拍卖其财产用于赔偿
　　C. 追究其他责任人的责任　　　　D. 追究行政责任

　　发生危险化学品事故,有关地方人民政府及其有关部门不立即组织实施救援,或者不采取必要的应急处置措施减少事故损失,防止事故蔓延、扩大的,对直接负责的主管人员和其他直接责任人员依法给予处分;构成犯罪的,依法追究刑事责任。

【例题】发生危险化学品事故,有关地方人民政府及其有关部门不立即组织实施救援,或者不采取必要的应急处置措施减少事故损失,防止事故蔓延、扩大的,对直接负责的主管人员和其他直接责任人员依法给予(　　);构成犯罪的,依法追究刑事责任。

　　A. 处分　　　B. 警告　　　C. 罚款　　　D. 记过或开除

　　负有危险化学品安全监督管理职责的部门的工作人员,在危险化学品安全监督管理工作中滥用职权、玩忽职守、徇私舞弊,构成犯罪的,依法追究刑事责任;尚不构成犯罪的,依法给予处分。

【例题】《危险化学品安全管理条例》第九十六条规定,负有危险化学品安全监督管理职责的部门的工作人员,在监督管理中有违法行为,构成犯罪的,依照刑法关于(　　)或者其他罪的规定,依法追究刑事责任。

　　A. 组织查处职业危害事故和违法违规行为　　B. 滥用职权罪
　　C. 重大安全生产事故罪　　　　　　　　　　D. 玩忽职守罪　　　E. 妨害国家安全罪

能力提升

请在课下,通过查阅《危险化学品安全管理条例》附则,完成下列题目:

1. 关于《危险化学品安全管理条例》的适用范围的表述中,错误的是(　　)。
　　A. 监控化学品、属于药品的危险化学品和农药的安全管理,依照本条例的规定执行
　　B. 进口危险化学品的经营、储存、运输、使用和处置等活动,必须遵守这部行政法规
　　C. 民用爆炸品、放射性物品、核能物质和城镇燃气的安全管理,适用本条例
　　D. 进口危险化学品的经营、储存、运输、使用和处置废弃危险化学品,依照《危险化学品安全管理条例》的规定执行

2. (判断)属于药品的危险化学品和农药的安全管理,不能依照《危险化学品安全管理条例》的规定执行。(　　)

3. (多选)《危险化学品安全管理条例》第七十一条规定,(　　)适用本条例。
　　A. 民用爆炸品　　　B. 放射性物品　　　C. 核能物质
　　D. 城镇燃气　　　　E. 有毒物品

4. (判断)民用爆炸物品、烟花爆竹、放射性物品、核能物质以及用于国防科研生产的危险化学品的安全管理,不适用《危险化学品安全管理条例》。(　　)

5. 进出口属于禁止进出口的技术的,或者未经许可擅自进出口属于限制进出口的技术的,

依照有关法律、行政法规的规定处理、处罚；法律、行政法规没有规定的，由国务院对外贸易主管部门责令改正，没收违法所得，并处违法所得（　　）倍以上（　　）倍以下罚款。

  A. 1；3   B. 1；5   C. 3；5   D. 2；4

6. 公众发现、捡拾的无主危险化学品，由（　　）接收，需要进行无害化处理的，交由环境保护主管部门组织其认定的专业单位进行处理。

  A. 安全生产监督管理部门   B. 环境保护主管部门
  C. 公安机关   D. 卫生主管部门

7. 公安机关接收或者有关部门依法没收的危险化学品，需要进行无害化处理的，交由（　　）组织其认定的专业单位进行处理，或者交由有关危险化学品生产企业进行处理。

  A. 环境保护主管部门   B. 卫生部门
  C. 公安机关   D. 安全生产监督管理部门

8. 危险化学品目录，由国务院安全生产监督管理部门会同国务院工业和信息化、公安、环境保护、卫生、质量监督检验检疫、（　　）、铁路、民用航空、农业主管部门，根据化学品危险特性的鉴别和分类标准确定、公布，并适时调整。

  A. 工商   B. 邮政   C. 交通运输   D. 水利

9. 危险化学品生产企业进行生产前，应当依照《安全生产许可证条例》的规定，取得危险化学品（　　）。

  A. 安全经营许可证   B. 安全生产许可证
  C. 安全使用许可证   D. 运输许可证

总结提高

  阅读以下事故案例，说明其违背《危险化学品安全管理条例》哪些条款。

  2004年浙江宁波善高化学有限公司"4·22"双氧水车间爆炸火灾事故

  2004年4月22日8时许，位于浙江宁波北仑石桥的浙江善高化学有限公司双氧水车间发生爆炸火灾事故，造成1人死亡（死者，潘某，男，49岁）、1人受伤（伤者，纪某，男，33岁），直接经济损失302.63万元（以浙江中洲资产评估有限公司出具的《浙江善高化学有限公司过氧化氢（双氧水）车间"4·22"事故直接受损财产定损〈资产评估报告书〉》为依据，并由该公司承担解释权）。死、伤者均系浙江二建工艺设备安装公司正在过氧化氢（双氧水）车间拆除保温脚手架的职工。事故发生后，宁波市政府立即启动事故应急救援预案，市公安消防部门紧急调动北仑、市区、镇海炼化、港务集团等22辆消防车及消防艇等消防救援力量投入扑救；市环保部门对事故现场及周边地区大气环境进行全面检测，从检测结果看，未检测到有毒有害气体。中午11时左右，双氧水装置大火基本被扑灭，现场得到控制，中午12时左右，大火全部扑灭。4月22日，该公司氯碱生产系统全面停产整顿。为调查和处理这次爆炸火灾事故，浙江省安全生产监督管理局、省公安厅、省总工会和宁波市、北仑区相关部门及有关技术专家组成"浙江善高化学有限公司'4·22'爆炸事故省、市联合调查组"。

  一、企业概况

  浙江善高化学有限公司系浙江省经济建设投资公司和香港浙经有限公司合资兴建的化工

企业，成立于1989年9月，注册资金1420万美元，总投资逾2亿元人民币，占地11公顷，共有员工430余人，工作时间实行甲、乙、丙、丁四班制，年生产离子膜烧碱10万吨、液氯6.5万吨、合成盐酸6万吨、双氧水4万吨。2003年公司实现销售额逾3亿元，上缴税款1780万元。发生爆炸火灾事故的车间是2000年10月投产的双氧水装置，该项目投资决算近6500万元，装置采用的是蒽醌法钯催化剂氢化技术，技术来源于黎明化工研究院专利，由黎明化工研究院设计所设计，项目于2003年8月通过竣工验收。2003年10月，浙江善高化学有限公司委托宁波市寰球安全评价中心对10万吨/年离子膜烧碱和4万吨/年双氧水装置进行安全现状综合评价，并通过专家评审。

二、事故经过

2004年4月6日至16日，该公司根据计划安排，对所有生产装置实施年度停产大检修。4月13日氯碱系统大修结束，恢复生产；4月16日双氧水车间大修结束，并于当日23时50分开始开车。2004年4月21日10时56分，因外电网波动，引起全厂连锁停车，同日13时25分氯碱系统恢复开车，16时双氧水车间恢复开车。根据分析和DCS记录的曲线，双氧水装置运行状况正常。2004年4月22日8时左右，该厂双氧水岗位的操作员张某和许某一起到双氧水岗位的操作室，与21日20时到22日8时上班的操作员朱某交接班后，换上工作服，准备去巡检，走到门边，正伸手去推门时，就听到"嘶嘶"的声音，接着听到一声巨大的爆炸声，车间内马上浓烟滚滚，张某怕第二次爆炸，赶紧到操作室放工具箱的墙角里躲起来，与此同时，张某看到许某打开了窗门，就与许某从窗口跳下去，经过雨棚落到地上，然后迅速逃离现场。当时正在双氧水车间4楼拆除管道保温脚手架的潘某、纪某（浙江二建工艺设备安装公司职工）听到了爆炸声，在迅速逃离现场过程中，潘某从二楼楼梯拐角处逃生不及被大火烧死，纪某从二楼楼梯平台跳到地面，脸部轻度烧伤，被送往宁波市第二医院治疗。

三、事故原因

发生爆炸火灾事故车间是2002年12月投产的双氧水装置，年产双氧水4万吨。通过对事故现场的勘查和对相关人员进行调查取证、笔录，并进行了详细的综合分析，调查组认定这是一起"违规操作引起的爆炸火灾事故"。

（1）直接原因。双氧水车间内氧化残液分离器排液后，操作工未按规定打开罐顶的放空阀（事故现场发现的放空阀是关闭的），造成氧化残液分离器内残液中的双氧水分解产生的压力得不到及时有效的泄压，使之极度超压，导致氧化残液分离器发生爆炸；爆炸碎片同时击中氢化液气分离器、氧化塔下面的工作液进料管和白土床至循环工作储槽的管线，致使氧化气液分离器内的氢气和氢化液喷出，发生爆炸和燃烧，氧化塔内的氧化液喷出并烧灼，白土床口管内的工作液流出并燃烧，继而形成了双氧水车间的大面积火灾，造成1人烧死、1人烧伤。

（2）间接原因。这起事故的发生，暴露出浙江善高化学有限公司领导对安全生产重视不够，管理不力，安全生产管理机构不健全，配备的专职安全干部没有经过专门培训，未做到持证上岗等问题。公司建立10年来，设备、技术较先进，管理有一定基础，也没有发生过重大事故，因此，在安全生产上产生了麻痹思想，安全生产意识淡化。具体表现在：①公司安全生产目标管理不够明确，安全责任制没有层层分解，安全责任月没有签订落实到班组和职工；部门之间配合不协调，工作出现推诿现象；对员工的安全教育和培训不到位，对员工中出现的"三违"现象监督不力，处理不严，导致职工违规操作，酿成事故。②公司为提高双氧水质量和生产能力的技术改造，未按《危险化学品安全管理条例》的要求，报有关部门审批，也没有经原设计单位确认。③双氧水生产线改造后，未对设备设施运行情况及时进行有效监控。在生产报表中反映的整个双氧水工艺控制指标中，事故发生前连续三个分析数据氧化液酸度为1毫克/升，没有对酸度低、氧化残液的稳定性变差，加速残液中双氧水的分解，导致氧化残液分离器压力升高等异常状况采取有效的安全措施。④公司消防设备不完善，消防水源不足、自防自救能力差。尽管制订了危险的化学品事故应急救援预案，但预案不全面、不系统，平时演练不够，对突发事故未能采取有效措施予以消除。⑤黎明化工研究院设计所工艺设计不尽合理，对氧化残液分离器的危险性认识不足，工艺设计中对该设备位置设计不当，未在氧化残液分离器的工艺流程图上设计压力表和泄压装置。

四、事故性质

这是一起违规操作引起的责任事故。

五、事故责任

①浙江善高化学有限公司领导对安全生产重视不够，安全生产管理机构不健全，安全监督管理不到位，应急救援预案制定不完善，公司对扩大双氧水生产能力的技措改造未按国家有关规定进行报批，对这起事故的发生负有重要管理责任。建议由宁波市安全生产监督管理局根据《安全生产法》和《危险化学品安全管理条例》的有关规定，对江善高化学有限公司处以50万元的经济处罚。②公司的法人代表董事长张某，作为企业安全生产第一责任人，对安全生产重视不够，监管不力，对这次事故的发生负有主要领导责任，建议行政记大过处分，并处以5万元的经济处罚。③公司总经理寿某，作为安全生产主要责任人，尽管上任才4个月，但对安全生产工作抓得不力，责任心不强，对这次事故的发生负有领导责任，建议行政记过处分，并处2万元的经济处罚。④公司总工程师付某，是企业安全生产分管领导以及安全生产直接责任人，在双氧水车间扩产技措改造中，作为项目总负责人，采取的工作措施不力，无正规设计和履行项目审批程序，指挥不当，安全管理失职，对这起事故的发生负有直接领导责任，建议浙江善高化学有限公司董事会撤销其总工程师职务。⑤公司双氧水车间支持工程师周文斌，具体负责双氧水装置技措改造中工艺、技术等具体工作，未能按国家有关安全生产法律、法规履行职责，对双氧水氧化残液分离器存在设备上的安全隐患以及安全操作规程不完善的情况，未能提出有效整改措施，严重失职，对这起事故发生负有直接管理责任，建议司法机关立案查处。⑥公司双氧水车间大班长沈某，平时对操作人员管理不严，教育不力，对职工违规操作以及随意操作现象制止不力，安全生产意识差，工作严重失职，对这起事故的发生负有主要责任，建议给予开除公职处分。⑦公司双氧水车间操作工余某，负责该车间一楼（事故发生工段）各岗位的安全操作与检查。在当班巡回检查中，曾检查过双氧水氧化残液分离器放空阀，但未将放空阀开启到正常状态，导致氧化残液分离器超压爆炸，酿成事故的发生，对这起事故负有直接责任，建议司法机关立案查处。⑧公司其他相关责任人由善高化学有限公司按公司的有关规定给予相应处理，并将处理意见报省、市安全生产监管局备案。⑨黎明化工研究院设计所对双氧水生产工艺部分设备设计上的不足，应尽快查明责任，并对相关责任人进行严肃处理。

六、防范整改措施

①浙江善高化学有限公司要深刻吸取"4·22"事故的沉痛教训，举一反三，真正从思想

上高度重视安全生产，把安全生产放在各项工作的首位，抓紧抓好，杜绝各类事故的发生。②全面落实安全生产责任制，层层分解落实到每个员工，并建立起严格的奖惩考核制度，要进一步完善安全组织机构，强化安全管理人员、危险化学品操作人员、特种作业人员的自我保护意识，认真开展反"三违"活动，坚决杜绝"三违"现象发生。③进一步健全安全生产规章制度，全面检查安全、工艺、设备等管理制度的适用性和可操作性，修订完善各类安全操作规程，加强设备监控管理，严格化工现场巡检制度，并严格执行。④加强公司义务消防队建设和业务训练，保证安全生产投入，完善消防设施的建设，提高自防自救能力。修订完善危险化学品事故应急救援预案，并做到经常演练。⑤宁波经济技术开发区经发局应加强对管辖区内危险化学品生产企业的管理，加强日常监督检查，防止类似事故的再次发生。⑥浙江省经济建设投资公司作为善高化学有限公司的经济投资方，要认真吸取这次爆炸火灾事故的教训，加强对下属单位的安全生产教育和管理，防止此类事故的再次发生。

课外拓展

《危险化学品安全管理条例》第九十四条："危险化学品单位发生危险化学品事故，其主要负责人不立即组织救援或者不立即向有关部门报告的，依照《生产安全事故报告和调查处理条例》的规定处罚。"请查阅《生产安全事故报告和调查处理条例》，阐述危险化学品单位发生危险化学品事故，其主要负责人不立即组织救援或者不立即向有关部门报告应如何处罚。

第五章　特种设备安全法律法规

> **学习目标**
>
> 知识目标：了解我国特种设备安全法律体系及其制度特点；掌握我国特种设备监管和监察的方式和责任划分；掌握特种设备相关部门和人员的权利和义务。
>
> 能力目标：运用法律手段分析问题，确定相关人员的权利和责任义务；规范特种设备的设计、制造、安装、维护、使用、检验方式和方法，保障特种设备行业有序运行。
>
> 情感价值目标：树立法律意识和思想，树立安全意识和思想，树立责任意识和思想。

第一节　认识特种设备安全法律法规

中国的特种设备安全监察机构是为了防止事故的发生而设立，特种设备安全监察法规也是为了防止事故的发生而制定。

1960年劳动部制定了第一个特种设备安全监察规范，即第一版的《蒸汽锅炉安全监察规程》，以后颁布了《压力容器安全技术监察规程》等一系列规范性文件。2004年开始建立法规标准体系，启动特种设备安全技术规范（TSG）的制定工作。

1982年2月6日国务院颁布了《锅炉压力容器安全监察暂行条例》；2003年3月，国务院公布了《特种设备安全监察条例》（第373号国务院令），自2003年6月1日起施行，《锅炉压力容器安全监察暂行条例》同时废止。2009年1月，国务院以第549号令对《特种设备安全监察条例》进行了修订。

为了加强特种设备安全工作，预防特种设备事故，保障人身和财产安全，促进经济社会发展，《中华人民共和国特种设备安全法》（以下简称《特种设备安全法》）已由中华人民共和国第十二届全国人民代表大会常务委员会第三次会议于2013年6月29日通过，自2014年1月1日起施行。

> **知识储备**

一、《特种设备安全监察条例》

《特种设备安全监察条例》明确了4项责任：特种设备生产者、使用者的安全责任和义务；各级人民政府管理特种设备安全监察工作的责任和义务；特种设备安全监督管理部门及检验检测机构的责任和义务；社会监督的权利。

《特种设备安全监察条例》体现了5项原则：安全至上原则、企业负责原则、权责一致原则、统一监管原则、综合治理原则。

二、特种设备相关法律法规

目前分五个层次,即法律、法规、部门规章、安全技术规范、各类国家标准。

(一)法律

《中华人民共和国特种设备安全法》(自2014年1月1日起施行。)
《中华人民共和国安全生产法》(自2014年12月1日起施行。)
《中华人民共和国行政许可法》(自2004年7月1日起施行。)
《中华人民共和国产品质量法》(自1993年9月1日起施行。)
《中华人民共和国标准化法》(自1989年4月1日起施行。)

(二)行政法规

《特种设备安全监察条例》(国务院令第549号,于2009年1月24日发布,自2009年5月1日起施行。)

(三)地方性法规

《重庆市特种设备安全监察条例》(于2008年9月26日经重庆市第三届人民代表大会常务委员会第六次会议通过,自2009年1月1日起施行。)

(四)部门规章

《特种设备目录》(自2014年10月30日起施行。)
《起重机械安全监察规定》(自2007年6月1日起施行。)
《小型和常压热水锅炉安全监察规定》(自2000年8月1日起施行。)
《特种设备作业人员监督管理办法》(自2011年7月1日起施行。)
《特种设备质量监督与安全监察规定》(自2000年10月1日起施行。)
《气瓶安全监察规定》(自2003年6月1日起施行。)
《锅炉压力容器制造监督管理办法》(自2003年1月1日起施行。)
《锅炉压力容器压力管道特种设备安全监察行政处罚规定》(自2002年3月1日起施行。)

(五)安全技术规范

安全技术规范是规定特种设备的安全性能和相应的设计、制造、安装、修理、改造、使用管理和检验检测方法,以及许可、考核条件、程序的一系列行政管理文件。安全技术规范是特种设备法规体系的重要组成部分,其作用是把法律、法规和行政规章原则规定具体化,提出特种设备基本安全要求。

三、特种设备相关概念

《特种设备安全法》规定的特种设备,是指对人身和财产安全有较大危险性的锅炉、压力容器(含气瓶)、压力管道、电梯、起重机械、客运索道、大型游乐设施、场(厂)内专用机动车辆等。国家对特种设备实行目录管理。特种设备目录由国务院负责特种设备安全监督管理的部门制定，报国务院批准后执行。

特种设备包括其附属的安全附件、安全保护装置和与安全保护装置相关的设施。

锅炉，是指利用各种燃料、电或者其他能源，将所盛装的液体加热到一定的参数，并承载一定压力的密闭设备，其范围规定为容积大于或者等于 30 L 的承压蒸汽锅炉；出口水压大于或者等于 0.1 MPa（表压），且额定功率大于或者等于 0.1 MW 的承压热水锅炉；有机热载体锅炉。

压力容器，是指盛装气体或者液体，承载一定压力的密闭设备，其范围规定为最高工作压力大于或者等于 0.1 MPa（表压），且压力与容积的乘积大于或者等于 2.5 MPa·L 的气体、液化气体和最高工作温度高于或者等于标准沸点的液体的固定式容器和移动式容器；盛装公称工作压力大于或者等于 0.2 MPa（表压），且压力与容积的乘积大于或者等于 1.0 MPa·L 的气体、液化气体和标准沸点等于或者低于 60 ℃ 液体的气瓶；氧舱等。

压力管道，是指利用一定的压力，用于输送气体或者液体的管状设备，其范围规定为最高工作压力大于或者等于 0.1 MPa（表压）的气体、液化气体、蒸汽介质或者可燃、易爆、有毒、有腐蚀性、最高工作温度高于或者等于标准沸点的液体介质，且公称直径大于 25 mm 的管道。

电梯，是指动力驱动，利用沿刚性导轨运行的箱体或者沿固定线路运行的梯级（踏步），进行升降或者平行运送人、货物的机电设备，包括载人（货）电梯、自动扶梯、自动人行道等。

起重机械，是指用于垂直升降或者垂直升降并水平移动重物的机电设备，其范围规定为额定起重量大于或者等于 0.5 t 的升降机；额定起重量大于或者等于 1 t，且提升高度大于或者等于 2 m 的起重机和承重形式固定的电动葫芦等。

客运索道，是指动力驱动，利用柔性绳索牵引箱体等运载工具运送人员的机电设备，包括客运架空索道、客运缆车、客运拖牵索道等。

大型游乐设施，是指用于经营目的，承载乘客游乐的设施。其范围规定为设计最大运行线速度大于或者等于 2 m/s，或者运行高度距地面高于或者等于 2 m 的载人大型游乐设施。

能力提升

2001—2013 年以来的特种设备事故统计情况见表 5.1。2004—2013 年我国特种设备万台事故率（万台年事故起数）见图 5.1。2004—2013 年我国特种设备万台死亡率（万台年死亡人数）情况见图 5.2。

表 5.1　2001—2013 年我国特种设备事故情况

统计年份	事故起数	死亡人数	受伤人数
2001 年	发生特种设备严重以上事故 308 起	284 人	435 人
2002 年	发生特种设备严重以上事故 352 起	351 人	372 人
2003 年	发生特种设备严重以上事故 289 起	235 人	379 人
2004 年	发生特种设备严重以上事故 295 起	299 人	426 人
2005 年	发生特种设备严重以上事故 274 起	301 人	293 人
2006 年	发生特种设备严重以上事故 299 起	334 人	349 人

续表

统计年份	事故起数	死亡人数	受伤人数
2007 年	发生特种设备严重以上事故 256 起	325 人	285 人
2008 年	发生特种设备严重以上事故 307 起	317 人	461 人
2009 年	发生特种设备一般以上事故 380 起	315 人	402 人
2010 年	发生特种设备一般以上事故 296 起	310 人	247 人
2011 年	发生特种设备一般以上事故 275 起	300 人	332 人
2012 年	发生特种设备一般以上事故 228 起	292 人	354 人
2013 年	发生特种设备一般以上事故 227 起	289 人	274 人

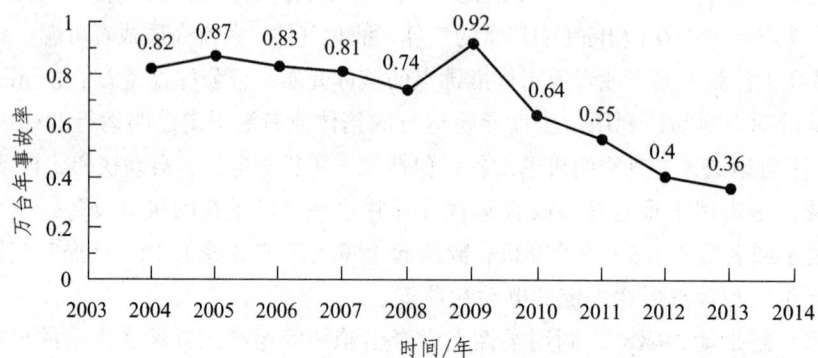

图 5.1　2004—2013 年我国特种设备万台年事故率（万台年事故起数）

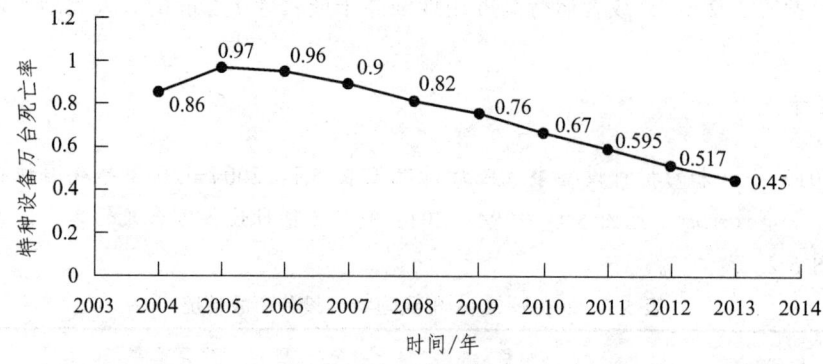

图 5.2　2004—2013 年我国特种设备万台死亡率（万台年死亡人数）

问题 1：请依据以上图表信息，结合自己查询的资料，分析我国特种设备事故的发展趋势。

问题 2：请上网查询特种设备事故的特点及发生原因。

课外拓展

请搜集各类特种设备的照片，并相互交流学习。

第二节 特种设备的生产

《特种设备安全监察条例》规定了生产单位的一般义务;设立了特种设备设计、制造、安装、改造、维修等许可事项;明确了特种设备设计、制造、安装、改造、维修文件的提供;提出了特种设备安装告知义务,明确了电梯安装、改造、维修同制造的关系;规定了特种设备制造、安装监督检验要求;规定了气瓶充装许可等。

知识储备

特种设备生产单位,应当依照本条例规定以及国务院特种设备安全监督管理部门制订并公布的安全技术规范(以下简称安全技术规范)的要求,进行生产活动。特种设备生产单位对其生产的特种设备的安全性能负责,不得生产不符合安全性能要求和能效指标的特种设备,不得生产国家产业政策明令淘汰的特种设备。

【释义】本条是关于特种设备生产单位一般义务的规定。主要包括以下内容:
(1)安全技术规范的含义及内容。

本条例所指安全技术规范是规定特种设备的安全性能和相应的设计、制造、安装、修理、改造、使用管理和检验检测方法,以及许可、考核条件、程序的一系列行政管理文件。安全技术规范是特种设备技术法规的重要组成部分,其作用是把法律、法规和行政规章原则规定具体化,提出特种设备基本安全要求。本条例规定只授权国务院特种设备安全监督管理部门制定技术规范,各省市区特种设备安全监督管理部门和其他部门不得制定。为保证技术规范的质量,国家质检总局应制定安全技术规范的制定修订程序,详细规定参与制定技术规范的人员条件、颁布和修改程序、解释等事项,同时要落实必要的人力、物力,保证及时出台有关规定。这些要求完全符合《世界贸易组织贸易技术壁垒协定》(以下简称 WTO/TBT 协定)的精神,也与工业发达国家的做法一致。

特种设备的安全性能是指特种设备法律、法规、行政规章、技术规范所规定的安全技术项目和指标,即特种设备基本安全要求的总和。

(2)关于安全的责任主体问题。

市场经济条件下,经济活动的主体是企业,它在经济活动中除完成企业的目标——追求经济利益最大化以外,还必须承担一些社会义务,如缴纳税务、环境保护、保证从业人员安全和他人安全等。所以特种生产企业保证所生产的特种设备质量、不发生事故是其必须履行的义务,企业应是安全的第一责任人。这些义务应与其所从事的特种设备设计、制造、安装、修理、改造等生产活动相关联,对这些活动的后果负责,这种义务在特种设备的生命周期内一直存在。当出现公认的社会技术认知不够,导致事故或给他人带来损失时,相关责任单位可以免责。

压力容器的设计单位应当经国务院特种设备安全监督管理部门许可,方可从事压力容器的设计活动。压力容器的设计单位应当具备下列条件:

（一）有与压力容器设计相适应的设计人员、设计审核人员；

（二）有与压力容器设计相适应的场所和设备；

（三）有与压力容器设计相适应的健全的管理制度和责任制度。

【释义】本条是关于压力容器设计单位许可的规定。

（1）关于设立压力容器设计许可的意义。压力容器的设计对压力容器的安全影响很大，是所有生产环节的源头，一旦出现错误会导致一系列错误发生，造成严重后果。因此，对压力容器设计单位必须进行许可管理，压力容器设计单位必须取得设计许可证，方能从事设计工作。

（2）不能获得压力容器许可的单位。压力容器价值较高，一旦因设计不当发生事故会造成极大损失，独立执业者无法承担赔偿责任，所以禁止独立执业者从事压力容器设计。

【案例】2002年9月26日21时30分许，辽宁省葫芦岛市碳素厂一台有机热载体炉发生泄漏引起爆燃火灾，造成3人死亡，1人受伤。

事故锅炉系该厂自行设计，由连山县高桥农场机械厂制造，2002年4月初自行安装投入使用。在使用过程中，曾发生过炉管泄露，自行维修启炉2小时后炉管再次发生泄漏，漏出的导热油遇明火发生爆炸，造成事故。

事故原因分析：

（1）该锅炉设计制造质量太差，不能满足安全使用条件。炉管接口焊接部位存在严重缺陷，油温升高后，不能承受相应压力是造成破裂泄漏的直接原因。

（2）该厂违反国家关于有机热载体炉的规定，擅自设计、制造、安装使用，是造成事故的主要原因。

锅炉、压力容器中的气瓶（以下简称气瓶）、氧舱和客运索道、大型游乐设施以及高耗能特种设备的设计文件，应当经国务院特种设备安全监督管理部门核准的检验检测机构鉴定，方可用于制造。

【释义】本条是关于锅炉、压力容器中的气瓶（以下简称气瓶）、氧舱和客运索道、大型游乐设施的设计文件鉴定的规定。

设计鉴定就是图纸审查或设计审查，范围为锅炉、气瓶、氧舱、客运索道和大型游乐设施五类。设计鉴定工作由国务院特种设备安全监察机构核准的检验检测机构承担。如总局核准的各类专业技术机构、省以上特种设备协会等。高耗能特种设备，是指在使用过程中能源消耗量或者转换量大，并具有较大节能空间的锅炉、换热压力容器、电梯等特种设备。

锅炉、气瓶、氧舱和客运索道、大型游乐设施以及高耗能特种设备的设计文件，未经国务院特种设备安全监督管理部门核准的检验检测机构鉴定，擅自用于制造的，由特种设备安全监督管理部门责令改正，没收非法制造的产品，处5万元以上20万元以下罚款；触犯刑律的，对负有责任的主管人员和其他直接责任人员依照刑法关于生产、销售伪劣产品罪、非法经营罪或者其他罪的规定，依法追究刑事责任。

法律责任的承担主体为锅炉、气瓶、氧舱、客运索道和大型游乐设施以及高耗能特种设备（锅炉、换热容器、电梯）的制造单位，而不是这几类设计文件的设计单位。

认定违法行为需要注意的问题：

（1）气瓶、氧舱属于压力容器，对这两种压力容器只实行设计文件鉴定，而不实行设计单位许可。

（2）设计文件鉴定与否的依据是设计文件鉴定标志，一般是在设计图纸上加盖设计审核专用章。

（3）从事设计文件鉴定的检验检测机构必须是国家质检总局核准的检验检测机构，这里的核准专指授权开展设计文件鉴定的许可。

（4）对制造单位的行政处罚，必须由对制造单位有管辖权的各级质检部门进行，而不完全是由这几类特种设备的使用地、安装地、销售地质检部门处罚。

按照安全技术规范的要求，应当进行型式试验的特种设备产品、部件或者试制特种设备新产品、新部件、新材料，必须进行型式试验和能效测试。

【释义】本条是关于特种设备型式试验和能效测试的规定。

（1）型式试验是指对产品是否满足安全要求而进行的全面的技术审查、检验测试。需要进行型式试验的有3种情况：一是指新研制开发出来首次投放市场的或首次在国内使用的进口产品；二是某个企业首次制造的；三是标准规定按期进行的。对未申请型式试验或未通过型式试验的产品不得投入制造或使用。

（2）能效测试。试制的特种设备新产品、新部件应当进行能效测试。对测试结果达到相应产品能效指标要求的新产品、新部件可以进行正式生产；对转入正式生产的特种设备产品、部件，只要未改变设计，或者虽改变设计但不影响产品、部件的能效，即原新产品、新部件的能效测试结果适用于本产品或者部件，且在安全技术规范或国家、行业标准规定的期限内可以免于产品、部件能效测试。承担特种设备能效测试工作的能效测试机构应当是能够独立从事检测活动的第三方机构。

按照安全技术规范的要求应当进行型式试验的特种设备产品、部件或者试制特种设备新产品、新部件，未进行整机或者部件型式试验的，由特种设备安全监督管理部门责令限期改正；逾期未改正的，处2万元以上10万元以下罚款。

法律责任的承担主体为特种设备产品、部件的制造单位。法律责任的违法行为有两种：① 按照安全技术规范的要求应当进行型式试验的特种设备产品、部件，未进行整机或者部件型式试验的；② 试制特种设备新产品、新部件，未进行整机或者部件型式试验的。型式试验是否已经进行，一般以型式试验报告为准。对制造单位的处罚由所在地各级质检部门进行。

锅炉、压力容器、电梯、起重机械、客运索道、大型游乐设施及其安全附件、安全保护装置的制造、安装、改造单位，以及压力管道用管子、管件、阀门、法兰、补偿器、安全保护装置等（以下简称压力管道元件）的制造单位和场（厂）内专用机动车辆的制造、改造单位，应当经国务院特种设备安全监督管理部门许可，方可从事相应的活动。

前款特种设备的制造、安装、改造单位应当具备下列条件：
（一）有与特种设备制造、安装、改造相适应的专业技术人员和技术工人；
（二）有与特种设备制造、安装、改造相适应的生产条件和检测手段；
（三）有健全的质量管理制度和责任制度。

【释义】本条是关于特种设备及附件的制造、安装、改造许可的规定。

（1）设立特种设备及其安全附件、安全保护装置制造、安装、改造许可制度的意义和作用。特种设备及其安全附件、安全保护装置的制造、安装、改造等活动直接影响特种设备产品质量和安全性能，是保证安全运行的基础。一些重大事故都是由于制造、安装、改造质量不良导致的。制造、安装和改造企业必须具备一定的条件，取得特种设备制造、安装、改造许可证，才能进行相关生产活动。这是一项重要的市场准入制度，实行已近30年，对保证特种设备质量、规范市场起了重要作用。

（2）几个基本概念：① 安全附件是指锅炉、压力容器、压力管道等压力设备上用于控制温度、压力、容量、液位等技术参数的测量、控制仪表或装置，通常指安全阀、爆破片、液（水）位计、温度计等及其数据采集处理装置。② 安全保护装置是指电梯、起重机械、客运索道和游乐设施等机电产品上，用于控制位置、速度、防止坠落的装置，通常指限速器、安全钳、缓冲器、制动器、限位装置、安全带（压杠）、吊具、门机及其联锁装置等。③ 制造是指在固定的、封闭的生产场所内，生产特种设备或其主要部件的过程。特种设备的关键部件、关键工序和整机安全性能检测必须由制造企业负责完成。④ 安装是指在特种设备设置场所，把特种设备零散部件组装成完整产品的过程。⑤ 改造是指对更换在用特种设备受损部件的活动。

未经许可，擅自从事锅炉、压力容器、电梯、起重机械、客运索道、大型游乐设施、场（厂）内专用机动车辆及其安全附件、安全保护装置的制造、安装、改造以及压力管道元件的制造活动的，由特种设备安全监督管理部门予以取缔，没收非法制造的产品，已经实施安装、改造的，责令恢复原状或者责令限期由取得许可的单位重新安装、改造，处 10 万元以上 50 万元以下罚款；触犯刑律的，对负有责任的主管人员和其他直接责任人员依照刑法关于生产、销售伪劣产品罪、非法经营罪、重大责任事故罪或者其他罪的规定，依法追究刑事责任。

法律责任的承担主体为锅炉、压力容器、电梯、起重机械、客运索道、大型游乐设施、场（厂）内专用机动车辆及其安全附件、安全保护装置的制造、安装、改造单位以及压力管道元件的制造单位。制造、安装、改造单位是指非法单位，包括法人、组织、个体工商户和自然人。

特种设备出厂时，应当附有安全技术规范要求的设计文件、产品质量合格证明、安装及使用维修说明、监督检验证明等文件。

【释义】特种设备出厂是指制造单位与用户最后一笔货款付清之时，在特种设备注册登记之前。特种设备的出厂文件是用户、安全监察机构判断产品质量是否符合要求的唯一依据。特种设备的制造单位有义务提供上述文件，否则设备禁止投入使用。高耗能特种设备出厂文件应当附有特种设备安全技术规范要求的产品能效测试报告、设备经济运行条件和操作说明等文件。

特种设备出厂时，未按照安全技术规范的要求附有设计文件、产品质量合格证明、安装及使用维修说明、监督检验证明等文件的，由特种设备安全监督管理部门责令改正；情节严重的，责令停止生产、销售，处违法生产、销售货值金额30%以下罚款；有违法所得的，没收违法所得。

法律责任的承担主体为特种设备制造单位、销售单位。违法行为是指：特种设备出厂时未按照安全技术规范的要求附有设计文件、产品质量合格证明、安装及使用维修说明、监督检验证明等文件之一的行为。特种设备出厂时应当附有哪些文件，按照安全技术规范的要求和本条的规定执行。

此处的情节严重,主要应从以下几个方面考虑:一是危害程度大;二是屡教不改;三是影响恶劣;四是造成重大后果。具备其中之一的,即为情节严重。

锅炉、压力容器、电梯、起重机械、客运索道、大型游乐设施、场(厂)内专用机动车辆的维修单位,应当有与特种设备维修相适应的专业技术人员和技术工人以及必要的检测手段,并经省、自治区、直辖市特种设备安全监督管理部门许可,方可从事相应的维修活动。

【释义】本条是关于特种设备维修单位条件和许可的规定。

维修是指更换影响特种设备强度、运动性能或控制功能的主要部件的活动。特种设备的维修也会改变其安全性能,不能随意进行,维修单位也必须具备一定的条件,取得特种设备维修许可证后才可从事维修活动。

未经许可,擅自从事锅炉、压力容器、电梯、起重机械、客运索道、大型游乐设施、场(厂)内专用机动车辆的维修或者日常维护保养的,由特种设备安全监督管理部门予以取缔,处 1 万元以上 5 万元以下罚款;有违法所得的,没收违法所得;触犯刑律的,对负有责任的主管人员和其他直接责任人员依照刑法关于非法经营罪、重大责任事故罪或者其他罪的规定,依法追究刑事责任。

法律责任的承担主体为从事锅炉、压力容器、电梯、起重机械、客运索道、大型游乐设施、场(厂)内专用机动车辆维修活动的单位和个人,包括法人、组织、个体工商户和公民个人等。

锅炉、压力容器、电梯、起重机械、客运索道、大型游乐设施、场(厂)内专用机动车辆的维修单位,应当有与特种设备维修相适应的专业技术人员和技术工人以及必要的检测手段,并经省、自治区、直辖市特种设备安全监督管理部门许可,方可从事相应的维修活动。

【释义】本条是关于实施特种设备安装、维修、改造活动时的规定。

电梯是一种特殊的机电产品,在制造完成时以部件形式出厂,安装完成之后才形成完整的产品,安装实际上是电梯的总装配工序,是制造的继续。电梯的安装环节乃至改造、修理对电梯质量和安全运行影响很大。本条明确了电梯的安装、改造和维修由制造该电梯的企业或其委托的有相应资格的企业负责,但责任仍由制造方负责。

特种设备安装改造维修前,施工单位应当履行书面告知的义务。告知的目的,是便于安全监察机构审查从事活动的有关企业的资格是否符合所从事活动的要求,审查安装的设备是否为合法生产的,改造、维修方法是否会降低设备的安全性能等,同时也能够及时掌握新安装设备和在用设备的改动情况。安全监察机构收到告知后,应及时审查,对无问题的将告知文件存档,将有关情况通知当地安全监察机构和验收检验机构;对不符合要求的,应责令停止施工,必须在有关问题纠正后,才可继续施工。

锅炉、压力容器、电梯、起重机械、客运索道、大型游乐设施的安装、改造、维修的施工单位以及场(厂)内专用机动车辆的改造、维修单位,在施工前未将拟进行的特种设备安装、改造、维修情况书面告知直辖市或者设区的市的特种设备安全监督管理部门即行施工的,或者在验收后 30 日内未将有关技术资料移交锅炉、压力容器、电梯、起重机械、客运索道、大型游乐设施的使用单位的,由特种设备安全监督管理部门责令限期改正;逾期未改正的,处 2000 元以上 1 万元以下罚款。

法律责任的承担主体为锅炉、压力容器、电梯、起重机械、客运索道、大型游乐设施的安装、改造、维修的施工单位，以及场（厂）内专用机动车辆的改造、维修单位。

电梯井道的土建工程必须符合建筑工程质量要求。电梯安装施工过程中，电梯安装单位应当遵守施工现场的安全生产要求，落实现场安全防护措施。电梯安装施工过程中，施工现场的安全生产监督，由有关部门依照有关法律、行政法规的规定执行。

电梯安装施工过程中，电梯安装单位应当服从建筑施工总承包单位对施工现场的安全生产管理，并订立合同，明确各自的安全责任。

【释义】本条是关于电梯井道土建工程质量和安装施工现场安全生产的规定。

电梯井道的土建工程质量。电梯井道应由建筑物施工单位负责，与建筑物同步完成，其质量应符合建筑物质量要求，同时应满足电梯安装要求。电梯安装必须在井道土建工程结束，质量达到上述要求后才可开始进行。电梯井道的验收应在电梯安装之前进行，必须符合房屋建筑质量验收程序。

电梯施工现场安全生产问题。一是电梯安装过程中涉及一些登高和起重等危险作业，电梯施工企业必须有完善的防护措施，如施工人员佩带安全帽、安全带等劳动保护用品，脚手架必须牢固，施工人员必须经过安全教育，建立施工现场安全管理制度等。二是在新建建筑物工地，施工现场的安全由负责承建的总承包单位负责管理，电梯专业承包单位必须与总承包单位签订安全管理合同，明确各自安全责任。

电梯的制造、安装、改造和维修活动，必须严格遵守安全技术规范的要求。电梯制造单位委托或者同意其他单位进行电梯安装、改造、维修活动的，应当对其安装、改造、维修活动进行安全指导和监控。电梯的安装、改造、维修活动结束后，电梯制造单位应当按照安全技术规范的要求对电梯进行校验和调试，并对校验和调试的结果负责。

【释义】电梯的制造、安装、改造和维修质量直接影响电梯的安全。电梯制造企业掌握电梯的相关技术，对电梯质量好坏起主导作用，所以有义务、有责任对其他安装、改造、维修单位提供指导，并监督其工作质量，对安装完成的电梯进行调试。

电梯制造单位有下列情形之一的，由特种设备安全监督管理部门责令限期改正；逾期未改正的，予以通报批评：（1）未依照本条例第十九条的规定对电梯进行校验、调试的；（2）对电梯的安全运行情况进行跟踪调查和了解时，发现存在严重事故隐患，未及时向特种设备安全监督管理部门报告的。

锅炉、压力容器、电梯、起重机械、客运索道、大型游乐设施的安装、改造、维修以及场（厂）内专用机动车辆的改造、维修竣工后，安装、改造、维修的施工单位应当在验收后 30 日内将有关技术资料移交使用单位，高耗能特种设备还应当按照安全技术规范的要求提交能效测试报告。使用单位应当将其存入该特种设备的安全技术档案。

【释义】本条规定了安装、改造、维修单位提供竣工资料的义务。特种设备的安装、改造、维修活动的技术资料是说明其活动是否符合国家有关规定的证明材料，也涉及许多设备的安全性能参数，这些材料与设计、制造文件同等重要，必须及时移交给使用单位，这是施工单位必须履行的义务。为了留出资料的整理时间，本条规定了验收后 30 日内移交。验收是指建设单位与施工单位同意结束安装、改造、维修活动，并签署有关验收文件。

锅炉、压力容器、电梯、起重机械、客运索道、大型游乐设施的安装、改造、维修以及场（厂）内专用机动车辆的改造、维修竣工后，安装、改造、维修的施工单位应当在验收后 30 日内将有关技术资料移交使用单位，高耗能特种设备还应当按照安全技术规范的要求提交能效测试报告。使用单位应当将其存入该特种设备的安全技术档案。

【释义】监督检验是指在特种设备制造或安装过程中，在企业自检合格的基础上，由质监部门的检验机构进行的验证性检验，属于强制性检验。

监督检验对象：（1）锅炉、压力容器、压力管道元件、起重机械、大型游乐设施的制造过程；（2）锅炉、压力容器、电梯、起重机械、客运索道、大型游乐设施的安装、改造、重大维修过程；（3）电梯和客运索道的制造不进行制造监督检验。

监督检验的主要内容：（1）对制造、安装过程中涉及安全性能的项目逐台（只、套、件）确认；（2）对出厂技术资料进行确认；（3）对受检单位质量管理体系运转情况进行抽查。

监督检验单位的权利：（1）发现受检单位质量管理体系运转失控而影响产品质量时通知受检单位改正，并报制造许可证发证机构；（2）监检中发现零部件存在安全质量问题时，有权制止零部件流入下道工序。

锅炉、压力容器、压力管道元件、起重机械、大型游乐设施的制造过程和锅炉、压力容器、电梯、起重机械、客运索道、大型游乐设施的安装、改造、重大维修过程，以及锅炉清洗过程，未经国务院特种设备安全监督管理部门核准的检验检测机构按照安全技术规范的要求进行监督检验的，由特种设备安全监督管理部门责令改正，已经出厂的，没收违法生产、销售的产品，已经实施安装、改造、重大维修或者清洗的，责令限期进行监督检验，处 5 万元以上 20 万元以下罚款；有违法所得的，没收违法所得；情节严重的，撤销制造、安装、改造或者维修单位已经取得的许可，并由工商行政管理部门吊销其营业执照；触犯刑律的，对负有责任的主管人员和其他直接责任人员依照刑法关于生产、销售伪劣产品罪或者其他罪的规定，依法追究刑事责任。

应当注意的问题：

（1）销售未经监督检验的特种设备，由质检部门予以处罚。违法所得按照销售价格计算。

（2）监督检验是否进行的依据是监督检验报告，不能出示监督检验报告认定为没有进行监督检验。对未经监督检验而进行制造的违法行为的判定，以"是否已经出厂"为前提；对未经监督检验而进行安装、改造、重大维修以及锅炉清洗的违法行为的判定，不以"已经出厂"为前提。

（3）应当撤销许可证书的，由实施处罚的质检部门报告发证质检部门，并由发证质检部门决定。

移动式压力容器、气瓶充装单位应当经省、自治区、直辖市的特种设备安全监督管理部门许可，方可从事充装活动。

充装单位应当具备下列条件：

（一）有与充装和管理相适应的管理人员和技术人员；

（二）有与充装和管理相适应的充装设备、检测手段、场地厂房、器具、安全设施；

（三）有健全的充装管理制度、责任制度、紧急处理措施。

气瓶充装单位应当向气体使用者提供符合安全技术规范要求的气瓶，对使用者进行气瓶安全使用指导，并按照安全技术规范的要求办理气瓶使用登记，提出气瓶的定期检验要求。

【释义】本条是关于移动式压力容器、气瓶充装的规定。

移动式压力容器充装。移动式压力容器充装活动，是指将贮存在固定式压力容器或者气体发生装置中的压缩气体、液化气体，充装到各类铁路罐车、汽车罐车、长管拖车、罐式集装箱等移动式压力容器中的行为。系新设立的许可项目，待配套的取证规则、规范出台实施后再实施管理。

气瓶充装。气瓶是气体的包装物，充装单位是气瓶的真正使用单位，充装是气瓶使用的关键环节，气瓶的安全必须由充装单位负责。

对获得许可的单位的监督。对充装许可实行年审制度。特种设备安全监察机构每年对辖区内的充装单位进行一次年审。年度审查的内容包括：自有产权气瓶的登记建档情况、气瓶定期检验情况、充装操作人员持证上岗情况及各项安全检查制度执行情况。对未经年审或年审不合格的充装单位，应当责令其暂停充装进行整顿。对整顿不合格的充装单位，报请省级安全监察机构取消其充装资格。

未经许可，擅自从事移动式压力容器或者气瓶充装活动的，由特种设备安全监督管理部门予以取缔，没收违法充装的气瓶，处10万元以上50万元以下罚款；有违法所得的，没收违法所得；触犯刑律的，对负有责任的主管人员和其他直接责任人员依照刑法关于非法经营罪或者其他罪的规定，依法追究刑事责任。

移动式压力容器、气瓶充装单位未按照安全技术规范的要求进行充装活动的，由特种设备安全监督管理部门责令改正，处2万元以上10万元以下罚款；情节严重的，撤销其充装资格。

法律责任的承担主体为移动式压力容器、气瓶充装单位、个体工商户、自然人。

能力提升

2010年4月6日，S市质监局依法对S市某公司进行检查，执法人员在该公司生产厂房一楼施工现场发现19台压力储气罐，但安装公司现场未能提供特种设备安装许可证，涉嫌存在非法安装、不符合安全技术规范问题，执法人员依法对上述压力储气罐及连接压力管道采取查封措施。经调查，该公司未取得特种设备的安装许可，上述储气罐和压力管道是该公司自购材料、自己设计图纸、自己负责管理并请工人擅自于2010年3月安装的。试分析该案存在哪些违法行为及依据。

总结提高

1. 依据《特种设备安全监察条例》的规定，下列特种设备中，其设计文件应当经国务院特种设备安全监督管理部门核准的检验检测机构鉴定，方可用于制造的是（　　）。

　　A. 电梯　　　　　　　　　　B. 压力管道

C. 起重机械 D. 大型游乐设施

2. 依据《特种设备安全监察条例》，按照安全技术规范的要求，应当进行型式试验的特种设备产品、部件或者试制特种设备新产品、新部件、新材料，必须进行型式试验和（　　）。

A. 安全测试 B. 能效测试
C. 型式测试 D. 产品试制

3. 锅炉、压力容器、电梯、起重机械、客运索道、大型游乐设施的安装、改造、维修竣工后，安装、改造、维修的施工单位应当在验收后的（　　）日内，将有关技术资料移交使用单位，由使用单位存入特种设备安全技术档案。

A. 15 B. 30
C. 45 D. 60

4. 锅炉、压力容器、压力管道、起重机械、大型游乐设施的制造过程和锅炉、压力容器、电梯、起重机械、客运索道、大型游乐设施的（　　）过程，必须经国务院特种设备安全监督管理部门核准的检验检测机构，按照安全技术规范的要求进行监督检验，未经监督检验合格的不得出厂或者交付使用。

A. 安装、改造、重大维修 B. 改造、移装、拆除
C. 改造、日常维修、拆除 D. 安装、日常维修、重大维修

课外拓展

电梯使用的安全知识

电梯给人们带来方便和快捷，然而，乘坐电梯也要注意掌握一些必要的安全知识和应急措施。

乘坐电梯时应首先查看电梯内有没有质量技术监督部门核发的安全检验合格标志，并要注意看一下检验合格标志上的有效期。

同时还要注意：

（1）电梯不能超载。

（2）电梯门快要关上时，千万不要强制冲进电梯，切忌一只脚在内，一只脚在外。

（3）若电梯门没关上就运行，说明电梯有故障，不要乘坐。

（4）电梯前挂有"停梯检修"标志时，不要乘坐。

（5）发生火灾时千万别用电梯逃生。

（6）进出电梯时应注意察看电梯轿厢地板和楼层是否水平，如果不平，说明电梯存在故障。

（7）不要随便按应急按钮，否则会给您带来不必要的麻烦。

第三节　特种设备的使用

《特种设备安全监察条例》规定了特种设备使用单位的义务、对特种设备使用环节的节能

要求和使用单位的节能义务，以及锅炉水质管理有详细规定。

 知识储备

特种设备使用单位，应当严格执行本条例和有关安全生产的法律、行政法规的规定，保证特种设备的安全使用。

【释义】本条是关于特种设备使用单位的一般义务性规定。

为了加强特种设备的使用的安全监察，从建立安全监察制度以来，特种设备的安全监督管理部门便制定了一系列安全使用的规章及规程等安全技术规范，主要包括使用登记、使用管理、定期检验、人员考核等。本条例本章以下各条也规定了一些基本要求。根据本条例，特种设备安全监督管理部门还会制定、修订一些规章、技术规范。除本条例和根据本条例所制定的一些安全技术规范外，与特种设备安全使用有关的还有其他一些法律、法规，如《中华人民共和国安全生产法》《国务院关于特大安全事故行政责任追究的规定》《危险化学品安全管理条例》等，其有关的条款都必须严格执行，以保证特种设备的安全运行。

特种设备在投入使用前或者投入使用后 30 日内，特种设备使用单位应当向直辖市或者设区的市的特种设备安全监督管理部门登记。登记标志应当置于或者附着于该特种设备的显著位置。

【释义】本条是特种设备使用登记的规定。

使用登记是特种设备安全监督管理的一项重要制度。通过登记，可以防止非法设计、非法制造、非法安装的特种设备使用，可以使安全监督管理部门了解特种设备使用单位的使用环境，建立联系，掌握情况，便于实施监察。按照特种设备的使用登记办法，特种设备进行登记时，使用单位要向登记的当地特种设备安全监督管理部门提交特种设备的生产有关文件资料、包括设计文件、制造质量证明书、监督检验证书、使用说明书、安装证明等，并且要提供使用单位的管理机构和人员情况、持证作业人员情况、各项规章制度建立情况等，并需要填写特种设备使用登记表。符合规定的，方可进行登记。登记后，便在当地特种设备安全监督管理部门建立了数据档案。特种设备一般应经过登记后，方可投入使用。条例考虑到实际情况，在设备安装经过监督检验合格的前提下，允许使用单位在使用前或使用后的 30 天内办理登记手续。

特种设备使用登记后，登记机构会出具特种设备登记证书或安全合格证书等文件。特种设备使用单位应将该证明文件或置于设备的显著位置，如锅炉可以置于锅炉房内墙上；压力容器可以置于本体铭牌附近；起重机械、电梯可以将安全检验合格标志置于机房、轿箱内。使用登记标记是证明该设备合法使用的证明，应置于显著位置，提示使用者（乘坐者）在有效期内可以安全使用，给使用者一种警示。特种设备使用登记是法定义务，必须遵守。

【案例】2011 年 3 月 6 日下午 15 时 30 分，温州市远泰汽车零部件有限公司车间工人左某在 3 楼车间向固定式简易升降机内搬运货物时，货厢突然坠落，致使该工人被夹在货厢厢体上檐与层门地坎之间，身体严重受压而死亡。事故原因是该公司购买和使用无相应资质单位生产的简易升降机，致使该固定式简易升降机安装时存在严重安全缺陷，同时未依法对简易升降机申请检验和注册登记，未依法对简易升降机的作业人员进行安全教育和培训，聘用无证人员从事简易升降机的操作。

特种设备使用单位应当建立特种设备安全技术档案。安全技术档案应当包括以下内容：

（一）特种设备的设计文件、制造单位、产品质量合格证明、使用维护说明等文件以及安装技术文件和资料；

（二）特种设备的定期检验和定期自行检查的记录；

（三）特种设备的日常使用状况记录；

（四）特种设备及其安全附件、安全保护装置、测量调控装置及有关附属仪器仪表的日常维护保养记录；

（五）特种设备运行故障和事故记录；

（六）高耗能特种设备的能效测试报告、能耗状况记录以及节能改造技术资料。

【释义】本条是关于建立特种设备档案的规定。

特种设备使用单位建立特种设备技术档案，是设备管理的一种重要内容。由于特种设备在使用过程中，会因各种因素，产生缺陷，需要不断地修理、维护，定期进行检验，这些都要以特种设备的设计、制造、安装原始文件资料作为依据。

档案包括设备本身技术文件和使用管理、检查有关纪录两个方面。

证明特种设备本身质量的文件资料。它包括制造单位、安装单位提供的设计、制造、安装文件，有设计文件资料、制造质量证明书、监督检验证明、特种设备使用说明书、安装质量证明书等。特种设备在使用中，因工作需要进行改变性能的改造，应当做好改造的设计、施工的各项检查，需要设计、施工单位出具设计文件和施工质量证明等资料。若特种设备在运行中发生问题或者在检验中发现缺陷，需要进行维修，一般维修只需自行做好纪录；对重大维修，如承压设备的承压部件维修、电梯客运索道游乐设施等重要部件的维修、更换，应该由负责维修、更换的单位出具证明，并需要由检验检测单位出具监督检验报告。这些文件是反映特种设备基本本身状况的原始文件，证明了特种设备本身安全性能，也是设计、制造、安装、改造、维修单位对使用单位出示的一种安全保证。

使用过程的纪录文件。它包括定期检验、改造、维修证明；自行检查记录；设备日常运行状况纪录；日常维护保养记录；运行故障和事故记录。定期检验记录主要是记载定期检验情况的，检验报告也应该存档；特种设备运行要进行检查，如石化企业对运行中的装置进行巡回检查，客运索道、游乐设施在运行前要进行检查等，检查情况都要进行记录；特种设备在运行过程中都要进行维护保养，以便保持正常的可靠的运行状况，如电梯的维护保养等，维护保养情况必须记录；特种设备在运行过程中，出现的故障和发生的事故及其处理情况也要如实进行记录。对特种设备使用过程进行记录，是强化责任的一种手段，是确保安全运行的一种措施，一旦出现问题便有据可查，便于分析、提出处理意见。建立完善的设备档案并保持完整，也反映了特种设备使用单位的管理水平。目前，特种设备档案的管理和保存，是十分薄弱的，特别是一些小型企业，管理人员流动性大，档案流失、缺失情况相当严重，亟待加强管理。

特种设备使用单位应当对在用特种设备进行经常性日常维护保养，并定期自行检查。

特种设备使用单位对在用特种设备应当至少每月进行一次自行检查，并作出记录。特种设备使用单位在对在用特种设备进行自行检查和日常维护保养时发现异常情况的，应当及时处理。

特种设备使用单位应当对在用特种设备的安全附件、安全保护装置、测量调控装置及有关附属仪器仪表进行定期校验、检修，并作出记录。

锅炉使用单位应当按照安全技术规范的要求进行锅炉水（介）质处理，并接受特种设备检验检测机构实施的水（介）质处理定期检验。

从事锅炉清洗的单位，应当按照安全技术规范的要求进行锅炉清洗，并接受特种设备检验检测机构实施的锅炉清洗过程监督检验。

【释义】本条是关于特种设备使用维护保养的规定。

使用单位应当做好特种设备的维护保养和定期检查工作。特种设备在使用过程中，由于内在原因和外界的因素，会出现各种各样的问题，需要经常性的维护保养，才能保持正常的运行状况。定期做好检查工作，可及时发现、及时处理一些问题，保证设备的安全运行。特种设备的使用单位做好维护保养和定期检查工作，既是使用单位的一项义务，也是提高设备的使用寿命的一项重要手段。如，锅炉需要经常的清理水垢、清理炉胆等，电梯等需要经常的上油、调整等，都可以使设备在使用周期内的安全使用得到保证。

在用特种设备的日常维护保养、定期检查，按规定至少每月进行一次。要求特种设备的维护保养、定期检查每月至少进行一次只是一般的规定，使用单位应当根据设备具体情况，制订具体的时间。检查的项目、要求应该按照安全技术规范的规定和设备使用说明进行。检查情况必须加以记录。在维护保养和自行检查中，发现的异常情况也必须做好记录，并采取措施进行处理。许多使用单位都有维护保养、定期检查制度，并制定有相关的记录表格。

特种设备的安全附件、安全保护装置、相关的仪器仪表应当定期校验、检修，并做好记录。特种设备的安全附件、安全保护装置、相关的调控装置和仪器，有的在特种设备出现异常情况时能够自我保护，如锅炉、压力容器、压力管道上的安全阀，电梯的安全钳、起重机械的超载限制器、客运索道的制动装置、游乐设施的制动装置等；有的是观察特种设备是否正常使用的"眼睛"，如锅炉的温度计、水位表等。若安全附件、保护装置失灵，特种设备在出现异常现象时，将得不到自我保护。可以说，如果安全附件、安全保护装置能够正常工作，许多事故就可以避免，如经常发生的电梯夹人，就因电梯的安全保护装置失灵。据统计分析，因安全附件、安全保护装置等失灵，起不到保护作用，引起的事故占事故起数的 16.2%。因此，对在用特种设备的安全附件、安全保护装置、测量调控装置和仪器仪表进行定期校验、检修是十分重要的，必须切实做好，并作出记录。安全附件、仪器仪表等测量仪器，属于强检计量器具的，必须由计量部门授权的计量检定机构检定，如压力表等。安全阀等应当自行进行检修，按照有关安全技术规程，由安全监督管理部门核准的机构进行。电梯等设备的安全保护装置，日常要进行检查，在设备维护检修时，应当作为重点，进行试验和检修，需要定期更换的必须定期更换。

特种设备使用单位应当按照安全技术规范的定期检验要求，在安全检验合格有效期届满前 1 个月向特种设备检验检测机构提出定期检验要求。

检验检测机构接到定期检验要求后，应当按照安全技术规范的要求及时进行安全性能检验和能效测试。

未经定期检验或者检验不合格的特种设备，不得继续使用。

【释义】本条是关于定期检验的规定。

特种设备使用单位应当在设备使用周期期满前一个月，申请定期检验。做好在用特种设备的定期检验工作，是特种设备安全监察的一项重要制度，是确保安全使用的必要手段。特种设备在运行中因腐蚀、疲劳、磨损，会随着使用产生新的缺陷，或使原来在允许范围内的缺陷逐步扩大，产生事故隐患。通过定期检验，可以及时发现这些缺陷并采取处理措施，保证安全运行。其下次检验日期，都在检验报告或检验合格证明中注明。本条规定，特种设备使用单位在安全检验合格有效期满前一个月向特种设备检验检测机构提出定期检验要求。目前，由于少数使用单位不积极主动安排检验，或以种种借口不安排检验，使在用设备定期检验率很难达到100%。据统计，因不及时进行定期检验，致使特种设备存在的缺陷得不到及时发现和消除而引发的事故，约占事故总数的10%。

定期检验必须按照安全技术规范的要求进行安全性能检验和能效测试。其中能效测试作为节能管理的技术检测手段，是定期检验的有机组成部分。

未经检验或检验不合格的设备不得继续投入使用。为了确保特种设备的安全运行，规定未经定期检验或者检验不合格的特种设备不得继续使用，以推动定期检验工作顺利开展。

【案例】2013年7月28日下午16时左右，义乌市龙淮松紧带有限公司的货车司机姜某从该公司1号电梯3楼层门处坠落到电梯井道底坑内，经抢救无效死亡。现场初步调查，货梯轿厢实际停在3楼至4楼之间，召唤盒显示3楼，姜某扒开层门不慎坠入电梯井道内。事故原因是该公司未申报电梯定期检验，在电梯存在安全隐患且故障频发的情况下，未对电梯落实停用措施，未及时设置相关的警示标志和保护设施。

特种设备出现故障或者发生异常情况，使用单位应当对其进行全面检查，消除事故隐患后，方可重新投入使用。

特种设备不符合能效指标的，特种设备使用单位应当采取相应措施进行整改。

【释义】本条是关于特种设备发现故障和异常情况，以及不符合能效指标的，使用单位应当消除的义务。特种设备在运行过程中，会因各种情况发生故障和异常情况，不及时消除，可能就会引发事故。如锅炉出现超温、超压、低水位等异常现象，如不及时消除，就会引起爆炸；起重机械、游乐设施、客运索道等出现故障，如不及时处理，就会引发人身伤亡。使用单位对此必须进行认真的处理，应该停止运行的必须停止运行，不能"带病运行"，并且要安排进行认真的检查，必要时安排检验检测。待故障、异常现象消除后，方可投入运行。新条例已经将设备某些严重故障、异常现象列入事故统计的范围。

【案例】2011年7月5日上午9时36分，北京地铁4号线动物园站A口上行扶梯突发故障，扶梯在上行过程中突然停止并快速逆向下行，导致1名乘客死亡。事故原因是扶梯驱动主机与底部桁架联接结构的设计存在严重缺陷；扶梯固定驱动主机的联接螺栓的制造存在严重缺陷；维保人员未按照相关技术标准和文件的规定，对扶梯驱动主机固定装置和主驱动断链保护装置进行紧固、调整，维保作业存在严重问题。

电梯的日常维护保养必须由依照本条例取得许可的安装、改造、维修单位或者电梯制造单位进行。

电梯应当至少每15日进行一次清洁、润滑、调整和检查。

【释义】本条是对电梯日常维护保养的特殊规定。

电梯的日常维护保养，必须由取得许可的单位进行。电梯广泛使用在公共场所，直接载人,发生事故都将造成人身伤亡,就是只出现故障也会引起社会影响。因此,做好电梯的日常维护保养十分重要。电梯的维护保养技术性较强,必须由专业单位进行。即便使用单位电梯较多,具备一定的能力可以自行维护保养,但也必须取得维修许可。

电梯每隔 15 日就应当进行一次清洁、润滑、调整检查。这次针对电梯所作的特殊规定,是考虑到电梯运行的特殊性,使用单位、维护保养单位必须遵守,及时地安排进行,并做好各项记录。

特种设备使用单位有下列情形之一的,由特种设备安全监督管理部门责令限期改正;逾期未改正的,处 2000 元以上 2 万元以下罚款;情节严重的,责令停止使用或者停产停业整顿:

(1)特种设备投入使用前或者投入使用后 30 日内,未向特种设备安全监督管理部门登记,擅自将其投入使用的;

(2)未依照本条例第二十六条的规定,建立特种设备安全技术档案的;

(3)未依照本条例第二十七条的规定,对在用特种设备进行经常性日常维护保养和定期自行检查的,或者对在用特种设备的安全附件、安全保护装置、测量调控装置及有关附属仪器仪表进行定期校验、检修,并作出记录的;

(4)未按照安全技术规范的定期检验要求,在安全检验合格有效期届满前 1 个月向特种设备检验检测机构提出定期检验要求的;

(5)使用未经定期检验或者检验不合格的特种设备的;

(6)特种设备出现故障或者发生异常情况,未对其进行全面检查、消除事故隐患,继续投入使用的;

(7)未制定特种设备事故应急专项预案的;

(8)未依照本条例第三十一条第二款的规定,对电梯进行清洁、润滑、调整和检查的;

(9)未按照安全技术规范要求进行锅炉水(介)质处理的;

(10)特种设备不符合能效指标,未及时采取相应措施进行整改的。

特种设备使用单位使用未取得生产许可的单位生产的特种设备或者将非承压锅炉、非压力容器作为承压锅炉、压力容器使用的,由特种设备安全监督管理部门责令停止使用,予以没收,处 2 万元以上 10 万元以下罚款。

特种设备存在严重安全隐患,无改造、维修价值,或者超过安全技术规范规定使用年限,特种设备使用单位应当及时予以报废,并应当向原登记的特种设备安全监督管理部门办理注销。

【释义】本条是关于特种设备报废的规定。

特种设备因存在严重的事故隐患,无改造、维修价值,必须予以报废,否则易发生事故。关于特种设备的使用年限,目前还没有统一规定,有的由制造单位规定,有的由设计单位规定,有的由设备管理部门规定。检验机构也会根据对特种设备检验的实际情况,做出不允许运行的结论,由使用单位报废。目前,还有使用单位对一些不允许运行的特种设备仍然运行,有的转移到其他地方继续运行,这都是十分危险的,必须坚决予以查处。前一阶段,个别地方出现废旧锅炉、压力容器市场,将判废的锅炉、压力容器又出售,使其按锅炉、压力容器使用,危害极大,必须坚决予以取缔。为了使特种设备监督管理部门掌握特种设备使用情况,特种设备使用单位必须到特种设备监督管理部门将判废的特种设备注销,交回使用登记证。

特种设备存在严重事故隐患，无改造、维修价值，或者超过安全技术规范规定的使用年限，特种设备使用单位未予以报废，并向原登记的特种设备安全监督管理部门办理注销的，由特种设备安全监督管理部门责令限期改正；逾期未改正的，处5万元以上20万元以下罚款。

电梯、客运索道、大型游乐设施等为公众提供服务的特种设备运营使用单位，应当设置特种设备安全管理机构或者配备专职的安全管理人员；其他特种设备使用单位，应当根据情况设置特种设备安全管理机构或者配备专职、兼职的安全管理人员。

特种设备的安全管理人员应当对特种设备使用状况进行经常性检查，发现问题的应当立即处理；情况紧急时，可以决定停止使用特种设备并及时报告本单位有关负责人。

【释义】本条是关于电梯、客运索道、大型游乐设备使用单位配备安全管理管理机构和安全管理人员的规定。

电梯、客运索道、大型游乐设施的运营使用单位必须设置安全管理机构和配备安全管理人员。电梯、客运索道、大型游乐设备等特种设备是供乘客或游客乘坐的，发生事故，直接造成人员伤害，社会影响较大，必须强化安全管理，配置安全管理机构和安全管理人员是做好安全运行的必要保证。特种设备的安全管理，包括明确管理部门和责任人员，制定各项管理制度，操作规程，确定单位领导和管理人员的职责，制订日常检查的程序和要求，配合政府安全监督管理部门的工作，安排定期检验计划及其发生事故的紧急处理措施，等等。由于使用单位的规模不同，具有一定规模的特种设备使用单位应该设立专门的安全管理机构和专职安全监督管理人员，如一些企业设立的安全管理机构，并在其内配备专门负责特种设备安全管理的人员等；一般规模较小的企业，可以在其单位内的一些类似职能的管理机构，如设备管理机构、后勤部门等赋予特种设备安全管理职能和责任，并在其内配置专门负责特种设备的安全管理人员，也可以配置兼职人员，兼管特种设备的安全管理工作。无论是专职或兼职人员，其职能和责任都是一样的，必须具备特种设备安全管理的专业知识和管理水平。

安全管理人员有处理紧急事务的权利。为了确保特种设备的安全运行，必须给予单位内的安全管理人员必要的责任和权利；必须要求安全管理人员按照制度的要求，对特种设备使用状况进行经常性检查，发现问题的应当立即处理；必须赋予在情况紧急时，可以决定停止使用特种设备，并及时报告本单位有关负责人，任何人不应该予以阻挠。单位有关负责人必须支持安全管理人员的工作，对安全管理人员提出的问题和采取的必要措施，必须及时地进行处理。安全管理人员在行使权利时，认为必要时，可以向当地特种设备安全监督管理部门报告。其他特种设备的安全管理也应该参照本条的规定，配备安全管理机构和人员，行使处理紧急事务的权利。

锅炉、压力容器、电梯、起重机械、客运索道、大型游乐设施、场（厂）内专用机动车辆的作业人员及其相关管理人员（以下统称特种设备作业人员），应当按照国家有关规定经特种设备安全监督管理部门考核合格，取得国家统一格式的特种作业人员证书，方可从事相应的作业或者管理工作。

【释义】本条是关于特种设备作业人员持证上岗的规定。

特种设备作业人员的范围。由于特种设备本身具有潜在危险性的特点，特种设备的安全性能不但与特种设备本身质量安全性能有关，而且与其相关的作业人员的素质和水平有关。

为了保证特种设备的安全性能，确保安全运行，其相关人员，必须经过考试，取得相应资格证书后，方可从事相应的工作，这是保证特种设备安全运行必不可少的基础工作，是安全监察工作一项主要工作和许可制度，就像汽车驾驶人员、船舶驾驶人员、飞机驾驶人员一样，必须具备相应的知识和技能，保证作业符合安全技术规范要求，熟练进行作业，确保设备运行安全。从统计的检验案例和事故表明，因人员无证上岗，不具备安全运行知识和技能，引起的损坏和事故占事故总起数的20%。因此，保证作业人员的持证上岗，是各级特种设备监督管理部门一项重要的日常安全监察工作，必须经常加强监督、经常进行检查，发现问题依法进行处罚，为确保持证上岗率达到100%而努力，坚决消除因无证上岗而发生事故的现象。

【案例】2013年4月24日上午9时，龙游县浙江汇嘉家居用品有限公司的一台蒸化锅的锅盖弹出，造成1死1伤。事故原因是作业人员无证操作，在蒸化锅内承压且泄汽和排污开关都关闭的状态下，直接打开蒸化锅开启开关，导致锅盖弹出，同时蒸化锅快开门联锁保护装置失效，未起到保护作用。

特种设备使用单位应当对特种设备作业人员进行特种设备安全、节能教育和培训，保证特种设备作业人员具备必要的特种设备安全、节能知识。

特种设备作业人员在作业中应当严格执行特种设备的操作规程和有关的安全规章制度。

【释义】本条是对特种设备作业人员教育和培训，以及对特种设备作业人员执行操作规程、安全规章的规定。

特种设备使用单位应当做好特种设备人员教育和培训。特种设备作业人员必须具备相应专业知识和实际操作能力，这些知识和能力是要通过教育和培训获得的。作业人员不可能通过考核前短短的几天的辅导就能全面了解特种设备作业所需要的知识和技能的，必须靠平时的教育和培训。另外，特种设备监督部门的考核只是进行有关作业安全技术的最基本的要求考核，以保证安全运行。但是特种设备的运行好坏，除基本安全要求外，还有许多其他要求，还要熟悉具体设备的性能，以保证设备不但能安全运行而且能够经济运行。如：锅炉运行，除懂得有关压力、温度、水位、安全附件的运行外，还必须知道燃烧、维护的知识和技能；起重机械品种多样，具体使用者，必须了解其具体的性能和运行要求；每个单位的管理也不一样。因此，特种设备单位必须针对具体的设备、本单位的相关制度，不断进行培训、教育，以提高安全、节能技能水平。

特种设备作业人员在作业中应当严格执行操作规程和有关的安全规章制度。确保特种设备的安全运行，除必须需要特种设备作业人员具备基本安全知识和操作技能外，还必须需要作业人员在具体的作业过程中，按照操作规程进行操作。每台设备都有其具体的操作要求，包括出现问题的处理方法等，如锅炉运行时，锅炉进水、点火、升压、供汽等过程都有严格的要求，作业人员必须要步步遵守。另外，为保证安全，每个使用单位都制订了相应的各项规章制度，如岗位责任制度、交接班制度等，作业人员必须严格遵守这些制度，才能各负其责，共同做好安全工作。

【案例】2013年2月3日中午11时20分，宁波慈溪浒山街道雅群制面店的一台小型立式燃煤蒸汽锅炉发生爆炸，造成6死5伤。事故原因是无证司炉工违规操作，既未按锅炉操作规程要求对在用安全阀进行定期排放检查，在锅炉超压时又没有及时采取有效措施进行降压处理。同时安全阀失灵，未能在规定压力时排汽，致使锅炉严重超压，引发锅炉整体炸裂。

特种设备使用单位有下列情形之一的，由特种设备安全监督管理部门责令限期改正；逾期未改正的，责令停止使用或者停产停业整顿，处 2000 元以上 2 万元以下罚款：（一）未依照本条例规定设置特种设备安全管理机构或者配备专职、兼职的安全管理人员的；（二）从事特种设备作业的人员，未取得相应特种作业人员证书，上岗作业的；（三）未对特种设备作业人员进行特种设备安全教育和培训的。

客运索道、大型游乐设施的运营使用单位在客运索道、大型游乐设施每日投入使用前，应当进行试运行和例行安全检查，并对安全装置进行检查确认。

电梯、客运索道、大型游乐设施的运营使用单位应当将电梯、客运索道、大型游乐设施的安全注意事项和警示标志置于易于为乘客注意的显著位置。

【释义】本条是对客运索道、大型游乐设施日常检查的一些特殊规定。

客运索道、大型游乐设施在使用前应当做好试运行和例行检查工作。客运索道、大型游乐设施是供游客乘坐的，若发生事故，将直接造成人员伤害，社会影响较大。因此，安全显得尤为重要，作出安全检查的特殊规定是必要的。使用单位每日运行前须认真进行试运行和检查，特别要对安全保护装置进行检查确认，以便更有效地保证安全运行。

电梯、客运索道、大型游乐设施的运营使用单位应当将相关安全注意事项和警示标志置于易于为乘客注意的显著位置。由于电梯、游乐设施、客运索道的乘客一般都不了解设备的性能、使用方法，因此，必须将必要的注意事项，包括电梯的操作方法、安全注意事项和自我保护的措施告知乘客。如要求乘坐游乐设施、客运索道的人员必须身体能够适应，必须在管理人员的指导下，按规定绑好安全带或安置好相应保护装置，乘坐电梯不得靠门，等等。

【案例】2010 年 6 月 29 日 16 时 45 分，深圳东部华侨城景区游乐设施"太空迷航"发生重大安全事故，造成 6 人死亡、10 人受伤。事故原因是游乐设施的设计、制造均有缺陷；安装调试期间已发现隐患，却未能有效整改；使用过程中维护保养不到位。

电梯、客运索道、大型游乐设施的运营使用单位有下列情形之一的，由特种设备安全监督管理部门责令限期改正；逾期未改正的，责令停止使用或者停产停业整顿，处 1 万元以上 5 万元以下罚款：（一）客运索道、大型游乐设施每日投入使用前，未进行试运行和例行安全检查，并对安全装置进行检查确认的；（二）未将电梯、客运索道、大型游乐设施的安全注意事项和警示标志置于易于为乘客注意的显著位置的。

客运索道、大型游乐设施的运营使用单位的主要负责人应当熟悉客运索道、大型游乐设施的相关安全知识，并全面负责客运索道、大型游乐设施的安全使用。

客运索道、大型游乐设施的运营使用单位的主要负责人至少应当每月召开一次会议，督促、检查客运索道、大型游乐设施的安全使用工作。

客运索道、大型游乐设施的运营使用单位，应当结合本单位的实际情况，配备相应数量的营救装备和急救物品。

【释义】本条是关于客运索道、大型游乐设施运营使用单位主要负责人的安全责任。

运营使用单位的主要负责人应当熟悉相关安全知识，全面负责运营使用的安全工作。运营使用单位的负责人，直接管理特种设备的日常运营使用工作，因此，运营使用单位的负责人在客运索道、大型游乐设施方面的知识和安全管理水平，直接关系到运营的安全。客运索道、大型游乐设施是一种机电设施，本身的结构技术水平不同于一般设备，由于载人，其安全保护装置配备和其性能也有特殊的要求，因此，要保证运营使用的安全，必须首先了解和熟悉这些知识。本条明确规定运营使用单位的主要负责人对运营使用的安全负责。这一规定，进一步强调了运营使用单位负责人在安全方面的责任。在实际运营使用过程中，需要进行日常管理。如定期维修、日常维护、安排定期检验等工作，虽然由有关人员或相关单位、机构进行并都负有一定的责任，但都避免不了运营使用单位主要负责人的责任。这就要求单位主要负责人要在熟悉相关知识的基础上，将安全运行作为第一位工作，加强管理、检查，及时解决问题、消除事故隐患，保证安全运行。

运营使用单位主要负责人应当每月至少召开一次督促检查会议。这是落实安全工作的一项具体的措施，是建立责任制中的一项重要内容。运营使用安全虽然由其单位主要负责人负责，但安全工作涉及方方面面，涉及各个方面的人员，定期召开会议，是以做好日常工作为基础的。因此，从法律上规定由主要负责人每月召开一次专门研究运营使用的安全工作会议，召集有关人员研究、检查安全工作，对存在的问题及时解决，督促进一步改进薄弱环节的工作。当然，每次会议所决定的措施，都要落实到具体的人，做好会议记录。

运营使用单位应当配备相应数量的营救装备和急救物品。因各种各样原因，设备、设施在运行过程中可能会发生故障，出现一些异常现象。如运行的客运索道、大型游乐设施突然停止运行，乘客身体突然不适应，等等。运营使用单位要制定对一些突发事件的救援方案，并配置救援设备和急救物品，确保在没有消除故障前能够及时营救相关人员。

电梯、客运索道、大型游乐设施的乘客应当遵守使用安全注意事项的要求，服从有关工作人员的指挥。

【释义】本条是关于乘客应当遵守的特殊规定。

电梯、客运索道、大型游乐设施乘客，必须按照其安全要求进行乘坐。如乘坐电梯时不得打闹、随意把门，乘坐客运索道不得打开箱体门，乘坐大型游乐设施不得打开保险装置等等，否则会发生事故。在发生异常现象时，必须服从有关工作人员的指挥，以便及时地得到解救。这些相关的注意事项，电梯在现场有告示，客运索道、游乐设施不但有告示，工作人员也会反复讲述，有的在某些地段设人员进行监督。乘客对此都应该给予配合、严格遵守有关安全的规定。电梯、客运索道、游乐设施的安全管理非常好，乘客不配合，仍然会发生事故，甚至发生恶性事故。

电梯投入使用后，电梯制造单位应当对其制造的电梯的安全运行情况进行跟踪调查和了解，对电梯的日常维护保养单位或者电梯的使用单位在安全运行方面存在的问题，提出改进建议，并提供必要的技术帮助。发现电梯存在严重事故隐患的，应当及时向特种设备安全监督管理部门报告。电梯制造单位对调查和了解的情况，应当作出记录。

【释义】本条是关于电梯制造单位在保证电梯安全运行义务方面的规定。

按照电梯制造单位应当对电梯的安全终身负责的基本原则，本条规定了电梯制造单位对其制造的电梯应当履行的义务。

（1）应当跟踪了解电梯的安全运行情况。电梯制造单位应及时了解其制造电梯的安全运行状况，一方面对保证电梯的安全运行提供一定的帮助，另一方面能够通过了解的情况，改进自己的工作，使电梯的制造质量得到进一步的提高，安全性能更能得到保障。条例没有规定跟踪调查和了解的具体规定和要求,这应当由制造单位在制造质量保障体系中规定,并在向用户提供的质量保证书或相关文件中给予承诺。

(2)应当对电梯的日常维护保养单位、使用单位的安全运行给予技术帮助。应该说,电梯制造单位对电梯的结构、性能是最了解的,应该有义务协助维护保养单位和使用单位做好相关工作,包括对维护保养人员、管理人员的培训,对维护保养和安全运行中的问题,提出改进意见和给予技术帮助,提高维护保养和安全管理水平等。

(3)发现事故隐患,应当及时报告安全监督管理部门。电梯制造单位在跟踪调查和了解,以及在协助维护保养和使用单位处理有关问题时,一方面必须及时解决电梯存在的事故隐患,另一方面还必须将存在的严重事故隐患及时报告特种设备安全监督管理部门,一般是设区的市的特种设备安全监督管理部门,使特种设备监督管理部门及时掌握情况,以便采取需要的措施加以督促,使隐患得到及时的消除。

(4)应当将调查、了解情况作出记录。电梯制造单位对其制造的电梯的安全运行情况进行跟踪调查和了解,应当作出记录,这种记录可以在电梯使用单位的设备档案上予以记载,也必须在本单位的有关材料中予以记载。这方面的工作,都应当在本单位的相关制度中给予明确规定,在特种设备安全监督管理部门日常的监督检查或者在进行资格许可检查中提供。

电梯制造单位有下列情形之一的,由特种设备安全监督管理部门责令限期改正;逾期未改正的,予以通报批评:(1)未依照本条例第十九条的规定对电梯进行校验、调试的;(2)对电梯的安全运行情况进行跟踪调查和了解时,发现存在严重事故隐患,未及时向特种设备安全监督管理部门报告的。

特种设备作业人员在作业过程中发现事故隐患或者其他不安全因素,应当立即向现场安全管理人员和单位有关负责人报告。

【释义】本条是关于特种设备作业人员事故隐患的报告规定。

特种设备在运行过程中,因受各种因素的影响,会产生事故隐患或者出现某种不安全因素。这就要求特种设备作业人员发现问题能够及时报告。无论问题是否能够处理,或者是否能得到及时处理,如压力容器发生泄漏、起重机械有异常声响等,都必须立即向现场安全管理人员报告,并同时要向单位的有关负责人报告。

特种设备作业人员违反特种设备的操作规程和有关的安全规章制度操作,或者在作业过程中发现事故隐患或者其他不安全因素,未立即向现场安全管理人员和单位有关负责人报告的,由特种设备使用单位给予批评教育、处分;情节严重的,撤销特种设备作业人员资格;触犯刑律的,依照刑法关于重大责任事故罪或者其他罪的规定,依法追究刑事责任。

能力提升

2011年3月6日下午15时30分,温州市远泰汽车零部件有限公司车间工人左某在3楼车间向固定式简易升降机内搬运货物时,货厢突然坠落,致使该工人被夹在货厢厢体上檐与层门地坎之间,身体严重受压后死亡。该公司购买和使用无相应资质单位生产的简易升降机,致使该固定式简易升降机安装时存在严重安全缺陷,同时未依法对简易升降机申请检验和注册登记,未依法对简易升降机的作业人员进行安全教育和培训,聘用无证人员从事简易升降机的操作，造成了事故的发生。试分析该案存在几个违法行为及依据？

🔍 总结提高

1. 特种设备在投入使用前或者投入使用后（   ）日内，特种设备使用单位应当向直辖市或者设区的市的特种设备安全监督管理部门登记。

  A. 15   B. 30   C. 60   D. 120

2. 特种设备使用单位应当按照安全技术规范的定期检验要求，在安全检验合格有效期届满前（   ）向特种设备检验检测机构提出定期检验要求。

  A. 30 天 B. 一个月 C. 120 天 D. 三个月

3. 特种设备出现故障或者发生异常情况，使用单位应当对其进行全面检查，消除事故隐患后（   ）。

  A. 方可重新投入使用 B. 暂停使用 C. 不准继续使用 D. 以上均不正确

4. 电梯的日常维护保养必须由取得许可的安装、改造、维修单位或者电梯制造单位进行。电梯应当至少每（   ）日进行一次清洁、润滑、调整和检查。

  A. 15   B. 30   C. 60   D. 120

5. 特种设备存在严重安全隐患，无改造、维修价值，或者超过安全技术规范规定使用年限，特种设备使用单位应当及时予以报废，并应当向原登记的特种设备安全监督管理部门办理（   ）。

  A. 注销 B. 报销 C. 报废 D. 吊销

6. 特种设备作业人员在作业过程中发现事故隐患或者其他不安全因素，应当立即向（   ）报告。

  A. 单位有关负责人   B. 现场安全管理人员
  C. 特种设备安装人员   D. 特种设备设计人员
  E. 特种设备维修人员

🔍 课外拓展

请收集电梯使用的安全标志，并说明其含义。

第四节　检验检测

《特种设备安全监察条例》规定了特种设备检验检测工作的具体要求，确定了从事特种设备检验检测工作内容、检验检测单位和检验检测人员应当具备的条件、检验检测单位和检验检测人员的责任，明确了从事特种设备检验检测工作的机构必须经过特种设备安全监督管理部门核准。

知识储备

从事本条例规定的监督检验、定期检验、型式试验以及专门为特种设备生产、使用、检验检测提供无损检测服务的特种设备检验检测机构,应当经国务院特种设备安全监督管理部门核准。

特种设备使用单位设立的特种设备检验检测机构,经国务院特种设备安全监督管理部门核准,负责本单位核准范围内的特种设备定期检验工作。

【释义】本条是关于特种设备检验检测单位必须经过核准的规定。特种设备使用单位可以设立特种设备检验检测机构,但不具备独立、公正的地位,故只允许从事本单位内特种设备的定期检验工作。

未经核准,擅自从事本条例所规定的监督检验、定期检验、型式试验以及无损检测等检验检测活动的,由特种设备安全监督管理部门予以取缔,处 5 万元以上 20 万元以下罚款;有违法所得的,没收违法所得;触犯刑律的,对负有责任的主管人员和其他直接责任人员依照刑法关于非法经营罪或者其他罪的规定,依法追究刑事责任。

法律责任的承担主体为特种设备检验检测机构。

特种设备检验检测机构,应当具备下列条件:
(一)有与所从事的检验检测工作相适应的检验检测人员;
(二)有与所从事的检验检测工作相适应的检验检测仪器和设备;
(三)有健全的检验检测管理制度、检验检测责任制度。

【释义】本条是关于检验检测机构应当具备条件的原则性规定。

(1)有与所从事的检验检测工作相适应的检验检测人员。特种设备检验检测机构所从事的检验检测工作,是技术性较强的一项工作,并担负重要的责任,必须需要具有一定水平的检验检测人员、检验检测仪器和设备,并且必须建立一套制度,以确保工作质量。对检验检测机构的设立规定一定的条件,有利于检验检测机构的建设和发展。按照《劳动部门锅炉压力容器检验所监督管理办法》和质检总局等有关检验检测文件的规定,检验检测机构的检验检测人员必须与检验工作相适应,规定与所批准的检验项目相适应的最低人员要求。为了使检验检测机构健康发展,还规定取得检验检测资格证件的检验检测人员应占检验检测机构总人数的 60%,并规定具有技术职称的人员不得低于机构总人数的 70%。事实证明,这些规定保证了检验检测机构人员的基本素质。

(2)有与所从事的检验检测工作相适应的检验检测仪器和设备。从前,做好特种设备的检验检测工作,关键是人,依靠人的经验。20 世纪 50 年代,检验检测人员检验锅炉,就是凭手电筒、小榔头,通过手摸、耳听、眼看,来判断缺陷。但随着科学技术的发展,特种设备的品种的增加、结构的复杂,必须利用必要的检验检测仪器才能准确找出缺陷。随着科学技术的发展,可供检验检测工作的仪器设备越来越多,性能越来越好,对保证检验检测的准确起到重要的作用。作为检验检测机构的一个条件,规定检验检测单位必须具有一定的仪器、设备是必要的。

有健全的检验检测管理制度、检验检测责任制度在一些工业发达国家,是以检验检测人员个人的名义出具检验检测报告。而我国目前的检验检测工作主要是以单位的名义出具检验检测报告。因此，作为一个检验检测机构，检验报告就是其产品，为保证检验检测报告即检验检测工作质量，就要对其产生过程建立一套制度。我国检验检测机构数量还比较多，规模大小不一。目前，我国有检验检测机构 1 280 个，总人数 21 491 人，平均每个检验检测机构 16.8 人，所建立的管理和责任制度不尽相同，但必须具有检验检测报告审批制度、检验检测人员的培训考核制度、检验检测仪器设备的管理制度，并建立检验检测质量保证体系，以保证所有制度的贯彻，使检验检测人员能够正确的按照安全技术法规的规定，认真负责地从事检验检测工作，准确地查出缺陷，正确地进行判断，以确保特种设备在一定的周期内安全运行。当然，对设立检验检测机构，还有其他一些条件，如需要法定地位、一定的办公、试验场地等。这些要求可以在规章和技术规范中进一步加以明确。

特种设备的监督检验、定期检验、型式试验和无损检测应当由依照本条例经核准的特种设备检验检测机构进行。

特种设备检验检测工作应当符合安全技术规范的要求。

【释义】本条是关于特种设备的各项检验检测工作的资格和检验检测工作质量的规定。

特种设备的检验检测应当由经核准的检验检测机构进行。由于特种设备具有事故隐患的特点，规定对所有与安全有关的环节进行强制性的监督管理，对做好检验检测工作是十分重要的。为了确保检验检测的工作质量，本条表明从事检验检测的机构必须经过特种设备安全监督管理部门的核准，未经过核准的任何机构、单位都不能从事强制性的检验检测工作。社会上有各种各样的检验检测机构，也有一些经过其他部门认可的合法检验检测机构，但要从事依照本条例所规定的监督检验、定期检验、型式试验，并具有条例所规定的效力，必须经过特种设备监督管理部门按照一定的程序进行审查和核准。这些条款也说明，从事本条例所规定的检验检测工作，不应当再经过其他机构和部门的审查或认可。

特种设备检验检测工作应当符合安全技术规范的要求。条例所规定的检验检测，是一种强制性的规定，为了确保安全，检验检测结果和判断必须科学、合理、可靠，防止随意性。按照特种设备的技术要求，特别是事故的教训，人们不断地总结经验，并以安全技术规范加以确定。特种设备安全监督管理部门已经颁布了特种设备监督检验、定期检测的一些规程、规则等安全技术规程，对检验检测项目、方法、数据的处理、分析、结论，以及定期检验检测周期都加以规定，所有检验检测工作必须符合这些规定。目前，一些使用单位为了节省检验检测经费，自行确定检验检测项目，并采用招标的形式选择检验检测机构，是错误的；一些检验检测单位为了增加检验检测费用，随意增加检验检测项目，也是不对的。

从事本条例规定的监督检验、定期检验、型式试验和无损检测的特种设备检验检测人员应当经国务院特种设备安全监督管理部门组织考核合格，取得检验检测人员证书，方可从事检验检测工作。

检验检测人员从事检验检测工作，必须在特种设备检验检测机构执业，但不得同时在两个以上检验检测机构中执业。

【释义】本条是对检验检测人员资格的要求和执业行为的一般规定。

从事检验检测工作的检验检测人员应当取得相应资格。检验检测人员的素质，包括检验检测技术水平、职业道德，是保证检验检测工作质量、做好检验检测工作的首要因素。从事检验检测工作的人员必须具备与检验检测工作相适应的基础知识、专业知识和对检验检测安全技术规范的熟悉、应用，并且需要一定的检验检测经验和使用检验检测仪器设备的能力。因此，本条例规定，检验检测人员必须经过特种设备安全监督管理部门考核合格，并取得相应的证书，方可从事检验检测工作。按照特种设备监督管理部门颁布的人员监督管理规定、考核鉴定规则，从事检验检测工作的人员，必须具备一定的学历、技术职称、工作经历。检验检测人员分为高级检验师、检验师和检验员。高级检验师和首次申请检验师的检验检测人员由国务院特种设备安全监督管理部门考核并颁布资格证书，检验师的复试和检验员的考核由总局委托省级特种设备监督管理部门考核并颁发检验检测人员证书。

从事检验检测工作的检验检测人员必须在一个检验检测机构执业。由于特种设备检验检测工作对特种设备安全运行十分重要，其责任必须落实。规定从事特种设备检验检测工作的检验检测人员只能在一个检验检测机构内工作，不允许检验检测机构相互利用其人员来独立为本单位进行检验检测工作，也不允许检验检测人员到两个或两个以上单位进行工作。这方面，往往表现为在资格审查过程和一些具体的检验检测工作中，存在临时借人充数的现象。今后，必须进一步加强检验检测资格管理，人员调动时及时更换资格证书，并利用信息网络技术及时了解检验检测人员的流向。当然，为了发挥检验检测技术的整体优势，在一些综合性的检验检测工作中，一个检验检测单位对某些检验检测项目，比如无损检测项目，委托其他具有检验检测资格的单位进行是可以的，但被委托单位必须对单项检验检测结果负责，委托单位必须对整体检验检测结果负责。

特种设备检验检测机构进行特种设备检验检测，发现严重事故隐患或者能耗严重超标的，应当及时告知特种设备使用单位，并立即向特种设备安全监督管理部门报告。

【释义】本条是特种设备检验检测机构在检验检查工作中，发现危及安全的事故隐患或者能耗严重超标的，必须告知的规定。

特种设备检验检测机构所从事检验检测工作包括监督检验、定期检验的检验检测工作，就是要及时、准确地发现事故隐患或者能耗严重超标问题，并提出处理意见，使特种设备的生产和使用符合安全、节能要求。对生产过程进行监督检验时，对一般问题，可采取出示意见联络单的形式，告知生产单位及时改进；对有碍安全的问题，应采取出示意见通知书的形式，要求生产单位必须改正，并将其意见通知书及时抄送当地特种设备安全监督管理部门，有的要形成检验案例，报告国家或省级特种设备安全监督管理部门。在设备定期检验结束后，检验机构必须及时出具报告。对不允许继续使用的要报告当地特种设备安全监督管理部门，报废和需要继续较大改造、修理的，也要以检验案例的形式报告国家或省级特种设备安全监督管理部门。能耗严重超标的情形，具体包括：生产、使用国家产业政策明令淘汰的、耗能高的特种设备产品或部件；特种设备运行能效严重低于相应安全技术规范或国家、行业标准的要求；特种设备长期在严重偏离特种设备设计能效工况范围运行，且单位耗能超过同类特种设备；等等。接到报告的特种设备生产、使用单位，必须进行认真的处理，接到报告的当地特种设备安全监督管理部门，对一些严重的事故隐患或不安全因素，必须及时地进行检查和处理，各负其责，做到万无一失。

特种设备检验检测机构，有下列情形之一的，由特种设备安全监督管理部门处 2 万元以上 10 万元以下罚款；情节严重的，撤销其检验检测资格：（一）聘用未经特种设备安全监督管理部门组织考核合格并取得检验检测人员证书的人员，从事相关检验检测工作的；（二）在进行特种设备检验检测中，发现严重事故隐患或者能耗严重超标，未及时告知特种设备使用单位，并立即向特种设备安全监督管理部门报告的。

　　特种设备检验检测机构和检验检测人员进行特种设备检验检测，应当遵循诚信原则和方便企业的原则，为特种设备生产、使用单位提供可靠、便捷的检验检测服务。

　　特种设备检验检测机构和检验检测人员对涉及的被检验检测单位的商业秘密，负有保密义务。

　　【释义】本条是关于检验检测机构应该遵守的职业道德的规定。

　　检验检测单位必须认真为生产、使用单位服务。由于特种设备的检验检测工作带有强制性，被检验检测单位必须接受，否则要承担法律责任。因此，从事特种设备检验检测机构及其人员从地位上来说，就不同于一般的服务机构，容易养成某些垄断行业具有的不好的作风。比如，不及时安排检验检测工作，利用检验检测权利获取其他利益，甚至吃、拿、卡、要，严重破坏检验检测机构的形象。特种设备检验检测机构工作性质虽然不同于一般的服务机构，但在思想和行动上必须具有服务思想，讲诚信。要按照安全技术规范所规定的要求，认真负责地做好检验检测工作，不漏检，不误判，不以其他人为因素随意进行处理。要按照安全技术规范的周期规定和约定的时间安排检验检测工作，及时出具报告。要方便企业，采取一系列措施，使企业能够以最少的工作量做好检验检测准备和协助工作，包括交通、检验检测现场的准备。要用一种为企业服务的态度进行检验检测工作，不以验检测工作的强制性来对被检单位提出超出检验检测工作范围的其他要求。实际上，不好的职业道德，也会带来不正确的检验检测结果。我们一方面要加强职业道德的教育，也要建立必要的约束机制加以规范和约束，对违规行为及时进行处罚。

　　检验检测机构应当为被检单位保密。检验检测机构及其检验检测人员所接触的被检单位，包括设计、制造、安装、改造、维修单位和使用单位，其设计文件、制造、安装、改造、维修的工艺，包括使用单位的一些内部资料，都因检验检测工作的需要而让检验检测机构及其检验检测人员了解。比如，新产品的设计，要投入制造，就要供检验检测机构及其检验检测人员的审查；制造的监督检验过程中，检验检测人员对制造的全过程和工艺等具有商业或专利价值的工艺都了解十分清楚；对一些改造、维修、销售工作的信息检验检测机构及其检验检测人员也能够及时知道。这些信息，对企业来说，可能就是生存和发展的重要根基。因此，检验检测机构或检验检测人员必须加以保密。这也是为什么目前从事设计审查、制造等监督检验工作的检验检测单位，地位也必须保持公正地位的原因之一。

　　特种设备检验检测机构和检验检测人员应当客观、公正、及时地出具检验检测结果、鉴定结论。检验检测结果、鉴定结论经检验检测人员签字后，由检验检测机构负责人签署。

　　特种设备检验检测机构和检验检测人员对检验检测结果、鉴定结论负责。

　　国务院特种设备安全监督管理部门应当组织对特种设备检验检测机构的检验检测结果、鉴定结论进行监督抽查。县以上地方负责特种设备安全监督管理的部门在本行政区域内也可以组织监督抽查，但是要防止重复抽查。监督抽查结果应当向社会公布。

　　【释义】本条是对为了保证检验检测工作质量所做出的规定。

　　特种设备检验检测单位应当如实地出具检验检测结果、鉴定结论，并做好签字等有关手续,并为其结果负责。检验检测工作关系到特种设备的安全运行,技术上具有十分强的专业性,结论意见带有强制性。因此,其检验检测结果、鉴定结果必须客观、公正。客观,就要求严格按照安全技术法规,逐项对现场和特种设备一丝不苟地进行检验检测,做到不漏检、不错检。公正,就是要严格依据安全技术法规及其检验检测的实际情况进行分析、判断,不以人为的因素,比如急于生产、销售,做出不切合实际的判断,更不能出伪证。目前,考虑到检验检测人员的实际水平和整个社会环境,对检验检测工作的责任主要是以检验检测机构为主,但在实际的检验检测工作中又是以检验检测人员个人为主。为了保证检验工作质量,要求检验检测单位建立必要的检验工作质量管理制度、责任制度,检验报告、鉴定报告必须经过检验检测机构相关人员的审查,报告或鉴定文件上要求审查人员、检验检测人员签字,以示负责,所出示的报告或鉴定文件上必须由检验检测机构盖上机构公章,以表明报告或鉴定文件的效力。

检验检测单位应当接受特种设备安全监督管理部门对检验工作质量的抽查。为了加强对特种设备检验检测机构的监督管理,特种设备安全监督管理部门必须建立对特种设备检验检测机构工作质量的抽查制度,进行定期或不定期的抽查。抽查的方式主要以抽查报告为主,并可以所抽查的报告,跟踪检查所检验检测设备的情况,检查其检验检测工作是否客观、公正,检验检测结果、鉴定结论是否准确,各种签字手续是否齐全,报告及鉴定文件是否及时出具,考察检验检测机构的管理情况。对特种设备检验检测单位的抽查,应该由国务院特种设备监督管理部门或者省级特种设备安全监督管理部门组织进行。对特种设备检验检测机构的抽查,不得无组织地任意并重复进行。一般情况下,省级特种设备安全监督管理部门每年可安排20%的特种设备检验检测机构的抽查,国务院特种设备安全监督管理部门可根据情况反映,适时安排进行抽查,上级安全监督管理部门已经安排抽查,下级安全监督管理部门就没有必要再另行安排抽查。没有特殊情况,每个特种设备检验检测机构每两年只能有一次特意的抽查。

特种设备检验检测机构和检验检测人员,出具虚假的检验检测结果、鉴定结论或者检验检测结果、鉴定结论严重失实的,由特种设备安全监督管理部门对检验检测机构没收违法所得,处5万元以上20万元以下罚款,情节严重的,撤销其检验检测资格;对检验检测人员处5000元以上5万元以下罚款,情节严重的,撤销其检验检测资格,触犯刑律的,依照刑法关于中介组织人员提供虚假证明文件罪、中介组织人员出具证明文件重大失实罪或者其他罪的规定,依法追究刑事责任。

特种设备检验检测机构和检验检测人员,出具虚假的检验检测结果、鉴定结论或者检验检测结果、鉴定结论严重失实,造成损害的,应当承担赔偿责任。

特种设备检验检测机构和检验检测人员不得从事特种设备的生产、销售,不得以其名义推荐或者监制、监销特种设备。

【释义】本条是关于特种设备检验检测机构和检验检测人员除检验检测工作以外的一些禁止性规定。

考虑到特种设备检验检测机构及其检验检测人员地位和工作性质,为了保证其检验检测工作的公正性,防止利用检验检测工作的信息、权利,谋求检验检测工作以外的不正当利益,或造成不正当的竞争，损坏其他部门的利益，本条规定特种设备检验检测机构及其人员不得从事生产、销售活动，不得以其名义推荐或监制、监销特种设备，是非常必要的。特种设备检验检测机构不允许成立生产单位，也不允许与生产单位建立某种经济利益的统一体，或成为某些生产单位的股东。检验检测机构及其检验检测人员不得参与生产单位的销售活动，不得成为代理商。目前，在社会上所出现的某某产品由某某机构或部门监制，就是一种市场行为，有的就是利用某些机构或部门的地位、名声推销产品，多数是为了谋求一定的经济效益。条例规定对特种设备的生产实行监督检验制度是国家为了保证特种设备安全性能，对所有取得特种设备生产资格的单位实行的统一制度，也是工业发达国家通行做法；从事监督检验的检验检测机构，必须派持证检验人员依据安全技术规范，到现场实地进行监督检验进行，根据生产的特点和项目的重要性，划分不同的监督检验方式，如实物检查，资料审查、巡回检查等，且必须留下工作见证；对同样的产品，必须实行同样的监督检验制度，不能存在有的实行监督检验，有的不实行监督检验。对本条例没有规定实施监督检验的电梯制造，无论制造企业是否自愿，从事法定检验检测的机构都不得采取监制等手段，为产品质量出具任何具有证明性的文件。

特种设备检验检测机构或者检验检测人员从事特种设备的生产、销售，或者以其名义推荐或者监制、监销特种设备的，由特种设备安全监督管理部门撤销特种设备检验检测机构和检验检测人员的资格，处5万元以上20万元以下罚款；有违法所得的，没收违法所得。

特种设备检验检测机构和检验检测人员利用检验检测工作故意刁难特种设备生产、使用单位，特种设备生产、使用单位有权向特种设备安全监督管理部门投诉，接到投诉的特种设备安全监督管理部门应当及时进行调查处理。

【释义】本条是对投诉特种设备检验检测机构违规行为的处理要求。

目前，质检总局锅炉压力容器安全监察局每年都收到一些投诉信件。主要是反映特种设备检验检测机构没有严格按照安全技术规范的规定进行检验检测，在检查锅炉时，应该进入炉胆内，而没有进入；有的检查电梯，不按照检查项目进行；等等，都及时进行了处理。

特种设备检验检测机构和检验检测人员利用检验检测工作故意刁难特种设备生产、使用单位，由特种设备安全监督管理部门责令改正；拒不改正的，撤销其检验检测资格。

能力提升

黄山市高速公路建设工地轨道式塔式起重机倾翻事故

一、事故概况

2003年3月4日，位于黄山市歙县境内的正在建设的徽杭高速公路16标段发生一起轨道式塔式起重机倾翻事故，造成8人死亡，4人重伤。事故发生后，县市政府和有关部门的领导立即赶赴现场，抢救伤员。省、市安监、质监部门在接到事故报告后，先后到达现场。按照省政府领导的指示，授权黄山市政府成立事故调查组，负责事故调查处理工作。黄山市政府成立了从常务副市长为组长，安监、质监等有关部门参加的事故领导小组，领导小组下设事故调查、事故抢救和事故善后三个小组，开展事故处理工作。

二、事故发生过程

徽杭高速公路 16 标段由中铁隧道集团二处十公司承建，该标段全长 3020 米，有两座隧道（长 1549 米）、五座大桥。中铁隧道集团二处十公司为隧道专业施工单位，在承接工程后将大桥分包给中铁集团成都桥梁厂施工。发生倾翻事故塔吊为中铁集团成都桥梁厂所有。3 月 4 日，该塔吊正在吊装位于施工现场大车轨道东端北侧轨道外的槽钢，吊装的钢材为 8 号槽钢，合计 68 根，共 370 米长，总重量为 3 吨，当起吊离地 0.5 米（与坠落点高差约 13 米），运行至臂架朝正北与大车轨道相垂直方向时突然发生倒塌。事故发生时塔吊吊臂与轨道处于垂直状态，倒塌的塔吊正好砸在公路边的三间工棚上，当天正值雨雪天气，气温很低，现场的民工正在棚内烤火，当场死亡 7 人，重伤 5 人，其中 1 人经抢救无效死亡。死亡的 8 人有 1 女 7 男，除 1 名女的外，均为歙县竹铺乡岭角村人。

三、事故调查与分析

（一）塔吊的制造安装情况

（1）该塔吊为哈尔滨建筑工程机械制造厂 1969 年 10 月制造，承载重量为 2.6 吨，属淘汰产品。

（2）该塔吊为大车轨道行走式，塔吊位于 324 省道南侧的高速公路施工面上，塔吊底下铺设枕木（长 75 公分）、钢轨铺设在枕木上，塔吊在轨道上行走，塔吊底部的车轮与轨道接触，大车轨道走向为东西方向。2003 年 1 月 17 日安装，22 日调试，28 日施工单位组织验收。施工单位在安装前没有办理安装告知手续，没有经过监督检验，使用前没有办理使用登记手续。

（二）现场调查情况

（1）塔吊的基础建立在软基的浮土层上，其上仅有简单的工程废渣铺垫，没按要求用碎石铺设，基础没有夯实以保证坚实可靠。轨道下的枕木采用分开铺设，轨道之间无保证跨距不变及轨道移动的限制拉杆，无边缘保护措施，轨道直线度严重超标，部分枕木与基础接触悬空。轨道与枕木采取用罗纹钢制的土制道钉钉入枕木，压固极不可靠。塔吊与轨道连接的倾翻侧车轮上有新鲜的坑状伤痕，且车轮有明显变形，间隙大于 1 mm，运行时严重啃轨引起冲击，运行不稳定。

（2）基础截面存在高低差，两个轨道存在严重的高低差，尽管事故现场已被破坏，但现场测量结果显示，大车轨道同截面高低差仍达到 100 mm，严重超标。

（3）轨行式塔吊当臂架方向与大车轨道方向相垂直时是吊车工作最不利的位置，事故发生时塔吊正处于此最不利位置。

（4）由于抢救伤员，事故现场已被破坏，吊臂等部件已被拆卸。但从事故现场看，塔吊塔身无明显失稳现象，因此可以排除构架失稳而造成倾倒的可能性。

四、事故调查结论

现场勘测、证据收集、人员调查等情况表明，这是一起典型的违法、违章事故。

事故的直接原因：塔吊处于最危险工作位置，由于基础不牢且存在高低差，在吊运货物时，引起受力不均，塔吊重心偏移一侧。在该方向，塔吊自身重量集中在倾倒侧轨道上，造成轨道基础下陷，重心进一步偏移，导致车轮咬轨，并形成冲击，使塔吊整体稳定性进一步破坏。由于操作工没有经验，未采取必要的应急手段，塔吊整体抗倾覆性彻底破坏，造成倾翻事故发生。

事故的管理原因：一是塔吊安装没有办理告知手续，没有经过监督检验，没有办理使用登记手续。二是违章在塔吊下方设置工棚，造成群死群伤。

问题：

1. 分析以上事故案例，推断该事故的责任人员都有哪些以及其违反的法律条款？
2. 特种设备的检测检验，涉及哪些单位，其责任义务有哪些？
3. 该事故给大家的启示有哪些？

 总结提高

1. 根据国务院《特种设备安全监察条例》，从事施工起重机械定期检验、监督检验的检验检测机构，应当由（　　）核准。

　　A. 县级以上人民政府　　　　　　B. 省级政府特种设备安全监督部门
　　C. 国务院　　　　　　　　　　　D. 国务院特种设备安全监督部门

2. 对特种设备进行监督检验、定期检验、型式试验和无损检测，应当由经核准的特种（　　）来进行。

　　A. 施工单位　　　　　　　　　　B. 机械设备出租单位
　　C. 设备检验检测机构　　　　　　D. 机械设备安装单位

3. 特种设备安全监督管理部门进行安全监察时，发现有违反《特种设备安全监察条例》规定和安全技术规范要求的行为或者在用的特种设备存在事故隐患、不符合能效指标的，应当以（　　），责令有关单位及时采取措施，予以改正或者消除事故隐患。

　　A. 停止作业或运行并恢复原状　　B. 撤销相关单位已经取得的许可
　　C. 书面警告并依法予以处理　　　D. 书面形式发出特种设备安全监察指令

课外拓展

乘坐索道的安全常识

（1）乘索道前，首先查看该索道是否悬挂有国家质检总局颁发的"客运索道安全检验合格"标志。

（2）认真阅读索道入口处的"乘客须知"。

（3）进入站台后，听从服务人员的指挥，按顺序上车。

（4）进入客车（吊椅）内后，坐稳扶住，不要擅自打开车门及安全护栏。

（5）到站下车时，听从服务人员的疏导，陆续下车，离开站台。

发生意外情况时特别注意：

（1）如遇索道偶然停车时不要着急，耐心等待，注意收听线路广播内容，不要自己打开车门或护栏。

（2）如遇索道故障短时间内不能排除，乘客要稳定情绪，不要惊慌，等待工作人员前来营救，千万不可自行设法离开车箱。

（3）救护人员到达后，一定要服从救护人员的指挥，配合救护人员的工作，不要争先恐后。年轻人应协助救护人员，首先营救儿童、老人和妇女，先帮助他（她）们顺利到达地面。

（4）乘客到达地面后，在工作人员的引导下，应尽量避开索道行驶区，有秩序地向索道站转移。

第五节　监督检查

《特种设备安全监察条例》对特种设备安全监督管理部门安全监察的重点场所，实施安全监察中的权利、义务及其工作要求都做出了明确规定。

知识储备

特种设备安全监督管理部门依照本条例规定，对特种设备生产、使用单位和检验检测机构实施安全监察。

对学校、幼儿园以及车站、客运码头、商场、体育场馆、展览馆、公园等公众聚集场所的特种设备，特种设备安全监督管理部门应当实施重点安全监察。

【释义】本条是关于安全监察的对象和安全监察的重点的规定。

（1）安全监察的对象主要有以下三个：

① 特种设备生产单位。它包括设计单位、制造单位、安装单位、改造单位、维修单位。对特种设备生产单位实施安全监察，内容主要有以下几个方面：对压力容器的设计单位实施许可；对锅炉、压力容器中的气瓶、氧舱和客运索道、大型游乐设施的设计文件进行鉴定；对锅炉、压力容器、电梯、起重机械、客运索道、大型游乐设施及其安全附件、安全保护装置的制造、安装、改造单位，以及压力管道用管子、管件、阀门、法兰、补偿器、安全保护装置的制造单位实施许可；对锅炉、压力容器、起重机械、客运索道、大型游乐设施的安装、改造、维修单位实施许可；对特种设备的制造、安装、改造、维修过程进行监督检验；对气瓶安装单位实施许可。

② 特种设备使用单位。它包括：对投入使用的特种设备进行登记；对投入使用的特种设备进行定期检验；办理特种设备注销；对特种设备作业人员进行考核发证。

③ 特种设备检验检测机构。它包括：对从事监督检验、定期检验、型式试验、标准检测工作机构进行核准；对从事监督检验、定期检验、型式试验、标准检测人员进行考核发证；对检验检测机构的检验检测结果、鉴定结论进行监督抽查；对有关检验检测机构和人员的投诉进行调查处理。

（2）安全监察的重点场所。安全监察的重点场所主要是公众密集场所。由于特种设备的危险性大，发生事故易影响公众安全。一旦在公众密集场所发生事故，必将造成严重的后果，如群死群伤等。因此必须将公众密集场所的特种设备作为安全监察重点场所。

特种设备安全监督管理部门根据举报或者取得的涉嫌违法证据，对涉嫌违反本条例规定的行为进行查处时，可以行使下列职权：

（一）向特种设备生产、使用单位和检验检测机构的法定代表人、主要负责人和其他有关人员调查、了解与涉嫌从事违反本条例的生产、使用、检验检测有关的情况；

（二）查阅、复制特种设备生产、使用单位和检验检测机构的有关合同、发票、账簿以及其他有关资料；

（三）对有证据表明不符合安全技术规范要求的或者有其他严重事故隐患、能耗严重超标的特种设备，予以查封或者扣押。

【释义】本条是关于赋予特种设备安全监督管理部门查处违法行为时行使行政强制措施权的规定。

采取行政强制措施的目的在于预防、制止或控制危害社会的行为产生。条例赋予特种设备安全监督管理部门行政强制措施权，是加强安全监察、加大对特种设备违法行为查处力度的需要，对加大执法力度、保证人民生命健康具有重要作用。

（1）行使行政强制措施权的条件。行使行政强制措施权，必须符合规定的条件。在以下几种情况下才可行使行政强制措施权：根据举报对涉嫌违法行为进行查处；根据取得的涉嫌违法证据对涉嫌违法行为进行查处。

（2）本条例规定的行政强制措施权有三种：①涉嫌违法情况调查了解权，即向特种设备生产、使用单位、检验检测机构的法定代表人、主要负责人和其他有关人员调查、了解与涉嫌从事违反本条例的生产、使用活动有关的情况。②资料查阅、复制权，即查阅、复制特种设备生产、使用单位、检验检测机构的有关合同、发票、账簿以及其他有关资料。③查封、扣押权。即对有证据表明不符合安全技术规范要求的特种设备或者有其他严重安全隐患的特种设备或者其主要部件，予以查封或扣押。

（3）有权行使行政强制措施的主体，包括各级特种设备安全监督管理部门。

依照本条例规定实施许可、核准、登记的特种设备安全监督管理部门，应当严格依照本条例规定条件和安全技术规范要求对有关事项进行审查；不符合本条例规定条件和安全技术规范要求的，不得许可、核准、登记；在申请办理许可、核准期间，特种设备安全监督管理部门发现申请人未经许可从事特种设备相应活动或者伪造许可、核准证书的，不予受理或者不予许可、核准，并在1年内不再受理其新的许可、核准申请。

未依法取得许可、核准、登记的单位擅自从事特种设备的生产、使用或者检验检测活动的，特种设备安全监督管理部门应当依法予以处理。

违反本条例规定，被依法撤销许可的，自撤销许可之日起3年内，特种设备安全监督管理部门不予受理其新的许可申请。

【释义】本条是对特种设备安全监察管理部门实施行政许可的工作要求的规定。

实施行政许可是特种设备安全监督管理部门进行安全监察的主要手段，运用于特种设备生产、使用中的各个环节。它主要包括：压力容器设计单位许可和锅炉、压力容器中的气瓶、氧舱和客运索道、大型游乐设施的设计文件鉴定；特种设备制造、安装、改造、维修单位许可；气瓶充装单位许可；特种设备使用登记；特种设备作业人员考核；特种设备检验检测机构核准；特种设备检验检测人员资格考核。特种设备安全监督管理部门应当对实施行政许可的项目和环节加强监督管理，主要有两个方面：对未依法取得许可的单位擅自从事特种设备生产、使用或者检验检测活动的，应当予以取缔或者依法处理；对已经取得许可的特种设备的生产、使用单位和检验检测机构，发现其违反本条例规定的，应当依法撤销原许可。

地方各级特种设备安全监督管理部门不得以任何形式进行地方保护和地区封锁，不得对已经依照本条例规定在其他地方取得许可的特种设备生产单位重复进行许可，也不得要求对依照本条例规定在其他地方检验检测合格的特种设备，重复进行检验检测。

【释义】本条是对特种设备安全监督管理部门在安全监察过程中的禁止性规定。

（1）不得以任何形式进行地方保护和地区封锁。条例做出这样的规定，目的就是为了防止各级特种设备安全监督管理部门滥用行政权力，限制企业的正常经营活动。比如：以准销证等方式阻挠外地的设备进入本地区，实际上形成了区域垄断，不利于特种设备整体水平的提高。

（2）不得对已经依照本条例规定在其他地方取得许可的特种设备生产、使用单位重复进行许可。行政许可的目的是为了有效实施政府管理，重复许可、重复检测，不仅会加大政府管理成本，也会加重企业负担，形成地方保护主义，最终将导致国家法律法规在执行上的混乱，削弱法律效力。近年来，国务院正在积极推行行政审批制度改革，确定改革原则之一即合理原则，要求设定行政审批项目，要适应社会主义市场经济发展的要求，有利于政府实施有效管理。对于那些通过一道行政审批能够解决的问题，就不能再设定其他形式的行政审批。

（3）不得要求对依照本条例规定在其他地方经检验检测合格的特种设备，重复进行检验检测。除法律、行政法规的规定外，各级特种设备安全监督管理部门及其检验检测机构不得就特种设备进入本地区做出任何限制，也不得提出任何条件。对外地进入本地区的特种设备要公平对待。对已经获得检验检测合格的特种设备，不得要求重复进行检验检测。

特种设备安全监督管理部门对特种设备生产、使用单位和检验检测机构进行安全监察时，发现有违反本条例规定和安全技术规范要求的行为或者在用的特种设备存在事故隐患、不符合能效指标的，应当以书面形式发出特种设备安全监察指令，责令有关单位及时采取措施，予以改正或者消除事故隐患。紧急情况下需要采取紧急处置措施的，应当随后补发书面通知。

【释义】本条是对特种设备安全监察指令的规定。

发布特种设备安全监察指令，是特种设备安全监察过程中的一种特殊方式，主要是基于特种设备的危险性较大，一旦发现存在安全隐患，必须及时予以纠正。使用特种设备安全监察指令，应当符合下列要求：有权使用特种设备安全监察指令的只能是特种设备安全监察部门。特种设备安全监察指令的收受人，是特种设备生产、使用单位或检验检测机构。特种设备安全监察指令的使用条件，是在监督检查时，发现有违反本条例和安全技术规范的行为或者使用的特种设备存在安全隐患的。特种设备安全监察指令应当以书面形式发出。特种设备安全监察指令的内容，主要是责令有关单位及时采取措施，改正违法行为或者消除安全隐患。发出特种设备安全监察指令应当履行相应的法律程序，指令应当以特种设备安全监督管理部门名义发出，并盖有部门有效印章。紧急情况下，可以先采取紧急处置措施，随后补办书面通知。

特种设备安全监督管理部门对特种设备生产、使用单位和检验检测机构进行安全监察，发现重大违法行为或者严重事故隐患时，应当在采取必要措施的同时，及时向上级特种设备安全监督管理部门报告。接到报告的特种设备安全监督管理部门应当采取必要措施，及时予以处理。

对违法行为、严重事故隐患或者不符合能效指标的处理需要当地人民政府和有关部门的支持、配合时，特种设备安全监督管理部门应当报告当地人民政府，并通知其他有关部门。当地人民政府和其他有关部门应当采取必要措施，及时予以处理。

【释义】本条是关于实施特种设备安全监察时报告制度的规定。

向上级特种设备安全监督管理部门报告。特种设备的特殊性、危险性，致使其发生的安全事故会造成严重的社会影响，因此需要安全监督管理部门上下联动，共同做好安全监察工作。此外，有些地方发现的违法行为、安全隐患，可能带有广泛的社会性，及时向上级特种设备安全监督管理部门报告，有利于上级部门及时调整管理政策，对安全监察工作做出正确的政策导向。因此，本条例规定了接到报告的特种设备安全监督管理部门应当采取必要措施，及时予以处理。上级部门如果对报告置之不理，造成严重后果的，要依法承担相应的法律责任。

向当地人民政府报告，通知其他有关部门。根据《国务院关于特大安全事故行政责任追究的规定》，地方人民政府和政府有关部门正职负责人有防范安全事故发生的义务。有时特种设备违法行为或者安全隐患的处理，仅靠特种设备安全监督管理部门还不能完全解决，需要政府及有关部门的配合，因此应当报告当地人民政府，通知其他有关部门。

特种设备安全监督管理部门及其特种设备安全监察人员，有下列违法行为之一的，对直接负责的主管人员和其他直接责任人员，依法给予降级或者撤职的处分；触犯刑律的，依照刑法关于受贿罪、滥用职权罪、玩忽职守罪或者其他罪的规定，依法追究刑事责任：

（1）不按照本条例规定的条件和安全技术规范要求，实施许可、核准、登记的；

（2）发现未经许可、核准、登记擅自从事特种设备的生产、使用或者检验检测活动不予取缔或者不依法予以处理的；

（3）发现特种设备生产、使用单位不再具备本条例规定的条件而不撤销其原许可，或者发现特种设备生产、使用违法行为不予查处的；

（4）发现特种设备检验检测机构不再具备本条例规定的条件而不撤销其原核准，或者对其出具虚假的检验检测结果、鉴定结论或者检验检测结果、鉴定结论严重失实的行为不予查处的；

（5）对依照本条例规定在其他地方取得许可的特种设备生产单位重复进行许可，或者对依照本条例规定在其他地方检验检测合格的特种设备重复进行检验检测的；

（6）发现有违反本条例和安全技术规范的行为或者在用的特种设备存在严重事故隐患，不立即处理的；

（7）发现重大的违法行为或者严重事故隐患，未及时向上级特种设备安全监督管理部门报告，或者接到报告的特种设备安全监督管理部门不立即处理的；

（8）迟报、漏报、瞒报或者谎报事故的；

（9）妨碍事故救援或者事故调查处理的。

特种设备安全监督管理部门在办理本条例规定的有关行政审批事项时，其受理、审查、许可、核准的程序必须公开，并应当自受理申请之日起 30 日内，作出许可、核准或者不予许可、核准的决定；不予许可、核准的，应当书面向申请人说明理由。

【释义】本条是关于对特种设备安全监督管理部门办理有关行政许可事项的程序要求规定。

主要有三个方面：

（1）行政许可的程序。

①行政许可申请的提出。行政许可是一种依申请的行政行为，相对人要取得许可必须首先向行政许可主体提出申请。在相对人没有提出许可申请的情况下，行政许可主体不能主动

实施许可行为。行政许可申请一般应当采取书面方式，即向行政许可主体提交行政许可申请书。行政许可申请书应当载明申请许可的事项、申请的理由、从事该许可事项的能力和条件等内容。行政许可申请是一种法律行为，相对人一旦提出了行政许可申请，行政许可主体就必须对相对人提出的许可申请进行审查，并在法定期限内就是否准许相对人的申请做出决定。

②行政许可申请的受理。在收到相对人提出的行政许可申请后，行政许可主体应当对许可申请的形式进行审查，以决定是否予以受理。形式审查的主要内容包括：申请人是否合格，申请许可的事项是否属于本机关管辖，申请书及其他材料是否符合要求，等等。经过审查，对于符合要求的申请，行政许可主体应当予以受理；对于不符合要求的行政许可申请，可要求申请人补正或补充，不能补正或补充的，行政许可主体不应受理。

③行政许可申请的审查。行政许可主体受理相对人的许可申请以后，必须在规定的期限内对申请进行审查，并根据审查的情况作出许可或不许可的决定。受理以后的审查与受理之前的审查不同，它是对许可申请的实质性审查，审查的内容主要是相对人提出的许可申请是否符合法律规定的行政许可条件和标准。实质审查根据不同情况可以采取考核、检测、鉴定、评审、调查等方式进行。经过实质审查，行政许可主体认为申请人的申请符合法定条件的，作出批准许可的决定，并依法向申请人发放许可证或其他批准文件；对于不具备法定条件的申请，行政许可主体应当在法定期限内作出答复，拒绝批准许可申请。

（2）行政许可的期限。本条例规定的30日，自收到申请，经过形式审查，认为符合要求，决定予以受理之日起计算。30日不包括依法需要进行检验检测的期限。

（3）不予许可的，应当书面向申请人说明理由。理由必须有法定依据。

特种设备安全监督管理部门的安全监察人员（以下简称特种设备安全监察人员）应当熟悉相关法律、法规、规章和安全技术规范，具有相应的专业知识和工作经验，并经国务院特种设备安全监督管理部门考核，取得特种设备安全监察人员证书。

特种设备安全监察人员应当忠于职守、坚持原则、秉公执法。

【释义】本条是对特种设备安全监察人员资格及工作原则的规定。

（1）特种设备安全监察是一项专业性极强的工作，不具备专业知识的人员没有能力从事此项工作。

特种设备安全监督管理部门的安全监察人员必须具备以下条件：

①熟悉相关法律、法规、规章和安全技术规范。自1982年2月国务院发布的《锅炉、压力容器安全监察暂行条例》以来，国家陆续组织制定颁布了一系列部门规章和安全技术规范，目前已达五十多件。对这些规章、技术规范，安全监察人员都应当熟悉和了解。

②具有相应的专业知识和工作经验。专业知识和工作经验是从事特种设备安全监察工作的基本条件，没有相应的专业知识或者工作经验，就无法开展安全监察工作。

③经国务院特种设备安全监督管理部门考核，取得特种设备安全监察人员证书。特种设备安全监察人员考核由国务院特种设备安全监督管理部门统一进行。

（2）特种设备安全监察人员应当忠于职守、坚持原则、秉公执法。

特种设备安全监察人员是国家机关工作人员，忠于职守、坚持原则、秉公执法是对国家机关工作人员最基本的要求。

特种设备安全监督管理部门对特种设备生产、使用单位和检验检测机构实施安全监察时，应当有两名以上特种设备安全监察人员参加，并出示有效的特种设备安全监察人员证件。

【释义】本条是对特种设备安全监督管理部门实施安全监察时有关人员、证件的义务规定。

出示有效的特种设备安全监察人员证件，是安全监察人员行使监督检查权时必不可少的程序规定。从事特种设备安全行政执法工作的人员，应当经特种设备安全监察专业知识和相关法律法规知识的培训，经考核合格取得行政执法资格；进行特种设备安全行政执法时，行政执法人员应当出示有效的质量技术监督行政执法证件，安全监察人员应当出示特种设备安全监察员证。

特种设备安全监督管理部门对特种设备生产、使用单位和检验检测机构实施安全监察，应当对每次安全监察的内容、发现的问题及处理情况，作出记录，并由参加安全监察的特种设备安全监察人员和被检查单位的有关负责人签字后归档。被检查单位的有关负责人拒绝签字的，特种设备安全监察人员应当将情况记录在案。

【释义】本条是关于特种设备安全监督管理部门实施安全监察时的记录义务规定。

安全监察笔录既是对特种设备安全监察工作的记录，也是对被检查者执法情况的记录，其作为书证的一种，可以应用于行政处罚中。客观、真实地记录安全监察情况，可为以后的执法活动或做出行政处理决定提供客观依据，也可为以后可能发生的行政复议或行政诉讼提供有利证明。安全监察笔录主要记录安全监察的时间、地点、内容、发现的问题及处理情况。如：对于安全监察中发现的事故隐患，安全监察人员是否做出了责令排除隐患的指令，生产、使用单位是否予以当场纠正等情况，都必须逐项、如实记录。为了保证安全监察笔录的有效性，条例要求以下有关人员应当在笔录中签字：一是参加安全监察的特种设备安全监察人员；二是被检查单位的有关负责人。被检查单位的有关负责人拒绝签字的，特种设备安全监察人员应当将情况记录在案。

国务院特种设备安全监督管理部门和省、自治区、直辖市特种设备安全监督管理部门应当定期向社会公布特种设备安全以及能效状况。

公布特种设备安全以及能效状况，应当包括下列内容：

（一）特种设备质量安全状况；

（二）特种设备事故的情况、特点、原因分析、防范对策；

（三）特种设备能效状况；

（四）其他需要公布的情况。

【释义】本条是特种设备安全监督管理部门向社会定期公布特种设备安全状况的规定。

公布特种设备安全状况，可以使各级政府了解、掌握特种设备安全和能效状况，使广大企业增强安全管理和节能意识；同时，还可以让大众普遍知晓，进行群众监督。公布的方式可以采取公告、公报、在有关新闻媒体上发布以及上网等方式。可以根据实际情况，每年至少公布一次。

特种设备发生事故的，按照国家有关规定进行事故调查，追究责任。

【释义】本条是对处理特种设备事故的原则规定。

（1）特种设备事故调查处理是安全监察工作中一项十分重要的工作。一方面通过对事故的调查处理，可以从中找出监督管理的问题，特别是在技术上存在的问题，会进一步规范监督管理，使设计、制造、安装等安全性能的要求得到保障。可以说，每项技术规范、标准的规定，都是事故教训的结晶。另一方面，履行对事故的调查处理权，是提高安全工作部门权威性、强化安全工作的一项重要措施。我国的特种设备安全监察工作就是在事故的教训中开展起来的，加强特种设备安全监察工作的目的，就是要把事故发生率控制在最低。我国特种设备安全监察机构的历史沿革，充分说明了加强安全监察对减少事故的重要作用。1955 年 7 月在劳动部设立的锅炉安全检查总局，是我国第一个对特种设备实施专门监督管理的国家机构。它的成立原因之一，就是 1955 年 4 月 25 日，国营天津第一棉纺厂发生一起锅炉爆炸事故，造成 8 人死亡，69 人受伤，引起了国务院的重视。

（2）处理特种设备事故的主要程序。

根据《锅炉压力容器压力管道特种设备事故处理规定》，发生特种设备事故，事故发生单位或者业主必须立即报告主管部门和当地质量技术监督行政部门。特别重大事故按照国务院有关规定由国务院或者国务院授权的部门组织成立特别重大事故调查组，国家质量监督检验检疫总局参加；特大事故由国家质量监督检验检疫总局会同事故发生地的省人民政府及有关部门组织成立特大事故调查组，省级质量技术监督行政部门参加；重大事故由省级质量技术监督行政部门会同事故发生地的市（地、州）人民政府及有关部门组织成立重大事故调查组，市（地、州）质量技术监督行政部门参加；严重事故由市（地、州）质量技术监督行政部门会同事故发生地的县（市、区）人民政府及有关部门组织成立事故调查组，县（市、区）质量技术监督行政部门参加。

国家质量监督检验检疫总局所属的事故调查处理中心负责全国事故的统计、分析，并提出事故预防的措施和建议。国家质量监督检验检疫总局负责发布年度事故统计、分析报告。

（3）目前与处理特种设备事故相关的法规主要有以下三个：

①《企业职工伤亡事故报告和处理规定》。该规定于 1991 年 2 月 22 日以中华人民共和国国务院令第 75 号发布。它主要对伤亡事故的报告、调查及处理做出了规定。

②《特别重大事故调查程序暂行规定》。该规定于 1989 年 3 月 29 日以中华人民共和国国务院第 34 号令发布。它主要对特别重大事故的现场保护和报告、调查、罚则做出了规定。

③《国务院关于特大安全事故行政责任追究的规定》。该规定于 2001 年 4 月 21 日以中华人民共和国国务院第 302 号令发布。它主要针对特大安全事故，对各级政府及有关部门规定了明确的义务和责任。

（4）现行有关国家标准也是处理特种设备事故的依据，主要有：

① GB6441-86《企业职工伤亡事故分类》；
② GB6442-86《企业职工伤亡事故调查分析规则》；
③ GB6721-86《企业职工伤亡事故经济损失统计标准》。

能力提升

1. 特种设备安全监察的七个环节是什么？
2. 特种设备安全监察的六个属性是什么？
3. 特种设备安全监察的五项原则是什么？

4. 特种设备安全监察的机制是什么？

总结提高

1.（多选）特种设备安全监督管理部门依照《特种设备安全监察条例》规定，实施安全监察的对象有（　　）。

  A. 特种设备施工监理单位   B. 特种设备生产单位
  C. 特种设备使用单位   D. 检验检测机构
  E. 特种设备生产专业技术人员

2. 特种设备安全监督管理部门的安全监察人员应当熟悉相关法律、法规、规章和安全技术规范，具有相应的专业知识和工作经验，并经（　　）考核，取得特种设备安全监察人员证书。

  A. 国家注册资格
  B. 当地特种设备安全监督管理部门
  C. 国务院特种设备安全监督管理部门
  D. 省市级特种设备安全监督管理部门

3. 特种设备安全监督管理部门发现申请人未经许可从事特种设备相应活动或者伪造许可、核准证书的，不予受理或者不予许可、核准，并在（　　）年内不再受理其新的许可、核准申请。

  A. 1   B. 2   C. 3   D. 5

4. 违反条例规定，被依法撤销许可的，自撤销许可之日起（　　）年内，特种设备安全监督管理部门不予受理其新的许可申请。

  A. 1   B. 2   C. 3   D. 5

5. 特种设备安全监督管理部门在办理本条例规定的有关行政审批事项时，其受理、审查、许可、核准的程序必须公开，并应当自受理申请之日起（　　）日内，作出许可、核准或者不予许可、核准的决定；不予许可、核准的，应当书面向申请人说明理由。

  A. 15   B. 30   C. 45   D. 60

6. 按照《特种设备安全监察条例》特种设备安全监察管理部门对涉嫌违反规定的行为进行查处时，可以行使下列何种职权？（　　）

  A. 向特种设备生产单位的法定代表人调查，了解与涉嫌从事违反《特种设备安全监察条例》的生产有关的情况。
  B. 查阅复制特种设备生产的有关合同、发票、账簿以及其他有关资料。
  C. 拆除不符合安全技术规范要求的特种设备。
  D. 对有证据表明不符合安全技术规范要求的特种设备予以查封或者扣押。

课外拓展

大型游乐设施安全使用常识

乘坐前，请仔细阅读"乘客须知"及相关"警示"，了解乘坐时的安全注意事项。

设备运行中,请不要将头、手等身体部分伸出厢(车)外,更不要擅自解开安全带、打开安全压杠。

乘坐旋转、翻滚类设施时,请务必将眼镜、相机、提包、钥匙、手机等易掉落物品托人保管,切勿带入游乐设施。

在运行中若出现意外情况,不要惊慌、乱动,在原位置等待、配合工作人员的救援。

乘坐大型游乐设施,一定要服从现场管理人员的指挥。

第六节 事故预防和调查处理

特种设备事故是指,因特种设备的不安全状态或者相关人员的不安全行为,在特种设备制造、安装、改造、维修、使用(含移动式压力容器、气瓶充装活动)、检验检测活动中造成的人员伤亡、财产损失、特种设备严重损坏或中断运行、人员滞留、人员转移等突发事件。下列情形不属于特种设备事故:

(1)因自然灾害、战争等不可抗力引发的;

(2)人为破坏或者利用特种设备实施违法犯罪活动或者自杀的;

(3)特种设备作业人员、检验检测人员因劳动保护措施缺失或者保护不当而发生坠落、中毒、窒息等情形的。

因交通事故、火灾事故引发的与特种设备相关的事故,由质量技术监督部门配合有关部门进行调查处理。经调查,该事故的发生与特种设备本身或者相关作业人员无关的,不作为特种设备事故。

非承压锅炉、非压力容器发生事故,不属于特种设备事故。但经本级人民政府指定,质量技术监督部门可以参照本规章规定组织进行事故调查处理。

房屋建筑工地和市政工程工地用的起重机械、场(厂)内专用机动车辆,在其安装、使用过程中发生的事故,不属于质量技术监督部门组织调查处理的特种设备事故。

特种设备,特别是电梯、大型游乐设施、客运索道、锅炉等广泛使用于公共场所和人员密集地区,一旦发生事故,往往对人民群众的生命健康造成严重危害,会产生恶劣的社会影响,需要加强预防和及时处理。

知识储备

有下列情形之一的,为特别重大事故:

(一)特种设备事故造成30人以上死亡,或者100人以上重伤(包括急性工业中毒,下同),或者1亿元以上直接经济损失的;

(二)600兆瓦以上锅炉爆炸的;

(三)压力容器、压力管道有毒介质泄漏,造成15万人以上转移的;

(四)客运索道、大型游乐设施高空滞留100人以上并且时间在48小时以上的。

【释义】本条是关于特种设备特别重大事故的界定。"600兆瓦以上锅炉爆炸",不包括锅炉受热面爆管、未造成炉体损坏的锅炉炉膛爆炸等情形。

有下列情形之一的，为重大事故：

（一）特种设备事故造成 10 人以上 30 人以下死亡，或者 50 人以上 100 人以下重伤，或者 5000 万元以上 1 亿元以下直接经济损失的；

（二）600 兆瓦以上锅炉因安全故障中断运行 240 小时以上的；

（三）压力容器、压力管道有毒介质泄漏，造成 5 万人以上 15 万人以下转移的；

（四）客运索道、大型游乐设施高空滞留 100 人以上并且时间在 24 小时以上 48 小时以下的。

【释义】本条是关于特种设备重大事故的界定。其中，"600 兆瓦以上锅炉因安全故障中断运行 240 小时以上"，不包括在 240 小时内已完成修复但处于停机备用的情形。

有下列情形之一的，为较大事故：

（一）特种设备事故造成 3 人以上 10 人以下死亡，或者 10 人以上 50 人以下重伤，或者 1000 万元以上 5000 万元以下直接经济损失的；

（二）锅炉、压力容器、压力管道爆炸的；

（三）压力容器、压力管道有毒介质泄漏，造成 1 万人以上 5 万人以下转移的；

（四）起重机械整体倾覆的；

（五）客运索道、大型游乐设施高空滞留人员 12 小时以上的。

【释义】本条是关于特种设备较大事故的界定。其中，"锅炉、压力容器、压力管道爆炸"，不包括锅炉、压力容器、压力管道局部或者其安全附件出现爆裂、爆管且未造成设备本体重大损毁的情形。"起重机械整体倾覆"，不包括起重机械整体倾覆后不经重大修理或者改造即可恢复使用的情形。

有下列情形之一的，为一般事故：

（一）特种设备事故造成 3 人以下死亡，或者 10 人以下重伤，或者 1 万元以上 1000 万元以下直接经济损失的；

（二）压力容器、压力管道有毒介质泄漏，造成 500 人以上 1 万人以下转移的；

（三）电梯轿厢滞留人员 2 小时以上的；

（四）起重机械主要受力结构件折断或者起升机构坠落的；

（五）客运索道高空滞留人员 3.5 小时以上 12 小时以下的；

（六）大型游乐设施高空滞留人员 1 小时以上 12 小时以下的。

除前款规定外，国务院特种设备安全监督管理部门可以对一般事故的其他情形做出补充规定。

【释义】本条是关于特种设备一般事故的界定。非承压锅炉、非压力容器作为承压锅炉、压力容器使用发生事故的，不计入特种设备事故。

特种设备安全监督管理部门应当制定特种设备应急预案。特种设备使用单位应当制定事故应急专项预案，并定期进行事故应急演练。

压力容器、压力管道发生爆炸或者泄漏，在抢险救援时应当区分介质特性，严格按照相关预案规定程序处理，防止二次爆炸。

【释义】特种设备安全监督管理部门应当制订本辖区特种设备应急预案。使用单位要根据本单位特种设备的特点，制定事故应急专项预案，并定期进行事故应急演练。

特种设备事故发生后，事故发生单位应当立即启动事故应急预案，组织抢救，防止事故扩大，减少人员伤亡和财产损失，并及时向事故发生地县以上特种设备安全监督管理部门和有关部门报告。

县以上特种设备安全监督管理部门接到事故报告，应当尽快核实有关情况，立即向所在地人民政府报告，并逐级上报事故情况。必要时，特种设备安全监督管理部门可以越级上报事故情况。对特别重大事故、重大事故，国务院特种设备安全监督管理部门应当立即报告国务院并通报国务院安全生产监督管理部门等有关部门。

【释义】本条是关于特种设备发生事故后事故发生单位的义务规定。

（1）要迅速采取有效措施，组织抢救，防止事故扩大，减少人员伤亡和财产损失。特种设备的生产、使用单位必须树立安全防患意识，采取措施，减少事故发生。一旦发生事故，也应当能有手段防止事故扩大。如配备应急救援设备，指定专、兼职应急救援人员等。

（2）按照国家有关规定，发生事故要及时如实向特种设备安全监督管理部门等有关部门报告，不得隐瞒不报、谎报或者拖延不报。隐瞒不报、谎报或者拖延不报，都有可能影响及时组织的救援工作，造成更加严重的人身伤亡和财产损失；也有可能造成事故现场被破坏，有关证据被毁灭，给下一步的事故调查、确定事故责任制造障碍。有此类行为的，依照本条例规定，应当采取相应的行政责任；触犯刑律的，依照刑法关于重大责任事故罪或者其他罪的规定，依法追究刑事责任。

（3）事故发生单位报告。发生特种设备事故后，事故现场有关人员应当立即向事故发生单位负责人报告；事故发生单位的负责人接到报告后，应当于1小时内向事故发生地的县以上质量技术监督部门和有关部门报告。情况紧急时，事故现场有关人员可以直接向事故发生地的县以上质量技术监督部门报告。

（4）部门快报。接到事故报告的质量技术监督部门，应当尽快核实有关情况，依照《特种设备安全监察条例》的规定，立即向本级人民政府报告，并逐级报告上级质量技术监督部门直至国家质检总局。质量技术监督部门每级上报的时间不得超过2小时。必要时，可以越级上报事故情况。

对于特别重大事故、重大事故，由国家质检总局报告国务院并通报国务院安全生产监督管理等有关部门。对较大事故、一般事故，由接到事故报告的质量技术监督部门及时通报同级有关部门。对事故发生地与事故发生单位所在地不在同一行政区域的，事故发生地质量技术监督部门应当及时通知事故发生单位所在地质量技术监督部门。事故发生单位所在地质量技术监督部门应当做好事故调查处理的相关配合工作。

（5）快报内容。接到事故报告的质量技术监督部门，应当尽快核实有关情况，依照《特种设备安全监察条例》的规定，立即向本级人民政府报告，并逐级报告上级质量技术监督部门直至国家质检总局。质量技术监督部门每级上报的时间不得超过2小时。必要时，可以越级上报事故情况。对于特别重大事故、重大事故，由国家质检总局报告国务院并通报国务院安全生产监督管理等有关部门。对较大事故、一般事故，由接到事故报告的质量技术监督部门及时通报同级有关部门。对事故发生地与事故发生单位所在地不在同一行政区域的，事故发生地质量技术监督部门应当及时通知事故发生单位所在地质量技术监督部门。事故发生单位所在地质量技术监督部门应当做好事故调查处理的相关配合工作。

（6）快报方式。质量技术监督部门逐级报告事故情况，应当采用传真或者电子邮件的方式进行快报,并在发送传真或者电子邮件后予以电话确认。特殊情况下可以直接采用电话方式报告事故情况,但应当在24小时内补报文字材料。

(7)事故续报。报告事故后出现新情况的以及对事故情况尚未报告清楚的,应当及时逐级续报。续报内容应当包括:事故发生单位详细情况、事故详细经过、设备失效形式和损坏程度、事故伤亡或涉险人数变化情况、直接经济损失、防止发生次生灾害的应急处置措施和其他有必要报告的情况等。事故伤亡人数发生变化的,有关单位应当在发生变化的当日及时补报或者续报。

(8)事故应急。事故发生单位的负责人接到事故报告后,应当立即启动事故应急预案,采取有效措施,组织抢救,防止事故扩大,减少人员伤亡和财产损失。质量技术监督部门接到事故报告后,应当按照特种设备事故应急预案的分工,在当地人民政府的领导下积极组织开展事故应急救援工作。

(9)值班制度。各级质量技术监督部门应当建立特种设备应急值班制度,向社会公布值班电话,受理事故报告和事故举报。

(10)现场保护。发生特种设备事故后,事故发生单位及其人员应当妥善保护事故现场以及相关证据,及时收集、整理有关资料,为事故调查做好准备。必要时,应对设备、场地、资料进行封存,专人看管。因抢救人员、防止事故扩大以及疏通交通等原因,需要移动事故现场物件的,负责移动的单位或者相关人员应当做出标志,绘制现场简图并做出书面记录,妥善保存现场重要痕迹、物证。有条件的应当现场制作视听资料。事故调查期间,未经事故调查组同意,任何单位和个人不得移动事故相关设备,转移或毁灭相关资料,破坏事故现场。

(11)事故判断。质量技术监督部门接到事故报告后,经现场初步判断,发现不属于或者无法确定为特种设备事故的,应当及时报告本级人民政府,由本级人民政府或者其委托的部门组织事故调查组进行调查。

特别重大事故由国务院或者国务院授权有关部门组织事故调查组进行调查。
重大事故由国务院特种设备安全监督管理部门会同有关部门组织事故调查组进行调查。
较大事故由省、自治区、直辖市特种设备安全监督管理部门会同有关部门组织事故调查组进行调查。
一般事故由设区的市的特种设备安全监督管理部门会同有关部门组织事故调查组进行调查。

【释义】本条明确了特种设备事故调查主体。

(1)调查主体。特别重大事故由国务院或者国务院有关部门组织事故调查组进行调查。特别重大事故以下事故即重大事故、较大事故和一般事故由特种设备安全监督管理部门会同有关部门组织事故调查组进行调查。

(2)有关部门。其中的"有关部门"包括安全生产监督管理、监察、公安等部门和工会,并邀请人民检察院派人参加。事故调查组组长由负责事故调查的质量技术监督部门负责人担任。各级质监部门应当制定特种设备事故调查处理工作制度,建立与有关部门协调配合的工作机制,保障事故调查处理工作依法有序进行。

(3)调查变更。伤亡人数、财产损失等变化导致特种设备事故等级发生改变的,依照本规定应当由上级部门组织调查的,上级部门应当派员参与指导本级质量技术监督部门继续完成调查。

必要时，国家质检总局可以会同本级有关部门组织事故调查组直接对较大事故和一般事故进行调查。

（4）简易程序。对3人以下死亡或者10人以下重伤的各类特种设备事故，负责调查的质量技术监督部门经同级有关部门同意，可以委托下一级质量技术监督部门会同同级有关部门组织事故调查组进行调查，事故调查报告报组织事故调查的下一级质量技术监督部门本级人民政府批准。

对无重大社会影响、无人员伤亡、事故原因明晰的特种设备事故，事故调查工作可以适用简易程序，负责事故调查的质量技术监督部门经同级有关部门同意，并报同级政府批准后，由质量技术监督部门单独进行调查。调查组可以不分设管理组、技术组、综合组。

（5）技术鉴定。事故调查组可以委托具有国家规定资质的技术机构或者直接组织专家进行技术鉴定。接受委托的技术机构或者专家应当出具技术鉴定报告，并对其结论负责。

（6）损失评估。调查组认为需要对特种设备事故进行直接经济损失评估的，可以委托具有国家规定资质的评估机构进行。

直接经济损失包括人身伤亡所支出的费用、财产损失价值、应急救援费用、善后处理费用。

接受委托的单位应当按照相关规定和标准进行评估，出具评估报告，对其结论负责。

（7）当事人义务。事故调查组有权向有关单位和个人了解与事故有关的情况，并要求其提供相关文件、资料。有关单位和个人不得拒绝，并应当如实提供特种设备及事故相关的情况，回答调查组的询问，对所提供情况的真实性负责。

事故发生单位的负责人和有关人员在事故调查期间不得擅离职守，应当随时接受事故调查组的询问，如实提供有关情况。

（8）事故原因。事故调查组应当查明引发事故的直接原因和间接原因，并根据对事故发生的影响程度认定事故发生的主要原因和次要原因。

（9）事故责任。事故调查组根据事故的主要原因和次要原因，判定事故性质，认定事故责任。

事故调查组根据当事人行为与特种设备事故之间的因果关系以及在特种设备事故中的影响程度，认定当事人所负的责任。当事人所负的责任分为全部责任、主要责任和次要责任。

当事人故意破坏、伪造事故现场、毁灭证据、未及时报告事故等，致使事故责任无法认定的，当事人承担全部责任。

（10）调查报告。事故调查组应当向组织事故调查的质量技术监督部门提交事故调查报告。事故调查报告应当包括下列内容：

① 事故发生单位情况；
② 事故发生经过和事故救援情况；
③ 事故造成的人员伤亡、设备损坏程度和直接经济损失；
④ 事故发生的原因和事故的性质；
⑤ 事故责任的认定以及对事故责任者的处理建议；
⑥ 事故防范和整改措施。

事故调查报告应当经事故调查组三分之二以上成员签字同意，并附有关证据材料。

事故调查组成员有不同意见的，可以提交个人签名的书面材料，附在事故调查报告内。

事故调查报告应当由负责组织事故调查的特种设备安全监督管理部门的所在地人民政府批复，并报上一级特种设备安全监督管理部门备案。

有关机关应当按照批复，依照法律、行政法规规定的权限和程序，对事故责任单位和有关人员进行行政处罚，对负有事故责任的国家工作人员进行处分。

【释义】本条明确了特种设备事故调查批复主体。

事故调查报告应当由负责组织事故调查的特种设备安全监督管理部门所在地的本级人民政府批复，并报上级特种设备安全监督管理部门备案。省级质量技术监督部门组织的事故调查工作，事故调查报告报省级人民政府批复；市级质量技术监督部门组织的事故调查工作，事故调查报告报市级人民政府批复。国家质检总局组织的事故调查工作，事故调查报告批复按照国务院的规定执行。有关机关应当按照批复，依照法律、行政法规规定的权限和程序，对事故责任单位和有关人员进行行政处罚，对负有事故责任的国家工作人员进行处分。上述"有关机关"，包括作出批复的人民政府及其有关部门、下级人民政府及其有关部门。

特种设备安全监督管理部门应当在有关地方人民政府的领导下，组织开展特种设备事故调查处理工作。

有关地方人民政府应当支持、配合上级人民政府或者特种设备安全监督管理部门的事故调查处理工作，并提供必要的便利条件。

【释义】

事故界定：从环节上，从分级上，从排除上。

事故报告：报告时限、双报告制度、通报规定。

应急定位：政府负责（组织、征用、发布）、部门技术支持。

调查组组成及报告：会同5个部门单位及地方政府、报告本级政府（不需批准但有批准更好）。

调查组内设机构及职责、人选：管理组、技术组、综合组。

事故原因：直接原因、间接原因；主要原因、次要原因。

责任认定：全部责任、主要责任、次要责任。

责任追究：按法定权限和程序、特别重大除外、公布结果。

善后处置：政府牵头、质监参与、调解不成民事诉讼。

事故费用：按国家和政府规定执行。

特种设备安全监督管理部门应当对发生事故的原因进行分析，并根据特种设备的管理和技术特点、事故情况对相关安全技术规范进行评估；需要制定或者修订相关安全技术规范的，应当及时制定或者修订。

【释义】本条是对处理特种设备事故的原则规定。

特种设备事故调查处理是安全监察工作中一项十分重要的工作。一方面通过对事故的调查处理，可以从中找出监督管理的问题，特别是在技术上存在的问题，会进一步规范监督管理，使设计、制造、安装等安全性能的要求得到保障。可以说，每项技术规范、标准的规定，都是事故教训的结晶。另一方面，履行对事故的调查处理权，是提高安全工作部门权威性，强化安全工作的一项重要措施。我国的特种设备安全监察工作就是在事故的教训中开展起来的，加强特种设备安全监察工作的目的，就是要把事故发生率控制到最低。

能力提升

湖北圭鑫建材科技有限公司"4·14"锅炉爆炸事故

2014年4月14日15时30分左右，湖北圭鑫建材科技有限公司锅炉发生爆炸，事故造成一人死亡，三人受伤，直接经济损失近200万元。事故发生后，县委、县政府高度重视，成立了由县安监局牵头，县检察院、县监察局、县公安局、县总工会、县质监局组成的"4·14"事故调查组对事故展开调查。事故调查组按照实事求是和"四不放过"的原则，经调查取证，现事故原因已查清，调查报告如下：

一、事故情况

湖北圭鑫建材科技有限公司位于公安县藕池镇新区，成立于2011年7月，法人代表为潘某，注册资金伍佰万元，主要从事防水卷材基胎布和无纺布系列产品的生产及销售。该公司于2013年7月份开始筹建，2014年2月份进行试生产。该公司使用的锅炉是湘潭锅炉容器制造有限公司生产的固定炉排蒸汽锅炉，额定蒸发量为2吨/时，2007年5月制造出厂。该锅炉是该公司的前身——公安县长欣无纺布厂于2011年从公安县东旭油脂厂购买的二手锅炉。2014年元月，该公司将锅炉从原公安县长欣无纺布厂移装到现公司。安装公司为公安县益发锅炉安装清洗有限公司，法人代表为袁某。安装公司的许可证编号为TS3142097-2017，三级资质，主要从事额定出口压力≤1.6 MPa的整（组）装锅炉的安装维修。锅炉安装前，安装公司对主管部门公安县质量技术监督局上报了《特种设备安装改造维修告知书》。锅炉安装后，未经过技术部门的竣工验收和检验。锅炉安装竣工后，藕池镇人民政府、县质监局等部门多次对该公司进行安全检查，并反复告知锅炉未经验收合格不得使用，并下达了《特种设备现场安全监督检查记录》。

二、事故经过及救援过程

2014年4月14日15时30分左右，湖北圭鑫建材科技有限公司员工敖某给该公司总经理管某打电话，说锅炉在使用过程中，电力表读数不断下降，锅炉烧不起压来。管某问他是不是锅炉里无水，敖某说锅炉有水，就是烧不起压来，要求管某亲自来锅炉房看一下。正在办公室办公的该公司董事长潘某得知此事后便和管某一道来锅炉房查看。来到锅炉房，管某看到锅炉没有压，便询问司炉工邹某锅炉加水没有，邹某说他才加了水。由于锅炉房内蒸汽比较浓，管某看到水位计好像是满的（其实水位计并没有水），管某便立即与锅炉安装公司负责人袁某联系，说明锅炉运行不正常的有关情况，袁某问管某锅炉是否是用气量大了、风力有没有问题等。于是，管某和潘某便前往锅炉引风机处查看，发现引风机有两根皮带快断了，管某便安排仓管员尹先国换了两根引风机皮带，然后发现锅炉仍然没有压力，管某正准备再次与锅炉安装公司联系时锅炉发生了爆炸，管某等人被巨大的蒸汽浪冲到。等管某反应过来后，便听到"车间起火了"的喊声，管某便迅速指挥人员进行车间灭火，并立即报警。大约五分钟左右，车间内的明火被扑灭，管某便立即返回锅炉房，发现潘某、黄某躺在地上，不断呻吟，邹某血肉横飞，当场死亡。随后，藕池镇人民政府、"110"、"120"立即赶到了现场，进行现场施救和处置。县委常委、常务副县长周某、县安监局局长陈某、县质监局局长肖某等第一时间也赶到了现场。

伤亡人员基本情况：死者邹某，男，49岁，藕池镇人，司炉工；伤者潘某，男，52岁，藕池镇人，该公司董事长；伤者管某，男，55岁，藕池镇人，该公司总经理；伤者黄某，男，52岁，藕池镇太阳村人，该公司车间工人。

三、事故类别和性质

根据现场勘察和调查取证，认定此事故系安全责任不落实，安全意识淡薄，违法操作，擅自使用未经检验验收的锅炉，使用无特种作业人员违规操作导致的一起生产安全责任事故。

四、事故原因分析

（一）直接原因

1. 湖北圭鑫建材科技有限公司无视职能部门的行政决定，违章指挥、擅自使用未经检验验收的锅炉，是造成这起事故发生的直接原因之一。

2. 司炉人员无证上岗，违规操作未经检验验收的锅炉，且司炉人员未经专业培训，不具备专业安全技能，致使锅炉缺水干烧，锅炉内钢板过度疲劳，遇冷水瞬间形成大量的蒸汽，引发锅炉筒体爆裂。操作不当是导致此次事故发生的直接原因之一。

（二）间接原因

1. 湖北圭鑫建材科技有限公司对用工人员的资质未进行严格审查，安全培训教育不到位，疏于安全管理，现场监管不到位，冒险作业是此次事故发生的主要原因。

2. 湖北圭鑫建材科技有限公司法人代表潘某及总经理管某未依法依规建立健全本单位安全生产管理制度、责任制及操作规程，安全责任不落实，分工不明确，是此次事故发生的次要原因。

五、事故责任认定及处理建议

（一）事故责任认定

1. 湖北圭鑫建材科技有限公司对从业人员资质未进行严格审查，违规安排邹某从事特种设备操作，作业现场无人监管，疏于安全管理，并且在特种设备安装后未经验收检验的情况下进行生产，违反了《中华人民共和国安全生产法》第十六条、第二十一条、第三十条之规定。

2. 死者邹某未经专业培训，不具备专业安全技能，在未取得司炉工资质的情况下而从事锅炉操作，缺乏自我安全防范意识，违规操作，违反了《中华人民共和国安全生产法》第二十三条、第四十九条之规定，对此事故发生负有直接责任。

3. 湖北圭鑫建材科技有限公司法人代表潘某，未依法依规建立健全单位的安全管理制度、责任制及操作规程，安全责任不落实，违反了《中华人民共和国安全生产法》第十七条规定，对此次事故负有责任。

（二）处理建议

1. 死者邹某无证上岗，也是此次事故的直接责任者，违反了《中华人民共和国安全生产法》第二十三条、第四十九条之规定，依据《中华人民共和国安全生产法》第九十条之规定，应追究其责任，鉴于邹某已经死亡，其责任免于追究。

2. 湖北圭鑫建材科技有限公司对从业人员的资质未进行审查，疏于安全管理，在特种设备未经验收检查情况下组织生产，导致事故发生，是此次事故的直接责任者。违反了《中华人民共和国安全生产法》第十六条、第二十一条、第三十条之规定，依据《生产安全事故报告和调查处理条例》第三十条第一款之规定，建议由县安监局对湖北圭鑫建材科技有限公司处拾万元的罚款。

3. 湖北圭鑫建材科技有限公司法人代表潘某和总经理管某未依法建立健全本单位安全生产管理制度、责任制及操作规程，安全责任不落实，违反了《中华人民共和国安全生产法》第十七条之规定，依据《生产安全条例》第三十八条第一款之规定，建议由县安监局对潘某、管某分别处其上年收入30%的罚款。

六、事故教训及防范措施

这起事故暴露出湖北圭鑫建材科技有限公司安全管理薄弱，安全责任、安全监管不落实，未进行安全生产管理责任等问题。为吸取此次事故教训，防止类似事故再次发生，提出以下建议：

1. 湖北圭鑫建材科技有限公司要严格贯彻执行有关安全生产法律法规，建立健全本单位安全生产责任制、规章制度和操作规程，加强安全生产管理，落实安全生产责任，特别是要加强对特种作业人员的教育和培训，加强对特种设备的安全管理。

2. 有关职能部门尤其是质监部门要加强特种设备的监管，加强特种设备作业人员的教育培训，确保特种设备安全运行，确保特种作业持证上岗，遏制或减少事故的发生。

问题：

1. 根据以上事故调查报告，总结事故调查报告的主要内容有哪些。
2. 收集特种设备事故案例及相关资料，并完成一篇事故调查报告。

总结提高

1. 特种设备事故报告的方式为（　　）。
   A. 举报　　　　　　　　　　B. 直接上报
   C. 异地上报　　　　　　　　D. 逐级上报

2. 特种设备综合统计包括（　　）。
   A. 在用特种设备数量
   B. 安全监察、检验机构和人员数量
   C. 特种设备作业人员数量
   D. 执法监督情况

3. 依据《特种设备安全监察条例》，（　　）不属于特种设备特别重大事故。
   A. 特种设备事故造成30人以上死亡，或者50人以上重伤（包括急性工业中毒），或者1亿元以上直接经济损失的

B. 600 兆瓦以上锅炉爆炸的

C. 压力容器、压力管道有毒介质泄漏，造成 15 万人以上转移的

D. 客运索道、大型游乐设施高空滞留 100 人以上并且时间在 48 小时以上的

4. 特种设备安全监督管理部门应当制定（　　）。特种设备使用单位应当制定（　　），并且定期进行事故应急演练。

A. 特种设备应急预案；事故应急专项预案

B. 特种设备应急预案；事故现场处置预案

C. 事故应急专项预案；事故现场处置预案

D. 事故应急专项预案；特种设备应急预案

 课外拓展

大型游乐设备等级分类

大型游乐设备运营机构需有国务院特种设备安全监督管理部门颁发的特种设备生产许可证（需年检）。大型游乐设备按承载人数、结构形式、速度、提升高度等分 ABC 三大类。

大型游乐设备包括观览车类、滑行车类、架空游览类、陀螺类、飞行塔类、转马类、自控飞机类、水上游乐设施类、赛车类、小火车类、碰碰车类、电池车类、观光车类。

大型游乐设施分级表

类别	主要运动特点	型式	主要参数		C级
			A级	B级	
观览车类	绕水平轴转动或摆动	观览车系列	高度≥50 m	50 m>高度≥30 m	其他
		海盗船系列	单侧摆角≥90°，或乘客≥40人	90°>单侧摆角≥45°，且乘客<40人	
		观览车类其他型式	回转直径≥20 m，或乘客≥24人	单侧摆角≥45°，且回转直径<20 m，且乘客<24人	
滑行车类	沿架空轨道运行或提升后惯性滑行	滑道系列	滑道长度≥800 m	滑道长度<800 m	无
		滑行车类其他型式	速度≥50 km/h，或轨道高度≥10 m	50 km/h>速度≥20 km/h，且 10 m>轨道高度≥3 m	其他
架空游览车类		全部型式	轨道高度≥10 m，或单车（列）乘客≥40人	10 m>轨道高度≥3 m，且单车（列）乘客<40人	其他
陀螺类	绕可变倾角的轴旋转	全部型式	倾角≥70°或回转直径≥12 m	70°>倾角≥45°，且 12 m>回转直径≥8 m	其他
飞行塔类	用挠性件悬吊并绕垂直轴旋转、升降	全部型式	运行高度≥30 m，或乘客≥40人	30 m>运行高度≥3 m，且乘客<40人	其他
转马类	绕垂直轴旋转、升降	全部型式	回转直径≥14 m，或乘客≥40人	14 m>回转直径≥10 m，且运行高度≥3 m，且乘客<40人	其他
自控飞机类					

续表

类　别	主要运动特点	型式	主要参数 A级	主要参数 B级	主要参数 C级
水上游乐设施	在特定水域运行或滑行	全部型式	无	高度≥5 m 或速度≥30 km/h	其他
无动力游乐设施	弹射或提升后自由坠落（摆动）	滑索系列	滑索长度≥360 m	滑索长度<360 m	无
无动力游乐设施	弹射或提升后自由坠落（摆动）	无动力类其他型式	运行高度≥20 m	20 m>运行高度≥10 m	其他
赛车类、小火车类、碰碰车类、电池车类	在地面上运行	全部型式	无	无	全部

备注（表中分级参数的含义）：

乘　　客：设备额定满载运行过程中同时乘座游客的最大数量。

对单车（列），指相连的一列车同时容纳的乘客数量。

高　　度：对观览车系列，指转盘（或运行中座舱）最高点距主立柱安装基面的垂直距离（不计算避雷针高度；以上所得数值取最大值）。对水上游乐设施，指乘客约束物支承面（如滑道面）距安装基面的最大竖直距离。

轨道高度：车轮与轨道接触面最高点距轨道支架安装基面最低点之间垂直距离。

运行高度：乘客约束物支承面（如座位面）距安装基面运动过程中的最大垂直距离。对无动力类游乐设施，指乘客约束物支承面（如滑道面、吊篮底面、充气式游乐设施乘客站立面）距安装基面的最大竖直距离，其中高空跳跃蹦极的运行高度是指起跳处至下落最低的水面或地面。

单侧摆角：绕水平轴摆动的摆臂偏离铅垂线的角度（最大 180 度）。

回转直径：对绕水平轴摆动或旋转的设备，指其乘客约束物支承面（如座位面）绕水平轴的旋转直径。

对陀螺类设备，指主运动做旋转运动，其乘客约束物支承面（如座位面）最外沿的旋转直径。

对绕垂直轴旋转的设备，指其静止时座椅或乘客约束物最外侧绕垂直轴为中心所得圆的直径。

滑道长度：滑道下滑段和提升段的总长度。

滑索长度：承载索固定点之间的斜长距离。

倾　　角：主运动（即转盘或座舱旋转）绕可变倾角轴做旋转运动的设备，其主运动旋转轴与铅垂方向的最大夹角。

速　　度：设备运行过程中座舱达到的最大线速度，水上游乐设施指乘客达到的最大线速度。

第六章 矿山安全法律法规

> **学习目标**
>
> 知识目标：了解矿山安全法的适用范围；了解矿山建设安全保障的规定；了解矿山开采安全保障的规定；熟悉矿山企业安全管理的规定。
>
> 能力目标：学会运用法律条款进行事故分析总结，并提出防范措施和建议。
>
> 情感价值目标：树立以人为本的思想，保障职工安全才能保障企业发展。

第一节 认识矿山安全法律法规

我国的矿产资源十分丰富，目前已开发和利用的矿种有181种，总量占世界的12%。矿山开采是一个综合性的技术行业，涉及地质、采矿、通风、运输、安全、机电和电气、爆破、环境保护及企业管理等多方面的内容。

矿山伤亡事故频频发生，给国家和人民生命财产造成了重大损失，给社会带来不良影响。矿山领域的安全生产状况一直不容乐观，因此我国一直致力于矿山安全生产法规的建设，为改善矿山安全形势和经济发展保驾护航。

知识储备

早在1951年，燃料工业部就组织制订了《煤矿技术保安试行规程》；1982年，国务院发布了《矿山安全条例》和《矿山安全监察条例》，这是我国首次制定的专项安全生产法规，它结束了我国矿山安全工作长期无法可依的历史。

1987年3月，经国务院领导批准，由劳动人事部牵头，国家经委、煤炭部、地矿部、冶金部、司法部、卫生部、全总等13个部委局组成起草领导小组，着手《矿山安全法》的起草工作。

1988年3月，起草领导小组第三次会议讨论修改后，向全国征求意见。1988年12月底，原劳动人事部将《矿山安全法（草案）》正式上报国务院审查，国务院法制局又进行了大量的调研、协调和论证，反复修改9稿，审查3年多，最终出台。

1991年全国矿山死亡人数8500，而1993年就有8620名煤矿工人死亡，当年所有矿山事故死亡总人数为10883人，制定《矿山安全法》在当时已刻不容缓。

最终，《中华人民共和国矿山安全法》经中华人民共和国第七届全国人民代表大会常务委员会第二十八次会议于1992年11月7日通过，自1993年5月1日起施行。

一、《矿山安全法》确立的基本法律制度

（1）矿山安全设施"三同时"制度；
（2）矿山建设工程设计、施工和验收制度；
（3）矿山设备使用制度；
（4）矿山事故预防制度；
（5）安全生产责任制；
（6）安全教育培训制度；
（7）劳动保护制度；
（8）矿山安全技术措施专项费用制度；
（9）矿山事故防范制度；
（10）矿山事故处理制度；
（11）矿山安全鼓励、奖励制度。

二、矿山安全法规体系

我国的矿山安全法规体系不仅包括《矿山安全法》，而且包括一切含有调整矿山安全法律关系的行政法规和地方性法规、部门规章和地方政府规章以及规范性文件。矿山安全法规体系的构成可分为三个层次共五个方面的内容。

1. 矿山安全法律

法律属于第一个层次。由全国人大常委会审议通过的《安全生产法》和《矿山安全法》为矿山安全法规体系的母法。

2. 矿山安全法规

法规属于第二个层次，包括行政法规和地方性法规两个方面的内容。

（1）矿山安全行政法规，指由国务院制定和颁布的有关矿山安全法规及其他有关法规。其中最主要的是《矿山安全法实施条例》以及国务院制定的与矿山安全有关的其他单行法规。如1991年2月颁布的《企业职工伤亡事故报告和处理规定》、1989年3月颁布的《特别重大事故调查程序暂行规定》等。

（2）矿山安全地方性法规，指由省、自治区、直辖市人大或人大常委会审议通过的有关矿山安全的法规。如全国各省制定的《实施〈矿山安全法〉办法》。

3. 矿山安全行政规章

行政规章属于第三个层次，包括部门规章和地方人民政府规章两个方面的内容。

（1）矿山安全部门规章，指由国务院行政主管部门制订的有关矿山安全的规定、规则、办法和规程、标准。如原劳动部制订的矿山建设工程安全设施"三同时"规定、培训教育规定、安全生产条件审查规定、矿山事故调查处理规定、矿长安全资格考核规定和其他主管矿山部门制订的规程、国家经贸委制定的《尾矿库安全管理规定》国家安全生产监督管理局制定的《非煤矿矿山建设项目安全设施设计审查与竣工验收办法》《非煤矿矿山企业安全生产许可证实施办法》以及国家标准爆破安全规程、金属非金属矿山安全规程等。

（2）矿山安全地方政府规章，指由省、自治区、直辖市政府制订的有关矿山安全的规定，属于政府规章层次类型。

另外省、自治区、直辖市人民政府有关部门制定的一些矿山安全方面的规范性文件,也属于矿山安全法规体系中比较低层次的规定。同时,还应包括矿山企业制订的安全规定。例如岗位安全生产责任制、安全操作规程、作业规程、安全规定等。

随着我国社会主义市场经济的进一步深化,矿山安全法规体系中各层次法规,在条文上仍然需要进行修改完善,以适应改革开放和市场经济发展,以及加入世贸组织的要求。

在矿山安全法规体系中,法律、法规、规章和规范性文件的法律层次和法律效力不同。在实际执法中,首先应考虑是否符合法律、法规的规定,这是准确执法、严格执法的基础。

4. 安全标准

安全标准是安全生产法律法规的重要补充。《中华人民共和国标准化法》规定,国家标准由国务院标准化行政主管部门制定;行业标准由国务院有关主管部门制定,并报国务院标准化行政主管部门备案。国家标准、行业标准分为强制性标准和推荐性标准。保障人身健康,人身、财产安全的标准是强制性标准。其他标准为推荐性标准。国家标准如 GB16423-1996《金属非金属露天矿山安全规程》、GB16424-1996《金属非金属地下矿山安全规程》;国家安全生产监督管理总局新颁布的行业标准有 AQ2001-2004《炼钢安全规程》、AQ2002-2004《炼铁安全规程》、AQ2003-2004《轧钢安全规程》、AQ2004-2005《地质勘探安全规程》、AQ2005-2005《金属非金属矿山排土场安全生产规则》等。

三、《矿山安全法》概述

《矿山安全法》属于劳动法范畴,而劳动法属于典型的人权保障法,是为确保劳动者职业安全和健康而立。

《矿山安全法》在第一条明确规定,为了保障矿山生产安全,防止矿山事故,保护矿山职工人身安全,促进采矿业的发展,制定本法。

在中华人民共和国领域和中华人民共和国管辖的其他海域从事矿产资源开采活动,必须遵守本法。《矿山安全法》调整的对象是从事采矿活动的企业、事业单位和个体采矿者,凡属矿产资源的开采活动适用本法,不是从事矿产资源的开采活动不适用本法。例如,铁路隧道与矿井中的井巷在施工方法、工艺、安全方面的要求基本相同,但铁路隧道不是从事矿产资源的开采活动,不属《矿山安全法》的管辖范围,故不适用本法。

四、矿山相关概念

矿山,是指在依法批准的矿区范围内从事矿产资源开采活动的场所及其附属设施。

矿产资源开采活动,是指在依法批准的矿区范围内从事的矿产资源勘探和矿山建设、生产、闭坑及有关活动。

中华人民共和国领域是指国家行使主权的区域,即领土和领海及其地下层和上空。领土是指陆地范围。领海就是 12 海里以内的海域,在这个范围内从事矿产资源开采活动的,受本法管辖和调整。管辖的其他海域,是指专属经济区和大陆架。所谓专属经济区,就是在中国的海岸线 200 海里以内的范围。所谓大陆架是指中国的海岸线向外 200 m 水深的范围内。

能力提升

矿山类安全生产法律法规规范的行业和部门主要包括：煤矿、金属和非金属矿山、石油天然气开采业。请大家分组收集各矿山行业涉及的法律法规，并相互交流学习。

课外拓展

矿山安全三字经

煤矿是人类在开掘富含有煤炭的地质层时所挖掘的合理空间，通常包括巷道、井峒和采掘面等。在开采煤矿过程中，一旦发生事故，几乎都是非常严重的事故。因此煤矿安全三字经要牢记。

矿工们，仔细听，党中央，发号令。抓安全，人为本，国家策，必执行。安第一，常预防，实践中，重质量。操作时，必规范，众志城，定安全。

采掘队，打头仗，主战场，工作面。主心骨，是队长，队支书，领头雁。科技行，技术员，关键人，班组长。完任务，靠全员，运输通，是关键。主动脉，为机电，协调好，调度员。排隐患，安全员，先安全，后生产。入煤矿，当体验，眼明亮，体格健。入井时，检身严，化纤衣，不准穿。烟火器，拒携带，行进途，左右看。

有阻碍，及时排，到达地，按序干。一进面，先敲帮，问顶后，再行干。打炮时，要"三检"，开工前，精瓦检。掘进巷，湿钻眼，有喷雾，冲洗帮。煤尘多，综合防，开采前，设计先。规程细，措施严，采煤中，不急躁。有险情，早治病，有灾害，需冷静。细观察，巧安排，降损失，消灾情。技术工，头脑清，测量工，中线准。架梁棚，合格品，柱窝深，按尺寸。巷道直，柱距准，背板够，数量足。支护正，巷道顺，倾斜层，水平面。垂直线，均规范，初来压，要谨慎。周期压，有下沉，伪顶上，老顶硬。回采区，清洁整，留煤柱，保矿安。强支护，有超前，创条件，上高档。最优采，上综放，既经济，又安全。一通重，三防严，新鲜气，给适量，除毒气，排害气，清矿尘，良条件。风门严，密闭强，优风桥，测风站。足够氧，气通畅，二氧碳，不超限。瓦斯超，切断电，撤出人，才安全。

抽放孔，九字方，综合抽，密闭严。多钻孔，是方向，合理风，不串联。风流中，给足氧，干煤矿，设备先。零部件，应齐全，无鸡爪，无羊尾。无明火，无失爆，检修时，要停电。停送电，专人管，需停电，即上锁。挂好牌，有人看，拒火花，无明电。防雷击，绝火焰，机械好，设备全。用得好，能顺畅，标准化，重质量。创水平，基础坚，要出煤，运输转。有一坡，要三挡，水平场，挡车拦。连矿车，三连环，插销处，防脱装。钢丝绳，年年检，小绞车，要完好。信号灯，要可靠，装置器，要固牢。输送机，禁乘人，绳孔正，无边缘。三衡量，衔接正，钢丝绳，不弯曲。图纸齐，资料全，三图有，一书明。打掘进，达标准，安全法，已施行。有违规，必追究，其目的，保平安。讲安全，互相监，要互保，必自保。作业时，按规章，既守纪，又守法。

爱生命，求发展，三同时，牢牢记。建矿井，搞设计，新技术，永领先。新工艺，要推广，新设备，常更换。新材料，用在前，上装备，基础牢。搞培训，素质高，抓管理，过程好。

五灾害，要防范，防透水，控瓦斯。无着火，管顶板，清煤尘，保安全。火药库，是重点，不能丢，不能爆。交通法，新规定，规范车，约束人。人让车，车让人，车让车，畅通行。守规法，不喝酒，不冒险，不抢道。不麻痹，不疲劳，不赌气，不急躁。不超载，不乱停，不强行，不侥幸。绿灯行，红灯停，会车时，闭大灯。转弯时，要看明，依法来，安全行。有制度，重执行，群防治，齐共管。群监网，抓安监，亲监岗，到现场。女工委，送温暖，居委会，送心愿。孩子们，送祝愿，抓安全，领导先。抓环节，靠骨干，众人举，泰山移。高兴来，平安归，幸福家，均喜欢。遵规章，守纪律，重教育，提素质。常鸣钟，家庭幸，存侥幸，万不行。父母泪，子女悲，家庭毁，妻惨离。教训多，血写成，永为戒，促安全。讲科学，发展观，安全好，效益高。保平安，建家园，构和谐，小康现。

第二节　矿山建设的安全保障

矿山建设工程安全设施的设计是否可靠、科学、规范，是矿井生产安全系统能否保障安全的首要环节。本节主要介绍矿山建设工程安全设施"三同时"、矿山建设工程安全设施的设计和竣工验收、矿井安全出口和运输通讯设施。

知识储备

矿山建设工程的安全设施必须和主体工程同时设计、同时施工、同时投入生产和使用。

【释义】《建设项目安全设施"三同时"监督管理暂行办法》（国家安全生产监督管理总局令，第36号，2011年2月1日起施行）：

生产经营单位是建设项目安全设施建设的责任主体。建设项目安全设施必须与主体工程同时设计、同时施工、同时投入生产和使用。安全设施投资应当纳入建设项目概算。

国家安全生产监督管理总局对全国建设项目安全设施"三同时"实施综合监督管理，并在国务院规定的职责范围内承担国务院及其有关主管部门审批、核准或者备案的建设项目安全设施"三同时"的监督管理。

县级以上地方各级安全生产监督管理部门对本行政区域内的建设项目安全设施"三同时"实施综合监督管理，并在本级人民政府规定的职责范围内承担本级人民政府及其有关主管部门审批、核准或者备案的建设项目安全设施"三同时"的监督管理。

跨两个及两个以上行政区域的建设项目安全设施"三同时"由其共同的上一级人民政府安全生产监督管理部门实施监督管理。

上一级人民政府安全生产监督管理部门根据工作需要，可以将其负责监督管理的建设项目安全设施"三同时"工作委托下一级人民政府安全生产监督管理部门实施监督管理。

【例题】矿山建设工程的安全设施，必须和主体工程（　　）。

A. 同时设计、同时施工、同时投入生产和使用

B. 同时计划、同时设计、同时生产和使用

C. 同时策划、同时施工、同时投入使用
D. 同时设计、同时生产、同时施工

矿山建设工程的设计文件，必须符合矿山安全规程和行业技术规范，并按照国家规定经管理矿山企业的主管部门批准；不符合矿山安全规程和行业技术规范的，不得批准。

矿山建设工程安全设施的设计必须有劳动行政主管部门参加审查。

矿山安全规程和行业技术规范，由国务院管理矿山企业的主管部门制定。

【释义】矿山建设单位在向管理矿山企业的主管部门报送审批矿山建设工程安全设施设计文件时，应当同时报送劳动行政主管部门审查；没有劳动行政主管部门的审查意见，管理矿山企业的主管部门不得批准。

【例题】（多选）矿山建设工程的设计文件，必须符合（　　），并按国家规定经过管理矿山企业的主管部门批准。

A. 矿山安全规程　　　B. 行业技术规范　　　C. "三同时"规定
D. 国际技术规范　　　E. 地区标准规范

每个矿井必须有两个以上能行人的安全出口，出口之间的直线水平距离必须符合矿山安全规程和行业技术规范。

【释义】每个生产矿井必须至少有 2 个能行人的通达地面的安全出口，各个出口间的距离不得小于 30 m。

采用中央式通风系统的新建和改扩建矿井，设计中应规定井田边界附近的安全出口。当井田一翼走向较长、矿井发生灾害不能保证人员安全撤出时，必须掘出井田边界附近的安全出口。

井下每一个水平到上一个水平和各个采区都必须至少有 2 个便于行人的安全出口，并与通达地面的安全出口相连接。未建成 2 个安全出口的水平或采区严禁生产。

井巷交叉点，必须设置路标，标明所在地点，指明通往安全出口的方向。井下工作人员必须熟悉通往安全出口的路线。

对于通达地面的安全出口和 2 个水平之间的安全出口，倾角等于或小于 45°时，必须设置人行道，并根据倾角大小和实际需要设置扶手、台阶或梯道。倾角大于 45°时，必须设置梯道间或梯子间，斜井梯道间必须分段错开设置，每段斜长不得大于 10 m；立井梯子间中的梯子角度不得大于 80°，相邻 2 个平台的垂直距离不得大于 8 m。

安全出口应经常清理、维护，保持畅通。

【例题】每个矿井必须有（　　）能行人的安全出口，出口之间的直线水平距离必须符合矿山安全规程和行业技术规范。

A. 一个　　　B. 两个以上　　　C. 三个以上　　　D. 四个以上

矿山建设工程必须按照管理矿山企业的主管部门批准的设计文件施工。

矿山建设工程安全设施竣工后，由管理矿山企业的主管部门验收，并须有劳动行政主管部门参加；不符合矿山安全规程和行业技术规范的，不得验收，不得投入生产。

【释义】矿山建设工程应当按照经批准的设计文件施工，保证施工质量；工程竣工后，应当按照国家有关规定申请验收。

建设单位应当在验收前60日向管理矿山企业的主管部门、劳动行政主管部门报送矿山建设工程安全设施施工、竣工情况的综合报告。

管理矿山企业的主管部门、劳动行政主管部门应当自收到建设单位报送的矿山建设工程安全设施施工、竣工情况的综合报告之日起30日内，对矿山建设工程的安全设施进行检查；不符合矿山安全规程、行业技术规范的，不得验收，不得投入生产或者使用。

【例题】矿山建设工程必须按照（　　）批准的设计文件施工。
A. 矿山监督部门　　　　　　　　B. 矿山安全监察部门
C. 建设单位　　　　　　　　　　D. 管理矿山的主管部门

能力提升

大同煤矿集团同生安平煤业有限公司"3·23"顶板大面积垮落导致瓦斯爆炸事故

2016年3月23日22时07分37秒，大同煤矿集团同生安平煤业有限公司（以下简称安平煤业）8117综采工作面发生一起顶板大面积垮落导致瓦斯爆炸重大事故，造成20人死亡，1人受伤，直接经济损失2804.37万元。

一、事故单位基本情况

（一）同煤集团概况

同煤集团为省属国有重点煤炭企业，其前身为大同矿务局，成立于1949年8月，2000年7月改制成为同煤集团。同煤集团是一个以煤炭生产经营为主，电力、化工、冶金、机械制造、建筑建材、物流贸易、文化旅游等多业并举的特大型综合能源集团，所属二级单位139个，在职员工20余万。现有煤矿73座，其中生产矿井39座，建设矿井34座，煤炭总产能9660万吨/年。

安全生产许可证证号：（晋）MK安许证字〔2013〕GQ002Y1B1，有效期：2013年12月13日至2016年12月12日。

（二）大同煤矿集团同生煤矿生产管理有限公司概况

大同煤矿集团同生煤矿生产管理有限公司（以下简称同生公司）是同煤集团下属的一家以煤炭生产为主的全资子公司，其前身为大同煤矿集团煤矿生产管理分公司，成立于2005年2月，2009年11月正式注册为现在的同生公司。公司下属有9座煤矿，安平煤业为其中之一，分布在大同、朔州、忻州三个地市，煤炭总产能720万吨/年，现有员工5400余人。

安全生产许可证证号：（晋）MK安许证字〔2014〕GQ026Y1B1，有效期：2014年9月15日至2017年9月14日。

（三）安平煤业概况

1. 矿井基本情况。

安平煤业隶属于同生公司，属国有控股企业，其中同生公司占股比51%，自然人李某占股比49%，为生产矿井，核定生产能力90万吨/年。

矿井位于朔州市山阴县马营村东，其前身为山西山阴安平煤业有限公司，原为乡镇煤矿，1986年7月建矿。2009年8月经"晋煤重组办发〔2009〕35号文"批准，由原山西山阴安平煤业有限公司、山西山阴东湾沟煤业有限公司和部分新增区域整合为现在的安平煤业。

矿井井田面积 10.7041 km，批准开采 3-2-1-8#煤层，地质储量 25200 万吨，现主采 5-1#煤层。2015 年鉴定矿井绝对瓦斯涌出量 0.89 m³/min，相对瓦斯涌出量 0.39 m³/t，属瓦斯矿井。5-1#煤层自燃倾向性等级为Ⅱ类，属自燃煤层，煤尘具有爆炸危险性。矿井水文地质类型为中等，井田地质构造简单。

矿井证照情况如下：

采矿许可证编号：C1400002009121220047864，有效期限：2012 年 9 月 12 日至 2042 年 9 月 12 日。

安全生产许可证编号：（晋）MK 安许证字〔2015〕GC085，有效期限：2015 年 2 月 2 日至 2018 年 2 月 2 日。

企业法人营业执照编号：91140000588541704W，有效期限：2012 年 1 月 16 日至 2042 年 1 月 16 日。法定代表人：魏某。

矿长：魏某，矿长安全资格证证号：13014011200030，有效期限：2013 年 11 月 29 日至 2016 年 11 月 29 日。

2. 矿井生产系统概况。

（1）开拓系统。

矿井采用斜井单水平多煤层联合开拓方式，布置有主斜井、副斜井、1 号回风斜井和 2 号回风斜井，1 号和 2 号回风斜井在井口附近通过联络巷连通，并联回风。矿井设一个主水平开采全井田，开采水平标高+1491 m。全井田划分三个盘区，现开采一盘区 5-1#煤层，共布置有 8116、8117 两个综采放顶煤工作面和 5 个掘进工作面。

（2）提升运输系统。

主斜井倾角 20°，斜长 570 m，安装一部大倾角带式输送机担负原煤提升任务；副斜井倾角 25°，斜长 210 m，采用单钩串车提升物料，安装一套架空乘人装置运送人员。

（3）通风系统。

矿井通风方式为中央分列式，通风方法为机械抽出式。主、副斜井进风，回风斜井回风。回风井安装两台 FBCDZ（B）№26 型对旋轴流式主要通风机，配套电机功率为 2×185 KW，一台运行，一台备用。矿井总进风量 6913 m³/min，总回风量 7162 m³/min。

（4）供电系统。

矿井采用双回路 35 KV 电源供电，在工业广场建有一座 35/10KV 变电站，入井电压 10KV。

（5）排水系统。

矿井在副斜井井底布置有中央水泵房，安装 3 台 MD85-45×3 型排水泵，一台工作、一台备用、一台检修，配套电机功率 75 KW，每台排水泵最大排水能力 85 m³/h，主副水仓有效容量为 1500 m³。沿副斜井井筒铺设两趟排水管，一趟工作，一趟备用。

（6）安全避险系统。

矿井安装一套 KJ70N 型安全监测监控系统，共安设 CO、CH_4、温度、烟雾等传感器 130 余台。另外还安装有人员定位、紧急避险、通讯联络、供水施救和压风自救等安全避险系统。

（四）徐州和邦矿业工程有限公司概况

徐州和邦矿业工程有限公司（以下简称和邦公司）于 2011 年 8 月 31 日注册成立，注册地为江苏省徐州市铜山区，法定代表人高某，属民营企业。

公司具有矿山工程施工总承包三级资质，经营范围有矿山工程施工（爆破工程除外）、矿山设备安装、矿山生产技术服务、矿山机械设备及配件销售、国内劳务派遣服务。

2013年10月28日，和邦公司与安平煤业签订《15119掘进工程施工合同书》，开始进驻安平煤业从事矿井相关工程施工作业。2014年3月安平煤业进入联合试运转阶段后，和邦公司所属两个综采队和4个机掘队继续以承包形式在井下从事采掘活动。安平煤业考虑到转为生产矿井后采掘工作面严禁外包，于是与和邦公司签定《劳务合作协议》，议定从2015年1月1日开始双方实行劳务输出的合作模式。

2015年12月，安平煤业与和邦公司就收编和邦公司施工队伍相关事宜达成一致。2016年1月23日，安平煤业向同生公司提交了《关于将徐州和邦矿业工程有限公司成建制施工队改为矿成本队组的请示》。2016年1月29日，同生公司在党政联席会议上确定以和邦公司现有的成建制施工队伍为基础，组建安平煤业自有生产队伍。2016年2月4日，安平煤业与和邦公司签定了《劳务合作关系解除协议》，开始着手施工队伍的收编工作，但直至事故发生时相关收编工作仍在进行中，施工队伍仍按原管理模式运行。

二、事故区域基本情况

本起事故发生在8117综采放顶煤工作面。

（一）8117工作面布置情况

8117工作面布置在一盘区西北部的5-1#煤层中，北部与已采的8119综放工作面相邻，西南部与马营煤业采空区相邻。煤层赋存深度200m左右，煤层结构简单。

由于该工作面回风巷在掘进至800m处时与原马营煤业越界进入安平煤业（资源整合前）的老采空区贯通，为避开采空区，遂砌筑6m厚密闭墙，退出到770m处施工70m外切眼，然后继续往里掘进270m布置130m里切眼。巷道工程全部完工后，8117工作面呈"刀把式"布置，其中里切眼长130m，外切眼长70m，皮带进风巷长1037m，回风巷长1040（770+270）m。该工作面于2015年12月27日开始回采，发生事故时工作面与外切眼延长段已对齐，形成倾斜长200m的工作面。

工作面上覆4#煤层基本上是以外切眼为界，以里未采，以外为整合前安平煤业巷采采空区，与5-1#煤层平均间距18.52m，煤厚3.2-8.78m。

工作面采用走向长壁后退式综采放顶煤采煤方法，全部垮落法管理顶板。机采高度3.5m，放顶煤高度7~11.49m，按一刀一放组织正规循环作业，循环进度、放煤步距均为0.8m。

工作面伪顶为炭质泥岩、页岩，厚度0~0.4m，平均0.2m；直接顶为粗砂岩、砂质泥岩、炭质泥岩，厚度0.73~9.3m；老顶以粗砂岩为主，厚度13~29.6m，平均24m。

（二）8117工作面通风瓦斯情况

8117工作面采用"一进一回"通风方式，进风量1474 m³/min，回风量1487 m³/min。煤层原始瓦斯含量2.30 m³/t，残存瓦斯含量1.75 m³/t，工作面瓦斯绝对涌出量0.30 m³/min，相对涌出量0.05 m3/t。

（三）8117工作面顶板特殊处理情况

8117工作面直接顶比较坚硬，不易垮落，《8117工作面作业规程》开采技术论证意见第三条明确提出："工作面在开采期间，应加强顶板管理，发现工作面压力增大要及时加快推进速度，防止工作面出现台阶下沉。开采初期要注意老塘的垮落，如直接顶未初次垮落，严禁人工放顶煤，防止顶板大面积塌落形成暴风及老塘瓦斯涌出。"

截至事故发生前，8117工作面共进行过三次顶板特殊处理：

第一次是2015年12月24-25日，工作面开采之前对顶板进行了预裂爆破。

第二次是2016年1月2日，工作面推进至30 m时，对顶板进行了强制放顶。

第三次是2016年3月23日事故发生前，工作面推进至与外切眼对接位置时，对外切眼70 m延长段顶板进行预裂爆破。

三、事故发生经过及应急处置情况

（一）事故发生经过

2016年3月23日14时，综采二队队长刘某组织中班（16:00-24:00）作业的17人（当班出勤共18人，陈某提前入井未参加班前会）召开了班前会。班前会上刘某安排对8117工作面70 m延长段已提前打好的炮眼进行装药爆破预裂顶板，孟某、茆某负责放炮（2人均无爆破资格证）。技术员王某在会上贯彻了预裂爆破安全技术措施，班长邢某对当班各项工作作了具体安排。

会后，技术员王某自行入井，工人高某领取放炮器和放炮线后从副斜井直接入井，另外15人随刘某（综采二队唯一持爆破资格证者）到炸药库领取火工品，领完火工品后刘某返回未下井，其余15人携带400 m导爆索、60发雷管、13箱（24 kg/箱）炸药从主斜井步行入井。到工作面后，班长邢某安排6人联接移溜千斤顶，其余人员做装药等放炮准备工作。装完1个炮眼后，技术员王某到达工作面指导装药作业，装完8个炮眼后，王某离开工作面升井。21时30分许，工作面70 m延长段装完9个炮眼，班长邢某安排邢某和孔某到回风顺槽风门外设置放炮警戒，二人随后离开工作面到达警戒地点，约20分钟后听到工作面方向传来响声，风门突然被吹开，一股黑烟吹出，伴随有呛人的气味，看不清周围东西，紧接着又有一股气流冲出，两人被冲倒，邢某矿灯损坏。二人在原地等了约30分钟后，孔某经风门进入回风顺槽察看，走了约200 m后发现满巷烟雾，看不清里面，于是退出，到一盘区变电所打电话向矿调度室汇报了井下情况。

约22时08分，矿调度员马某发现监控系统显示8117工作面CO浓度超限，井下工业电视黑屏，紧接着接到中央变电所值班人员郭某电话汇报说："变电所门被吹坏"，主斜井井口李某电话汇报说："井口吹出黑烟。"马某接完电话后，立刻打电话向调度室主任张某进行了汇报，张某接到电话后，立即赶到矿调度室，安排调度员向矿领导和相关部室负责人进行汇报。

（二）事故应急处置情况

接到事故报告后，矿方立即通知井下作业人员撤离出井，并启动应急救援预案，成立应急救援指挥部。指挥部初步核实情况后，安排安全矿长杨某带领相关人员佩带保护装备入井侦查并组织撤人。

22时50分左右，杨某带领相关人员入井，在主斜井煤仓附近发现1名受伤人员和1名遇难人员，在一盘区轨道巷发现6名遇难人员。由于对灾变及灾区情况不明，矿方人员未深入采、掘工作面及更远区域进行侦查搜救。

23时01分，安平煤业向同生公司报告了事故情况，23时03分，向同煤集团进行了报告。同煤集团、同生公司接到矿方事故报告后，相关领导及部门负责人立即赶赴事故现场，成立抢险救援指挥部，制定抢险救援方案，全力展开救援工作。

23时18分，同煤集团矿山救护大队接到安平煤业事故召请，随即调派朔州煤电救护中队的一个小队和平旺中队的两个小队赶赴事故现场投入抢险救援。

经过全体救援人员的全力搜救，至3月25日12时26分，搜救人员发现最后1名遇难矿工，救援工作结束。

事发当班全矿共130人入井，事故造成20人死亡，1人受伤，其余人员安全升井。遇难20人中，综采二队12人，其他队组8人。

朔州煤矿安全监察站于3月24日1时05分接到安平煤业事故报告。

四、事故基本要素和类别认定

（一）事故基本要素认定

1. 3月23日在8117工作面70 m延长段违规实施顶板预裂爆破诱发了采空区顶板大面积瞬间垮落。

2. 采空区内存在足够量的、浓度在爆炸范围内的瓦斯。

3. 顶板大面积瞬间垮落压出采空区内瓦斯等有毒有害气体，形成了冲击波，冲击波强度足以将部分大型设备运移、损坏并造成人员伤亡。

4. 工作面下隅角采空区顶部有一个约1.5 m×4 m的孔洞，顶板大面积瞬间垮落时，采空区处于爆炸浓度范围内的瓦斯主要通过该通道逆流进入皮带进风巷。

5. 顶板大面积瞬间垮落形成的冲击波造成皮带进风巷距工作面机头243 m处的10 kV高压电缆受外力撞击破坏产生电火花引爆瓦斯。

6. 顶板大面积瞬间垮落形成的冲击波和瓦斯爆炸产生的冲击波叠加，加剧了工作面和盘区内设备的损坏和人员伤亡。

7. 顶板大面积垮落时间为3月23日22时07分37秒，瓦斯爆炸时间为3月23日22时07分50秒。

（二）事故类别认定

调查认定：本起事故为顶板大面积垮落导致瓦斯爆炸重大事故。

五、事故单位管理方面存在的主要问题

（一）安平煤业管理方面存在的问题

1. 违规使用劳务派遣队伍。安平煤业从2015年2月2日转为生产矿井后，到2016年2月1日一直使用和邦公司劳务派遣队伍进行井下采掘活动。尽管于2016年2月4日签订了《劳务合作关系解除协议》，但直至事故发生仍按原《劳务合作协议》管理模式运行。

2. 出入井管理混乱。事故当班入井130人，人员定位系统只显示70人；主井口对出入井人员未登记，副井口检身工只在全矿入井登记表上填写队组入井人数，没有具体人名，台账数据不清，造成事故发生后伤亡人数无法及时准确认定。

3. 现场管理不到位。现场交接班制度执行不严，安检工、瓦检工提前离岗，不执行"一炮三检"和"三人联锁放炮"制度；现场爆破未将作业人员撤到安全距离外。

4. 违规爆破作业，技术管理不到位。8117综放工作面在采动区进行预裂爆破违反了《煤矿安全规程》第六十八条规定；预裂爆破的安全技术措施编制不完善，相关技术管理人员对措施的会审把关不严。

5. 未按规定配备安全管理人员，领导带班制度执行不严。通风部部长未按省煤炭厅规定兼任矿长助理；部分部室领导存在"一兼多职"现象；事故当班无矿领导下井带班，综采二队无区队干部下井跟班。

6. 爆破作业人员无证上岗。综采二队只有刘某持有爆破作业资格证，现场实施爆破作业的孟某、苟某均无证上岗。

7. 矿压在线监测系统不能正常使用。虽然8117综放工作面安装了矿压在线监测系统，但由于资金问题，该系统一直未能正常运行，无法实现在线监测，也未采取其他有效的监测措施对矿压实施监测。

8. 超规定数量布置工作面，超能力组织生产。布置了2个综放工作面，5个掘进工作面；核定生产能力90万吨/年，2015年实际产量368.5万吨，超能力309%；2016年1月份完成36.1万吨（8117工作面产煤20.7万吨），2月份因春节放假未生产，3月份截至23日完成29.7万吨（8117工作面产煤18.3万吨）。

9. 事故发生后迟报。2016年3月23日22时07分37秒事故发生，直到24日01时05分才上报朔州煤矿安全监察站。

（二）同生公司管理方面存在的问题

1. 安全准入把关不严。在安平煤业8117综放工作面开采设计未经审查批复的情况下就对该工作面进行安全准入，并同意开始生产。

2. 未严格执行节后复产验收规定。安平煤业2016年春节放假超过10天，按省政府文件规定应由同煤集团组织复产验收并批复，但同生公司违反此规定，自行验收后批复安平煤业恢复生产。

3. 技术管理不到位。对安平煤业综放工作面顶板预裂爆破的方案技术指导不力；对安平煤业8117综放工作面开采设计初审未通过，提出的问题未跟踪落实。

4. 对安平煤业劳动用工监管不到位。没有及时督促解决安平煤业采掘工作面使用劳务派遣人员的问题。

5. 对安平煤业安全管理松懈。挂牌责任人未认真履行职责；日常检查流于形式，对安平煤业存在的出入井管理混乱和违规实施顶板预裂爆破等问题失察。

6. 违规下达超能力生产计划。2015年给安平煤业下达的生产计划为393.79万吨，2016年1月份计划为45万吨，2月份因春节放假未下达生产计划，3月份计划为38万吨。

（三）同煤集团管理方面存在的问题

1. 未深刻吸取同煤集团姜家湾煤矿"4·19"事故教训，不到一年时间连续发生两起重大安全生产事故。

2. 相关部门对资源整合矿井监管职责不明晰，造成业务监管弱化。根据同煤集团2012年成立资源整合矿井管理处文件规定："资源整合矿井的责任主体在子公司和所在矿，年度及月度生产任务由集团公司生产技术部下达，资源整合矿井管理处主要行使管理职能，包括资源整合矿井的技术业务管理等九项。"2015年"4·19"事故后，6月4日同煤集团下发的《关于各专业职能部门开展对三级矿井业务延伸实施方案的通知》规定："资源整合矿井管理处负责资源整合矿井生产建设、劳动组织、证照办理、安全管理等方面的业务延伸。"10月15日又下发了《同煤经办字〔2015〕370号专业会议纪要》中明确："探讨对资源整合矿井实施'每月进行安全评估，实施分类管理'的新模式，第一类，像安平煤业这类安全有保证的矿井，以监控为主，除每月一次安全评估及五人小组正常检查外，不再安排业务处室安全检查。"2016年1月同煤集团下发的《关于印发2016年安全管理制度的通知》（同煤经办字〔2016〕3号）规定："煤矿采掘运专业委员会对煤矿（生产、建设、延深、资源整合）采掘运专业系统安全生产工作负监管责任。生产技术部是煤矿（生产、建设、延深、资源整合）采掘运专业系统安全生产监管的责任主体部门。资源整合矿井管理处具体负责资源整合矿井的综合安全监管工作，是资源整合矿井综合安全生产监管的责任主体部门"。

3. 对安平煤业日常安全管理不到位。五人小组和安全监察处没有检查出矿井存在的重大安全隐患，有关领导及业务处室对安平煤业存在的安全隐患重视不够，管控力度不够。

六、事故原因

（一）事故直接原因

8117工作面（70 m延长段）违规实施顶板预裂爆破诱发工作面采空区顶板大面积垮落，使得该工作面采空区瓦斯等有毒有害气体瞬间涌出形成冲击波造成设备损坏和人员伤亡；该采空区内处于爆炸浓度范围的瓦斯，逆流到工作面皮带进风巷，冲击波造成10KV高压电缆受外力撞击破坏，产生电火花引爆瓦斯，导致了事故扩大。

（二）事故间接原因

1. 安平煤业对技术工作重视不够，管理不到位。

矿井技术管理不到位，对预裂爆破可能诱发采空区顶板大面积瞬间垮落形成冲击波、涌出采空区瓦斯缺乏针对性安全技术措施；安全技术措施审批把关不严，8117工作面在采动区进行预裂爆破违反了《煤矿安全规程》第六十八条规定；8117工作面矿压在线监测系统不能正常使用，也未采取其他有效矿压监测措施，顶板管理没有科学依据支撑，存在随意性和盲目性。

2. 安平煤业重生产、轻安全，安全管理混乱。

安平煤业违规使用劳务派遣队伍从事井下采掘活动，且对劳务派遣队伍未能实施有效管控；违反规定多布置采掘工作面，超能力组织生产；领导带班下井制度执行不严，事故当班无矿领导带班下井、综采二队无跟班队领导；出入井管理混乱，人员定位系统、出入井登记表均不能准确显示、记录出入井人员情况；现场交接班及"一炮三检"和"三人联锁放炮"制度执行不严，安检工、瓦检工提前离岗；安全培训不到位，爆破作业人员无证上岗；现场爆破作业未按规定将人员撤到安全距离以外。

3. 同生公司执行安全生产有关规定和制度不严格，安全管理松懈。

同生公司对安全生产工作重视不够，执行安全生产有关规定和制度不严格，安全生产责任制落实不到位，安全管理松懈。安全监管人员未认真履行职责，日常检查流于形式。对安平煤业劳动用工监管不到位、技术指导不力、安全准入把关不严。

4. 同煤集团对下属子公司及煤矿安全管理不到位。

同煤集团未深刻吸取姜家湾煤矿"4·19"事故教训，对安全生产工作重视不够，对下属子公司疏于管理，对子公司落实安全生产有关规定和制度要求不严，监督落实不够。对所属煤矿安全监管不到位，尤其对资源整合矿井监管职责不明、管控不力。安全监管人员未认真履行职责，安全检查不深入、不细致。

5. 煤矿安全监管监察部门对同煤集团及安平煤业安全生产工作监管监察不到位。

七、事故性质

调查认定：本起事故是一起责任事故。

八、责任认定与处理建议

司法机关处理人员（共14人，其中公安机关处理8人、检察机关处理6人）；

同煤集团处理人员（15人）。

问题：

1. 本案例中涉及众多矿山的专业术语，请大家找出来并讨论学习。

2. 教师引导学员对本案例事故的原因、责任认定及防范措施进行分析，提升学员主动分析案例、吸取教训、提出事故防范措施的能力。

总结提高

1. 矿山建设工程安全设施的设计必须由（　　）参加审查。
   A. 劳动行政主管部门或煤矿安全监督管理部门
   B. 建设行政主管部门
   C. 建设项目规划审查机关
   D. 工程质量监督机构

2. 矿山安全规程和行业技术规范，由（　　）制定。
   A. 劳动行政主管部门　　　　　B. 国务院管理矿山企业的主管部门
   C. 安全生产监督管理部门　　　D. 建设行政主管部门

3. 矿山建设工程安全设施竣工后，要由（　　）组织竣工验收
   A. 矿山管理部门　　　　　　　B. 矿山施工主管单位
   C. 管理矿山企业的主管部门　　D. 建设单位

课外拓展

煤矿安全生产口诀

干部、工人下矿井，首先必须学规程；有关法规都学会，安全方针记心中。

下井前，莫忘记，带好矿灯自救器。化纤衣服不能穿，禁带火具和香烟。

矿工靴，要穿好，时刻戴牢安全帽。不喝酒，休息好，精力集中效率高。

持证上岗要牢记，井下处处要注意。导电材料和工具，严防接触带电体。

尖刃工具要套上，防止意外把人伤。带着工具乘车罐，不准超出车、罐帮。

进出罐笼、上下车，服从指挥要自觉。罐、车之内守纪律，不许打闹和拥挤。

乘人车，且莫站，不准用手扒车沿。斜巷行车不行人，声光信号要留神。

皮带、溜子不能坐，严禁爬、蹬和跳车。来往车辆看仔细，跨越轨道要注意。

开风门，在一侧，当心过车把人挤；人、车过后门要关，风流短路留隐患。

行人要走人行道，跨越设备走绕道。遇见警标和栅栏，千万不能往里钻。

井下不许拆矿灯，关好风门保通风。先检查，后工作，按照规程来作业，

工余时间若休息，必须找个安全地。不打盹，不睡觉，不动设备和信号。

工作完毕要清理，严格交接莫忘记。安全生产天天讲，家庭幸福矿兴旺。

第三节 矿山开采的安全保障

矿山开采是非常危险、复杂的生产活动，要保障矿山开采安全，需要具备严格的、系统的安全保障条件，严格按照开采不同矿种的安全规程和技术规范进行操作，并从矿用特殊设备、器材、护品、仪器等方面进行安全保障。

 知识储备

矿山开采必须具备保障安全生产的条件，执行开采不同矿种的矿山安全规程和行业技术规范。

【释义】采掘作业应当编制作业规程，规定保证作业人员安全的技术措施和组织措施，并在情况变化时及时予以修改和补充。

《煤矿安全生产基本条件规定》经国家安全生产监督管理局局务会议审议通过，自 2003 年 8 月 1 日起施行，共 20 条。

《煤矿企业安全生产许可证实施办法》经国家安全生产监督管理局局务会议于 2015 年 12 月 22 日审议通过，自 2016 年 4 月 1 日起施行。

【例题】矿山开采必须具备保障安全生产的条件，执行开采不同矿种的矿山安全规程和（　　）。

A．行业技术规范　　B．国家技术规范　　C．行业技术标准　　D．国家技术标准

矿山设计规定保留的矿柱、岩柱，在规定的期限内，应当予以保护，不得开采或者毁坏。

【释义】采区开采前必须按照生产布局合理的要求编制采区设计，并严格按照采区设计组织施工。采掘过程中严禁任意扩大和缩小设计规定的煤柱。采空区内不得遗留未经设计规定的煤柱。严禁破坏工业场地、矿界、防水和井巷等的安全煤柱。

煤柱作用：防水、防自燃发火、冲击地压、煤与瓦斯突出等。

【例题】依照《矿山安全法》的规定，矿山设计规定保留的矿柱、岩柱，应当（　　）。

A．不用保护，可开采　　　　　　B．在规定的期限内予以保护，不得开采或者毁坏
C．在规定的期限内可开采　　　　D．永久保留

矿山使用的有特殊安全要求的设备、器材、防护用品和安全检测仪器，必须符合国家安全标准或者行业安全标准；不符合国家安全标准或者行业安全标准的，不得使用。

【释义】矿山使用的下列设备、器材、防护用品和安全检测仪器，应当符合国家安全标准或者行业安全标准；不符合国家安全标准或者行业安全标准的，不得使用：采掘、支护、装载、运输、提升、通风、排水、瓦斯抽放、压缩空气和起重设备；电动机、变压器、配电柜、电器开关、电控装置；爆破器材、通讯器材、矿灯、电缆、钢丝绳、支护材料、防火材料；

各种安全卫生检测仪器仪表；自救器、安全帽、防尘防毒口罩或者面罩、防护服、防护鞋等防护用品和救护设备；经有关主管部门认定的其他有特殊安全要求的设备和器材。

煤矿使用的涉及安全生产的产品，必须取得煤矿矿用产品安全标志。未取得煤矿矿用产品安全标志的，不得使用。试验涉及安全生产的新技术、新工艺、新设备、新材料前，必须经过论证、安全性能检验和鉴定，并制定安全措施。

【例题】（多选）矿山使用的有特殊安全要求的设备、器材、防护用品和安全检测仪器，必须符合（　　）。

A. 省级安全标准　　　　B. 县级安全标准　　　　C. 国家安全标准

D. 行业安全标准　　　　E. 国家质量体系标准

矿山企业必须对机电设备及其防护装置、安全检测仪器，定期检查、维修，保证使用安全。

【释义】矿山企业应当对机电设备及其防护装置、安全检测仪器定期检查、维修，并建立技术档案，保证使用安全。

非负责设备运行的人员，不得操作设备。非值班电气人员，不得进行电气作业。操作电气设备的人员，应当有可靠的绝缘保护。检修电气设备时，不得带电作业。

【例题】（多选）矿山企业必须对（　　）定期检查、维修、保证使用安全。

A. 机电设备　　　　B. 运输设施　　　　C. 防护装置

D. 安全检测仪器　　　　E. 通信设施

矿山企业必须对作业场所中的有毒有害物质和井下空气含氧量进行检测，保证符合安全要求。

【释义】第十六条　矿山作业场所空气中的有毒有害物质的浓度，不得超过国家标准或者行业标准；矿山企业应当按照国家规定的方法，按照下列要求定期检测：粉尘作业点，每月至少检测两次；三硝基甲苯作业点，每月至少检测一次；放射性物质作业点，每月至少检测三次；其他有毒有害物质作业点，井下每月至少检测一次，地面每季度至少检测一次；采用个体采样方法检测呼吸性粉尘的，每季度至少检测一次。

煤矿和其他有瓦斯爆炸可能性的矿井，应当严格执行瓦斯检查制度，任何人不得携带烟草和点火用具下井。

矿井必须建立瓦斯、二氧化碳和其他有害气体检查制度，并遵守下列规定：矿长、矿技术负责人、爆破工、采掘区队长、通风区队长、工程技术人员、班长、流动电钳工下井时，必须携带便携式甲烷检测仪。瓦斯检查工必须携带便携式光学甲烷检测仪。安全监测工必须携带便携式甲烷检测报警仪或便携式光学甲烷检测仪。所有采掘工作面、硐室、使用中的机电设备的设置地点、有人员作业的地点都应纳入检查范围。

采掘工作面的瓦斯浓度检查次数如下：低瓦斯矿井中每班至少 2 次；高瓦斯矿井中每班至少 3 次；有煤（岩）与瓦斯突出危险的采掘工作面，有瓦斯喷出危险的采掘工作面和瓦斯涌出较大、变化异常的采掘工作面，必须有专人经常检查，并安设甲烷断电仪。

【例题】矿山企业必须对作业场所中的有毒有害物质和井下空气的（　　）进行检测，保证符合安全要求。

A. 含氧量　　　B. 含氢量　　　C. 含氮量　　　D. 含氦量

能力提升

贵州天池煤矿"12·12"重大透水事故案例分析

2004年12月12日10时30分,贵州省思南县天池煤矿发生特别重大透水事故,造成21人死亡,15人失踪,直接经济损失783万元。

一、天池煤矿基本情况

（一）矿井概况

天池煤矿为私营股份合作制企业,位于贵州省思南县风云乡龙坪村和许家坝镇潘家坨村境内,年产能力3万吨,矿长冉某,持有有效采矿许可证、煤炭生产许可证、矿长资格证和矿长安全资格证。该矿分老井和新井两个生产系统,两个生产系统各自独立核算,此次事故发生在新井。新井位于许家坝镇潘家坨村赶二窝,于2001年8月经思南县煤炭局和国土资源局批准、由19个股东（其中四人是老井的股东）投资建设,作为天池煤矿,拟定在新井与老井贯通后,将老井改做风井,新井作为主井。新井建设前未经安全论证,没有设计方案,没有安全设施设计。2003年1月新井暗斜井井底揭穿煤层后开始布置运输大巷,之后边掘进通风巷道,边开始采煤,采用巷道式采煤方式,手镐落煤,木点柱支护。2004年11月新井与老井贯通,发生事故时正着手扩巷工作。

由于老井在枫芸乡境内,新井在许家坝境内,为落实管理责任,县政府曾于2003年11月19日决定,老井和新井在未贯通前分别由枫芸乡政府和许家坝镇政府负责管理,贯通后,天池煤矿由许家坝镇政府全面管理。

（二）水文地质情况

矿区位于许家坝向斜的北东段,井田内无大河、山塘,地表水主要源于大气降水;地下水受断裂构造及可溶性岩层的化学成分、岩性结构的影响,其构成具有一定的规律性,但地下岩溶含水系统十分复杂,含水不均一。岩性均为石灰岩,主要含岩溶裂隙水和岩溶溶洞水。地下水较为丰富且具有承压性。天池煤矿井田内可采煤层一层,煤层平均厚度0.83米,倾角10~20度,煤层稳定,现剩余可采储量12.2万吨。

矿井涌水量：事故发生前矿井涌水量约50立方米/天。

（三）矿井防治水情况

新井制定有防治水制度,但没有编制中长期防治水规划和年度防治水计划,没有具体探放水措施,缺乏必要的防治水技术手段,没有专用探放水设备,平时仅用电煤钻打4米深的钻孔探水。新井建有二级排水系统,在井底设有一个容积90立方米中央水仓,安设有4台潜水泵,在距井底车场120米处的主斜井内设有一个容积为12立方米的二级水仓,安设有2台37千瓦、流量25立方米/小时的水泵,敷设有一趟直径为65毫米的塑料管作为排水管。

二、事故经过

2004年12月12日8时,新井有81人下井,分别在2个下山、5个上山采掘点和回风巷等9个点作业。其中发生事故的1号上山采掘工作面有6名工人作业,该工作面采用手镐落煤,准备与上部四平巷贯通。10时30分,部分井下作业人员听到从一号上山采掘工作面传来很大的轰鸣声,感觉有很强的气流袭来,并看见有水流来,于是迅速撤离险区（共有45人脱险,其中7人从与该井相通的伍银煤矿跑出）,短时间内大量水流从一号上山涌出,迅速淹没井底大巷（一平巷）和二平巷等井巷，有36名矿工来不及撤离，其中有21人被困在二平巷以上的独头巷道内，15人被淹没在下山或平巷内。随后，与其相通的伍银煤矿的部分巷道也被淹。

事故发生后，正在井下的副矿长李某立即组织脱险人员营救被困矿工，但当他们到回风斜巷与一号上山交叉口时，发现一号上山水流湍急，几乎封闭巷道，无法实施救援。脱险人员出井后，立即向许家坝镇政府报告了透水情况，许家坝镇政府接到情况报告后，立即报告了县政府。

三、事故地点及透水源

（一）事故地点

经实地勘察确认，透水地点在一号上山掘进工作面。

（二）透水水源

根据实地勘查并结合水质化验和冲积物分析结果认定，透水水源来源于局部的、以静储量为主、具有承压性质的地下隐伏岩溶溶洞水。此水源具有以下特征：

（1）该矿区煤层顶底板灰岩含水层岩溶发育具极不均一性。透水处岩溶溶洞切穿了煤层，将顶板吴家坪组灰岩和底板茅口组灰岩隐伏溶洞连接在一起，这种地质异常体在该矿区从未发现过，具有极强的隐蔽性。

（2）一号上山四周均开掘有煤层巷道，这些巷道中未发现明显的构造和其他地质异常。

（3）透水发生前一号上山掘进时煤层未见异常，也未发现透水预兆。

（4）导致透水的溶洞位于一号上山掘进工作面前方12米左右、从煤层顶板溶洞穿过煤层到底板溶洞的位置，标高低于当地最低侵蚀基准面137米，故具有承压性质。

（5）发生透水时，短时间内数万立方米溶洞水迅速涌入井下，淹没了近3000米巷道。据专家组估算，突水后17个小时内平均水量达1765立方米/小时。而矿井正常涌水量仅为30～50立方米/小时，额定排水能力25立方米/小时。

四、事故原因及性质

（一）直接原因

调查组认定，导致此次透水的直接原因是一号上山在掘进过程中，由于没有采取探放水措施，接近了与煤层立体斜交的陷伏的岩溶溶洞，发生透水事故。

（二）间接原因

天池煤矿在水文地址情况不明，没有设计方案，没有专用探放水设备设施，不具备安全生产条件的情况下，在井下多处布置作业点，长期采用只有一个安全出口的巷道采煤方式生产，因而导致此次事故的发生并使人员伤亡扩大。

（1）违反《煤炭法》第十八条的有关规定，没开采所需的水文地质资料，没有符合煤矿安全生产要求的矿山设计，没有与开办该矿相适应的设备和技术人员，就组织新井施工和生产。

（2）未按《矿山安全法》第十八条和《煤矿安全规程》第二百五十一条规定，查明矿区水文地质条件、编制中长期防治水计划，也没有编制有针对性的探放水措施。

（3）没有按照《矿山安全法实施条例》第二十一条和《煤炭安全规程》第二百六十七条的规定做好采区、工作面水文地质探察工作，没有配置专门的探放水设备。平时发现煤层有潮湿、淋水等透水征兆时，仅用煤电钻打4米深的钻孔进行探放。

（4）违反《矿山安全法实施条例》第十条规定，长期采用只有一个安全出口的原始的采煤方式，井下巷道布置混乱，作业点多，造成事故扩大。

（5）违反《矿山安全法实施条例》第三十五条规定，未对新工人进行岗前培训。

四、事故性质

调查认定，思南县天池煤矿"12·12"特别重大透水事故是一起责任事故。

总结提高

1. 对于粉尘作业点，矿山企业应当按照国家规定的方法，每月至少检测（　　）。
   A. 一次　　　　　　B. 二次　　　　　　C. 三次

2. 采掘工作面进风风流中，按照体积计算，氧气不得低于（　　），二氧化碳不得超过0.5%。
   A. 18%　　　　　　B. 15%　　　　　　C. 20%

3. 放射性物质作业点，矿山企业应当按照国家规定的方法，每月至少检测（　　）。
   A. 一次　　　　　　B. 二次　　　　　　C. 三次

4. 开采放射性矿物的矿井，必须采取严格管理井下污水等措施，减少（　　）析出量。
   A. 氮气　　　　　　B. 氧气　　　　　　C. 氡气

5. 井下风动凿岩，禁止（　　）。
   A. 干打眼　　　　　B. 单人作业　　　　C. 多人同时作业

6. 煤矿的"一通三防"是指通风、防治瓦斯、防治粉尘、（　　）。
   A. 防治水　　　　　B. 防灭火　　　　　C. 防中毒

课外拓展

矿尘的危害及预防

一、矿尘的产生

矿尘是指在矿山生产过程中产生的并能长时间悬浮于空气中的矿石与岩石的细微颗粒，也称粉尘。悬浮于空气中的矿尘称为浮尘，已沉落的矿尘称为落尘。粉尘可依其产生的矿岩种类而定名，如硅尘、铁矿尘、铀矿尘、石棉尘、煤尘等。矿山生产过程中，如凿岩、爆破、装运、破碎等作业都会产生大量的矿尘。

二、矿尘的危害

生产环境中的粉尘危害极大，它的存在不但会导致生产环境恶化，加剧机械设备磨损，缩短机械设备的使用寿命，更重要的是危害人体的健康，引起各种职业病。

人体长期吸入矿尘，轻者会引起呼吸道炎症，重者会引起尘肺病。根据致病粉尘的不同，尘肺病分为矽肺病、石棉肺病、铁矽肺病、煤肺病、煤矽肺病等。有些粉尘会引起支气管哮喘，过敏性肺炎，甚至呼吸系统肿瘤。

矿尘还可以直接刺激皮肤，引起皮肤炎症；刺激眼睛，引起角膜炎；进入耳内使听觉减弱，有时也会导致炎症。

微尘及超微尘，特别是粒径为 0.2~5 μm 的微尘容易吸入肺内并储集，危害性最大，所以，微尘也称为呼吸性粉尘。我国通常将粒径小于 5 μm 的粉尘称为呼吸性粉尘。随空气进入呼吸道的粉尘，粒径大于 5 μm 的被气管分泌黏液黏着，通过咳嗽随痰吐出；粒径小于 5 μm 的进入肺细胞后，被吞噬细胞捕捉并排出体外。若进入肺部的是矽尘，即含有游离二氧化硅的矿尘，一部分被排出体外，余下的由于其毒性作用，破坏了吞噬细胞的正常机能而残留于肺组织内，形成纤维性病变和矽结节，逐步发展，肺组织将部分地失去弹性而硬化，成为尘肺病。

尘肺病分为三期：

一期重体力劳动时感到呼吸困难，胸痛，轻度咳嗽；

二期在中体力劳动或一般工作中感到呼吸困难，胸痛，干咳或咳嗽带痰；

三期即使休息或静止不动也感到呼吸困难，胸痛，咳嗽带痰。

三、矿尘的防治

采矿生产过程中，采掘、装运、破碎、提升等作业产生大量的矿岩微小颗粒，统称矿尘。矿尘对人体健康和生产危害极大。矿山的尘肺病，如矽肺病、煤肺病等是矿山生产卫生的最大威胁，必须高度重视，矿山必须采取综合防尘措施。

（一）矿山综合防尘措施

多年来，我国矿山因地制宜，坚持技术和管理相结合的综合防尘措施，取得了良好的防尘效果。综合防尘措施的基本内容可概括为八个字：风、水、密、护、革、管、教、查，即通风除尘、湿式作业、密闭尘源与净化、个体防护、改革工艺与设备的产尘量、科学管理、加强宣传教育、定期测定检查。

（二）个体防护

在采取了各种防尘措施后，大多数情况下，粉尘浓度可达到卫生标准，但仍有少量细微粉尘悬浮在空气中，所以，井下人员必须佩戴防尘口罩。这是综合防尘措施中不可缺少的、十分重要的措施。

第四节　矿山企业的安全管理

矿山企业必须具有保障安全生产的设施，建立、健全安全管理制度，采取有效措施改善职工劳动条件，加强矿山安全管理工作，保证安全生产。在做好安全措施的条件下开展采矿施工作业，增强企业安全方面的管理，减少意外事故的发生，这些在矿山的安全管理中是非常重要的。

知识储备

矿山企业必须建立、健全安全生产责任制。

矿长对本企业的安全生产工作负责。

【释义】矿长（含矿务局局长、矿山公司经理，下同）对本企业的安全生产工作负有下列责任：

（1）认真贯彻执行《矿山安全法》和本条例以及其他法律、法规中有关矿山安全生产的规定；

（2）制定本企业安全生产管理制度；

（3）根据需要配备合格的安全工作人员，对每个作业场所进行跟班检查；

（4）采取有效措施，改善职工劳动条件，保证安全生产所需要的材料、设备、仪器和劳动防护用品的及时供应；

（5）依照本条例的规定，对职工进行安全教育、培训；

（6）制定矿山灾害的预防和应急计划；

（7）及时采取措施，处理矿山存在的事故隐患；

（8）及时、如实向劳动行政主管部门和管理矿山企业的主管部门报告矿山事故。

煤矿企业必须编制年度灾害预防和处理计划，并根据具体情况及时修改。灾害预防和处理计划由矿长负责组织实施。煤矿企业每年必须至少组织1次矿井救灾演习。

煤矿发生事故后，煤矿企业主要负责人和技术负责人必须立即采取措施组织抢救，矿长负责抢救指挥，并按有关规定及时上报。

【例题】矿山企业必须建立、健全安全生产责任制。（　　）对本企业的安全生产工作负责。

A．矿长　　　B．法定代表人　　　C．所有股东　　　D．矿山管理人员

矿长应当定期向职工代表大会或者职工大会报告安全生产工作，发挥职工代表大会的监督作用。

【释义】矿长应当定期向职工代表大会或者职工大会报告下列事项，接受民主监督：

（1）企业安全生产重大决策；

（2）企业安全技术措施计划及其执行情况；

（3）职工安全教育、培训计划及其执行情况；

（4）职工提出的改善劳动条件的建议和要求的处理情况；

（5）重大事故处理情况；

（6）有关安全生产的其他重要事项。

【例题】（　　）应当定期向职工代表大会或者职工大会报告安全生产工作，发挥职工代表大会的监督作用。

A．工会　　　B．职工　　　C．矿长　　　D．政府

矿山企业职工必须遵守有关矿山安全的法律、法规和企业规章制度。

矿山企业职工有权对危害安全的行为，提出批评、检举和控告。

【释义】矿山企业职工应当履行的义务：遵守有关矿山安全的法律、法规和企业规章制度；维护矿山企业的生产设备、设施；接受安全教育和培训；及时报告危险情况，参加抢险救护。

矿山企业职工享有的权利：有权获得作业场所安全与职业危害方面的信息；有权向有关部门和工会组织反映矿山安全状况和存在的问题；对任何危害职工安全健康的决定和行为，有权提出批评、检举和控告。

【例题】矿山企业职工有权对危害安全的行为，提出（　　）。

A．批评　　　B．检举　　　C．控告　　　D．上报

矿山企业工会发现企业行政方面违章指挥、强令工人冒险作业或者生产过程中发现明显重大事故隐患和职业危害，有权提出解决的建议；发现危及职工生命安全的情况时，有权向矿山企业行政方面建议组织职工撤离危险现场，矿山企业行政方面必须及时作出处理决定。

【释义】工会发现企业违章指挥、强令工人冒险作业，或者生产过程中发现明显重大事故隐患和职业危害，有权提出解决的建议，企业应当及时研究答复；发现危及职工生命安全的情况时，工会有权向企业建议组织职工撤离危险现场，企业必须及时做出处理决定。

【例题】矿山企业工会发现企业行政方面违章指挥、强令工人冒险作业或者生产过程中发现明显重大事故隐患和职业危害的，（　　）。

A. 有权提出解决的建议　　　　B. 无权提出解决的建议
C. 可以强行提出解决的建议　　D. 继续工作

矿山企业必须对职工进行安全教育、培训；未经安全教育、培训的，不得上岗作业。
矿山企业安全生产的特种作业人员必须接受专门培训，经考核合格取得操作资格证书的，方可上岗作业。

【释义】矿山企业对职工的安全教育、培训，应当包括以下内容：《矿山安全法》及本条例赋予矿山职工的权利与义务；矿山安全规程及矿山企业有关安全管理的规章制度；与职工本职工作有关的安全知识；各种事故征兆的识别、发生紧急危险情况时的应急措施和撤退路线；自救装备的使用和有关急救方面的知识；有关主管部门规定的其他内容。

矿山企业安全生产的特种作业人员必须接受专门培训，经考核合格取得操作资格证书的，方可上岗作业。

《特种作业人员安全技术培训考核管理规定》经国家安全生产监督管理总局第30号令颁布，自2010年7月1日起施行。其中工种执行及其附件：《特种作业目录》包含相关内容。

矿长必须经过考核，具备安全专业知识，具有领导安全生产和处理矿山事故的能力。
矿山企业安全工作人员必须具备必要的安全专业知识和矿山安全工作经验。

【释义】对矿长安全资格的考核，应当包括下列内容：《矿山安全法》和有关法律、法规及矿山安全规程；矿山安全知识；安全生产管理能力；矿山事故处理能力；安全生产业绩。

【例题】矿长必须经过考核，具备安全专业知识，具有领导安全生产和（　　）。

A. 实际领导经验　　　　B. 相关管理能力
C. 矿山生产知识　　　　D. 处理矿山事故的能力

矿山企业必须向职工发放保障安全生产所需的劳动防护用品。

【释义】矿山企业向职工发放的劳动防护用品应当是经过鉴定和检验合格的产品。劳动防护用品的发放标准由国务院劳动行政主管部门制定。《劳动防护用品监督管理规定》（国家安全生产监督管理总局令，第1号，2005年9月1日施行）和《劳动防护用品选用规则》（GB11651-89）中有相关内容。

安全生产监督管理部门、煤矿安全监察机构对有下列行为之一的生产经营单位，应当依法查处：不配发劳动防护用品的；不按有关规定或者标准配发劳动防护用品的；配发无安全标志的特种劳动防护用品的；配发不合格的劳动防护用品的；配发超过使用期限的劳动防护用品的；劳动防护用品管理混乱，由此对从业人员造成事故伤害及职业危害的；生产或者经营假冒伪劣劳动防护用品和无安全标志的特种劳动防护用品的；其他违反劳动防护用品管理有关法律、法规、规章、标准的行为。

矿山企业不得录用未成年人从事矿山井下劳动。

矿山企业对女职工按照国家规定实行特殊劳动保护，不得分配女职工从事矿山井下劳动。

【释义】《劳动法》第十五条禁止用人单位招用未满十六周岁的未成年人。

《劳动法》第五十九条禁止安排女职工从事矿山井下、国家规定的第四级体力劳动强度的劳动和其他禁忌从事的劳动。

GB3869-1996《体力劳动强度分级》

体力劳动强度等级	体力劳动强度指数
Ⅰ	≤15
Ⅱ	>15～20
Ⅲ	>20～25
Ⅳ	>25

劳动部《女职工禁忌劳动范围的规定》(1990年1月18日)：女职工禁忌从事的劳动范围：矿山井下作业；森林业伐木、归楞及流放作业；《体力劳动强度分级》标准中第Ⅳ级体力劳动强度的作业；建筑业脚手架的组装和拆除作业，以及电力、电信行业的高处架线作业；连续负重（指每小时负重次数在六次以上）每次负重超过二十公斤，间断负重每次负重超过二十五公斤的作业。

矿山企业应当建立由专职或者兼职人员组成的救护和医疗急救组织，配备必要的装备、器材和药物。

【释义】所有煤矿必须有矿山救护队为其服务。煤矿企业应设立矿山救护队，不具备单独设立矿山救护队条件的煤矿企业，应指定兼职救援人员，并与就近的救护队签订救护协议或联合建立矿山救护队；否则，不得生产。

矿山救护队至服务矿井的距离以行车时间不超过30分钟为限。

矿山企业必须从矿产品销售额中按照国家规定提取安全技术措施专项费用。安全技术措施专项费用必须全部用于改善矿山安全生产条件，不得挪作他用。

【释义】企业在成本中按月提取安全费用。大中型煤矿：高瓦斯、煤与瓦斯突出、自然发火严重和涌水量大的矿井吨煤3～8元；低瓦斯矿井吨煤2～5元；露天矿吨煤2～3元。小型煤矿：高瓦斯、煤与瓦斯突出、自然发火严重和涌水量大的矿井吨煤10元；低瓦斯矿井吨煤6元。

【例题】矿山企业必须从（　　）中按照过国家规定提取安全技术措施专项费用。

A. 企业经营总收入额　　　B. 矿产品销售利润
C. 企业经营净利润　　　　D. 矿产品销售额

能力提升

内蒙古自治区乌海市海南区鑫源煤矿"4·30"特大透水事故案例分析

2004年4月30日,乌海市海南区鑫源煤矿发生一起特大透水事故,造成13人死亡,2人失踪,直接经济损失287.5万元。

一、矿井概况

(一)矿井由来与企业性质

乌海市海南区鑫源煤矿,原名宁夏大学煤矿,位于乌海市桌子山煤田公乌素矿区,矿井始建于1993年,1994年建成投产,原企业性质为集体企业。1996年1月30日,该矿名称变更为宁夏大学服务总公司公乌素联营煤矿。2000年,在换发全国统一《采矿许可证》期间,该矿又更名为乌海市海南区鑫源煤矿,煤矿负责人为冯某。2002年6月,冯某将该矿转让给张某。2003年8月,张某又将该矿出让,魏某、刘某、王某、张某等四人共同出资(魏连占40%的股份,刘某、王某、张某各占20%的股份)将鑫源煤矿整体购买,并组成董事会,魏连任董事长,其他3人为董事,煤矿名称仍为乌海市海南区鑫源煤矿,企业经济性质实为股份制。2003年12月29日,鑫源煤矿在工商管理部门登记注册了《个人独资企业营业执照》,注册的投资人为刘某,经济类型为个人独资企业。该矿持有《采矿许可证》《煤炭生产许可证》《营业执照》,矿长刘某经培训持有《安全资格证书》,为"四证"齐全矿井。

(二)矿井基本情况

鑫源煤矿实为股份制企业,组织结构为董事会领导下的矿长负责制模式。但在实际操作过程中,由于王某、张某二位股东不懂煤矿生产管理,所以煤矿一些重大安全生产事项都由董事长魏某和矿长刘某商定,具体的安全管理由矿长刘某负责。2004年2月9日,魏某、刘某等人将鑫源煤矿生产承包给杨某和孔某,签订了生产承包合同(但该合同未经公证部门公证),按照合同规定,承包方每出一吨煤,矿方支付其28元,设备投入、维修、以及伤亡事故等费用均由承包方自己负责。煤矿的销售、财务、对外联系等均由矿方负责,孔某和何某等人对井下生产及安全进行管理。实际上井下带班队长由杨某雇用的何某承担。井下开采的地点、方式以及安全生产管理仍由矿方刘权有负责,带班队长负责组织工人具体执行。该矿现有职工100名,其中,井下作业人员90名,管理人员2名,其他人员8名。分2班作业,每班工作时间12小时。

该矿井田面积为0.144平方公里,煤种为肥焦煤,矿井主采煤层是16号层,可采储量105.66万吨,煤层平均厚度8米,倾角9°至11°。矿井最大涌水量80立方米/时,平均涌水量30立方米/时。经2003年度瓦斯等级鉴定为低瓦斯矿井。煤的自燃发火期6至12个月。

该矿设计生产能力为3万吨/年,矿井采用斜井开拓,井下采用非正规方式采煤,放炮落煤,人工和装载机装煤,机动三轮车运煤至地面。通风方式为抽出式,主要通风机采用BK54-4NO9型11KW轴流式风机,备用通风机为5.5KW轴流式通风机,井下使用2台5.5KW局部通风机为掘进工作面供风。矿井采用二级排水,总水仓使用2台22KW的水泵向地面排水,事故发生前,矿井昼夜排水量约2000立方米。

(三)矿井安全现状

鑫源煤矿在2003年煤矿安全程度评价中,因不具备安全生产条件被评为D类煤矿后,有关部门给该矿下达了停产整顿指令。事故发生前，该矿未执行有关部门下达的停产指令，违法组织生产长达 4 个多月。

（四）地方政府及煤矿监察、管理部门对该矿的监察和管理情况

乌海市国土资源局下设三个分局负责海南区、乌达区和海勃湾区的煤矿划界及资源管理工作，该矿属海南分局管辖。

乌海市煤炭局下设三个分局负责海南区、乌达区和海勃湾区的煤矿管理工作，该矿属海南分局管辖。

（1）2003 年 4 月，乌海市国土资源局对该矿井下巷道进行了实测，发现该矿南部巷道越界 160 米，当时，矿方对越界提出质疑。

2003 年 9 月，乌海市国土资源局再次对鑫源煤矿井下巷道进行实测，确定该矿越界属实，越界长度 165 米。2003 年 10 月，该矿自己对井下巷道进行了实测，图上标明巷道越界 220 米。

（2）2003 年 9 月 26 日，该矿经安全程度评价被评为 D 类煤矿后，乌海煤矿安全监察办事处及乌海市煤炭局责令该矿停产整顿。

（3）2003 年 11 月，乌海煤矿安全监察办事处下发了《关于煤矿安全程度评价情况的通报》，要求包括鑫源煤矿在内的 C、D 类煤矿停产整顿，经复评达到 B 类煤矿标准后，方可恢复生产。

（4）2004 年 4 月 28 日，乌海市煤炭局海南分局又给该矿下达了停产指令书。

二、事故经过和抢险救灾过程

2004 年 4 月 30 日早班，带班班长带领 31 名工人（安全工 1 名，炮工 2 名，三轮车司机 16 名，装车工 12 名）入井作业，分布在 8 个工作面出煤，约 9 时 20 分，炮工在西巷工作面放炮时，发生透水事故。在距透水点 30 米处躲炮的三轮车司机和在附近工作面作业的工人，在听到放炮声的同时发现有水涌入他们的工作面，他们立即向地面逃生，17 名矿工跑出地面，并向该矿负责人报告了事故。至此，井下其余 15 名矿工被困。

事故发生后，乌海市及时成立了事故抢险救灾指挥部，制定了具体抢险救灾方案，立即展开抢险工作。同时，指挥部根据事故现场的实际，成立了事故抢险救灾专家组，在专家组的指导下，不断调整救灾方案，从神华海勃湾矿业公司抽调专业技术人员负责井下排水；调动大功率水泵投入排水，加大排水量；为了防止排出地面的水再次渗漏到井下，组织人员在地面开挖防渗漏导流渠 5KM；抽调 108 地质队 20 名工程技术人员和兰州军区及内蒙古军区给水团 51 名官兵，负责从地面向井下积水区打 3 个排水钻孔，安设深井水泵，以加快排水进度。经多方努力，至 2004 年 6 月 8 日，抢险工作进行了 38 天，找到了 13 名遇难矿工，其余 2 名遇难矿工下落不明。2004 年 6 月 8 日上午，事故抢险指挥部组织有关部门人员再次下井对其余 2 名遇难矿工进行现场搜寻，但仍未找到。抢险指挥部研究决定，抢险工作可以结束，认定 2 名遇难矿工下落不明。已找到的 13 名遇难矿工和 2 名下落不明矿工的善后事宜均已妥善处理完毕。

乌海市各级党政机关和领导、工会组织认真处理善后，保证了遇难矿工家属情绪稳定，生还矿工情绪稳定，矿区社会秩序稳定。

三、事故发生时间

根据对从灾区脱险人员和矿长的调查，认定事故发生时间是 2004 年 4 月 30 日 9 时 20 分。

四、事故发生地点

根据对事故现场的勘察和调查取证，确定事故发生地点为井下西巷掘进工作面。

五、事故类别

根据事故现场勘察和取证，并经技术分析，认定这起事故是井下掘进工作面与邻矿的积水采空区打透而导致的特大水害事故。

六、直接经济损失

经调查取证并按有关规定核实，这起事故造成直接经济损失 287.5 万元。

七、事故原因分析

（一）直接原因分析

1. 该矿越界进入季节性河槽下开采，自然涌水量大，矿井南部有多处原公乌素煤矿二号井 16#煤层积水老空区。

2. 该矿矿长违章指挥工人越界开采，巷道越界 248 米，冒险进入积水老空区下作业。

3. 在未采取有效探放水技术措施的情况下，工人在掘进工作面放炮时与积水老空区打透，导致透水事故发生。

（二）间接原因分析

1. 鑫源煤矿 2003 年安全评价为 D 类煤矿后，有关部门给该矿下达了停产整顿指令，该矿在不具备安全生产条件下，拒不执行有关部门下达的停产整顿指令，擅自恢复生产，违章冒险作业。

2. 鑫源煤矿安全管理机构不健全，没有专管安全的副矿长，井下作业以包带管，没有专职技术人员，没有制定符合实际的规章制度、作业规程、灾害预防计划，没有采取有效的井下探放水安全技术措施。

3. 矿井采用非正规采煤方法生产，超能力多点出煤，对矿井存在的重大透水事故隐患重视不够，防范措施不落实。

4. 矿长及井下作业人员安全意识淡薄，工人安全技术素质差。

5. 乌海市国土资源局及其海南分局，对已发现的越界开采违法行为，没有采取有效措施加以制止，致使鑫源煤矿越界巷道长达 248 米。

6. 乌海市煤炭局及其海南分局，虽然下达了停产指令，但没有认真检查并严格按照有关规定，采取有效措施监督管理，特别是对 2004 年 2 月 9 日以后，鑫源煤矿长达 2 个多月的违法生产行为，没有及时发现并采取果断措施进行制止。

7. 乌海市海南区政府对行政区域内停产整顿的煤矿，没有组织有关职能部门进行监督检查。

八、事故性质

经调查取证和分析论证，认定这起事故是因鑫源煤矿拒不执行有关部门下达的停产指令，违法组织生产，越界开采，违章指挥、冒险作业造成的一起重大责任事故。

总结提高

1. 矿长应当（　　）向职工代表大会或者职工大会报告企业安全生产重大决策，接受民主监督。

  A. 随时   B. 定期   C. 视需要

  2. 矿山企业工会（　　）企业行政方面加强职工的安全教育、培训工作，开展安全宣传活动，提高职工的安全意识和技术素质。

  A. 无权督促   B. 有权督促   C. 有权代替

  3. 工会有权参加伤亡事故和其他严重危害职工健康问题的（　　），向有关部门提出处理意见，并有权要求追究直接负责的行政领导人和有关责任人员的责任。

  A. 讨论   B. 调查   C. 处罚

  4. 矿山企业职工（　　）遵守有关矿山安全的法律、法规和企业规章制度。

  A. 必须   B. 可以选择   C. 可以不

  5. 矿山企业职工有权对（　　）的行为，提出批评、检举和控告。

  A. 影响生产   B. 危害安全   C. 影响企业效益

课外拓展

矿山的噪声控制

  一、噪声及其危害

  噪声是指不同频率、不同强度、无规律地交织在一起的声音，或者说人们不需要或感觉厌烦，甚至难以忍受的声音。噪声一般用声强或声压大小的变化程度来衡量，单位为分贝（dB）。噪声的危害如下：

  （1）损伤听力，危害健康。长期在高噪声场所工作，会发生耳痛或耳鸣，还可能发生噪声性耳聋或听力丧失。此外还能使人难以入睡，眩晕和眼球震颤，引发头痛、头晕、心悸、易疲倦、易激怒、睡眠障碍等神经衰弱综合征、心血管病及胃肠功能紊乱等。

  （2）影响生产过程中的语言交流。强噪声影响对声音报警及其他信号的感觉和鉴别，掩蔽设备异常和事故苗头阶段的音响信号，干扰人员之间的语言交流，从而影响安全生产。

  （3）人员在强噪声下工作，会对人的心理造成强烈刺激，易烦躁，情绪波动，注意力分散，容易引起安全事故。

  二、防止工作场所噪声危害的主要措施

  工矿企业噪声设计标准规定：8小时工作情况下，作业场所的噪声不超过90 dB（A）。

  （1）降低声源噪声。应逐步淘汰噪声超标的工艺设备；严格控制制造和安装质量，防止振动；保持静态和动态平衡；加强润滑，降低摩擦声；等等。

  （2）降低传递途径中的噪声。可以采取隔声、吸声、消声等措施，如建隔音操作室，将噪声源密闭，采用吸声材料等。

  （3）加强个体防护。在噪声超标的作业环境中，应佩戴防声耳塞、耳罩和防声帽盔等防护用品。

第五节 矿山企业的监督管理

  国务院劳动行政主管部门对全国矿山安全工作实施统一监督。县级以上地方各级人民政府劳动行政主管部门对本行政区域内的矿山安全工作实施统一监督。县级以上人民政府管理矿山企业的主管部门对矿山安全工作进行管理。

知识储备

县级以上各级人民政府劳动行政主管部门对矿山安全工作行使下列监督职责：
（一）检查矿山企业和管理矿山企业的主管部门贯彻执行矿山安全法律、法规的情况；
（二）参加矿山建设工程安全设施的设计审查和竣工验收；
（三）检查矿山劳动条件和安全状况；
（四）检查矿山企业职工安全教育、培训工作；
（五）监督矿山企业提取和使用安全技术措施专项费用的情况；
（六）参加并监督矿山事故的调查和处理；
（七）法律、行政法规规定的其他监督职责。

【释义】县级以上各级人民政府劳动行政主管部门，应当根据矿山安全监督工作的实际需要，配备矿山安全监督人员。矿山安全监督人员必须熟悉矿山安全技术知识，具有矿山安全工作经验，能胜任矿山安全检查工作。矿山安全监督证件和专用标志由国务院劳动行政主管部门统一制作。

县级以上人民政府管理矿山企业的主管部门对矿山安全工作行使的管理职责：检查矿山企业贯彻执行矿山安全法律、法规的情况；审查批准矿山建设工程安全设施的设计；负责矿山建设工程安全设施的竣工验收；组织矿长和矿山企业安全工作人员的培训工作；调查和处理重大矿山事故；法律、行政法规规定的其他管理职责。

县级以上人民政府管理矿山企业的主管部门对矿山安全工作行使下列管理职责：
（一）检查矿山企业贯彻执行矿山安全法律、法规的情况；
（二）审查批准矿山建设工程安全设施的设计；
（三）负责矿山建设工程安全设施的竣工验收；
（四）组织矿长和矿山企业安全工作人员的培训工作；
（五）调查和处理重大矿山事故；
（六）法律、行政法规规定的其他管理职责。

【释义】矿山安全监督人员执行公务时，应当出示矿山安全监督证件，秉公执法，并遵守有关规定。

劳动行政主管部门的矿山安全监督人员有权进入矿山企业，在现场检查安全状况；发现有危及职工安全的紧急险情时，应当要求矿山企业立即处理。

【释义】矿山安全监督人员在执行职务时，有权进入现场检查，参加有关会议，无偿调阅有关资料，向有关单位和人员了解情况。

矿山安全监督人员进入现场检查，发现有危及职工安全健康的情况时，有权要求矿山企业立即改正或者限期解决；情况紧急时，有权要求矿山企业立即停止作业，从危险区内撤出作业人员。

劳动行政主管部门可以委托检测机构对矿山作业场所和危险性较大的在用设备、仪器、器材进行抽检。

劳动行政主管部门对检查中发现的违反《矿山安全法》及其他法律、法规有关矿山安全的规定的情况，应当依法提出处理意见。

能力提升

《行政许可法》第十二条 下列事项可以设定行政许可：

（一）直接涉及国家安全、公共安全、经济宏观调控、生态环境保护以及直接关系人身健康、生命财产安全等特定活动，需要按照法定条件予以批准的事项；

（二）有限自然资源开发利用、公共资源配置以及直接关系公共利益的特定行业的市场准入等，需要赋予特定权利的事项；

（三）提供公众服务并且直接关系公共利益的职业、行业，需要确定具备特殊信誉、特殊条件或者特殊技能等资格、资质的事项；

（四）直接关系公共安全、人身健康、生命财产安全的重要设备、设施、产品、物品，需要按照技术标准、技术规范，通过检验、检测、检疫等方式进行审定的事项；

（五）企业或者其他组织的设立等，需要确定主体资格的事项；

（六）法律、行政法规规定可以设定行政许可的其他事项。

《行政许可法》第十五条 本法第十二条所列事项，尚未制定法律、行政法规的，地方性法规可以设定行政许可；尚未制定法律、行政法规和地方性法规的，因行政管理的需要，确需立即实施行政许可的，省、自治区、直辖市人民政府规章可以设定临时性的行政许可。临时性的行政许可实施满一年需要继续实施的，应当提请本级人民代表大会及其常务委员会制定地方性法规。地方性法规和省、自治区、直辖市人民政府规章，不得设定应当由国家统一确定的公民、法人或者其他组织的资格、资质的行政许可；不得设定企业或者其他组织的设立登记及其前置性行政许可。其设定的行政许可，不得限制其他地区的个人或者企业到本地区从事生产经营和提供服务，不得限制其他地区的商品进入本地区市场。

第十七条 除本法第十四条、第十五条规定的外，其他规范性文件一律不得设定行政许可。

总结提高

1. 矿山安全监督人员（　　）进入矿山企业，在现场检查安全状况，发现有危及职工安全的紧急险情时，应当要求矿山企业立即处理。

　　A. 有权　　　　　　　B. 一般可以　　　　　　C. 无权

2. 矿山安全监督人员执行公务时，应当出示（　　），秉公执法，并遵守有关规定。

　　A. 工作证　　　　　　B. 身份证　　　　　　　C. 矿山安全监督证件

3.（多选）县级以上人民政府管理矿山企业的主管部门对矿山安全工作行使的管理职责有（　　）。

　　A. 监督矿山企业提取和使用安全技术措施专项费用的情况

　　B. 审查批准矿山建设工程安全设施的设计

C. 负责矿山建设工程安全设施的竣工验收
D. 组织矿长和矿山企业安全工作人员的培训工作
E. 检查矿山企业贯彻执行矿山安全法律法规的情况

课外拓展

防暑降温与防寒

一、高温作业及其危害

高温作业是指在生产车间及露天作业工地等作业场所，遇到高气温或存在生产性热源，其工作地点的气温等于或高于本地区夏季室外通风设计计算温度2℃以上的作业。夏季矿山地面作业以及有地热的井下工作面，都属高温作业场所。

高温作业很容易使人体内热量聚集，出现中暑；由于出汗而大量丧失水分和无机盐等，如不及时补充水分，就会造成体内严重脱水和水盐平衡失调，引起神经肌肉兴奋性下降，引发胃肠疾病甚至肾功能不全等。

中暑是指在高温作业中发生的体温调节障碍为主的急性疾病，是由于通风散热不良，使人体的热量得不到适当的散发或人体损失大量的钠盐和水分而引起的。中暑一般分为先兆中暑、轻症中暑和重症中暑三种。发现中暑时要及时急救治疗。

随着采掘深度的不断降低，我们矿山将面临地热问题。地热增温率是每降低100米、温度升高1摄氏度。据最新勘探成果我们矿区在零米海拔有不少资源。试想当井下的温度升高十几度时，如果不采取降温措施，人员是无法作业的。人体适宜的温度是18~25摄氏度。

二、中暑救护

（一）先兆中暑治疗：首先应将患者移到通风良好的阴凉处、安静休息，擦去汗液，给予适量的清凉饮料、淡盐水或浓茶、人丹、十滴水饮服。一般不需作特殊处理，一段时间内症状可消失。

（二）轻度中暑治疗：除按先兆中暑处理外，如有循环衰竭的预兆时，可静脉滴注5%葡萄糖生理盐水，补充水和盐的损失，并及时给予对症治疗。

（三）重症中暑治疗：采取紧急措施，进行抢救。对照热昏迷者的治疗，应以迅速进行降温为主；对循环衰竭者和热痉挛者的治疗，应以纠正水、电解质平衡紊乱，防治休克为主。

（四）防暑降温措施

1. 加强作业现场通风换气、疏散热源；
2. 隔热降温；
3. 加强个体防护；
4. 对从事高温作业人员，应定期进行身体检查；
5. 及时供给补充人体必需的清凉饮料。

三、防寒

极度的寒冷会引起冻伤，即人在极度寒冷的条件下皮肤和皮下组织的损伤。冻伤是在冰点以下的严寒中，持续较长的时间引起的。一般在南方较为少见，在北方严寒季节里，长时间的室外、野外作业以及在无取暖设施的室内，由于极度低温和潮湿作用，会引起局部冻伤。

预防寒冷的措施有:
(一)加强耐寒锻炼,提高对寒冷和低温的适应性。
(二)作好御寒准备,穿防寒服装、鞋,戴帽、面罩和手套等。
(三)在室内作业场所要设置取暖设施。
(四)食用高热能食物,增加体内代谢放热能力。

第六节 矿山事故处理

矿山事故的抢险救援、一般事故及善后工作的调查均由企业负责。

 知识储备

发生矿山事故,矿山企业必须立即组织抢救,防止事故扩大,减少人员伤亡和财产损失,对伤亡事故必须立即如实报告劳动行政主管部门和管理矿山企业的主管部门。

【释义】煤矿发生事故后,煤矿企业主要负责人和技术负责人必须立即采取措施组织抢救,矿长负责抢救指挥,并按有关规定及时上报。

特别重大事故、重大事故逐级上报至国务院安全生产监督管理部门和负有安全生产监督管理职责的有关部门;

较大事故逐级上报至省、自治区、直辖市人民政府安全生产监督管理部门和负有安全生产监督管理职责的有关部门;

一般事故上报至设区的市级人民政府安全生产监督管理部门和负有安全生产监督管理职责的有关部门。

安全生产监督管理部门和负有安全生产监督管理职责的有关部门依照前款规定上报事故情况,应当同时报告本级人民政府。国务院安全生产监督管理部门和负有安全生产监督管理职责的有关部门以及省级人民政府接到发生特别重大事故、重大事故的报告后,应当立即报告国务院。

必要时,安全生产监督管理部门和负有安全生产监督管理职责的有关部门可以越级上报事故情况。

发生一般矿山事故,由矿山企业负责调查和处理。
发生重大矿山事故,由政府及其有关部门、工会和矿山企业按照行政法规的规定进行调查和处理。

【释义】根据《煤炭工业企业职工伤亡事故报告和统计规定》(煤安字〔1995〕第50号)第七条,伤亡事故按伤害程度和死亡人数分为以下六类:

轻伤事故:事故中只有轻伤的事故。
重伤事故:负伤职工中含有重伤(没有死亡)的事故。
死亡事故:一次死亡一至二人(多人事故含轻伤重伤)的事故。

重大死亡事故：一次死亡三至九人的事故。

特大死亡事故：一次死亡十至四十九人的事故。

特别重大事故：一次死亡五十人（含五十人）以上或一次造成直接经济损失一千万元及以上的事故。

事故死亡人数指事故直接死亡的人数和波及其他区域、其他矿井死亡的人数。

矿山企业对矿山事故中伤亡的职工按照国家规定给予抚恤或者补偿。

【释义】依据国家标准和各地区的实施办法进行抚恤补偿。

《国务院关于修改〈工伤保险条例〉的决定》（国务院令第586号）自2011年1月1日起施行。

矿山事故发生后，应当尽快消除现场危险，查明事故原因，提出防范措施。现场危险消除后，方可恢复生产。

【释义】严格按照《生产安全事故报告和调查处理条例》来进行事故调查和处理，坚持"四不放过"原则。事故原因未查清不放过；事故责任人未受到处理不放过；事故责任人和周围群众没有受到教育不放过；事故制定的切实可行的整改措施未落实不放过。

能力提升

张家口市富贵鸟矿业有限公司三起冒顶瞒报事故

2013年5月23日，接到河北省安监局转国家安监总局要求核查张家口市富贵鸟矿业有限公司在4月25日左右发生重大井下塌方事故，造成30人死亡的举报后，张家口市委、市政府领导对此高度重视，立即责成有关部门进行核查，核查组通过查阅企业相关资料，询问当事人，聘请技术专家勘验现场，派人赴湖北竹山县、陕西镇坪县核查当班作业人员等方式进行了大量艰苦细致的调查取证和比对工作。查实张家口市富贵鸟矿业有限公司在4月19日至4月26日相继发生3起事故，造成4人死亡，直接经济损失约700万元。事故发生后，事故单位未向当地安监部门和政府有关部门报告，瞒报属实。

一、事故单位基本情况

张家口市富贵鸟矿业有限公司（以下简称富贵鸟公司）成立于2007年9月，注册资本1000万元，全部由福建省富贵鸟矿业集团有限公司（民营公司）以货币形式出资，为福建省富贵鸟矿业集团有限公司的全资子公司。法人代表陈贵由福建省富贵鸟矿业集团有限公司聘任，全面负责富贵鸟公司日常生产经营管理工作，为该公司安全生产第一责任人。

该公司位于怀安县王虎屯乡寺沟村西南5.0km处，为独立法人单位，工商营业执照、采矿许可证、安全生产许可证及主要负责人、安全管理人员安全资格证齐全有效。现有职工148人，设有综合部、生产部、财务部、安全科及六个生产班组。安全科配备3名专职安全管理人员，负责公司安全生产管理工作。

该公司为采选一体企业，设计规模为年产铁矿石50万吨，年产铁精粉17万吨。矿山开采系统分为地下开采和露天开采两个系统，共有5个生产班组。其中地下开采为生产六组和生产九组，露天开采为生产A组、生产二组、生产七组。选厂由公司直接组织生产。

该公司资产总额 22 650 万元，净资产 19 440 万元。2012 年采矿 30 万吨，生产精粉 15 万吨，实现销售收入 12 422 万元，上缴税金 6509 万元，实现利润 3852 万元。

发生事故的地下开采生产六组和生产九组承包人李某、朱甲借用陕西紫阳兴海井巷施工队（未按规定在怀安县安监局备案，该施工队已于 2013 年 5 月注销）资质分别与富贵鸟公司签订承包合同，每年签订一次，2013 年未签订承包合同。生产六组和生产九组分别有职工人 27 人和 19 人，大部分为湖北十堰和陕西安康人，平时每班下井人数 10~18 人，每个工作面安排 2 名凿岩工作业。

地下生产系统开拓方式为平硐—斜井联合开拓方式，采矿方法为浅孔留矿法，通风方式为两翼对角式通风，矿区内矿体及围岩硬度较大，但节理裂隙较发育，水文地质条件简单。

二、事故发生经过及救援情况

（一）"4·19"事故

2013 年 4 月 19 日晚 8 时左右，生产九组坑口 1625 中段脉外运输平巷掘进工作面，作业人员朱乙、王某、阮某、向某正在进行巷道支护作业，朱乙开铲车，阮某和向某站在铲斗上进行支护作业，王某从地面向铲斗上递材料，在此过程中巷道顶板浮石冒落，砸中王某肩颈部，王某受伤跌倒。随后阮某和向某将伤者抬上铲斗，运出坑口。朱甲和朱乙用面包车将伤者送往解放军 251 医院，途中王某伤情恶化，又将伤者转到 120 急救车上后送到解放军 251 医院，经抢救无效于 20 日凌晨 4 点死亡。

（二）"4·21"事故

2013 年 4 月 21 日早 8 点左右，生产九组承包人朱甲安排朱乙、阮某、李某、向某清理"4·19"事故现场。在清理现场过程中又发生顶板浮石冒落，砸中向某后背。朱乙和阮某将伤者抬上铲斗，运出坑口。朱甲驾车将受伤较严重的向某送往张家口市第二医院。经医生检查已无生命体征迹象，确认到达医院之前死亡。

（三）"4·26"事故

2013 年 4 月 26 日上午 10 点左右，生产六组坑口 1575 中段 15#测点 0#穿脉探巷掌子面，谢某和张某在凿岩作业时发生冒顶事故，二人被冒顶石块砸伤。正在井下巡查的李某和梁某听到有人呼救，跑过去看到张某卧靠在巷壁上，谢某躺倒地上。梁某赶忙招呼正在巷内修路的柯某开铲车过来将两名伤者运出坑口。生产六组承包人李某驾车和梁某、张某一同将伤者送往解放军 251 医院，经抢救无效，两名伤者于当天下午先后死亡。

三、事故瞒报情况

"4·19"事故和"4·21"事故发生后，生产九组承包人朱甲均给公司安全科长黄某打电话，让其帮助联系医院，黄某及时将事故情况向公司主要负责人陈某进行了报告。企业未向安监部门和政府有关部门报告。

"4·26"事故发生后，生产六组承包人李某怕受到富贵鸟公司罚款，未向公司报告事故。

四、事故发生的原因和性质

（一）直接原因

1. "4·19"事故：由于作业前巷道顶板排险检撬浮石不彻底，违章冒险进行支护作业。在支护作业过程中，顶板浮石冒落，直接砸中王某肩颈部，经抢救无效死亡。

2. "4·21"事故：由于清理现场前巷道顶板排险检撬浮石不彻底，违章冒险进行清理作业。在清理作业过程中，顶板浮石冒落，直接砸中向某背部，导致向某死亡。

3．"4·26"事故：由于谢某和张某二人在掌子面进行凿岩作业前，顶板排险检橇不彻底，违章冒险进行凿岩作业。在凿岩过程中，顶板浮石冒落，砸伤谢某和张某，经抢救无效死亡。

（二）间接原因

1．"4·19"事故。

（1）事故发生地点安全隐患排查不到位、不彻底，支护作业过程中"敲帮问顶"工作做得不仔细，没有安全监护人员进行现场监护。

（2）企业从业人员安全教育、培训不到位。支护作业人员未取得金属非金属矿山支柱特种作业资格证，没有进行过大断面支护作业的专项安全培训，没有支护作业的安全防范措施和要求，仅凭支护人员的经验进行支护作业。

（3）企业安全管理现状较差。企业以包带管，监管不到位，领导带班下井制度不落实，"安全避险六大系统"中监控和人员定位系统使用不正常，故障维修不及时。

2．"4·21"事故。

（1）发生第一起事故后，不上报、不在企业内部通报、不分析原因、不总结吸取教训、不进行彻底排查隐患，贸然派人到出事现场进行清理。

（2）企业没有进行岗前安全教育，安全管理方面存在缺陷。

（3）同一地点第二次发生事故，"敲帮问顶"工作做得不仔细。对事故发生地点，安全隐患排查不到位、不彻底，同时作业人员进行清理现场过程中没有安全监护人员进行现场监护。

3．"4·26"事故。

（1）作业现场没有安排专人进行安全监护，"敲帮问顶"工作做得不彻底，隐患排查不细致。

（2）企业相继发生"4·19"和"4·21"两起同类事故后，不上报、不通报、不停产整顿、不总结吸取教训、不进行彻底排查隐患，继续安排生产，继续冒险作业。

（3）企业安全管理现状较差，以包带管，安全监管不到位，领导带班下井制度不落实，"安全避险六大系统"中监控和人员定位系统使用不正常，有故障不及时维修，企业没有进行岗前安全教育，安全管理方面存在严重缺陷。

（三）事故性质

根据事故原因分析，调查组认为这三起事故均为由于违规作业、安全规程不落实、安全管理不到位造成的生产安全责任事故。

总结提高

1．某矿山发生一次工伤事故。在这次事故中，轻伤4人，重伤2人，死亡1人。这次事故应为（　　）事故。

　　A. 轻伤　　　　　　　B. 重伤　　　　　　　C. 死亡

2．某工人在作业时，不慎从井架上摔下受重伤，虽经医院全力抢救，因伤势过重，于受伤后的第 16 天死亡。该事故应按（　　）报告统计。

  A. 自然事故　　　　　　B. 重伤事故　　　　　　C. 死亡事故

课外拓展

矿山职工身体素质要求

  矿山劳动强度大，作业条件比较差，对职工的身体素质要求比较高。

  1. 新工人入矿前，必须经过身体健康检查，不适合从事矿山作业者不得录用。有职业禁忌者，不得从事相应的作业。

  2. 接触粉尘及其他有毒有害物质的作业人员，必须定期进行健康检查。应按照职业病范围和诊断标准定期对职工进行职业病鉴定和复查，并建立职工健康档案。体检鉴定患有职业病或职业禁忌症者，应按国家规定及时给予治疗、疗养，确诊不合适原工种的，应及时调离。

  3. 有下列病症者，不得从事接尘作业或井下作业：

  （1）各种活动性肺结核或活动性肺外结核；

  （2）上呼吸道或支气管疾病严重，如萎缩性鼻炎、鼻腔肿瘤、气管喘息及支气管扩张；

  （3）显著影响肺功能的肺脏或胸膜病变，如肺硬化、肺气肿、严重胸膜肥厚与粘连；

  （4）心、血管器质疾病，如动脉硬化症，Ⅱ、Ⅲ期高血压症及其他器质性心脏病；

  （5）经医疗鉴定，不适合接尘作业的其他疾病。

  4. 有下列病症者，不得从事井下工作：

  （1）风湿病（反复活动者）；

  （2）癫痫症；

  （3）精神分裂症；

  （4）经医疗鉴定，不适合从事井下作业的其他疾病。

  5. 血液常规检查不正常者，不得从事放射性矿山的井下作业。

第七章 职业病防治与职业卫生法律法规

> **学习目标**
>
> 知识目标：了解《职业病防治法》；了解职业病事故调查处理；掌握职业卫生与职业病的含义。
>
> 能力目标：职业病的判定；职业病事故调查处理能力。
>
> 情感价值目标：构建良好的职业健康环境。

我国有工业企业 1600 多万个，劳动力人口超过 7.58 亿，每年新增劳动力人口 625 万，暴露于各种职业危害与伤害因素的人口近 2 亿，接触职业病危害人数居世界首位。职业病在给劳动者带来巨大的危害同时也给我国经济带来巨大的损失。据不完全统计，我国每年因职业病、工伤事故造成的直接经济损失达 1000 亿元，间接经济损失 2000 亿元。

第一节 概 述

 知识储备

一、职业病

（一）职业病的概念

根据《职业病防治法》，职业病是指企业、事业单位和个体经济组织等用人单位的劳动者在职业活动中，因接触粉尘、放射性物质和其他有毒、有害因素而引起的疾病。世界各国都有关于职业病的法律规定，法律会对职业病进行调整，以适应社会发展。中国职业病的分类和目录由国务院卫生行政部门会同国务院安监部门、劳动保障行政部门制定、调整并公布。职业病的诊断，一般由卫生行政部门授权的、具有一定专门条件的单位进行。我国常见的职业病主要有尘肺病、职业中毒、职业性皮肤病等。

（二）职业病目录

《职业病分类和目录》（国卫疾控发〔2013〕48 号文件）对职业病的分类和目录进行了最新调整，调整后的职业病分为以下十大类，共计 132 种。

1. 职业性尘肺病及其他呼吸系统疾病

（1）尘肺病：矽肺、煤工尘肺、石墨尘肺、碳黑尘肺、石棉肺、滑石尘肺、水泥尘肺、云母尘肺、陶工尘肺、铝尘肺、电焊工尘肺、铸工尘肺和根据《尘肺病诊断标准》和《尘肺病理诊断标准》可以诊断的其他尘肺病共 13 种。

（2）其他呼吸系统疾病：过敏性肺炎、棉尘病、哮喘、金属及其化合物粉尘肺沉着病（锡、铁、锑、钡及其化合物等）、刺激性化学物所致慢性阻塞性肺疾病和硬金属肺病 6 种。

2. 职业性皮肤病

接触性皮炎、光接触性皮炎、电光性皮炎、黑变病、痤疮、溃疡、化学性皮肤灼伤、白斑和其他职业性皮肤病（根据《职业性皮肤病的诊断总则》可以诊断）共 9 种。

3. 职业性眼病

化学性眼部灼伤、电光性眼炎、白内障（含放射性白内障、三硝基甲苯白内障），共 3 种。

4. 职业性耳鼻喉口腔疾病

噪声聋、铬鼻病、牙酸蚀病、爆震聋，共 4 种。

5. 职业性化学中毒

铅及其化合物中毒（不包括四乙基铅）；汞及其化合物中毒；锰及其化合物中毒；镉及其化合物中毒；铍病；铊及其化合物中毒；钡及其化合物中毒；钒及其化合物中毒；磷及其化合物中毒；砷及其化合物中毒；铀及其化合物中毒；砷化氢中毒；氯气中毒；二氧化硫中毒；光气中毒；氨中毒；偏二甲基肼中毒；氮氧化合物中毒；一氧化碳中毒；二硫化碳中毒；硫化氢中毒；磷化氢、磷化锌、磷化铝中毒，共 22 种。

6. 物理因素所致职业病

中暑、减压病、高原病、航空病、手臂振动病、激光所致眼（角膜、晶状体、视网膜）损伤和冻伤，共 7 种。

7. 职业性放射性疾病

外照射急性放射病、外照射亚急性放射病、外照射慢性放射病、内照射放射病、放射性皮肤疾病、放射性肿瘤（含矿工高氡暴露所致肺癌）、放射性骨损伤、放射性甲状腺疾病、放射性性腺疾病、放射复合伤以及根据《职业性放射性疾病诊断标准（总则）》可以诊断的其他放射性损伤，共 11 种。

8. 职业性传染病

炭疽、森林脑炎、布鲁氏菌病、艾滋病（限于医疗卫生人员及人民警察）和莱姆病，共 5 种。

9. 职业性肿瘤

石棉所致肺癌、间皮瘤；联苯胺所致膀胱癌；苯所致白血病；氯甲醚、双氯甲醚所致肺癌；砷及其化合物所致肺癌、皮肤癌；氯乙烯所致肝血管肉瘤；焦炉逸散物所致肺癌；六价铬化合物所致肺癌；毛沸石所致肺癌、胸膜间皮瘤；煤焦油、煤焦油沥青、石油沥青所致皮肤癌；β-萘胺所致膀胱癌，共 11 种。

10. 其他职业病

金属烟热、滑囊炎（限井下工人）和股静脉血栓综合征、股动脉闭塞症或淋巴管闭塞症（限刮研作业人员），共 3 种。

二、职业卫生

（一）职业卫生的概念

卫生是有利于健康和预防疾病的状况。职业卫生是指职业活动本身和环境，有利于健康和预防疾病的状况。依据《职业安全卫生术语（GB/T15236-2008）》，职业卫生（occupational health）是指以职工的健康在职业活动过程中免受有害因素侵害为目的的工作领域及在法律、技术、设备、组织制度和教育等方面所采取的相应措施。

（二）职业卫生服务的内容

职业卫生技术服务是指职业卫生技术服务机构为预防和控制职业病危害向政府、用人单位、劳动者、社会提供的技术性服务工作。主要包括以下内容：

（1）职业人员的健康监护，包括就业前健康检查、定期检查、离岗工作时检查和职业高危人群的随访观察；

（2）工作环境监测，判定和评价工作环境和工作过程中影响工人健康的危害因素的存在、种类、性质和浓（强）度；

（3）工作场所急救设备的配置；

（4）职业卫生标准和安全卫生措施的制订和修订；

（5）职业健康教育；

（6）与职业健康有关的其他初级卫生保健服务。

三、职业卫生的常用术语

《职业安全卫生术语（GB/T15236-2008）》《职业病诊断名词术语》规定了职业卫生的一些术语。

1. 职业禁忌证（occupational contraindication）

不宜从事某种作业的疾病或解剖、生理等状态。因在该状态下接触某些职业性危害因素时导致以下情况：原有疾病病情加重、诱发潜在的疾病、对某种职业性危害因素易感、影响子代健康。

2. 职业病危害因素（occupational hazard factor）

职业病危害因素指职业活动中存在的各种有害的化学、物理、生物因素以及在作业过程中产生的其他职业有害因素。

3. 中毒（poisoning）

中毒是指有毒物质通过不同途径进入体内，引起某些生理功能或组织器官受到急性健康损害的事故。

4. 窒息（asphyxia）

窒息是指机体由于急性缺氧发生晕倒甚至死亡的事故。窒息分为内窒息和外窒息，生产环境中的严重缺氧可导致外窒息，吸入窒息性气体可致内窒息。

5. 职业接触限值（occupational exposure limit，OEL）

职业接触限值是指职业性危害因素的接触限制量值，即劳动者在职业活动过程中长期反复接触，对绝大多数接触者的健康不引起有害作用的容许接触水平。

6. 职业病危害预评价（pre-assessment of occupational hazard）

职业病危害预评价是指对可能产生职业病危害的建设项目，在可行性论证阶段，对建设项目可能产生的职业病危害因素、危害程度、对劳动者健康影响、防护措施等进行预测性卫生学分析与评价，确定建设项目在职业病防治方面的可行性，为职业病危害分类管理提供科学依据。

7. 职业病危害控制效果评价（effect-assessment for occupational hazard control）

职业病危害控制效果评价是指建设项目在竣工验收前，对工作场所职业病危害因素、职业病危害程度、职业病防护措施及效果、健康影响等做出综合评价。

8. 职业性中毒（occupational poisoning）

职业性中毒是指劳动者在职业活动中组织器官受到工作场所毒物的毒作用而引起的功能性和器质性疾病。

9. 职业病诊断（diagnosis of occupational disease）

职业病诊断是指根据劳动者职业病危害接触史及患者的临床表现和医学检查结果，参考作业场所职业病有害因素检测和流行病学资料，依据职业病诊断标准进行综合分析做出健康损害和职业接触之间关系的临床推理判断过程。

10. 职业病诊断鉴定（appraisal of occupational disease）

职业病诊断鉴定是指对职业病诊断结果有争议时，由卫生行政部门组织的对原诊断结论进一步审核诊断。

11. 职业病报告（report of occupational diseases notification）

职业病报告是指为加强职业病信息报告管理工作，准确掌握职业病发病情况，为预防职业病提供依据的由国家政府主管部门制定的职业病报告制度。

四、我国职业病防治与职业卫生法律法规体系

我国职业卫生与职业病防治法律法规体系包括宪法、法律、行政法规、地方性法规、规章。

（一）宪法

宪法规定，国家通过各种途径，创造劳动就业条件，加强劳动保护，改善劳动条件，并在发展的基础上，提高劳动报酬和福利待遇。

（二）法律

职业卫生与职业病防治方面的法律主要有：《安全生产法》《职业病防治法》《劳动法》《工会法》等。

（1）《职业病防治法》规定，国家鼓励和支持研制、开发、推广、应用有利于职业病防治和保护劳动者健康的新技术、新工艺、新设备、新材料，加强对职业病的机理和发生规律的基础研究，提高职业病防治科学技术水平；积极采用有效的职业病防治技术、工艺、设备、

材料；限制使用或者淘汰职业病危害严重的技术、工艺、设备、材料。国家鼓励和支持职业病医疗康复机构的建设。用人单位应当依照法律、法规要求，严格遵守国家职业卫生标准，落实职业病预防措施，从源头上控制和消除职业病危害。用人单位应当依照法律、法规要求，严格遵守国家职业卫生标准，落实职业病预防措施，从源头上控制和消除职业病危害。用人单位应当优先采用有利于防治职业病和保护劳动者健康的新技术、新工艺、新设备、新材料，逐步替代职业病危害严重的技术、工艺、设备、材料。

（2）《劳动法》规定，劳动者享有平等就业和选择职业的权利、取得劳动报酬的权利、休息休假的权利、获得劳动安全卫生保护的权利、接受职业技能培训的权利、享受社会保险和福利的权利、提请劳动争议处理的权利以及法律规定的其他劳动权利。

（3）依据《安全生产法》，国家鼓励和支持安全生产科学技术研究和安全生产先进技术的推广应用，提高安全生产水平；对严重危及生产安全的工艺设备实行淘汰制度；从业人员有依法获得安全生产保障的权利；生产经营单位必须执行依法制定的保障安全生产的国家标准或行业保障等。

（三）行政法规

有关职业卫生与职业病防治行政法规主要有：《使用有毒物品作业场所劳动保护条例》《尘肺病防治条例》《放射性同位素与射线装置安全和防护条例》《突发公共卫生事件应急条例》等。

（1）《使用有毒物品作业场所劳动保护条例》是为保证作业场所安全使用有毒物品，预防、控制和消除职业中毒危害，保护劳动者生命安全、身体健康及相关权益而制定的。

（2）《尘肺病防治条例》是为保护职工健康，消除粉尘危害，防止发生尘肺病，促进生产发展、而制定的。

（3）《突发公共卫生事件应急条例》是为了有效预防、及时控制和消除突发公共卫生事件的危害，保障公众身体健康与生命安全，维护正常社会秩序，建立统一、高效、权威的突发公共卫生事件应急处理机制，依照《传染病防治法》制定的。

（4）《放射性同位素与射线装置安全和防护条例》是为了加强对放射性同位素、射线装置安全和防护的监督管理，促进放射性同位素、射线装置的安全应用，保障人体健康，保护环境而制定的。

另外，其他行政法规，例如《工伤保险条例》《女职工保护条例》等对保护劳动者权益等内容作出了相应规定。

（四）地方性法规

地方性法规由省级人大及常委会，省会城市、国务院批准的较大的市以及经全国人大和全国人大常委会批准设立的经济特区市的人大及其常委会，根据本行政区域具体情况和实际需要，在法定权限内制定、发布的关于职业卫生的规范性文件。通常形式有"条例""办法"。

（五）规章

关于职业卫生与职业病防治的部门规章主要有：
《用人单位职业健康监护监督管理办法》《建设项目职业病危害分类办法》《职业病诊断与

鉴定管理办法》《工作场所职业卫生监督管理规定》《职业病危害因素分类目录》《职业病危害项目申报办法》《国家职业卫生标准管理办法》等。

（1）《用人单位职业健康监护管理办法》是为了规范职业健康监护工作，加强职业健康监护管理，保护劳动者健康，根据《职业病防治法》制定的。

（2）《建设项目职业病危害分类办法》规定，国家对职业病危害建设项目实行分类管理，对可能产生职业病危害的建设项目分为三类，分别为职业病危害轻微、职业病危害一般和职业病危害严重。

（3）《职业病诊断与鉴定管理办法》是为了规范职业病诊断与鉴定工作，根据《职业病防治法》制定的。

（4）《工作场所职业卫生监督管理规定》是为了强化用人单位职业病防治的主体责任，预防、控制职业病危害，保障劳动者健康和相关权益，根据《职业病防治法》等制定的。

（5）《国家职业卫生标准管理办法》规定，国家职业卫生标准包括职业卫生专业基础标准；工作场所作业条件卫生标准；工业毒物、生产性粉尘、物理因素职业接触限值；职业病诊断标准；职业照射放射防护标准；职业防护用品卫生标准；职业危害防护导则；劳动生理卫生、工效学标准；职业性危害因素检测、检验方法。该办法还规定，国家职业卫生标准分为强制性标准和推荐性标准。

（六）标准

《国家职业卫生标准管理办法》规定，国家职业卫生标准包括职业卫生专业基础标准，工作场所作业条件卫生标准，工业毒物、生产性粉尘、物理因素职业接触限值，职业病诊断标准，职业照射放射防护标准，职业防护用品卫生标准，职业危害防护导则，劳动生理卫生、工效学标准，职业性危害因素检测方法标准。

能力提升

1. 职业病指（　　）。
   A. 劳动者在工作中所患的疾病
   B. 用人单位的劳动者在职业活动中，因接触粉尘、放射性物质和其他有毒、有害物质等因素而引起的疾病
   C. 工人在劳动过程中因接触粉尘、有毒、有害物质而引起的疾病
   D. 工人在职业活动中引起的疾病
2. 职业病危害因素通常可分（　　）。
   A. 3大类　　　　B. 10大类　　　　C. 9大类　　　　D. 5大类
3. 下列物质中，可以造成法定职业性肿瘤的职业性致癌物质是（　　）。
   A. 汽油　　　　B. 酒精　　　　C. 石棉　　　　D. 食盐
4. （多选）职业性肿瘤不包括（　　）。
   A. 联苯胺所致膀胱癌　　　　B. 氯乙烯所致肺癌
   C. 氯甲醚所致肝血管肉瘤　　D. 丁二烯所致淋巴瘤

E. 焦炉工人肺癌

5. （多选）下列疾病，属于《职业病目录》中的法定职业尘肺的有（　　）。
   A. 石棉肺　　　　　　B. 石墨尘肺　　　　　C. 水泥尘肺
   D. 矽肺　　　　　　　E. 铍肺

总结提高

1. 什么是职业卫生？
2. 什么是职业病？
3. 论述我国职业卫生与职业病防治法律体系。

第二节　职业病防治法

2001年10月27日第九届全国人民代表大会常务委员会第二十四次会议通过。根据2011年12月31日第十一届全国人民代表大会常务委员会第二十四次会议《关于修改〈中华人民共和国职业病防治法〉的决定》第一次修正。根据2016年7月2日第十二届全国人民代表大会常务委员会第二十一次会议《关于修改〈中华人民共和国职业病防治法〉等六部法律的决定》第二次修正。

知识储备

产生职业病危害的用人单位的设立除应当符合法律、行政法规规定的设立条件外，其工作场所还应当符合下列职业卫生要求：

（一）职业病危害因素的强度或者浓度符合国家职业卫生标准；

（二）有与职业病危害防护相适应的设施；

（三）生产布局合理，符合有害与无害作业分开的原则；

（四）有配套的更衣间、洗浴间、孕妇休息间等卫生设施；

（五）设备、工具、用具等设施符合保护劳动者生理、心理健康的要求；

（六）法律、行政法规和国务院卫生行政部门、安全生产监督管理部门关于保护劳动者健康的其他要求。

【释义】本条是关于产生职业病危害的用人单位的设立及其工作场所职业卫生要求的规定。

产生职业病危害的用人单位是指产生职业病危害的企业、事业单位和个体经济组织，其设立除了要符合法律、行政法规规定的企业、事业单位和个体经济组织的设立条件外，其工作场所还要符合本条规定的职业卫生要求。

（1）职业病危害因素的强度或者浓度符合国家职业卫生标准。

职业病危害因素，是指存在于工作场所或者与特定职业相伴随，对从事该职业活动的劳动者可能造成健康损害或者产生健康影响的各种化学、物理、生物因素以及其他职业有害因素。化学性、生物性职业病危害因素的浓度、物理因素和其他职业有害因素的强度必须在国家职业卫生标准规定的允许范围内，确保工作场所对在该场所工作的劳动者的健康基本无害，这是对工作场所最基本的职业卫生要求。

（2）有与职业病危害防护相适应的设施。

职业病防护设施是以消除或者降低工作场所的职业病危害因素浓度或强度，减少职业病危害因素对劳动者健康的损害或影响，达到保护劳动者健康目的的装置，如通风、排毒、除尘、屏蔽、隔离等设施。配备什么设施，要根据工作场所的职业病危害情况确定，可以单独配备，也可以综合配备。如工作场所职业病危害因素浓度较低、工人密度低，则可采用自然通风设施；如工作场所可能产生较高浓度的粉尘，则应采取系统的机械通风和除尘设施；如工作场所存在强度较高的放射线，则应采取屏蔽和隔离措施；等等。总之，这些设施应当能有效地消除或者降低工作场所的职业病危害因素浓度或强度，使之符合国家职业卫生标准。

（3）生产布局合理，符合有害与无害作业分开的原则。

本款规定的目的是使劳动者尽可能减少接触职业病危害因素，要求生产流程、生产布局必须合理，有害作业和无害作业必须分开，确保从事无害作业的劳动者避免接触职业病危害因素。这也缩小了有害作业的范围，减少了职业病防护设施的配备量，使职业卫生防护设施更加有效，既有利于保障劳动者健康，又有利于降低生产成本。

（4）有配套的更衣间、洗浴间、孕妇休息间等卫生设施。

更衣间、洗浴间，可以避免或降低劳动者在非工作场所继续接触职业病危害因素的危险，也可减少职业病危害因素对生活环境的影响。因此，用人单位应根据劳动者数量，配备相应数量、面积的更衣间、洗浴间。另外，用人单位还应根据劳动者人数、生活、生理需求，配置相应数量的孕妇休息间、哺乳间、食堂、饮水间、厕所、女工冲洗器等卫生设施。

（5）设备、工具、用具等设施符合保护劳动者生理、心理健康的要求。

本款所规定的设备、工具、用具等设施是指在工作场所使用的生产设备、工具、用具等设施。这些设施必须适合劳动者的生理特点，如适当的操作高度、作业难度、精细度、劳动强度等，使劳动者能在较为舒适的体位、姿势下作业，减少局部和全身疲劳，避免肌肉、骨骼和器官损伤；同时，劳动条件、劳动组织和作业环境还应适合劳动者的心理特点，应为劳动者创造身心愉快的作业环境，避免形成增加劳动者精神压力的劳动条件、劳动组织和作业环境。

（6）法律、行政法规和国务院卫生行政部门、安全生产监督管理部门关于保护劳动者健康的其他要求。

本款是对上述内容的补充，包含了前五款没有涵盖到的其他职业卫生要求，包括已颁布实施的《劳动法》《母婴保健法》《放射性同位素与射线装置放射卫生防护条例》《尘肺病防治条例》《女职工劳动保护规定》《女职工保健管理办法》等和将来颁布的法律、法规的有关职业卫生要求，以及国务院卫生行政部门、安全生产监督管理部门颁布的其他要求，包括卫生规范、标准、指南、规程等的相关要求。

国家建立职业病危害项目申报制度。

用人单位工作场所存在职业病目录所列职业病的危害因素的，应当及时、如实向所在地安全生产监督管理部门申报危害项目，接受监督。

职业病危害因素分类目录由国务院卫生行政部门会同国务院安全生产监督管理部门制定、调整并公布。职业病危害项目申报的具体办法由国务院安全生产监督管理部门制定。

【释义】本条是关于职业病危害项目申报制度的规定。

（1）国家建立职业病危害项目的申报制度。

建立职业病危害项目申报制度，目的是有利于加强对职业病危害项目的管理。

职业病危害项目是指可能产生国家颁布的职业病目录所列职业病的危害项目。如：职业性铅中毒属于国家公布的职业病名录所列的职业病，蓄电池生产、红丹生产和使用、彩瓷等项目都可能产生职业性铅中毒，因此应该申报；职业性中毒性肝病也属于国家公布的职业病名录所列的职业病，三氯乙烯、氯仿、二甲基甲酰胺等化学品可能导致职业性中毒性肝病，因此，采用这些化学品的项目都是职业病危害项目，也都应该申报。

（2）用人单位设有依法公布的职业病目录所列职业病的危害项目的，应当及时、如实向安全生产监督部门申报，接受监督。

本款规定了申报的项目范围、责任人、时限要求和申报内容等。用人单位应当根据国家公布的职业病分类和目录，对目录所列职业病危害项目，在规定的时间内主动向所在地县级以上人民政府安全生产监督部门申报。申报内容包括项目名称、规模、职业病危害因素种类、危害程度、防护措施、接触职业病危害劳动者情况等，所申报内容必须符合实际，不得隐瞒。同时，用人单位还应接受安全生产监督部门的监督管理。

（3）职业病危害项目申报的具体办法由国务院安全生产监督管理部门制定。

职业病危害项目申报是一项涉及面广的程序性行政管理措施，涉及许多具体规范，不可能在本法中一一作出具体规定，因此，授权国务院安全生产监督管理部门在不违反法律规定的前提下制订职业病危害项目申报的具体办法是非常必要的。

用人单位必须采用有效的职业病防护设施，并为劳动者提供个人使用的职业病防护用品。

用人单位为劳动者个人提供的职业病防护用品必须符合防治职业病的要求；不符合要求的，不得使用。

【释义】本条是关于职业病防护设施和用品的规定。

（1）用人单位必须采用有效的职业病防护设施，并为劳动者提供个人使用的职业病防护用品。

职业病危害防护设施是以预防、消除或者降低工作场所的职业病危害，减少职业病危害因素对劳动者健康的损害或影响，达到保护劳动者健康目的的装置。个人使用的职业病防护用品是指劳动者在职业活动中个人随身穿（佩）戴的特殊用品，这些用品能消除或减轻职业病危害因素对劳动者健康的影响。如防护帽、防护服、防护手套、防护眼镜、防护口（面）罩、防护耳罩（塞）、呼吸防护器和皮肤防护用品等。本条所规定的"有效"是指：设施符合产品自身的质量标准；设施符合特定使用场所职业病防护要求，能消除或降低职业病危害因素对劳动者健康的影响。

（2）用人单位为劳动者个人提供的职业病防护用品必须符合防治职业病的要求；不符合要求的，不得使用。

用人单位应当根据工作场所存在的职业病危害因素的种类、对人体的影响途径等特点，为劳动者提供符合防治职业病的要求，能阻断、吸附、衰减职业病危害因素的个人职业病防护用品，达到消除和降低职业病危害因素对人体的健康造成损害或影响的目的；不符合要求的，不得使用。

用人单位与劳动者订立劳动合同（含聘用合同，下同）时，应当将工作过程中可能产生的职业病危害及其后果、职业病防护措施和待遇等如实告知劳动者，并在劳动合同中写明，不得隐瞒或者欺骗。

劳动者在已订立劳动合同期间因工作岗位或者工作内容变更，从事与所订立劳动合同中未告知的存在职业病危害的作业时，用人单位应当依照前款规定，向劳动者履行如实告知的义务，并协商变更原劳动合同相关条款。

用人单位违反前两款规定的，劳动者有权拒绝从事存在职业病危害的作业，用人单位不得因此解除或者终止与劳动者所订立的劳动合同。

【释义】本条是关于职业病危害合同告知的规定。

劳动合同是劳动者与用人单位确立劳动关系、明确双方权利和义务的协议。《劳动法》规定：建立劳动关系应当订立劳动合同。订立和变更劳动合同，应当遵循平等自愿、协商一致的原则，不得违反法律、行政法规的规定。签订劳动合同应当体现诚实信用、公平合理原则，必须是双方真实的意思表示，任何一方不得隐瞒和欺骗。但是，实际上大部分的劳动者，特别是进入三资企业、乡镇企业、私营企业的农村流动劳动者，他们的文化水平较低，普遍缺乏职业卫生知识和自我保护意识和能力。有的用人单位故意隐瞒工作场所职业病危害的真实情况，不向劳动者告知危害真相，使得劳动者在不知情的情况下签订劳动合同。为了维护劳动者对职业病危害的知情权，保障劳动者健康，本条规定用人单位在与劳动者签订劳动合同时应当履行告知义务，是对劳动法中有关劳动合同的内容和解除作出补充规定。

（1）本条规定了用人单位的合同告知义务，把职业病危害告知作为劳动合同的必备条款，其主要内容包括：

① 劳动过程中可能接触的职业病危害因素的种类、危害程度；
② 危害后果；
③ 提供的职业病防护设施和个人使用的职业病防护用品；
④ 工资待遇、岗位津贴和工伤社会保险待遇；
⑤ 职业卫生知识培训教育；
⑥ 职业病防治规章制度和操作规程。

用人单位应当以书面形式如实告知劳动者，不得隐瞒或者欺骗。本法规定用人单位在签订劳动合同时就必须履行告知义务，以保证劳动者的职业病危害知情权。

（2）劳动合同签订后，用人单位变更劳动者工作岗位或工作内容，使劳动者接触原订立的劳动合同中没有告知的职业病危害因素时，应如实向劳动者告知并作说明。同时，还应当与劳动者协商，取得同意后，方可变更原劳动合同的相关条款

（3）用人单位在与劳动者签订劳动合同，或者变更劳动者工作岗位或工作内容时，没有履行告知义务的，或者采用隐瞒、欺骗手段不予告知的，劳动者有权拒绝从事存在职业病危害的作业，而用人单位不得因劳动者拒绝从事职业病危害作业而解除与其订立的劳动合同。劳动者要求解除劳动合同的，可以解除劳动合同，用人单位不得拒绝。

对从事接触职业病危害的作业的劳动者，用人单位应当按照国务院安全生产监督管理部门、卫生行政部门的规定组织上岗前、在岗期间和离岗时的职业健康检查，并将检查结果书面告知劳动者。职业健康检查费用由用人单位承担。

用人单位不得安排未经上岗前职业健康检查的劳动者从事接触职业病危害的作业；不得安排有职业禁忌的劳动者从事其所禁忌的作业；对在职业健康检查中发现有与所从事的职业相关的健康损害的劳动者，应当调离原工作岗位，并妥善安置；对未进行离岗前职业健康检查的劳动者不得解除或者终止与其订立的劳动合同。

职业健康检查应当由省级以上人民政府卫生行政部门批准的医疗卫生机构承担。

【释义】本条是关于职业健康监护的规定。

为及时发现劳动者的职业性健康损害，根据劳动者的职业接触史，对劳动者进行有针对性的定期或不定期的健康检查和连续的、动态的医学观察，记录职业接触史及健康变化，评价劳动者健康变化与职业病危害因素的关系，称职业健康监护。

职业健康监护制度是本法建立的主要制度之一，是落实用人单位义务、实现劳动者权利的重要保障制度，是落实职业病诊断鉴定制度的前提，是社会保障制度的基础，它有利于保障劳动者的健康权益，减少健康损害和经济损失，减少社会负担。职业健康监护的目的在于检索和发现职业危害易感人群；及时发现健康损害，评价健康变化与职业病危害因素的关系；及时发现、诊断职业病，以利于及时治疗或安置职业病人；为职业病危害评价、职业病危害治理效果评价和行政执法提供依据和证据。

（1）职业健康监护的内容和方式。

上岗前健康检查的目的是掌握劳动者的健康状况、发现职业禁忌、分清责任。其内容是新录用、变更工作岗位或工作内容的劳动者在上岗前，根据劳动者拟从事工种和工作岗位，分析该工种和岗位存在的职业病危害因素及其对人体健康的影响，即靶器官、靶组织和生物敏感指标，确定特定的健康检查项目，根据检查结果，评价劳动者是否适合从事该工种作业，为劳动者的岗位安排提供依据。

在岗期间的定期健康检查的主要目的是及时发现健康损害和健康影响，对劳动者进行动态健康观察。其内容是根据劳动者所在工种和工作岗位存在的职业病危害因素及其对人体健康的影响规律，对靶器官、靶组织的危害性和生物敏感指标等，确定特定的健康检查项目，对该工种或岗位的劳动者按国务院安全生产监督管理部门、卫生行政部门规定的时间周期进行职业健康检查，记录其健康变化，评价劳动者的健康变化是否与职业病危害因素有关，判断劳动者是否适合继续从事该工种作业。

离岗健康检查的目的是了解劳动者离岗时的健康状况，分清健康损害责任。其内容是根据劳动者所从事工种和工作岗位存在的职业病危害因素及其对人体健康的影响规律，对靶器官、靶组织的危害性和生物敏感指标等，确定特定的健康检查项目，根据检查结果，评价劳动者的健康状况、健康变化是否与职业病危害因素有关。另外，有些职业危害因素的健康危害效应是远期的，这类职业危害因素对人体的损害是缓慢的，人体的病理进程也是缓慢的，其健康损害后果出现较晚，甚至在劳动者离开该作业环境的10~30年以后才出现。如粉尘作业与尘肺，放射工作人员与白血病、肿瘤，苯与再生障碍性贫血、肿瘤，因此，还需要对接触这些危害因素的劳动者进行离岗后的医学观察。

为充分保障劳动者的知情权，用人单位应当将职业健康检查结果告知劳动者。同时，为保障劳动者的合法权益，职业健康检查经费由用人单位承担，以保障职业健康监护措施的落实。

（2）职业禁忌。

有些劳动者，由于处在特殊生理状态或者病理状态，从事特定职业或者接触特定职业病危害因素时，比一般职业人群更易于遭受职业病危害和罹患职业病或者可能导致原有自身疾病病情加重，或者在从事作业过程中可能导致对他人生命健康构成危险，这种特殊的生理或者病理状态称为职业禁忌。用人单位不得安排有职业禁忌的劳动者从事其所禁忌的作业。由于职业禁忌必须通过健康检查来发现，因此，用人单位不得安排未经上岗前职业健康检查的劳动者从事接触职业病危害的作业。否则，可能导致职业病危害事故的发生，造成生命和财产损失。

许多职业病危害因素与劳动者的健康损害具有剂量效应关系，如发现劳动者出现与从事的职业相关的健康损害，首先必须调离原岗位，以避免加重健康损害。同时，还应进行妥善安置，这包括调换工种和岗位、医学观察、诊断、治疗和疗养等一系列措施。另外，为了保障劳动者获得离岗时健康检查的权益，避免用人单位逃避健康损害责任，本条规定，禁止用人单位解除离岗前未进行职业健康检查的劳动者的劳动合同。

（3）开展职业健康检查机构的资格条件。

① 必须是依法取得医疗执业资格的医疗卫生机构；

② 由省级以上卫生行政部门依照本法审查批准，具有职业健康检查的资格。

职业健康检查机构必须在省级以上卫生行政部门获准开展的职业健康检查项目范围内开展工作，不能超越许可范围工作。

发生或者可能发生急性职业病危害事故时，用人单位应当立即采取应急救援和控制措施，并及时报告所在地安全生产监督管理部门和有关部门。安全生产监督管理部门接到报告后，应当及时会同有关部门组织调查处理；必要时，可以采取临时控制措施。卫生行政部门应当组织做好医疗救治工作。

对遭受或者可能遭受急性职业病危害的劳动者，用人单位应当及时组织救治、进行健康检查和医学观察，所需费用由用人单位承担。

【释义】本条是关于急性职业病危害事故的处理的规定。

（1）发生或者可能发生急性职业病危害事故时，用人单位应当立即采取应急救援和控制措施，并及时报告所在地安全生产监督管理部门和有关部门。

急性职业病危害事故，是指用人单位在职业病防治活动中违反职业病防治法律、法规、规章的规定，造成劳动者在工作或者其他职业活动中，因接触粉尘、放射线和其他有毒、有害物质等职业病危害因素而引起的急性疾病事故，如急性中毒、急性放射病事故等。急性职业病危害事故一般是可以预防的，发生危害事故主要还是人为因素造成的。因此用人单位应当对所发生的急性职业病危害事故承担法律责任。另外，事故现场多数在用人单位内，用人单位最早获得事故信息，只有用人单位才能采取最及时的措施。因此，本条规定，发生或可能发生急性职业病危害事故时，用人单位必须履行应急救援、控制事故、及时报告的义务并承担相应的责任。急性职业病危害事故还存在原因调查、医疗抢救、社会救援、善后处理和监督执法等问题，用人单位应当在规定的时限内向安全生产监督管理部门和相关部门报告，发生死亡病例的事故，还应当向检察机关报告。

（2）安全生产监督管理部门接到报告后，应当及时会同有关部门组织调查处理。

事故调查涉及政府的多个管理部门和工会组织，为了及时控制事故，查清事故发生的原因，并在此基础上依法作出事故处理，本条规定，安全生产监督管理部门接到报告后，应当及时会同劳动行政部门、工会等组织调查处理。

（3）必要时，可以采取临时控制措施。

必要时，是指发生职业病危害事故后，事故原因没有查清或者事态还没有得到有效控制，事故范围及其危害后果可能进一步扩大，或者有证据证明可能导致职业病危害事故发生的情况。安全生产监督管理部门可以采取的临时控制措施包括：

① 责令暂停导致职业病危害事故的作业；
② 封存造成职业病危害事故或者可能导致职业病危害事故发生的材料和设备；
③ 组织控制职业病危害事故现场。

另外，在采取临时控制措施时应注意尽量避免或减少因采取临时控制措施所造成的损失，事故原因查清或事态得到有效控制后，应当及时解除临时控制措施。

（4）对遭受或者可能遭受急性职业病危害的劳动者，用人单位应当及时组织救治、进行健康检查和医学观察，所需费用由用人单位承担。

发生职业病危害事故后，及时组织救治是用人单位义不容辞的职责，因此，对遭受急性职业病危害的劳动者，用人单位应当及时组织救治。此外，职业病危害因素对人体健康损害的潜伏期长短不一，有些是急性的，有些是亚急性的，有些甚至是慢性的，而导致急性职业病危害事故的职业病危害因素，多数也可导致慢性健康损害。有些健康损害劳动者可有自觉症状，有些需要通过仪器设备和专业人员进行检查才能发现。因此，对可能遭受急性职业病危害的劳动者，应当进行健康检查和医学观察。可能遭受急性职业病危害的劳动者，是指在发生急性职业病危害事故现场工作的、直接或间接接触了职业病危害因素的劳动者或者是参与急性职业病危害事故应急救援的劳动者等，他们也接触了职业病危害因素，但未出现危害后果或危害后果不明显。为了保护对遭受或者可能遭受急性职业病危害的劳动者及时组织救治、健康检查和医学观察，本条规定所需费用由用人单位承担是必要的。

【案例】2005年6月1日上午，某鞋厂有8名工人因头晕、乏力、皮下淤斑等症状到当地卫生院就医，当地卫生防疫站接报后到现场调查发现：该厂工人使用和接触标签为"甲苯"的清洁剂、黄胶、白乳胶和快干剂。经追踪观察，该厂有37人被诊断为职业性苯中毒。该中毒事故的原因是该厂使用的"甲苯"清洁剂和胶水中含苯量高，生产车间布局不合理，通风不良，导致苯浓度严重超标。该厂投产前未向卫生防疫站申报，所以未获必要的卫生监督。接触苯作业的工人均未接受就业前体格检查，也未被告知所从事的工作有毒，也未让他们采取任何防护措施。

本案的焦点是我国关于职业病预防和保护的法律规定。关于职业病的防治，我国颁布了《中华人民共和国职业病防治法》《中华人民共和国安全生产法》《中华人民共和国尘肺病防治条例》《职业健康监护管理办法》《职业病诊断与鉴定管理办法》《工伤保险条例》等法律法规。这些法律法规对职业病的诊断方法、职业病患者的待遇、企业对职业病预防和保护的责任和义务等进行了明确的规定。比如，《中华人民共和国职业病防治法》规定：用人单位设有依法公布的职业病目录所列职业病的危害项目的，应当及时、如实向安全生产监督管理部门申报，工作场所的职业卫生状况应当符合法定的职业卫生要求。在劳动过程中，用人单位应当采取符合法律规定的职业病防治管理措施，对工作过程中可能产生的职业病危害及其后果、职业病防护措施和待遇等应当如实告知劳动者，并按法律规定为劳动者提供防护用品，采取防护措施。用人单位还应当对劳动者进行上岗前和在岗期间的职业卫生培训，为劳动者建立职业卫生监护档案，对劳动者进行上岗前、在岗期间和离岗时的职业健康检查，并将检查结果如实告知劳动者。用人单位和医疗卫生机构发现职业病病人或者疑似职业病病人时，应当及时向所在地的安全生产监督管理部门报告。对遭受或者可能遭受急性职业病危害的劳动者，用人单位应当及时组织救治，进行健康检查和医学观察，并承担所用要的费用，等等。

  本案中，某鞋厂违反了我国法律关于职业病防治管理中的职业病危害项目申报制度、工作场所的基本要求、职业危害告知制度、职业卫生培训制度、健康监护制度、职业病报告制度以及职业危害事故的防范与调查处理制度等相关规定，造成了严重的后果，应该承担相应的法律责任。

  违反本法规定，有下列行为之一的，由安全生产监督管理部门给予警告，责令限期改正；逾期不改正的，处十万元以下的罚款：

  （一）工作场所职业病危害因素检测、评价结果没有存档、上报、公布的；

  （二）未采取本法第二十条规定的职业病防治管理措施的；

  （三）未按照规定公布有关职业病防治的规章制度、操作规程、职业病危害事故应急救援措施的；

  （四）未按照规定组织劳动者进行职业卫生培训，或者未对劳动者个人职业病防护采取指导、督促措施的；

  （五）国内首次使用或者首次进口与职业病危害有关的化学材料，未按照规定报送毒性鉴定资料以及经有关部门登记注册或者批准进口的文件的。

  【释义】本条是关于违反职业病防治规章制度及其他规定的五种违法行为的法律责任的规定。

  本条规定的违法行为的主体除第五款是国内首次使用或者首次进口与职业病危害有关的化学材料的使用单位或者进口单位外，其他各款均指用人单位。

  本条规定的用人单位是指产生或者可能产生职业病危害的用人单位，而非我国境内所有的用人单位。哪些属于产生或者可能产生职业病危害的用人单位，应依据已公布的职业病目录确定。职业病危害主要产生于用人单位的生产活动中，加强对用人单位的监督检查是本法的重要内容。因此，本法设定的法律责任也主要是针对用人单位的。除本条规定外，本章其他条款规定违法主体为用人单位的，都是指产生或者可能产生职业病危害的用人单位。

  本条规定了下列违法行为：

  （1）工作场所职业病危害因素检测、评价结果没有存档、上报、公布的。

  用人单位只要违反本法规定，具有：

  ①没有将工作场所职业病危害因素检测、评价结果存档的；

  ②没有将工作场所职业病危害因素检测、评价结果定期上报给卫生行政部门的；

  ③没有将工作场所职业病危害因素检测、评价结果定期向劳动者公布的行为之一的，就

应受到处罚。

（2）未采取本法第二十条规定的职业病防治管理措施的。

本法第二十条规定用人单位应当采取下列职业病防治管理措施：

① 设置或者指定职业卫生管理机构或者组织，配备专职或者兼职的职业卫生专业人员，负责本单位的职业病防治工作；

② 制定职业病防治计划和实施方案；

③ 建立、健全职业卫生管理制度和操作规程；

④ 建立、健全职业卫生档案和劳动者健康监护档案；

⑤ 建立、健全工作场所职业病危害因素监测及评价制度；

⑥ 建立、健全职业病危害事故应急救援预案。

用人单位只要未采取上述六款措施之一的，就应当给予处罚。

（3）未按照规定公布有关职业病防治的规章制度、操作规程、职业病危害事故应急救援措施的。

公布有关职业病防治的规章制度、操作规程、职业病危害事故应急救援措施，目的是为了让劳动者了解、掌握，从而自觉遵守，使规章制度、操作规程、应急救援措施发挥实际作用。凡用人单位违反本法第二十四条关于公布义务的强制性规定的，应予以处罚。具体来说，违法行为有如下几种：

① 未公布有关职业病防治的规章制度、操作规程、职业病危害事故应急救援措施的。

② 未按法定的公布方式公布有关职业病防治的规章制度、操作规程、职业病危害事故应急救援措施的。

法定的公布方式，是指本法第二十四条规定的方式，即"产生职业病危害的用人单位，应当在醒目位置设置公告栏，公布有关职业病防治的规章制度、操作规程、职业病危害事故应急救援措施……"。用人单位未在醒目位置设置公告栏或者采取非公告栏的方式进行公布的，都属于未按法定的公布方式公布。

③ 公布的内容不符合法律规定的。

本法第二十四条规定的法定公布内容包括有关职业病防治的规章制度、操作规程、职业病危害事故应急救援措施等内容。用人单位公布的内容不符合法律规定的，就是违法行为。

（4）未按照规定组织劳动者进行职业卫生培训，或者未对劳动者个人职业病防护采取指导、督促措施的。

未按照规定是指未按照本法第三十四条第二款的规定。违法行为表现为：

① 未进行职业卫生培训的；

② 进行的职业卫生培训不符合法律规定的；

③ 未对劳动者正确使用职业病防护设备和个人使用的职业病防护用品采取指导措施的；

④）未对劳动者遵守职业病防治法律、法规、规章和操作规程采取督促措施的。

（5）国内首次使用或者首次进口与职业病危害有关的化学材料，未按照规定报送毒性鉴定资料以及经有关部门登记注册或者批准进口的文件的。

未按照规定是指未按照本法第二十九条第二款的规定。本法要求使用单位、进口单位报送毒性鉴定资料等，目的是为了让国务院卫生行政部门及早掌握新出现的化学材料的毒性，以便制定相应的卫生标准，提出适当的卫生要求，对其可能造成的职业病危害做好防范工作，对其可能导致的职业病及早研究出有效的诊断、治疗措施。因此，有关的使用单位和进口单位应本着对社会负责、对他人负责的态度认真履行法定义务，否则应承担法律责任。未按照规定报送毒性鉴定资料以及经有关部门登记注册或者批准进口的文件的是指：

①未报送毒性鉴定资料以及经有关部门登记注册或者批准进口的文件的；

②未向卫生部报送毒性鉴定资料以及经有关部门登记注册或者批准进口的文件的；

③报送的资料中没有毒性鉴定资料等行为。

本条规定用人单位有上述违法行为之一的，给予警告，责令限期改正。如果被处罚人不按照责令限期改正的要求逾期仍未改正的，处十万元以下的罚款。

用人单位违反本法规定，有下列行为之一的，由安全生产监督管理部门责令限期改正，给予警告，可以并处五万元以上十万元以下的罚款：

（一）未按照规定及时、如实向安全生产监督管理部门申报产生职业病危害的项目的；

（二）未实施由专人负责的职业病危害因素日常监测，或者监测系统不能正常监测的；

（三）订立或者变更劳动合同时，未告知劳动者职业病危害真实情况的；

（四）未按照规定组织职业健康检查、建立职业健康监护档案或者未将检查结果书面告知劳动者的；

（五）未依照本法规定在劳动者离开用人单位时提供职业健康监护档案复印件的。

【释义】本条是关于用人单位违反本法对职业病危害项目申报、职业病危害因素监测、职业病危害真实情况告知、职业健康检查等义务的规定应承担的法律责任的规定。

本条规定用人单位应受处罚的违法行为如下：

（1）未按照规定及时、如实向安全生产监督管理部门申报产生职业病危害的项目的。

本法规定在安全生产监督管理部门中建立职业病危害项目的申报制度，目的是为了能够使安全生产监督管理部门全面、及时掌握职业病危害项目的信息，加强卫生监督和职业病危害防治工作。用人单位应当严格遵守职业病危害项目申报制度的规定，认真履行申报义务。用人单位违反申报义务的违法行为主要有：

①未向安全生产监督管理部门申报产生职业病危害的项目的；

②未及时向安全生产监督管理部门申报产生职业病危害的项目的，未及时申报是指未在法定的期限内申报；

③未如实向安全生产监督管理部门申报产生职业病危害的项目的，未如实申报是指申报的事项与用人单位的项目有关情况不符。

（2）未实施由专人负责的职业病危害因素日常监测，或者监测系统不能正常监测的。

职业病危害因素的日常监测是用人单位自我管理的有效办法，属于自我预防。它可以使用人单位在发现工作场所职业病危害因素不符合国家职业卫生标准和卫生要求时，立即采取相应的治理措施，可以有效地防止职业病危害事故的发生，也可以及早发现突发性的职业病危害事故的苗头，及时采取应急救治措施，避免事故发生或减少事故造成的损失。日常监测也是卫生行政部门执法监督内容，对用人单位可以起到督促作用。为保证日常监测的正常进行，本法规定用人单位必须指定专人负责，并确保监测系统处于正常的运行状态。因此，用人单位只要具有：

① 未实施职业病危害因素日常监测的；
② 未指定专人负责职业病危害因素日常监测的；
③ 监测系统不能正常监测的行为之一的，都应受到处罚。

（3）订立或者变更劳动合同时，未告知劳动者职业病危害真实情况的。

从科技发展水平来说，目前我们还不具备完全控制职业病危害因素发生的科技能力，从事职业病危害项目的劳动者的身体健康或多或少都会受到损伤，不能完全避免；从经济角度来说，根据我国目前的社会经济水平和国家综合实力，本法仅对属于已公布的职业病目录中的职业病病人提供社会保障，其他职业病病人或者身体健康受到一定程度损伤但尚未发展到患有职业病的严重程度的劳动者，目前还不能得到相应的社会保障。因而本法第三十条规定用人单位必须如实告知劳动者职业病危害的真实情况，这也是本法第三十六条第三款规定的劳动者的权利。告知是用人单位的法定义务，是维护劳动者合法权益的保障。劳动者在了解真实情况后，可以根据本人的意愿，慎重考虑是否接受有职业危害的工作；而且也使劳动者得到警示，精神上有所防备，在其今后的工作中会注意遵守职业病防护制度和操作规程，加强自我保护意识。告知义务也是诚实信用原则的具体化。用人单位违反告知义务承担的法律责任包括民事责任和行政责任。民事责任可以依据民法、劳动法等法律解决，本法仅涉及行政责任。这说明本法属于行政法渊源。

用人单位在订立劳动合同时，未告知劳动者职业病危害真实情况的或者变更合同时，未告知劳动者职业病危害真实情况的应当受到行政处罚。未告知是指不告知、告知虚假的情况或者不告知最为关键重要的情况等。告知应当采取面对面的方式向每一个劳动者如实相告并在劳动合同中写明。

（4）未按照规定组织职业健康检查、建立职业健康监护档案或者未将检查结果如实告知劳动者的。

职业健康检查有助于及早发现职业禁忌者、健康受损的劳动者，及早采取措施，避免对劳动者造成进一步的损害，保护劳动者的生命健康权益。同时，也便于分清用人单位之间的责任。因此，本法规定：对从事接触职业病危害的作业的劳动者，用人单位应当按照国务院卫生行政部门的规定组织上岗前、在岗期间和离岗时的职业健康检查，并将检查结果如实告知劳动者。职业健康检查费用由用人单位承担。用人单位应当为劳动者建立职业健康监护档案，并按照规定的期限妥善保存；职业健康监护档案应当包括劳动者的职业史、职业病危害接触史、职业健康检查结果和职业病诊疗等有关个人健康资料。违反上述规定的违法行为有：

① 未组织职业健康检查的；
② 组织的职业健康检查不符合法律规定的；
③ 未建立职业健康监护档案的；
④ 建立的职业健康监护档案不符合法律规定的；
⑤ 未将检查结果如实告知劳动者包括不告知或者告知虚假的检查结果或者不告知最为关键重要的检查结果的。

本条规定用人单位违反本法规定，有上述行为之一的，由安全生产监督管理部门责令限期改正，给予警告处罚，可以并处5万元以上10万元以下的罚款。

可以并处，是指在给予警告处罚时，可以同时给予罚款处罚，也可以只给予警告处罚而不给予罚款处罚。警告处罚是违法行为的必然法律后果，安全生产监督管理部门必须依法作出警告处罚。是否给予罚款以及给予多大数额的罚款处罚，由安全生产监督管理部门根据违法行为的具体违法事实决定。如果决定并处罚款的，罚款幅度为 5 万元以上 10 万元以下。

【案例】东莞市璟耀金属有限公司位于东莞市道滘镇蔡白管理区，是一家生产五金配件的台资企业，存在的职业危害因素有高温、噪音、三氯乙烯等。卫生监督员在现场检查时发现该厂未组织劳动者进行职业卫生培训；与劳动者订立劳动合同时，未告知劳动者职业病危害真实情况；未组织工人进行职业健康体检；工作场所无有效的职业病防护措施；无有效的职业病个人防护用品。卫生监督员制作了现场笔录，发出了东卫监〔2004〕0407号卫生监督意见书，责令其限期20天内改正违法行为。市疾病预防控制中心在该厂射腊车间（含浸浆工序）空气采集了两个样本，三氯乙烯浓度分别为 150.8 mg/m^3 和 85.2 mg/m^3，都超过了标准值 30 mg/m^3。4 月 12 日广西壮族自治区卫生厅职业病防治研究所诊断该厂一名工人为职业性急性重度三氯乙烯中毒。经过了初步调查认为有证据表明东莞市璟耀金属有限公司违反了《职业病防治法》的规定，应予行政处罚，市卫生局于4月15日立案。4月22日卫生监督员对该厂经理制作了询问笔录。卫生监督员于4月29日到该厂检查其落实东卫监〔2004〕0407号卫生监督意见书情况，发现该厂没有落实整改意见。卫生监督员制作了卫生行政控制决定书，责令该厂射腊车间停产整顿。5月9日，市卫生局组织有关人员合议，作出了给予该厂责令改正其违法行为、罚款人民币五万元的行政处罚，并于5月20日将行政处罚听证告知书直接送达当事人，该厂3日内没有提出要求听证，自动放弃听证权利。5月28日，市卫生局向当事人直接送达了东卫职罚字〔2004〕05号行政处罚决定书。6月14日，该厂缴纳了伍万元的罚款。

（1）事实清楚，证据确凿，适用法律准确。

该厂未组织劳动者进行职业卫生培训；与劳动者订立劳动合同时，未告知劳动者职业病危害真实情况；未组织工人进行职业健康体检；工作场所无有效的职业病防护措施；无有效的职业病个人防护用品；工作场所三氯乙烯浓度超过国家职业卫生标准的行为，违反了《职业病防治法》的规定。以上事实有现场笔录、询问笔录、车间空气检测报告为证，确定事实清楚，证据确凿，适用《职业病防治法》给予罚款伍万元是准确的。

（2）处罚程序合法。

本案依照《中华人民共和国行政处罚法》《卫生行政处罚程序》的规定，适用一般程序，历经了受理、立案、调查取证、合议、行政处罚听证告知、行政处罚决定书送达程序，充分保障了当事人的权利，也使处罚更加公正，完全符合法定程序。

（3）监督执法及时、合法。

4月7日，市卫生局监督员对该厂发出了东卫监〔2004〕0407号卫生监督意见书，责令该厂在4月27日前改正其违法行为。4月29日，卫生监督人员再次到该厂检查，发现该厂没有落实整改要求，为了防止危害工人健康的事情再次发生，卫生监督员及时制作了卫生行政控制决定书，责令该厂射腊车间停产整顿。本案监督执法过程完全依据《职业病防治法》规定执法。

能力提升

张红，不满 17 岁，初中毕业后为了减轻家里的负担，她放弃学业外出打工。2001 年 3 月，她只身来到广东，先后在东莞三家鞋厂打过工，从事鞋底部品质检工作以及棉布针车工作。在这三家厂工作时，厂方都没有为员工进行体检和办理工伤保险。为了多往家里寄钱，她特别省吃俭用。张红没有想到，自己竟然在工作岗位患上了职业病，这不仅让她失去了劳动的能力，还威胁她的生命。到了 2002 年 11 月，她开始感到身体不适，头晕特别明显。12 月时，她出现牙龈及皮下出血，时常全身乏力。之后，她就被送到广东省职业病防治院治疗。入院 11 个月以来，张红工作过的三家工厂竟然没有一家愿意为她的患病承担责任。无奈之下，张红的姐姐按照《职业病防治法》的规定，找到张红工作过的最后一家鞋厂。但是作为最后用人单位的这家鞋厂除了在张红入院之初交给医院 3 万元之外，就拒绝再交纳任何费用。张红一直处于危重状态，反复皮下出血及牙龈出血，随时会出现感染、败血症、颅内出血等严重并发症。头疼更如恶魔一样不断折磨着这个脆弱的生命，直到 2003 年 11 月 3 日晚上 8 点半，张红闭上了她美丽的眼睛，那时她还未满 20 岁。一个花季少女就这样被职业病夺去了宝贵的生命。

小辉，是一名来自河南的打工仔，2001 年 10 月，他在广东顺德一家鞋业皮具有限公司从事鞋业工作，工作中要接触"400 胶水"、天那水（含甲苯）等。他工作的车间没有排风扇，通风设备不太好，工作中也没有佩戴口罩、手套等个人防护设备，每天上 8 到 10 小时班，没有休息日。5 个月后小辉就出现牙龈出血。2002 年 3 月，小辉被送进广东省职业防治院。在医院经过近两年半的治疗，小辉于 2004 年 9 月出院，被评定为"七级伤残"。

问题：
1. 张红、小辉患的是什么职业病？
2. 你从这两个案例中能得到什么样的反思。

总结提高

职业病防治的法定责任者是（　　　　）。
A. 单位负责人　　　　B. 劳动者　　　　C. 医疗机构　　　　D. 国家

课外拓展

通过网络资源调查我国现行职业健康监管工作如何分工以及安全生产监督管理部门承担哪些责任。

第三节　职业病危害事故调查处理

知识储备

一、概述

根据卫生部《关于废止和宣布失效《改水防治地方性氟中毒暂行办法》等 48 件部门规章

的通知（中华人民共和国卫生部令第 78 号）》，《职业病危害项目申报管理办法》《职业病危害事故调查处理办法》已被废止。对于职业病危害事故的调查处理，依据《安全生产事故报告和调查处理条例》《生产安全事故信息报告和处置办法》进行。

依据《安全生产事故报告和调查处理条例》，职业病危害事故发生后，应及时、准确、完整地报告事故，任何单位和个人对事故不得迟报、漏报、谎报或者瞒报。工会依法参加职业病危害事故调查处理，有权向有关部门提出处理意见。任何单位和个人不得阻挠和干涉对职业病危害事故的报告和依法调查处理。安全生产监督管理部门（简称"安监部门"）和负有安全生产监督管理职责的有关部门（简称"安全职责部门"）应当建立值班制度，并向社会公布值班电话，受理职业病危害事故报告和举报。

二、职业病危害事故报告

（一）职业病危害事故单位的报告

依照《安全生产事故报告和调查处理条例》《生产安全事故信息报告和处置办法》，职业病危害事故发生后，现场有关人员应当立即向本单位负责人报告；单位负责人接到报告后，应在规定时间内向职业病危害事故发生地县级以上政府安监部门和安全职责部门报告。情况紧急时，现场人员可以直接向职业病危害事故发生地县级以上政府安监部门和安全职责部门报告。

（二）安监部门和负有安全职责的部门的报告

依据《安全生产事故报告和调查处理条例》《生产安全事故信息报告和处置办法》，特别重大、重大职业病危害事故逐级上报至国务院安监部门和安全职责部门，较大事故逐级上报至省、自治区、直辖市人民政府安监部门和安全职责部门，一般事故上报至设区的市级政府安监部门和安全职责部门，安监部门和安全职责部门应当上报的事故情况，当同时报告本级政府。必要时，安监部门和安全职责部门可以越级上报事故情况。

（三）职业病危害事故报告的内容

依据《安全生产事故报告和调查处理条例》《生产安全事故信息报告和处置办法》，职业病危害事故报告应包括职业病危害事故发生单位概况，发生的时间、地点/现场情况及简要经过，职业病危害事故已经造成或者可能造成的伤亡人数（包括下落不明的人数）和估计的直接经济损失，已经采取的措施等内容。职业病危害事故报告后出现新情况的，自事故发生之日起规定期限内，事故造成的伤亡人数发生变化的，应当及时补报。

三、职业病危害事故处置

依据《安全生产事故报告和调查处理条例》《生产安全事故信息报告和处置办法》，单位负责人接到现场有关人员的职业病危害事故报告后，应当立即启动事故应急预案，采取措施防止事故扩大，组织抢救人员。事故发生地有关地方政府、安监部门和安全职责部门接到事故报告后，其负责人应立即赶赴现场，组织救援。有关单位和人员应当妥善保护职业病危害事故现场以及相关证据，任何单位和个人不得破坏职业病危害事故现场、毁灭证据。

四、职业病危害事故调查和处理

(一) 职业病危害事故调查权限

依照《安全生产事故报告和调查处理条例》,特别重大职业病危害事故由国务院及其授权的部门组织事故调查组进行调查,重大职业病危害事故由事故发生地省级政府负责调查。较大职业病危害事故由设区的市政府负责调查。一般职业病危害事故由县级政府负责调查。未造成人员伤亡的一般职业病危害事故,县级政府也可以委托事故发生单位组织事故调查组进行调查。在规定期限内,因事故伤亡人数变化导致事故等级发生变化,依照规定应当由上级政府负责调查的,上级政府可以另行组织事故调查组进行调查。

(二) 职业病危害事故处理

1. 职业病危害事故处理要坚持"四不放过"原则
① 职业病危害事故原因未查清不放过;
② 责任人员未受到处理不放过;
③ 职业病危害事故责任人和周围群众没有受到教育不放过;
④ 职业病危害事故制定的切实可行的整改措施未落实不放过。

2. 职业病危害事故处理依据

在收到职业病危害事故调查报告后,负责组织事故调查的政府在法定期限内批复调查报告,依照批复的意见对职业病危害事故进行处理。

3. 处罚规定

(1) 对职业病危害事故单位主要负责人的处罚。

依据《〈生产安全事故报告和调查处理条例〉罚款处罚暂行规定》,单位主要负责人在职业病危害事故发生后不立即组织事故抢救,迟报或者漏报职业病危害事故,在事故调查处理期间擅离职守,单位主要负责人未依法履行安全生产管理职责,导致发生职业病危害事故,处以相应的罚款。

(2) 对职业病危害事故单位及其人员和国家工作人员的处罚。

事故单位及其人员和国家工作人员谎报或瞒报职业病危害事故,伪造或故意破坏职业病危害事故现场、转移、隐匿资金、财产,或销毁有关证据、资料,拒绝接受调查或拒绝提供有关情况和资料,在事故调查中作伪证或指使他人作伪证,事故发生后逃匿,对职业病危害事故发生单位及其主要负责人、直接负责的主管人员和其他直接责任人员依法处以罚款,对国家工作人员依法给予处分;构成违反治安管理行为,由公安机关依法给予治安管理处罚;构成犯罪的,依法追究刑事责任。

(3) 对职业病危害事故发生负有责任的单位和人员的处罚。

若职业病危害事故发生单位对发生职业病危害事故负有责任,依法处以罚款,由有关部门依法暂扣或吊销其有关证照。对负有事故责任的单位有关人员,依法暂停或撤销其与安全生产有关的执业资格、岗位证书。

(4) 对有关中介机构及其人员的处罚。

为发生职业病危害事故的单位提供虚假证明的中介机构,由有关部门依照有关规定暂扣或吊销其有关证照及其相关人员的执业资格；构成犯罪的，依法追究刑事责任。

（5）对政府部门及其人员的处罚。

有关地方政府、安监部门和负有安全管理职责的部门不立即组织事故抢救、迟报、漏报、谎报或者瞒报职业病危害事故，阻碍、干涉事故调查工作，在职业病危害事故调查中作伪证或者指使他人作伪证，对直接负责的主管人员和其他直接责任人员依法给予处分；构成犯罪的，依法追究刑事责任。

有关地方政府或者有关部门故意拖延或者拒绝落实经批复的对事故责任人的处理意见，由监察机关对有关责任人员依法给予处分。

（6）对职业病危害事故调查人员的处罚。

参与职业病危害事故调查的人员对事故调查工作不负责任，致使事故调查工作有重大疏漏，或者包庇、袒护负有事故责任的人员或者借机打击报复，依法给予处分；构成犯罪的，依法追究刑事责任。

能力提升

职业病危害事故发生后应如何处置？

总结提高

职业病危害事故调查结束后应如何处理？

第八章 事故报告、调查与处理

> **学习目标**
>
> 知识目标：了解事故报告程序；掌握事故等级的划分；掌握事故报告的范围、方式、内容、时限等。
>
> 能力目标：了解事故调查的基本步骤；会编制事故调查报告。
>
> 情感价值目标：树立良好的法律意识和安全意识。

安全生产工作的最终目的是防止和减少生产安全事故的发生。事故报告和调查处理作为安全生产工作的重要环节，其最终目的同样是为了防止和减少生产安全事故的发生。2007年3月28日国务院第172次常务会议通过《生产安全事故报告和调查处理条例》，自2007年6月1日起施行。国务院1989年3月29日公布的《特别重大事故调查程序暂行规定》和1991年2月22日公布的《企业职工伤亡事故报告和处理规定》同时废止。

第一节 概 述

生产安全事故的报告和调查处理是一项非常严肃、非常重要的工作，涉及的面很广，必须从法律上明确相应的操作规程，对事故报告和调查处理的组织体系、工作程序、时限要求、行为规范等作出明确规定，特别是明确事故发生单位及其有关人员，政府、有关部门及其有关人员以及其他单位和个人在事故报告和调查处理中的责任，以保证事故报告和调查处理工作在规范的基础上顺利开展，做到客观、公正、高效。

知识储备

一、《生产安全事故报告和调查处理条例》的使用范围

生产经营活动中发生的造成人身伤亡或者直接经济损失的生产安全事故的报告和调查处理，适用本条例；环境污染事故、核设施事故、国防科研生产事故的报告和调查处理不适用本条例。

环境污染事故、核设施事故、国防科研生产事故这三类事故的技术性、专业性或保密性都比较强，其事故报告、事故调查处理都具有较强的特殊性，且在实践中已经形成了一套比较成熟的做法，不宜按照本条例规定的程序办理。

二、事故等级的划分

根据生产安全事故（以下简称事故）造成的人员伤亡或者直接经济损失，事故一般分为以下等级：

（1）特别重大事故，是指造成 30 人以上[①]死亡，或者 100 人以上重伤（包括急性工业中毒，下同），或者 1 亿元以上直接经济损失的事故；

（2）重大事故，是指造成 10 人以上 30 人以下死亡，或者 50 人以上 100 人以下重伤，或者 5000 万元以上 1 亿元以下直接经济损失的事故；

（3）较大事故，是指造成 3 人以上 10 人以下死亡，或者 10 人以上 50 人以下重伤，或者 1000 万元以上 5000 万元以下直接经济损失的事故；

（4）一般事故，是指造成 3 人以下死亡，或者 10 人以下重伤，或者 1000 万元以下直接经济损失的事故。

国务院安全生产监督管理部门可以会同国务院有关部门，制定事故等级划分的补充性规定。

三、可以制定事故等级划分的补充性规定

按照条例的规定，事故一般分为特别重大事故、重大事故、较大事故和一般事故四个等级。由于生产经营活动涉及众多行业和领域，各个行业和领域事故的情况都有各自的特点，发生事故的情形比较复杂，差别也比较大，很难用一个标准来划分各个行业或者领域事故的等级。多年来，消防、民用航空、铁路交通等领域实际上都执行了不完全相同的事故等级划分标准。比如，飞机相撞或者坠落，即使未造成人员伤亡或者人员伤亡数量很少，也可能被确定为特别重大事故。

因此，针对一些行业或者领域事故的实际情况，条例还授权国务院安全生产监督管理部门会同国务院有关部门，制定事故等级划分的补充性规定。这一规定体现了原则性和灵活性的统一，符合实际情况。这就要求国务院安全生产监督管理部门在条例施行后，会同国务院有关部门抓紧研究制定相关行业或者领域事故等级划分的补充性规定，为事故报告和调查处理提供依据。这里所说的制定"补充性规定"应当理解为将本条例规定的标准作为最低标准。比如，造成 30 人以上死亡的，必须确定为特别重大事故，但对某些行业或者领域，可以规定造成 30 人以下死亡的事故也作为特别重大事故。

四、事故调查处理的原则

事故报告应当及时、准确、完整，任何单位和个人对事故不得迟报、漏报、谎报或者瞒报。

事故调查处理应当坚持实事求是、尊重科学的原则，及时、准确地查清事故经过、事故原因和事故损失，查明事故性质，认定事故责任，总结事故教训，提出整改措施，并对事故责任者依法追究责任。

（一）对事故报告的总体要求

事故报告应当及时、准确、完整，任何单位和个人对事故不得迟报、漏报、谎报或者瞒

---

① 这里所称的"以上"包括本数，所称的"以下"不包括本数。

报,这是条例对事故报告提出的总体要求。这一规定是根据实践中事故报告存在的主要问题作出的,具有很强的现实针对性。

事故发生后,及时、准确、完整地报告事故,对于及时、有效地组织事故救援,减少事故损失,顺利开展事故调查具有非常重要的意义。实践中,一些单位和个人,包括事故发生单位有关人员、地方政府、部门及其有关人员在事故发生后,不及时报告事故,或者漏报、谎报、瞒报事故的情况时有发生。有的甚至采取破坏现场、销毁证据甚至转移尸体等恶劣手段。有的是不负责任,造成迟报、漏报;有的则是为了逃避事故责任追究,故意谎报或瞒报。无论什么原因,无论什么人,这种行为都是不允许的。针对实践中事故报告中存在的主要问题,条例从正反两方面,对事故报告提出了上述总体要求。

（二）事故调查处理应当坚持的原则

事故调查处理是一项比较复杂的工作,涉及方方面面的关系,同时又具有很强的科学性和技术性。要搞好事故调查处理工作,必须有正确的原则作指导。

（1）实事求是的原则。实事求是是唯物辩证法的基本要求。这一原则有几个方面的含义。一是必须全面、彻底查清生产安全事故的原因,不得夸大事故事实或缩小事实,不得弄虚作假；二是一定要从实际出发,在查明事故原因的基础上明确事故责任；三是提出处理意见要实事求是,不得从主观出发,不能感情用事,要根据事故责任划分,按照法律、法规和国家有关规定对事故责任人提出处理意见；四是总结事故教训、落实事故整改措施要实事求是,总结教训要准确、全面,落实整改措施要坚决、彻底。

（2）尊重科学的原则。尊重科学,是事故调查处理工作的客观规律。生产安全事故的调查处理具有很强的科学性和技术性,特别是事故原因的调查,往往需要作很多技术上的分析和研究,利用很多技术手段。尊重科学,一是要有科学的态度,不主观臆想,不轻易下结论,防止个人意识主导,杜绝心理偏好,努力做到客观、公正；二是要特别注意充分发挥专家和技术人员的作用,把对事故原因的查明,事故责任的分析、认定建立在科学的基础上。

（三）事故调查处理的任务

根据条例的规定,事故调查处理的主要任务和内容包括以下几个方面：

（1）及时、准确地查清事故经过、事故原因和事故损失。查清事故发生的经过和事故原因,是事故调查处理的首要任务和内容,也是进行下一步工作的基础。事故原因有可能是自然原因,即所谓"天灾",也有可能是人为原因,即所谓"人祸",更多情况下则是自然原因和人为原因共同造成的,即所谓的"三分天灾,七分人祸"。无论什么原因,都要予以查明。事故损失主要包括事故造成的人身伤亡和直接经济损失。这是确定事故等级的依据。查清事故经过、事故原因和事故损失,重在及时、准确,不能久查不清或者含含糊糊,似是而非。

（2）查明事故性质,认定事故责任。事故性质是指事故是人为事故还是自然事故,是意外事故还是责任事故。查明事故性质是认定事故责任的基础和前提。如果事故纯属自然事故或者意外事故,则不需要认定事故责任。如果是人为事故和责任事故,就应当查明哪些人员对事故负有责任,并确定其责任程序。事故责任有直接责任,也有间接责任；有主要责任,也有次要责任。此外,对政府及其有关部门的负责人来说,还有一个领导责任的问题。

（3）总结事故教训,提出整改措施。安全生产工作的根本方针是安全第一、预防为主、综合治理。通过查明事故经过和事故原因，发现安全生产管理工作的漏洞，从事故中总结血的经验教训，并提出整改措施，防止今后类似事故再次发生，这是事故调查处理的重要任务和内容之一，也是事故调查处理的最根本目的。

（4）对事故责任者依法追究责任。生产安全事故责任追究制度是我国安全生产领域的一项基本制度。《安全生产法》明确规定，国家建立生产安全事故责任追究制度。结合对事故责任的认定，对事故责任人分别提出不同的处理建议，使有关责任者受到合理的处理，包括给予党纪处分、行政处分或者建议追究相应的刑事责任。这对于增强有关人员的责任心，预防事故再次发生，具有重要意义。

以上规定较好地体现了事故调查处理的"四不放过"原则，即事故原因不查清不放过，防范措施不落实不放过，职工群众未受到教育不放过，事故责任者未受到处理不放过。

五、政府在事故调查处理中的职责

县级以上人民政府应当依照本条例的规定，严格履行职责，及时、准确地完成事故调查处理工作。

事故发生地有关地方人民政府应当支持、配合上级人民政府或者有关部门的事故调查处理工作，并提供必要的便利条件。

参加事故调查处理的部门和单位应当互相配合，提高事故调查处理工作的效率。

（一）县级以上人民政府在事故调查处理中的职责

按照本条规定，县级以上人民政府应当依照本条例的规定，严格履行职责，及时、准确地完成事故调查处理工作。这里所说的"县级以上人民政府"，包括县级人民政府本身、设区的市级人民政府、省级人民政府以及中央人民政府也就是国务院。根据本条例的规定，在事故调查处理中，县级以上人民政府的主要职责有两项：

一是负责组织事故调查。对事故调查处理，本条例坚持了"政府领导、分级负责"的原则。除法律、行政法规或者国务院另有规定外，事故按照不同的级别，分别由县级以上人民政府或者其授权的部门组织事故调查组进行调查。这与其说是一项权利，不如说是一项义务或者职责。无论是直接组织事故调查组，还是授权有关部门组织事故调查组进行调查，组织事故调查的职责都属于县级以上各级人民政府。有关人民政府在接到事故报告后，应当按照本条例的规定，及时组织有关部门成立事故调查组，或者授权有关部门及时组织事故调查组，尽快开展事故调查工作。有关人民政府还应当指定事故调查组组长，负责领导事故调查组的工作。在事故调查中，有关人民政府应当加强指导，确保事故调查组能够在规定的期限内，顺利完成事故调查，提出事故调查报告。

二是及时作出事故批复。事故调查组向负责组织事故调查的有关人民政府提出事故调查报告后，事故调查工作即告结束。有关人民政府应当按照条例规定的期限，及时作出批复，并督促有关机关、单位落实事故批复，包括对生产经营单位的行政处罚，对事故责任人行政责任的追究以及整改措施的落实等。在批复中，有关人民政府要严格把关，特别是要保证对事故责任人的追究做到严肃、公正、合法。

（二）事故发生地有关地方人民政府配合事故调查处理的职责

这里所称的"有关地方人民政府"，包括乡镇人民政府、县级人民政府、设区的市级人民政府和省级人民政府。无论是上级人民政府直接组织事故调查组进行事故调查，还是有关部门受政府委托组织事故调查组进行事故调查，事故发生地有关人民政府都应当予以支持、配合。事故发生地有关人民政府配合事故调查处理工作，通常有以下几个方面：

一是，按照上级人民政府或者有关部门的要求，及时指定人员参加事故调查组。

二是，采取有效措施保护事故现场，防止破坏现场、销毁证据等行为发生，对需要采取强制措施的事故责任人员及时控制，防止其逃匿或者转移资金、财产等。

三是，为事故调查组提供调查所需的有关情况信息，包括事故发生单位及其有关人员的情况和信息、有关部门的监管情况和监管信息等。

四是，协助做好事故伤亡人员的赔偿、家属安抚等工作，确保当地社会秩序稳定。

五是，根据上级人民政府依法作出的事故批复，落实或者督促有关部门落实对事故发生单位及其有关部门人员的行政处罚，对事故责任人员予以处分，督促有关部门对事故发生单位落实整改措施的情况进行监督检查。

此外，事故发生地有关人民政府还应当为上级人民政府或者有关部门的事故调查处理提供必要的便利条件，包括交通、办公场所等。为事故调查处理创造有利的环境。

（三）参加事故调查处理的部门和单位应当互相配合

事故调查处理，关键是要做到客观、公正、高效。依照本条例的规定，事故调查组是由多个部门和单位共同派人组成的。因此，要顺利地开展工作，提高事故调查处理的效率，参加事故调查处理的有关部门就必须要有全局意识、大局意识和高度的工作责任心，互相配合，严格履行各自的职责，不能互相扯皮，互相推诿。

六、工会的职责

工会依法参加事故调查处理，有权向有关部门提出处理意见。

工会参加事故调查处理，是其法定权利。《安全生产法》《工会法》等法律对此都作了规定。《安全生产法》第七条规定："工会依法组织职工参加本单位安全生产工作的民主管理和民主监督，维护职工在安全生产方面的合法权益。"根据《工会法》的规定，工会主要通过以下具体工作来参加本单位安全生产工作的民主管理和民主监督，维护职工在安全生产方面的合法权益：

（1）生产经营单位违反劳动法律、法规规定，不提供劳动安全卫生条件的，工会应当代表职工与生产经营单位交涉，要求生产经营单位采取措施予以改正；生产经营单位应当予以研究处理，并向工会作出答复。生产经营单位拒不改正的，工会可以请求当地人民政府作出处理。

（2）工会依照国家规定对新建、扩建生产经营单位和技术改造工程中的劳动条件和安全卫生设施与主体工程同时设计、同时施工、同时投产使用进行监督。对工会提出的意见，生产经营单位应当认真处理，并将处理结果书面通知工会。

（3）工会发现生产经营单位违章指挥、强令工人冒险作业，或者生产过程中发现明显重大事故隐患和职业危害，有权提出解决问题的建议，生产经营单位应当及时研究答复；发现危及职工生命安全的情况时，工会有权向生产经营单位建议组织职工撤离危险现场，生产经营单位必须及时作出处理决定。

（4）工会有权对生产经营单位侵犯职工合法权益的问题进行调查，有关单位应当予以协助。

（5）涉及从业人员因工伤亡事故和其他严重危害从业人员健康问题的调查处理，必须有工会参加。工会应当向有关部门提出处理意见，并有权要求追究直接负责的主管人员和有关部门负责人员的责任。对工会提出的意见，有关部门应当及时研究，给予答复。当然，工会有权向有关部门提出关于事故处理的意见，是指在查清事故原因、分清事故责任的基础上，要求追究有关人员的责任。

为了落实工会参与事故到场处理的规定，条例有关条款明确规定事故调查组的组成单位包括工会，而且工会属于"常务会员单位"。

能力提升

阅读以下案例，分析工会在事故调查处理中的作用。

某市矿业公司发生一起生产安全事故，造成8人死亡，直接经济损失达100万元。事故发生后，所在省煤矿安全监察局、市安全生产委员会与市工会组成了事故调查组，但矿业公司对事故调查处理不予积极配合，认为工会不是行政管理部门，不应当参加事故调查。一名公司领导甚至对参与调查的工会同志不理不睬，声称："这事跟工会有什么关系，你们瞎掺和什么？"在召开事故调查有关会议时，公司领导坚持不让工会的同志参加。事故调查组一直向公司领导讲解工会有权依法参加事故调查处理的道理，但公司领导拒不接受。事故调查处理因此受到阻挠。

这是一起生产经营单位干扰工会参加生产安全事故调查的案例。

工会是工人阶级的群众组织，代表从业人员的利益，依法维护从业人员的合法权益。工会参与事故调查处理，是其一项法定权利。

《安全生产法》明确规定，工会有权依法参加事故调查，向有关部门提出处理意见，并要求追究有关人员的责任。《劳动法》《企业职工伤亡事故报告和处理条例》《特大事故调查处理程序暂行规定》等法律、行政法规对此也作了明确规定。工会依法参加事故调查，任何单位和个人都无权非法干涉。本案中，矿业公司不允许工会参加事故调查，侵害了工会的权利，是错误的，应当予以问纠正。

总结提高

1.《生产安全事故报告和调查处理条例》（国务院令第493号）划分生产安全事故等级的主要依据是人员伤亡或（　　）。

  A. 直接经济损失 B. 间接经济损失 C. 社会影响范围 D. 环境破坏程度

2. 某化工厂储料库发生火灾事故，造成3人死亡，6人重伤，直接经济损失6500万元。

根据《生产安全事故报告和调查处理条例》（国务院令第493号），该起事故等级属于（　　）。

  A. 特别重大事故　　B. 重大事故　　C. 较大事故　　D. 一般事故

3. 某化工企业发生一起爆炸事故，造成8人当场死亡。爆炸后泄漏的有毒气体致使85人急性中毒，直接经济损失4000万元。这起生产安全事故是（　　）。

  A. 一般事故　　B. 较大事故　　C. 重大事故　　D. 特别重大事故

4. 某公司是以重油为原料生产合成氨、硝酸的中型化肥厂，某日发生硝铵自热自分解爆炸事故，事故造成9人死亡、16人重伤、52人轻伤，损失工作日总数168 000个，直接经济损失约7000万元。根据《生产安全事故报告和调查处理条例》（国务院令第493号），该起事故等级属于（　　）。

  A. 特别重大事故　　B. 重大事故　　C. 较大事故　　D. 一般事故

5. 根据《生产安全事故报告和调查处理条例》（国务院令第493号），属于较大事故的是造成（　　）的事故。

  A. 2人死亡，5人重伤　　　　　　B. 3人死亡，9人重伤

  C. 1人死亡，50重伤　　　　　　D. 10人死亡，30人重伤

6. 某地2009年上半年发生了四起生产安全事故，人员伤亡和经济损失分别如下。根据《生产安全事故报告和调查处理条例》（国务院令493号）的规定，属于较大事故的是（　　）。

  A. 2名员工死亡，6名员工重伤

  B. 8名员工重伤，且直接经济损失800万元

  C. 2名员工死亡，5名员工重伤，且直接经济损失800万元

  D. 20名员工重伤，且直接经济损失400万元

课外拓展

  请查阅公安部《关于修订道路交通事故等级划分标准的通知》（公通字〔1991〕113号）、公安部、劳动部、国家统计局联合颁布的关于重新印发《火灾统计管理规定》的通知（公通字〔1996〕82号）、交通部发布的《水上交通事故统计办法》、中国民航总局发布的国家标准《民用航空器飞行事故等级》，了解道路交通事故、火灾事故、水上交通事故、航空事故的事故等级划分标准。

第二节　事故报告

知识储备

  事故发生后，事故现场有关人员应当立即向本单位负责人报告；单位负责人接到报告后，应当于1小时内向事故发生地县级以上人民政府安全生产监督管理部门和负有安全生产监督管理职责的有关部门报告。

  情况紧急时，事故现场有关人员可以直接向事故发生地县级以上人民政府安全生产监督管理部门和负有安全生产监督管理职责的有关部门报告。

【释义】本条是关于事故现场有关人员和单位负责人报告事故的规定。一是明确事故发生后，事故现场有关人员应当立即报告本单位负责人；二是明确规定了单位负责人接到事故报告后，应当报告当地政府安全生产监督管理部门和负有安全生产监督管理职责的有关部门；三是对单位负责人报告事故作出了"1小时"的严格时间限制；四是规定了事故现场有关人员在紧急情况下可以直接向安全生产监督管理部门和负有安全生产监督管理职责的有关部门报告。

事故单位负责人既有向县级以上人民政府安全生产监督管理部门报告的义务，又有向负有安全生产监督管理职责的有关部门报告的义务，即事故报告是两条线，实行双报告制。

【例题】生产安全事故发生后，事故现场有关人员应当立即向本单位负责人报告，事故发生单位负责人接到报告后，应当于（　　）小时内向事故发生地县级以上人民政府安全生产监督管理部门和负有安全生产监督管理责任的有关部门报告。

A. 0.5　　　　　B. 1　　　　　C. 2　　　　　D. 3

安全生产监督管理部门和负有安全生产监督管理职责的有关部门接到事故报告后，应当依照下列规定上报事故情况，并通知公安机关、劳动保障行政部门、工会和人民检察院：

（一）特别重大事故、重大事故逐级上报至国务院安全生产监督管理部门和负有安全生产监督管理职责的有关部门；

（二）较大事故逐级上报至省、自治区、直辖市人民政府安全生产监督管理部门和负有安全生产监督管理职责的有关部门；

（三）一般事故上报至设区的市级人民政府安全生产监督管理部门和负有安全生产监督管理职责的有关部门。

安全生产监督管理部门和负有安全生产监督管理职责的有关部门依照前款规定上报事故情况，应当同时报告本级人民政府。国务院安全生产监督管理部门和负有安全生产监督管理职责的有关部门以及省级人民政府接到发生特别重大事故、重大事故的报告后，应当立即报告国务院。

必要时，安全生产监督管理部门和负有安全生产监督管理职责的有关部门可以越级上报事故情况。

【释义】（1）安全生产监督管理部门和负有安全生产监督管理职责的有关部门接到事故报告后，应当按照规定向上级安全生产监督管理部门和负有安全生产监督管理职责的有关部门报告事故情况，同样是两条线报告制度。

（2）安全生产监督管理部门和负有安全生产监督管理职责的有关部门上报事故时，应当通知有关部门和单位。

第一，应当通知公安部门。

第二，应当通知劳动保障行政部门。比如，工伤事故的认定主要由劳动保障行政部门负责。从实际情况看，生产安全事故大多属于工伤事故，且往往直接涉及工伤认定和工伤保险赔偿等一系列具体问题。因此，劳动保障行政部门有必要及时获知事故及人员伤亡的有关情况的信息。

第三，应当通知工会。工会作为工人权益的代表，不仅在平时要主动维护工人权益，而且在事故发生后更要掌握情况，积极参与事故调查，充分发挥工人权益维护者的作用。

第四，应当通知人民检察院。现实表明，在一些重特大事故的背后往往存在官商勾结、权钱交易的现象，为打掉事故背后的保护伞，应当通知人民检察院，以便其及时介入事故调查，为职务犯罪的侦查做好相应准备。

（3）各级安全生产监督管理部门和负有安全生产监督管理职责的有关部门上报事故时，应当同时报告本级人民政府。

（4）必要时可以越级上报事故。

安全生产监督管理部门和负有安全生产监督管理职责的有关部门逐级上报事故情况，每级上报的时间不得超过2小时。

【释义】本条关于事故上报时间的要求，核心词语是"2 小时"。"2 小时"的起点是指接到下级部门报告的时间，以特别重大事故的报告为例，取报告时限要求的最大值计算，从单位负责人报告县级管理部门，再由县级管理部门报告市级管理部门、市级管理部门报告省级管理部门、省级管理部门报告国务院管理部门，最后报至国务院，所需时间为 9 小时。之所以作出这样限制性的时间规定，是因为以下原因：第一，快速上报事故，有利于上级部门及时掌握情况，迅速开展应急救援工作；第二，快速上报事故，有利于快速、妥善安排事故的善后工作；第三，快速上报事故，有利于及时向社会公布事故的有关情况，正确引导社会舆论。

【例题】（1）甲省乙市丙县某施工工地发生较大事故，依据《生产安全事故报告和调查处理条例》（国务院令第 493 号），该事故报到乙市人民政府安全生产监督管理部门所需的时间最长为（　　）小时。

A. 1　　　　B. 2　　　　C. 3　　　　D. 4

（2）2015 年 7 月 4 日 18 时 20 分，某省煤业集团一新井发生一起死亡 4 人的生产安全事故。由于通信故障，15 分钟后矿长崔某接到井下带班人员的报告。依据《生产安全事故报告和调查处理条例》，崔某应于（　　）前向当地政府及有关部门报告。

A. 19 时 20 分　　B. 19 时 35 分　　C. 20 时 20 分　　D. 20 时 35 分

事故报告后出现新情况的，应当及时补报。

自事故发生之日起 30 日内，事故造成的伤亡人数发生变化的，应当及时补报。道路交通事故、火灾事故自发生之日起 7 日内，事故造成的伤亡人数发生变化的，应当及时补报。

【释义】事故发生后的一定时期内，往往会出现一些新情况，尤其是伤亡人数和直接经济损失会发生一些变化。本条规定，事故伤亡人数自事故发生之日起 30 日内发生变化的应当及时补报。作出 30 日的规定，能使安全生产监督管理部门和负有安全生产监督管理职责的有关部门更加合理地安排救援和善后等相关工作，同时也有利于事故受害者及其家属权益的保护。本条对道路交通事故、火灾事故伤亡人数发生变化的补报时限作出"自发生之日起 7 日内"的规定，主要是为了与行业现有规定相衔接。

【例题】（1）某化工厂发生一起事故，造成 2 人死亡，1 人重伤，3 人轻伤。事故发生 1 个月后，重伤者因救治无效死亡。依据《生产安全事故报告和调查处理条例》的规定，下列关于事故补报的说法，正确的是（　　）。

A. 该厂应在 3 日内向安全监管部门补报该事故伤亡情况并说明情况
B. 该厂无须向安全监管部门补报该事故伤亡人数更新情况
C. 安全监管部门应根据更新的伤亡人数重新界定该事故等级
D. 安全监管部门应向本级人民政府补报该事故伤亡人数更新情况

（2）某矿山发生火灾事故，当日死亡 2 人，重伤 18 人。由于井下有毒气体没有彻底排除，事故发生第 7 天，造成救援人员 4 人死亡。重伤者经过 25 天抢救，有 4 人死亡，32 天后又有 5 人死亡。根据《生产安全事故报告和调查处理条例》（国务院令第 493 号，该起事故应上报的死亡人数是（　　）人。

  A. 2   B. 6   C. 10   D. 15

  事故发生后，有关单位和人员应当妥善保护事故现场及相关证据，任何单位和个人不得破坏事故现场、毁灭相关证据。

  因抢救人员、防止事故扩大以及疏通交通等原因，需要移动事故现场物件的，应当作出标志，绘制现场简图并作出书面记录，妥善保存现场重要痕迹、物证。

  【释义】事故现场保护的主要任务就是在现场勘查之前，维持现场的原始状态，既不使它减少任何痕迹、物品，也不使它增加任何痕迹、物品。本条规定的事故现场保护主体是有关单位和人员，主要是指事故发生单位和接到事故报告并赶赴事故现场的安全生产监督管理部门和负有安全生产监督管理职责的有关部门及其工作人员。此外，任何不特定的主体，即任何单位和个人，都不得破坏事故现场，毁灭相关证据。

  【例题】（多选）事故发生后，有关单位和人员应当妥善（　　），任何单位和个人不得破坏事故现场、毁灭相关证据。

  A. 处理现场   B. 保护事故现场   C. 搜集证据   D. 相关证据

能力提升

仔细阅读《生产安全事故报告和调查处理条例》关于事故报告的条款，完成以下练习。

1.（多选）因抢救人员、防止事故扩大以及疏通交通等原因，需要移动现场物件的应当（　　）。

  A. 作出标志   B. 绘制现场简图   C. 写出书面记录

  D. 妥善保存现场重要痕迹、物证   E. 将物件擦拭好并放置安全处

2. 依据《生产安全事故报告和调查处理条例》，安全生产监督管理部门和负有安全生产监督管理职责的有关部门应当建立（　　），并向社会公布值班电话，受理事故报告和举报。

  A. 登记制度   B. 备案制度

  C. 审查制度   D. 值班制度

3. 事故发生单位负责人接到事故报告后，应当立即启动（　　），或者采取有效措施，组织抢救，防止事故扩大，减少人员伤亡和财产损失。

  A. 事故应急预案   B. 报警系统

  C. 自救系统   D. 事故预防措施

4. 事故发生地有关地方人民政府、安全生产监督管理部门和负有安全生产监督管理职责的有关部门接到事故报告后，其正确的做法是（　　）。

  A. 咨询有关专家   B. 报告上级领导，等候指示

  C. 立即赶赴现场组织抢救   D. 立即处罚有关违章人员

总结提高

1. 通过本节所学知识，总结报告事故应当包括哪些内容？
2. 安全生产监督管理部门和负有安全生产监督管理职责的有关部门接到事故报告后，应当依照规定上报事故情况，并通知公安机关、劳动保障行政部门、工会和人民检察院。请问不同级别的事故分别上报至哪一级安全生产监督管理部门？

课外拓展

请你假定一个事故情景，与你的团队合作现场模拟事故报告。

第三节 事故调查、处理

知识储备

特别重大事故由国务院或者国务院授权有关部门组织事故调查组进行调查。

重大事故、较大事故、一般事故分别由事故发生地省级人民政府、设区的市级人民政府、县级人民政府负责调查。省级人民政府、设区的市级人民政府、县级人民政府可以直接组织事故调查组进行调查，也可以授权或者委托有关部门组织事故调查组进行调查。

未造成人员伤亡的一般事故，县级人民政府也可以委托事故发生单位组织事故调查组进行调查。

【释义】本条是关于生产安全事故调查权的规定，本条规定进一步明确了事故调查工作实行"政府领导，分级负责"的原则。

【案例】某石油化工企业在 A 省 B 市 C 县的一天然气生产矿井发生井喷。井喷后作业人员应急处置不当，使得含有 H_2S 的有毒气体向下风向扩散，造成周围群众 13 人死亡，105 人急性中毒。依据《生产安全事故报告和调查处理条例》（国务院令第 493 号），负责组织此次事故调查的是（　　）。

A. 国务院　　B. A 省人民政府　　C. B 市人民政府　　D. C 县人民政府

上级人民政府认为必要时，可以调查由下级人民政府负责调查的事故。

自事故发生之日起 30 日内（道路交通事故、火灾事故自发生之日起 7 日内），因事故伤亡人数变化导致事故等级发生变化，依照本条例规定应当由上级人民政府负责调查的，上级人民政府可以另行组织事故调查组进行调查。

【释义】事故调查应当按照本条例第十九条规定的原则进行，一般情况下不应进行提级调查，但事故的情况很复杂，有的事故等级虽不高，但可能情况复杂，影响较大，需要由上级人民政府调查。因此，建立一种灵活机制，规定上级人民政府认为必要时可以调查由下级人民政府调查的事故，是非常必要的。

特别重大事故以下等级事故，事故发生地与事故发生单位不在同一个县级以上行政区域的，由事故发生地人民政府负责调查，事故发生单位所在地人民政府应当派人参加。

【释义】本条是关于跨行政区域发生的事故调查的规定。本条主要有三层意思。

一是本条只适用于特别重大事故以下等级的事故。因为这类事故由国家或国务院授权的部门负责组织调查，不存在跨行政区域的问题。

二是对跨行政区域事故的调查原则仍实行本条例第十九条规定的"事故发生地政府调查"，即明确由事故发生地有关人民政府按照事故等级，相应组成事故调查组进行调查，而不是由事故发生单位所在地人民政府进行调查。

三是事故发生单位所在地人民政府应当派人参加。这既是权利，也是义务，体现了互相配合的指导思想，有利于更好地调查事故。

【例题】甲省设区的 A 市某建筑公司，承揽了一项甲醇装置建设工程。该工程位于乙省设区的 B 市，施工过程中发生脚手架坍塌事故，导致 4 人死亡，依据《安全生产事故报告和调查处理条例》（国务院令 493 号），此次事故的调查处理应由（　　）人民政府负责组织。

A. 甲省　　　　B. A 市　　　　C. 乙省　　　　D. B 市

事故调查组的组成应当遵循精简、效能的原则。

根据事故的具体情况，事故调查组由有关人民政府、安全生产监督管理部门、负有安全生产监督管理职责的有关部门、监察机关、公安机关以及工会派人组成，并应当邀请人民检察院派人参加。

事故调查组可以聘请有关专家参与调查。

【释义】本条是关于事故调查组的组成原则和组成人员的规定。

【案例】某煤炭开采企业地面辅助生产系统有维修车间、锅炉房、配电室、油库、办公大楼和车库等。在维修车间，除机械加工设备外，还有 1 台额定起重量 1.5 t、提升高度 2 m 的起重机，气焊用氧气、乙炔气瓶各 5 个。燃煤锅炉房有出口水压（表压）0.12 MPa、额定出水温度 130 °C、额定功率 28 MW 的锅炉 2 台。油库有 1 个储量为 7 的汽油储罐及配套加油设备。办公大楼内安装载人电梯 2 部。该企业有员工通勤大客车 1 辆。

2007 年 7 月 5 日 10 时，电工甲在维修车间进行电气维修。10 时 30 分，车工乙开完会，准备使用机床时发现没电，于是来到电气开关柜前，发现开关柜门开着，没有停电作业警示，就接通电源，造成电工甲触电死亡。

根据以上场景，说明此次事故调查组的构成。

事故调查组组长由负责事故调查的人民政府指定。事故调查组组长主持事故调查组的工作。

【释义】参照当前事故调查的一些成熟做法，事故调查组的内部机构一般为：设事故调查组组长一名；根据事故具体情况和事故等级，设副组长 1 名至 3 名，一般等级事故可只设组长一名；重大、特别重大事故在调查时，可设置具体工作小组，负责某一方面的具体调查工作。

事故调查组组长主持事故调查组工作，具体职责是：全过程领导事故调查工作；主持事故调查会议，确定事故调查组各小组职责和事故调查组成员的分工；协调事故调查工作中的重大问题，对事故调查中的分歧意见作出决策；等等。

【例题】依据《生产安全事故报告和调查处理条例》的规定，事故调查组组长由负责事故调查的（　　）指定。事故调查组组长主持事故调查组的工作。

A. 人民政府　　　B. 安全生产监督管理部门　　　C. 人民检察院　　　D. 工会

事故调查组应当自事故发生之日起 60 日内提交事故调查报告；特殊情况下，经负责事故调查的人民政府批准，提交事故调查报告的期限可以适当延长，但延长的期限最长不超过 60 日。

【释义】提出事故调查报告，意味着事故调查工作的结束。对事故调查工作设定时限，是提高事故调查效率的保障，是针对当前事故调查久拖不决、不能按时提交事故调查报告的情况较为普遍而作出的硬性规定。

（1）原则上，事故调查组应当自事故发生之日起 60 日内提交事故调查报告。这是法定期限，并且应当按自然日历计算，不是特指工作日。事故调查报告一般应在上述期限内提交。当然，需要技术鉴定的，技术鉴定所需时间不计入该时限，其提交事故调查报告的时限可以顺延。

（2）特殊情况下，经负责事故调查的人民政府批准，提交事故调查报告的期限可以适当延长，但延长的期限最长不超过 60 日。这里说的"特殊情况下"，一般是指事故等级较高、事故现场不能及时勘查、事故原因一时不易查清、事故责任认定需要大量调查工作等。如煤矿爆炸造成调查人员不能深入井下，60 日内难以达到本条例第三十条规定要求；要延长事故调查报告提交的期限，就应当经负责事故调查的人民政府批准这一程序，对授权有关部门组织事故调查组调查的，也可以由组织事故调查的部门批准延长，期限可以是 10 日或 20 日，但最长不得超过 60 日。

【例题】根据《生产安全事故报告和调查处理条例》，在无特殊情况下，事故调查组应当自事故发生之日起（　　）日内提交事故调查报告。

A. 30　　　　B. 60　　　　C. 90　　　　D. 120

重大事故、较大事故、一般事故，负责事故调查的人民政府应当自收到事故调查报告之日起 15 日内作出批复；特别重大事故，30 日内作出批复，特殊情况下，批复时间可以适应延长，但延长的时间最长不超过 30 日。

有关机关应当按照人民政府的批复，依照法律、行政法规规定的权限和程序，对事故发生单位和有关人员进行行政处罚，对负有事故责任的国家工作人员进行处分。

事故发生单位应当按照负责事故调查的人民政府的批复，对本单位负有责任的人员进行处理。负有事故责任的人员涉嫌犯罪的，依法追究刑事责任。

【释义】本条是关于事故调查批复主体、批复时限及批复如何落实的规定。

【例题】重大事故、较大事故、一般事故，负责事故调查的人民政府应当自收到事故调查报告之日起＿＿＿日内做出批复；特别重大事故，＿＿＿＿日内做出批复，特殊情况下，批复时间可以适当延长，但延长的时间最长不超过 30 日。

能力提升

仔细阅读《生产安全事故报告和调查处理条例》关于事故调查、处理的条款，完成以下练习。

1. 在某单位事故调查中，发现涉嫌犯罪，事故调查组应当及时将有关材料或者其复印件移交（　　）处理。

A. 司法机关　　　　　　　　　　B. 事故发生地县级人民政府
C. 事故发生地设区的市级人民政府　　D. 事故发生地省级人民政府

2.（多选）如果这起事故在调查过程中需要进行技术鉴定，则正确的有（　　）。

  A. 事故调查组应当委托具有国家规定资质的单位进行技术鉴定

  B. 必要时，事故调查组可以自己进行技术鉴定

  C. 必要时，事故调查组可以直接组织专家进行技术鉴定

  D. 技术鉴定所需时间计入事故调查期限

  E. 技术鉴定所需时间不计入事故调查期限

3. 事故调查组的成员在事故调查工作中应当遵守事故调查组的纪律，保守事故调查的秘密，做到（　　）。

  A. 公正公平、实事求是　 B. 诚信公正、恪尽职守

  C. 实事求是、尊重科学　 D. 恪尽职守、公平公正

4. 根据《生产安全事故报告和调查处理条例》（国务院令第 493 号）；生产安全事故调查报告报送负责事故调查的（　　）后，事故调查工作即告结束。

  A. 安全生产监督管理部门　 B. 监察机关

  C. 公安机关　 D. 人民政府

5. 事故发生单位应当认真吸取事故教训，落实（　　），防止事故再次发生。

  A. 安全管理制度　 B. 技术整改制度

  C. 防范和整改措施　 D. 事故责任追究制度

6.（多选）事故处理的情况由负责事故调查的人民政府或者其授权的（　　）向社会公布，依法应当保密的除外。

  A. 有关部门　 B. 机构　 C. 人民团体　 D. 工会

总结提高

1. 根据所学知识，总结事故调查组的组成部门、事故调查组成员的基本条件以及事故调查组组长的职责。

2. 根据《生产安全事故报告和调查处理条例》的有关规定，事故调查组应履行的职责有哪些？

3. 根据《生产安全事故报告和调查处理条例》的有关规定，事故调查报告应当包括哪些内容？

课外拓展

某工厂有加工车间、总装车间、锅炉房、油库等。厂内有起吊 2.5 t、高 2 m 的起重机，以及升降机、叉车等。

2009 年 8 月 13 日早上 8 点左右，某工人在机加工车间做起吊前的准备工作，准备在其他工作人员不在场的情况下开始吊运钢板。8 点半左右，另一名工人进入了该加工车间，没有走行人安全通道，在吊物下行走，结果被吊运中的钢板碰撞成重伤，使起吊机上的工人慌忙中立即停止了作业。

根据以上场景，回答事故调查组应包括哪些成员。

第四节 法律责任

 知识储备

事故发生单位主要负责人有下列行为之一的，处上一年年收入40%至80%的罚款；属于国家工作人员的，并依法给予处分；构成犯罪的，依法追究刑事责任：

（一）不立即组织事故抢救的；

（二）迟报或者漏报事故的；

（三）在事故调查处理期间擅离职守的。

【释义】本条是关于事故发生单位主要负责人在事故发生后的有关违法行为应当承担的法律责任的规定。本条规定的违法行为及其责任主体是事故发生单位主要负责人。主要负责人是指对生产经营单位的生产经营活动负有领导责任，对单位的生产经营活动有决策权、指挥权的人。事故发生单位主要负责人的具体所指，根据事故发生单位的组织形式不同而有所不同：对于公司制的事故发生单位，根据《公司法》的规定，公司法定代理人依照公司章程的规定，由董事长、执行董事或者经理担任，并依法登记。因此，公司制生产经营单位的主要负责人一般应当是担任法定代表人的董事长、执行董事、经理等。对于非公司制的企业，主要负责人一般是企业的厂长、经理、矿长等负责企业经营管理的人。如《全民所有制工业企业法》规定，企业实行厂长（经理）负责制，厂长是企业的法定代理人，对企业负全面责任。总之，事故发生单位主要负责人需要根据该单位的实际情况确定，对于一个特定的生产经营单位，其主要负责人是特定的。特别要注意的是，对于有些虽然名义上不在生产经营单位任职，但是实际上控制生产经营单位的管理和经营活动的实际控制人，也要作为生产经营单位的主要负责人承担责任。

【例题】事故发生单位主要负责人有下列（　　）行为之一的，处上一年年收入40%至80%的罚款；属于国家工作人员的，并依法给予处分；构成犯罪的，依法追究刑事责任

A．不立即组织事故抢救的　　　　B．迟报或者漏报事故的

C．在事故调查处理期间擅离职守的　D．在事故调查中作伪证或者指使他人作伪证的

事故发生单位及其有关人员有下列行为之一的，对事故发生单位处100万元以上500万元以下的罚款；对主要负责人、直接负责的主管人员和其他直接责任人员处上一年年收入60%至100%的罚款；属于国家工作人员的，并依法给予处分；构成违反治安管理行为的，由公安机关依法给予治安管理处罚；构成犯罪的，依法追究刑事责任：

（一）谎报或者瞒报事故的；

（二）伪造或者故意破坏事故现场的；

（三）转移、隐匿资金、财产，或者销毁有关证据、资料的；

（四）拒绝接受调查或者拒绝提供有关情况和资料的；

（五）在事故调查中作伪证或者指使他人作伪证的；

（六）事故发生后逃匿的。

【释义】本条规定的违法行为及其责任主体是事故发生单位及其有关人员，包括事故发生

单位主要负责人、直接负责的主管人员和其他直接责任人员。"直接负责的主管人员"是指对事故发生单位的安全生产管理、安全生产设施或者安全生产条件不符合国家规定并导致事故发生负有直接责任的单位负责人（不包括主要负责人）、管理人员等。"其他直接责任人员"则是指事故发生单位除主要负责人和直接负责的主管人员以外的其他对事故发生直接负有责任的任何人员。

【例题】事故发生单位及其有关人员有下列（　　）行为之一的，对事故发生单位处 100 万元以上 500 万元以下的罚款；对主要负责人、直接负责的主管人员和其他直接责任人员处上一年年收入 60%至 100%的罚款。

　　A. 不立即组织事故抢救的　　　　　B. 谎报或者瞒报事故的
　　C. 在事故调查处理期间擅离职守的　D. 在事故调查中作伪证或者指使他人作伪证

事故发生单位对事故发生负有责任的，依照下列规定处以罚款：
（一）发生一般事故的，处 10 万元以上 20 万元以下的罚款；
（二）发生较大事故的，处 20 万元以上 50 万元以下的罚款；
（三）发生重大事故的，处 50 万元以上 200 万元以下的罚款；
（四）发生特别重大事故的，处 200 万元以上 500 万元以下的罚款。

【释义】本条是关于对事故发生负有责任的事故发生单位法律责任的规定。生产经营单位是安全生产的责任主体，《安全生产法》及有关法律法规对生产经营单位的安全生产责任作了明确规定。

【例题】事故发生单位对事故发生负有责任的，发生较大事故的，（　　）。

　　A. 处 10 万元以上 20 万元以下的罚款　　B. 处 20 万元以上 50 万元以下的罚款
　　C. 处 50 万元以上 200 万元以下的罚款　　D. 处 200 万元以上 500 万元以下的罚款

事故发生单位主要负责人未依法履行安全生产管理职责，导致事故发生的，依照下列规定处以罚款；属于国家工作人员的，并依法给予处分；构成犯罪的，依法追究刑事责任：
（一）发生一般事故的，处上一年年收入 30%的罚款；
（二）发生较大事故的，处上一年年收入 40%的罚款；
（三）发生重大事故的，处上一年年收入 60%的罚款；
（四）发生特别重大事故的，处上一年年收入 80%的罚款。

【释义】本条规定的违法行为及其责任主体是事故发生单位的主要负责人。

【例题】事故发生单位主要负责人未依法履行安全生产管理职责，导致重大事故发生的，依照规定处以（　　）罚款；属于国家工作人员的，并依法给予处分；构成犯罪的，依法追究刑事责任。

　　A. 上一年年收入 30%　　　　B. 上一年年收入 40%
　　C. 上一年年收入 60%　　　　D. 上一年年收入 80%

事故发生单位对事故发生负有责任的，由有关部门依法暂扣或者吊销其有关证照；对事故发生单位负有事故责任的有关人员，依法暂停或者撤销其与安全生产有关的执业资格、岗位证书；事故发生单位主要负责人受到刑事处罚或者撤职处分的，自刑罚执行完毕或者受处分之日起，5 年内不得担任任何生产经营单位的主要负责人。

为发生事故的单位提供虚假证明的中介机构，由有关部门依法暂扣或者吊销其有关证照及其相关人员的执业资格；构成犯罪的，依法追究刑事责任。

【释义】资格罚，又称行为罚或者能力罚，是行政处罚的一种形式，是限制或者剥夺违反行政法规范的行政相对人特定的资格（能力）的一种行政处罚。因为在特定行政管理领域，行政相对人的特定行为须经行政许可才能获取相应资格。因此，这种限制或者剥夺特定资格、资质的处罚往往被视为仅次于人身罚的一种严厉的行政处罚，主要包括责令停产停业、暂扣或者吊销许可证、暂扣或者吊销执照等种类。

【例题】某企业的主要负责人甲某因未履行安全生产管理职责，导致发生生产安全事故，于2008年9月12日受到撤职处分。该企业改制分立新企业拟聘甲某为主要负责人，甲某可以任职的时间是（　　）。

A. 2009年9月12日后　　　　　　B. 2010年9月12日后
C. 2011年9月12日后　　　　　　D. 2013年9月12日后

能力提升

《生产安全事故报告和调查处理条例》对事故发生单位、事故发生单位主要负责人及有关人员、事故调查人员、有关地方人民政府或者有关部门的法律责任做了明确规定，若构成犯罪，依法追究刑事责任。请仔细阅读《刑法》，完成以下练习。

1. 某煤矿发生透水事故，当场死亡5人，主管安全生产的副总经理李某未向有关部门报告，贻误了事故抢险救援的时机，又导致3人死亡，依据《刑法》及相关规定，对李某的处罚，下列说法正确的是（　　）。

A. 应处三年以下有期徒刑　　　　B. 应处七年以上有期徒刑
C. 应处三年以上七年以下有期徒刑　D. 应处以拘役

2.（多选）下列矿山生产安全事故中，应当认定为《刑法》的一百三十四条、第一百三十五条规定的"重大伤亡事故或者其他严重后果"的有（　　）。

A. 造成2人死亡的事故　　　　　B. 造成8人重伤的事故
C. 造成50万元直接经济损失的事故　D. 造成15人重伤的事故
E. 造成120万元的直接经济损失的事故

3. 陈某承包经营电镀厂，未按照国家标准为电镀设备安装漏电保护装置，导致两名工人作业时触电死亡。根据《刑法》的规定，陈某的行为构成（　　）。

A. 失职渎职罪　　　　　　　　　B. 重大劳动安全事故罪
C. 强令违章冒险作业罪　　　　　D. 玩忽职守罪

4. 根据《刑法》的规定，强令他人违章冒险作业，因而发生重大伤亡事故或者造成其他严重后果的，处（　　）年以下有期徒刑；情节特别恶劣的，处五年以上有期徒刑。

A. 一　　　　B. 三　　　　C. 五　　　　D. 七

5. 举办大型群众性活动违反安全管理规定，因而发生重大伤亡事故或者造成其他严重后果的，对直接负责的主管人员和其他直接责任人员，处（　　）或者拘役；情节特别恶劣的，处三年以上七年以下有期徒刑。

A. 三年以下有期徒刑　　　　　　B. 应处七年以上有期徒刑
C. 三年以上七年以下有期徒刑

总结提高

1. 根据《生产安全事故报告和调查处理条例》，违法行为主体是有关地方人民政府、安全生产监督管理部门和负有安全生产监督管理职责的有关部门的，其违法行为的种类及法律责任的种类有哪些？

2. 根据《生产安全事故报告和调查处理条例》，违法行为及其责任主体是参与事故调查的人员的，其违法行为及法律责任有哪些？

课外拓展

2015年8月12日，位于天津市滨海新区天津港的瑞海国际物流有限公司（以下简称瑞海公司）危险品仓库发生特别重大火灾爆炸事故。事故造成165人遇难，8人失踪，798人受伤住院治疗；304幢建筑物、12 428辆商品汽车、7 533个集装箱受损；直接经济损失为68.66亿元人民币。

请你收集此事故的视频、新闻、事故调查报告等资料，分析其事故调查组的组成、事故发生单位概况、事故发生经过和事故救援情况、事故造成的人员伤亡和直接经济损失、事故发生的原因和事故性质、事故责任的认定以及对事故责任者的处理建议、事故防范和整改措施。

参考文献

[1] 法律出版社法规中心. 最新安全生产法律法规大全[M]. 北京：法律出版社，2014.
[2] 中国安全生产协会注册安全工程师工作委员会，中国安全生产科学研究院. 安全生产法及相关法律知识[M]. 北京：中国大百科全书出版社，2011.
[3] 陈晓彤. 安全生产法律法规[M]. 重庆：西南师范大学出版社，2011.
[4] "绿十字"安全基础建设新知丛书委员会. 安全生产法律法规知识[M]. 北京：中国劳动社会保障出版社，2014.
[5] 王泽鉴. 民法学说与判例研究[M]. 北京：中国政法大学出版社，1998.
[6] 王玉庄，刘文龙. 安全生产法律法规[M]. 北京：中国劳动社会保障出版社，2010.
[7] 孟燕华. 职业安全卫生法律基础与实践[M]. 北京：中国劳动社会保障出版社，2007.
[8] 石少华，杨庚宇. 全国安全生产法律制度实施与完善理论研讨会论文集[M]. 北京：知识产权出版社，2008.
[9] 陈雄. 安全生产法律法规[M]. 重庆大学出版社，2013.
[10] 覃有土，樊启荣. 社会保障法[M]. 北京：法律出版社，1997.
[11] 黄鑫. 工伤保障给付与侵权损害赔偿的冲突与契合[J]. 法制论丛，2009（1）.
[12] 国家安全生产监督管理总局政策法规司. 安全生产标准汇编[M]. 北京：煤炭工业出版社，2007.